고등학생이 알아야 할
「미친 영문법」으로 더 … 전정복!

KB087169

하루 1시간 28일 공부계획표

1주차	**Day 01**	**Day 02**	**Day 03**	**Day 04**	**Day 05**	**Day 06**	**Day 07**
	PART 1 CHAPTER 01 CHAPTER 02	PART 1 CHAPTER 03 CHAPTER 04	PART 2 CHAPTER 01	PART 2 CHAPTER 02 Practice Test A Practice Test B	PART 3 CHAPTER 01 CHAPTER 02(1)	PART 3 CHAPTER 02(2) CHAPTER 03	PART 3 CHAPTER 04 Practice Test A Practice Test B
공부한 날	월 일	월 일	월 일	월 일	월 일	월 일	월 일
2주차	**Day 08**	**Day 09**	**Day 10**	**Day 11**	**Day 12**	**Day 13**	**Day 14**
	PART 4 CHAPTER 01 (1~2)	PART 4 CHAPTER 01 (3~6)	PART 4 CHAPTER 02 (1~4)	PART 4 CHAPTER 02 (5~6) Practice Test A Practice Test B	PART 5 CHAPTER 01	PART 5 CHAPTER 02 (1~4)	PART 5 CHAPTER 02(5) CHAPTER 03 (1~2)
공부한 날	월 일	월 일	월 일	월 일	월 일	월 일	월 일
3주차	**Day 15**	**Day 16**	**Day 17**	**Day 18**	**Day 19**	**Day 20**	**Day 21**
	PART 5 CHAPTER 03(3) Practice Test A Practice Test B	PART 6 CHAPTER 01 (1~3)	PART 6 CHAPTER 01(4)	PART 6 CHAPTER 02 Practice Test A Practice Test B	PART 7 CHAPTER 01(1) (on~against)	PART 7 CHAPTER 01(1) (at~with)) CHAPTER 01(2)	PART 7 CHAPTER 02 (1~4)
공부한 날	월 일	월 일	월 일	월 일	월 일	월 일	월 일
3주차	**Day 22**	**Day 23**	**Day 24**	**Day 25**	**Day 26**	**Day 27**	**Day 28**
	PART 7 CHAPTER 02(5) Practice Test A Practice Test B	PART 8 CHAPTER 01	PART 8 CHAPTER 02 CHAPTER 03	PART 8 CHAPTER 04 (1~3)	PART 8 CHAPTER 04(4) Practice Test A Practice Test B	PART 1~4 전체 복습	PART 5~8 전체 복습

❶ **계획적인 공부** 매일 일정한 학습 분량을 정해 놓고 꾸준히 공부하세요. 영어를 공부할 때 꾸준함 보다 더 좋은 학습 방법은 없습니다. 위에 제시된 계획표를 참고로 하여 매일 계획된 공부를 해야 제대로 된 실력을 갖추게 합니다. 물론 개인의 기본 실력이나 학습 상황에 따라 위의 계획표를 기준으로 하여 자신만의 스케줄을 짜서 공부해도 됩니다. 예를 들어 영문법 기본이 부족한 학생이라면 위의 계획표보다 학습 기간을 2배로 늘릴 수도 있고 어느 정도 실력이 갖춰진 학생이라면 2일치 분량을 하루에 공부하여 2주만에 끝낼 수도 있습니다. 본인의 실력에 맞는 학습 계획을 세우되, 꾸준하게 공부하는 것이 가장 중요하다는 것을 명심하세요.

❷ **학습체크** 위의 계획표 날짜 옆에는 ▢가 있습니다. 공부를 한 후에는 여기에 V 표시를 하세요. 스스로 생각하기에 1회독으로 부족하다고 생각되면 2~3회독을 하고 그때마다 역시 ▢에 V 표시를 하세요. 그리고 공부한 날에는 계획한 학습량을 공부한 날짜를 기록하세요. 비록 단순한 체크 과정이지만 스스로 설정한 학습 계획을 실천한 기록이므로 자기 자신에 대한 뿌듯함과 자부심을 함께 느끼게 될 것입니다. 물론 이런 과정을 통해 학습 의욕도 고취할 수 있게 됩니다.

How TO Study This Book

❶ 영문법에 너무 겁먹지 말자!

영문법이라고 하면 덜컥 겁부터 먹는 학생들이 많습니다. 아무래도 외국어로서의 특성상 영어는 우리말과 어순도 다르고 표현 방법도 다르기 때문일 것입니다. 그리고 이러한 영어의 특징들을 정리해 놓은 것이 영문법이므로 어찌보면 어려운 공부인 것은 당연한 것입니다. 이런 점을 고려하여 이 책은 가급적 영어와 우리말의 차이를 비교하는 방식으로 영문법의 특징들을 쉽게 설명하고 있습니다. 그리고 유튜브를 통해서는 저자의 무료강의를 제공하여 학생들이 좀더 쉽고 빠르게 개념을 이해할 수 있습니다. 따라서 이 교재의 특성을 잘 파악하여 학습하다보면 영문법에 대한 이해력이 높아질 것입니다.

❷ 학습계획을 꾸준하게 실천하자!

이 책을 통해 영문법을 정복하겠다고 굳은 결심을 한 학생은 물론이거니와 이 책을 어떻게 공부해야 할지 방향을 정하지 못하고 있는 학생 모두 자신만의 학습계획을 세우는 것이 중요합니다. 학습계획을 세우는 것조차도 갈피를 못잡는 학생이 있다면 앞쪽에 수록되어 있는 '하루 1시간 28일 공부계획표'를 활용하기 바랍니다. 계획표대로 매일 공부하되, 본인의 실력에 따라 2일치를 하루에 할 수도 있고 1일치를 이틀에 걸쳐 공부할 수도 있습니다. 중요한 것은 학습계획에 따라 꾸준하게 학습하는 것임을 꼭 명심하기 바랍니다.

❸ Grammar Index를 활용하자!

이 책은 영어를 공부하다가 궁금한 문법적 내용이 있을 경우 해당 문법을 쉽게 찾아 확인해 볼 수 있도록 Grammar Index 코너를 마련해 두었습니다. 영문법을 공부하는 데 있어 어려운 것은 영문법 자체가 어려운 것도 있지만 영문법을 설명하는 용어가 생소하고 어렵기 때문이기도 합니다. Grammar Index는 영문법 용어 중심으로 정리해 놓았으므로 이것을 수시로 활용하면 생소하고 어려운 영문법 용어에 익숙해질 것입니다.

❹ 영문법 공부는 예문이 최고다!

이 책은 영문법에 대해 자세하고 이해하기 쉽게 우리말로 설명해 놓았다는 것을 이미 언급했습니다. 하지만 아무리 훌륭한 설명도 실제 영어 문장에서 어떻게 활용되는지를 확인해야 보다 더 깊게 이해하게 됩니다. 이 책에 제시된 예문들은 해당 영문법 내용이 적용된 문장들로 수능을 비롯한 각종 영어 관련 시험을 준비하는 학습자들이 쉽게 이해할 수 있도록 최적화되어 있습니다. 따라서 이 책의 예문들을 꼼꼼하게 공부하여 영문법을 자기 것으로 만드는 올바른 학습을 해야 머릿속에 오래 남습니다. 그리고 각각의 예문마다 제공되는 설명을 꼼꼼히 읽으면서 문장의 구조를 파악하는 능력도 키울 수 있습니다.

❺ 영문법에 대한 응용 능력을 키우자!

이 책에는 자세한 설명과 예문을 통해 학습한 영문법이 실제로 적용되는 것을 확인할 수 있는 다양한 3단계 문제가 수록되어 있습니다. 학습한 영문법 내용을 확인해보는 〈Basic Test〉, 학습한 영문법을 활용하여 제시된 어구들은 올바르게 배열하는 내신 대비 주관식 서술형 문제인 〈Practice Test Ⓐ〉, 그리고 본격적인 수능형 문법 문제인 〈Practice Test Ⓑ〉를 통해 학습한 영문법에 대해 체계적인 응용 능력을 기를 수 있습니다. 그리고 [정답 및 해설]을 통해서 틀린 문제의 경우에는 왜 틀렸는지 확인하여 영문법 학습을 완성하도록 하세요.

"나 혼자 공부해서 영문법을 끝내고 싶다면?"

혼공할 수 있게, 누구나 이해하기 쉽게 풀어쓴「미친 영문법」한권이면 끝!

미치도록
친절한
고등영문법

미치도록
친절한
고등영문법

1판 3쇄 2023년 3월 6일

지은이 최원규 · 신재학
펴낸이 유인생
편집인 안승준
마케팅 박성하 · 심혜영
디자인 NAMIJIN DESIGN
편집 · 조판 Choice
펴낸곳 (주) 쏠티북스
주소 (04037) 서울시 마포구 양화로 7길 20 (서교동, 남경빌딩 2층)
대표전화 070-8615-7800
팩스 02-322-7732
이메일 saltybooks@naver.com
출판등록 제313-2009-140호

ISBN 979-11-88005-60-4

파본은 교환해 드립니다.
이 책에 실린 모든 내용에 대한 권리는 (주) 쏠티북스에 있으므로 무단으로 전재하거나
복제, 배포할 수 없습니다.

미치도록 친절한 고등영문법

| 지은이 최원규 신재학 |

쏠티북스

 **Preface**

제가 영문법 강의를 할 때 첫 번째 시간에 학생들에게 던지는 질문이 있습니다.

"여러분 부정사가 뭐예요?"

그러면 거의 모든 학생들은 'to + 동사원형'이라고 대답합니다.

이런 대답을 듣고 저는 다시 질문을 합니다.

"그게 아니고 부정사는 우리말의 무엇에 해당하냐구요?"

그러면 대부분의 학생은 대답을 못합니다.

"선생님, 부정사는 영어잖아요. 우리말에도 부정사가 있어요?"

이렇게 되묻는 학생도 있습니다.

사실 우리는 영문법을 공부하면서 부정사가 우리말의 무엇에 해당하는지에 대해서 배워본 기억이 별로 없습니다. 그것보다는 '부정사는 명사적 용법, 형용사적 용법, 부사적 용법으로 나눌 수 있고, 다시 명사적 용법은 주어, 목적어, 보어의 용법이 있고, 형용사적 용법은 한정적 용법과 서술적 용법이 있으며, 부사적 용법은 목적, 결과, 원인, 이유, 조건, 판단의 근거 등의 6가지로 쓰인다.'라는 사실을 외우는 것이 더 중요하다고 생각했었죠.

그렇기 때문에 '다음 중 그 용법이 다른 부정사를 고르시오.'와 같은 아주 쉽고 간단한 문법 문제를 마주하더라도 머리가 아프게 됩니다.

다시 한 번 물어볼게요.

"저 복잡한 용법을 다 외우면 부정사를 틀리지 않고 필요한 자리에 사용할 수 있나요?"

"똑같이 명사적 용법으로 쓰는 부정사와 동명사를 그 내용에 맞게 골라 쓸 수 있나요?"

여기에 제가 말씀 드리고 싶은 문법 공부의 핵심이 있습니다. 바로 우리가 이미 잘 알고 있는 한국어와 영어를 비교해서 배우는 것이 중요하다는 것입니다. '한국어의 ○○은 영어의 ○○에 해당한다.'라고 배우면 문법도 쉽게 이해가 될 수 있습니다. 즉, 영어는 우리의 모국어가 아니기에 한국어를 배울 때와는 다른 방식으로 공부해야 합니다. 수많은 학자들의 연구 결과에 의하면 모국어에 기반을 두고 외국어를 이해하는 것이 가장 효율적인 방법이라고 합니다.

문법은 단어를 배열해서 문장을 만드는 법칙입니다. 그러니까 한국어와 영어의 단어를 배열하는 방법을 비교하여, 한국어와 영어의 공통점과 차이점을 잘 익혀서 틀리지 않도록 사용하는 것이 바로 제가 말씀드리는 '진짜 문법 공부'인 것입니다.

문장을 구성하는 방법을 모르고 제대로 영어를 할 수는 없답니다. 그래서 영어 공부의 바탕이 되고, 기둥이 되는 것이 바로 문법입니다. 문법을 통해서 영어를 배우고, 배운 영어를 자꾸 사용해보고, 잘못된 건 고치려는 노력을 할 때, 비로소 우리가 사용하는 영어는 더 정확하고 자연스러워지는 겁니다. 그래서 외국인인 우리는 영문법 공부를 '열심히' 해야 합니다. 단, 열심히 하되 '제대로 된 문법' 공부를 해야 합니다.

아무런 생각 없이 무조건 암기만 해야 하는 고통스러운 영문법 공부에서 벗어나 '왜 영문법을 공부하는가?', '어떻게 공부하는 게 제대로 된 방법인가?'에 대한 해답을 학생들이 이 책을 통해서 얻을 수 있기를 희망합니다.

그럼, 지금부터 제대로 된 영문법 공부를 한 번 시작해봅시다.

최원규 씀

 **Contents**

Constitution

「마치도록 친절한 고등영문법」은 최적화된 예문과 그에 따른 자세한 설명 그리고 복잡한 영문법 내용을 쉽게 이해할 수 있도록 간결하게 정리한 표 등을 통해, 내신은 물론이고 수능시험 대비를 위해 반드시 알아두어야 할 영문법을 빠르게 정복할 수 있도록 구성되어 있습니다.

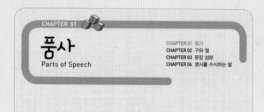

| 이해력을 높이는 쉬운 설명 |

각각의 Chapter마다 도입부에는 해당 문법을 학습하는데 있어 길라잡이의 기능을 하는 설명이 서술되어 있습니다. 영어와 우리말의 차이를 자연스럽게 다루고 있어 언어의 관점에서 문법을 재미있게 공부할 수 있습니다. 따라서 이 한 권을 끝내고 나면 영문법은 절대로 외우는 것이 아니라는 생각을 갖게 됩니다. 고교 과정을 기준으로 하여 꼭 알아야 할 핵심 문법을 모두 다루고 있어 내신과 수능을 대비하여 영문법을 학습하기에 최고의 책입니다.

| 최적화된 예문과 자세한 설명 |

학습하고 있는 영문법을 보다 쉽게 이해하고 활용할 수 있는 예문들이 알차게 제시되어 있습니다. 뿐만 아니라 제시되어 있는 각각의 예문 아래에는 다루고 있는 문법에 대한 자세하고 이해하기 쉬운 설명이 함께 배치되어 있습니다. 각각의 예문과 그에 따른 설명을 통해 해당 문법을 완벽하게 자신의 것으로 만들 수 있습니다.

관사·지시사	a, an, the, this, that, these, those
부정형용사	some, any, no, every, each, either, neither
의문형용사	what, whatever, which, whichever
소유격	my, your, our, his, her, their
수량형용사	many, much, little, few, more, most, enough, several

한정사와 관련해서 주의해서 알아두어야 할 것은 한정사는 둘 이상을 연속해서 쓸 수 없다는 것입니다. 그래서 He is a my friend.는 문법적으로 잘못된 문장입니다. 한정사인 관사 a와 소유격 my가 연속해서 쓰였기 때문입니다. 그래서 이럴 경우에는 He is a friend of mine. 처럼 '한정사 + 명사 + of + 소유대명사'의 형태로 써야 합니다. 이것을 흔히 '이중소유격'이라고 합니다. '소유'를 나타내는 전치사 of와 소유대명사를 이중으로 쓴다고 해서 부르는 명칭입니다.

| 핵심 영문법을 일목요연하게 정리 |

모든 공부가 그렇듯이 문법 역시 설명을 읽고 학습할 당시에는 이해가 되지만 시간이 지나면 잊어버리기 마련입니다. 그렇기 때문에 문법 핵심 내용을 '표'로 정리하여 한 번에 내용 파악을 할 수 있도록 하였습니다. 설명을 읽고 문법의 원리를 이해하면서 동시에 이런 내용을 일목요연하게 정리한 표를 통해 학습한 내용을 복습한다면 보다 더 오래 문법 내용을 기억하게 될 것입니다.

「미치도록 친절한 고등영문법」은 최적화된 예문과 자세한 설명을 통해 익힌 영문법을 확실하게 자신의 것으로 만들 수 있도록 둘 중 적절한 것 고르기, 주관식 서술형 문제 그리고 수능에서 출제되는 어법 문제 등 다양한 유형의 응용 문제들을 다루고 있습니다.

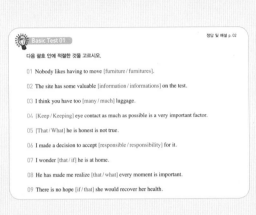

| Basic Test와 Deep Q&A |

학습한 문법 내용을 제대로 이해하고 있는지를 바로바로 확인할 수 있는 코너가 Basic Test입니다. 둘 중 적절한 것을 고르는 단문 중심으로 제시된 문제를 부담 없이 풀면서 학습한 내용을 바로바로 복습하는 효과까지 거둘 수 있습니다. 그리고 Deep Q&A를 통해서는 본문에서 설명한 문법 사항과 관련된 좀 더 깊이 있는 내용을 자세하게 접할 수 있어 보다 풍부한 문법 실력을 쌓을 수 있습니다.

 Practice Test Ⓐ

| Practice Test Ⓐ - 주관식 서술형 문제 |

PART 2부터 PART 8까지에는 주관식 서술형 문제들을 다루고 있는 Practice Test Ⓐ가 수록되어 있습니다. 이 코너에 제시되어 있는 문제들에는 해당 PART에서 학습한 문법 사항을 담고 있으므로 제시된 어구들을 배열하면서 학습한 문법 사항들이 문장에서 어떻게 활용되는지를 확인해 볼 수 있습니다. 특히 내신 시험에 출제되는 주관식 서술형 문제를 대비한 학습으로도 유용할 것입니다.

 Practice Test Ⓑ

| Practice Test Ⓑ - 수능형 어법 문제 |

PART 2부터 PART 8까지에는 수능형 문법 문제를 다루고 있는 Practice Test Ⓑ가 수록되어 있습니다. 말 그대로 수능에서 출제되는 똑같은 형태의 문법 문제가 제시되어 있는 것입니다. 따라서 Practice Test B에 수록된 문제를 풀면서 학습한 문법 내용이 지문 속에서 어떻게 쓰이는지 그리고 문법적으로 올바른 표현은 무엇인지를 확인할 수 있습니다. 이를 통해 수능형 어법 문제를 해결하는 실력을 키울 수 있습니다.

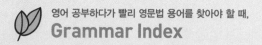

영어 공부하다가 빨리 영문법 용어를 찾아야 할 때,
Grammar Index

PART 1
먼저 알아야 할 것들

품사
Parts of Speech

이 책의 첫 번째 Part에서는 영문법을 학습하기 위해 반드시 알아야하는 기본 용어들과 기초 개념을 정리해보 겠습니다. 이미 알고 있는 내용이라면 한 번 더 정리한다는 생각으로, 잘 모르고 있었다면 확실하게 익혀서 본 격적인 영문법 학습을 할 때 도움이 될 수 있도록 해야 합니다. 머리띠 두르고 밑줄 그어가며 완벽하게 외워버 리겠다는 생각보다는 두세 번 읽어서 내용을 이해하겠다는 가벼운 마음으로 살펴보는 게 좋겠습니다.

문장을 구성하는 최소 단위는 단어입니다. 이 단어들을 어떻게 활용하고 어떻게 배열해서 문장을 만드는지를 나타내는 법칙을 문법이라고 하지요. 따라서 문장 속에서 단어가 어떻게 쓰이는지를 잘 알기 위해서 단어를 그 기능이나 형태 또는 의미에 따라 분류해 보는 것은 아주 중요한 일입니다. 이렇게 분류해서 단어에 성격을 부 여하는 것을 '품사'라고 합니다. 우리말 국어 문법에서는 총 9가지의 품사를 분류하고 있고, 영어는 8가지의 품 사를 분류하고 있습니다. 각 품사별 자세한 분류나 주요 기능은 뒤에서 다시 자세히 공부하기로 하구요, 여기서 는 품사의 기본 개념에 대해서만 정리해보겠습니다.

(1) 명사 (Noun)

사람, 사물, 개념 등에 이름을 붙인 것을 '명사'라고 합니다. 원규, 철수, 영희처럼 사람 이름도 있고, 책상, 의자, 책처럼 사물 이름도 있고, 행복, 친절, 사랑처럼 눈에 보이지 않는 것들에 이름을 붙인 말 모두 명사 로 분류합니다.

Wonkyu, Younghee, desk, chair, book, happiness, kindness, love, air, tradition, family, orange...

(2) 대명사 (Pronoun)

사람이나 사물의 이름을 대신 나타내는 것을 '대명사'라고 합니다. 글자 그대로 명사 대신 사용하는 말입니 다. 명사가 사람, 사물, 개념 등에 붙인 이름이니 대명사도 사람, 사물, 개념 등에 이름으로 사용된 명사들 을 대신할 때 사용합니다. 우리말은 대명사의 활용이 거의 없는데 비해 영어는 대명사의 사용이 매우 빈번

합니다.

I, you, he, she, it, they, this, that, these, those, one, mine, myself...

(3) 동사 (Verb)

사람, 사물 또는 추상적 개념인 명사의 움직임이나 작용을 나타내는 말을 '동사'라고 합니다. 특이한 동사들의 경우 명사의 상태를 나타내기도 합니다. 우리말에서는 상태를 나타내는 것은 형용사에 해당됩니다. 영어도 대부분 형용사가 상태를 나타내지만 몇 개의 특이한 동사가 상태를 나타내는 데 쓰입니다. 자세한 내용은 뒤에서 다루기로 하고, 문장의 서술어로 쓰이는 매우 중요한 품사가 동사라는 것을 기억해둡시다.

be, become, go, get, come, arrive, like, love, see, hear, make, choose...

(4) 형용사 (Adjective)

명사의 성질이나 상태를 나타내는 말을 '형용사'라고 합니다. 명사의 앞뒤에 놓여서 명사를 수식하기도 하고, 뒤에서 다루게 될 보어라는 역할로 주어나 목적어를 보충 설명하기도 합니다.

pretty, beautiful, tall, delicious, rich, old, small, large, difficult, easy, expensive, cheap...

(5) 부사 (Adverb)

다른 말 앞에 놓여 그 뜻을 분명하게 해주는 품사를 '부사'라고 합니다. 주로 시간, 장소, 방법, 이유, 횟수, 정도, 크기 등을 나타내는 말인데 동사, 형용사, 부사의 뜻을 더 분명하게 만듭니다. 경우에 따라서는 문장 전체를 꾸미기도 합니다. 하지만 의사소통을 위해 꼭 필요한 말은 아닙니다.

yesterday, just, slowly, fast, here, there, always, often, very, really, well...

(6) 전치사 (Preposition)

명사 앞에 놓인다는 의미를 지닌 품사가 '전치사'입니다. 명사와 결합하여 시간, 장소, 수단, 목적, 재료 등을 나타내고 그 활용 범위가 너무 넓어서 한두 마디로 '이거다'라고 규정하기가 쉽지 않습니다. 우리말에는 전치사가 없고 명사 뒤에 '~로, ~에, ~와' 같은 말을 붙여 그 역할을 하는데 영어의 전치사와 다른 점은 명사 앞이 아니라 뒤에 붙여 쓴다는 것입니다. 물론 완전히 그 기능이 같지는 않지만 우선 비슷하다 정도로 알아두면 됩니다.

on, off, away, in, out, into, of, about, through, for, against, with, along...

(7) 접속사 (Conjunction)

단어와 단어, 구와 구, 절과 절, 문장과 문장을 이어주는 말을 '접속사'라고 합니다. 서로를 평등하게 이어주는 접속사도 있고 주종의 관계를 만드는 접속사도 있습니다. 우리말 문법에는 접속사라는 개념이 없고 접속부사가 그 기능을 대신합니다.

and, but, or, so, when, before, if, whether, because, although, as...

(8) 감탄사 (Interjection)

말하는 사람의 놀람, 느낌, 부름, 응답 등을 나타내는 말을 '감탄사'라고 합니다. 의사소통할 때에는 필요한 말이지만 문법적인 분류가 꼭 필요한 것인지 의문이 드는 품사랍니다. 하지만 언어의 기능이 의사소통인 것을 생각하면 당당히 하나의 품사로 자리잡고 있는 것이 이해가 되기도 합니다.

ah, wow, oops, gee...

Q 영어에는 하나의 단어가 두 가지 이상의 품사로 쓰이는 경우가 있더군요. 이런 경우는 흔히 있는 것인가요?

A 좋은 질문입니다. 결론부터 말하자면 흔한 정도가 아니라 거의 대부분의 단어가 그렇게 쓰입니다. 우리말은 하나의 단어는 하나의 품사로만 쓰입니다. 그런데 영어는 그렇지 않아요. 하나의 단어가 두세 개 이상의 품사로 쓰이는 경우가 매우 흔합니다. water는 명사로 '물'이라는 의미이지만 동사로 쓰면 '물을 주다'라는 의미가 됩니다. plant는 명사로 쓰면 '식물' 또는 '발전소'라는 뜻으로 쓰이지만 동사로는 '(나무 따위를) 심다'라는 뜻으로도 쓰거든요. 이렇게 영단어가 두 가지 이상의 품사로 쓰이는 이유는 단어 뒤에 조사 등을 붙여 그 단어의 문장 속 쓰임새를 정하는 우리말과 달리 영어는 단어 모양을 바꾸지 않고도 놓이는 자리에 따라 쓰임새가 변하기 때문에 굳이 다른 품사의 단어를 만들지 않아도 되는 거죠. 단어마다 품사가 다른 말에 익숙한 우리는 형용사 '늦은'과 부사 '늦게'가 모두 한 단어인 late으로 쓰이는 게 좀 이상해 보이지만 영어에서는 흔히 있는 일입니다.

구와 절
Phrase & Clause

둘 이상의 단어가 모여서 하나의 품사처럼 쓰이는 말을 '구' 또는 '절'이라고 합니다. 그 중에서 주어, 동사가 없는 것을 '구'라 하고 주어, 동사가 있는 것을 '절'이라고 합니다. 구의 종류에는 명사구, 형용사구, 부사구가 있고 절의 종류에는 명사절, 형용사절, 부사절이 있습니다.

예를 들어, I went to the building.이라는 문장에서 to the building은 세 개의 단어로 이루어져 있지만 내용상 '건물로'라는 장소를 나타내는 하나의 부사처럼 사용되고 있습니다. to the building 대신 there를 넣어 보면 쉽게 이해할 수 있습니다. 그래서 두 단어 이상이 모여 하나의 부사처럼 사용되었다고 해서 이런 말을 '부사구'라고 합니다.

그러면 이번에는 이 문장에 몇 단어를 더 붙여 볼까요? I went to the building when I was 16. 이 문장에서 when I was 16은 때를 나타내는 부사의 구실을 하고 있죠? 네 개의 단어로 되어 있지만 하나의 품사같은 역할을 하고 있습니다. 그런데 to the building과는 달리 I라는 주어와 was라는 동사가 있지요. 바로 이런 것을 '부사절'이라고 합니다. to the building에서 시작하는 말이 전치사 to여서 부사구 대신 '전치사구'라고 부르기도 하구요. when I was 16같은 문장도 when으로 시작하기에 when절이라고 하기도 합니다. 그래도 품사 이름을 붙여 정확하게 '부사구', '부사절'이라고 부르는 게 더 좋습니다. 이런 구와 절에는 앞서 언급했듯이 각각 세 가지가 있습니다. 하나씩 차근차근 살펴보기로 하죠.

(1) 구의 종류

구	명사구 (명사 취급)	① 부정사구 ② 동명사구 ③ 의문사 + to do	주어, 목적어, 보어
	형용사구 (형용사 취급)	① 부정사구 ② -ing (현재분사구) ③ -ed (과거분사구) ④ 전치사구 (전치사 + 명사)	명사 수식 및 보어
	부사구 (부사 취급)	① 부정사구 ② 전치사구 (전치사 + 명사) ③ 분사구문	부사가 올 수 있는 자리 모두

❶ 명사구

둘 이상의 단어가 모여서 명사처럼 쓰이는 말로 주어, 동사가 없는 것을 '명사구'라고 합니다. 당연히 명사가 하는 모든 역할을 다 할 수 있지요. 즉, 문장에서 주어, 목적어, 보어로 쓰이는데 이에 대해서는 뒤에서 자세하게 다루도록 하겠습니다. 명사구는 그 특징상 사람이나 사물의 이름을 붙이는데 쓰지 않구요, 추상적 행동이나 특정한 의미를 묶어 문장에서 주어, 목적어, 보어의 기능을 할 수 있도록 명사처럼 만든 말입니다. 우리말로는 '~하다'를 '~하는 것' 정도로 바꾸어서 명사의 기능을 부여한 것이라고 생각하면 됩니다. 명사구에는 ❶ 부정사구, ❷ 동명사구가 있습니다. 그리고 '의문사＋to do'도 부정사구의 한가지 모양으로 당연히 명사구 역할을 합니다.

▪ 부정사구

01 To find fault with others is easy.
　　　명사구(주어)　　　　　　　　　　　　　　　　　　　　　　* find fault with ~의 흠, 단점을 찾다[잡다]
▶ to find fault with others라는 다섯 단어가 하나로 합쳐 명사처럼 쓰이고 있습니다. 그래서 명사구인거구요. 명사구가 to 부정사로 시작했으니 부정사구라고 불러도 됩니다.

02 What I want to do is to make a trip around the world.
　　　　　　　　　　　　　　명사구(보어)
▶ to make a trip이 보어로 사용된 명사구입니다.

03 He promised to bring his homework the next day.
　　　　　　　　　　명사구(목적어)
▶ promise라는 동사는 목적어가 필요한 타동사입니다. 그래서 뒤에 '무엇을'에 해당하는 목적어가 와야 하는데 그것이 to bring his homework이고, 네 개의 단어로 구성된 명사구입니다.

▪ 동명사구

04 Raising children demands patience and a sense of humor.
　　　명사구(주어)　　　　　　　　　　　　　　　　　　　　　　　　　　* patience 인내심
▶ '아이를 기르다'라는 말을 '아이를 기르는 것'이라는 명사로 바꿔 썼습니다. 그래야 문장에서 주어가 될 수 있으니까요. 그런데 이번에는 부정사가 아니라 동명사를 이용했지요. 하나의 단어가 아니라 두 개의 단어로 되어 있으니 동명사구라고 부릅니다. 물론 명사구라고 불러도 됩니다.

05 His favorite activity is watching television and mine is going to the gym.
　　　　　　　　　　　　　　명사구 1(보어)　　　　　　　　　　명사구 2(보어)
▶ watching television과 going to the gym이 각각 be동사의 보어로 쓰이고 있는 명사구입니다. 동명사를 활용했으므로 동명사구라고 해도 된답니다.

06 The boy regrets not telling the truth from the outset.
　　　　　　　　　　명사구(목적어)　　　　　　　* regret＋-ing (과거에) ~한 것을 후회하다　from the outset 처음부터
▶ regret라는 동사의 목적어로 telling the truth라는 동명사구를 사용하고 있습니다.

❷ 형용사구

둘 이상의 단어가 모여서 하나의 형용사처럼 쓰이는 말 중에서 주어, 동사가 없는 말을 '형용사구'라고 합니다. 당연히 형용사가 하는 역할 모두를 할 수 있습니다. 즉, 명사를 수식하기도 하고 보어로 쓰이기도 한다는 거죠. 형용사구에는 ❶ 전치사구, ❷ 부정사구, ❸ 분사구 등이 있는데, 이것은 Part 1의 Chapter 04에서 자세히 배우도록 하겠습니다. 우선 다음 예문들을 살펴보도록 합시다.

07 The book on the desk is not mine.
　　　　　형용사구(전치사구)
▶ '책상(위)에'라는 말이 앞에 있는 명사 the book을 수식하고 있죠. 그래서 형용사구입니다. 전치사로 시작하고 있으니 전치사구라고 불러도 됩니다.

08 You're the only student to sign up for the course. 　　　　* sign up for ~에 등록하다, 가입하다
　　　　　　　　　　　　형용사구(부정사구)
▶ to sign up for the course가 앞에 있는 명사 student를 수식하는 형용사의 역할을 하고 있습니다. 부정사구는 이렇게 명사를 수식하는 형용사구로도 사용할 수 있습니다.

09 The waiter wearing a green shirt was rude.
　　　　　　　형용사구(분사구)
▶ wearing a green shirt가 앞에 있는 명사 the waiter를 수식하고 있습니다. 현재분사가 명사를 수식하고 있으니 형용사구입니다.

10 Watches made in Switzerland are famous all over the world.
　　　　　　형용사구(분사구)
▶ made in Switzerland가 앞에 있는 명사 watches를 수식하고 있군요. 과거분사가 명사를 수식하는 경우입니다. 명사를 수식하고 있으니 형용사구입니다.

---

01 남의 결점을 찾는 것은 쉽다.　02 내가 원하는 것은 전 세계를 여행하는 것이다.　03 그는 다음날 과제를 가져오겠다고 약속했다. 04 아이를 기르는 것은 인내심과 유머 감각이 필요하다.　05 그 사람이 제일 좋아하는 활동은 TV를 보는 것이고 나는 체육관에 가는 것이다.　06 그 소년은 처음부터 사실을 말하지 않은 것을 후회한다.　07 책상에 있는 그 책은 내 것이 아니다.　08 네가 그 과목에 등록한 유일한 학생이다.　09 녹색 셔츠를 입은 웨이터는 예의가 없었다.　10 스위스산 시계는 전 세계적으로 유명하다.

❸ 부사구

둘 이상의 단어가 모여서 하나의 부사처럼 쓰이면서 주어, 동사가 없는 것을 '부사구'라고 합니다. 당연히 부사가 하는 것과 똑같은 기능을 합니다. 시간, 장소, 정도 등을 나타내는데 쓰이며, 동사, 형용사, 다른 부사를 수식하고 문장을 수식하기도 합니다. 부사구에는 ❶ 부정사구, ❷ 전치사구, 그리고 ❸ 분사구문이 있습니다. 그러고 보니 부정사구는 명사구, 형용사구, 부사구 무려 세 가지로 쓰이네요. 전치사구도 형용사구와 부사구로 쓰이구요. 분사구문은 Part 6에서 좀 더 자세하게 공부하도록 하겠습니다.

11 I'm glad to see you again.
　　　　　　부사구 (부정사구)
　　▶ to see you again이 앞에 있는 형용사 glad를 수식하고 있습니다. '이유'를 나타내는 부사의 역할을 하고 있네요. 이처럼 부정사구는 부사구로 사용할 수 있습니다.

12 You worry too much over your appearance.
　　　　　　　　　　　　부사구 (전치사구)　　　　　　　　　　　　　　　　　* appearance 외모
　　▶ over는 '~에 대해'라는 의미를 지닌 전치사입니다. 따라서 전치사구가 부사구로 쓰이고 있습니다. 전치사구는 형용사구뿐만 아니라 부사구로도 사용할 수 있습니다.

13 Despite the terrible weather, we had an enjoyable day.
　　　　　　부사구 (전치사구)
　　▶ despite은 '~에도 불구하고'라는 뜻을 가진 전치사입니다. 그러므로 Despite the terrible weather라는 전치사구가 부사구로 쓰였습니다.

14 Entering the locker room, Heungmin took off his uniform.
　　　　　부사구 (분사구문)　　　　　　　　　　　　　　　　　　　　　* take off ~을 벗다
　　▶ 분사구문은 부사절을 부사구로 바꾸어 쓴 문장입니다. 분사구문에 대한 자세한 내용은 Part 6에서 다룰 것입니다. 이 문장에서 Entering the locker room은 부사구로 쓰인 분사구문이라는 정도만 알고 넘어가도 됩니다.

(2) 절의 종류

'절'은 둘 이상의 단어가 모여서 하나의 품사 구실을 한다는 점에서는 구와 같지만, 구에는 없는 주어와 동사가 절에는 있습니다. 하나의 문장에는 동사를 하나만 사용하는 게 원칙입니다. 그래서 동사를 하나 더 사용하려고 할 경우에는 문법적으로 그 동사를 안아줄 수 있는 말이 필요한데요. 영어에는 동사를 안아줄 수 있는 말이 총 세 가지가 있습니다. 접속사, 관계사, 의문사가 바로 그 세 가지입니다. 그래서 '절'을 만들려면 반드시 접속사, 관계사, 의문사 중 하나를 사용해야 합니다. '구'와 마찬가지로 '절'도 ❶ 명사절, ❷ 형용사절, ❸ 부사절 이렇게 세 가지가 있습니다.

절	명사절 (명사 취급)	① that(접속사)절 ② if(접속사)절 : ~인지 아닌지 ③ whether(접속사)절 : ~인지 아닌지 ④ 관계대명사 what, 복합관계대명사(-ever)절 ⑤ 의문사절(how, who, when, what...)	주어, 목적어, 보어
	형용사절 (형용사 취급)	① 관계대명사(who, which, that...)절 ② 관계부사(when, why, where...)절	앞에 나온 명사 수식
	부사절 (부사 취급)	접속사절(as, when, if, although, while...)	부사

❶ 명사절

'명사절'은 단일명사와 마찬가지로 주어, 목적어, 보어로 사용합니다. 절을 만들기 위해서는 접속사, 관계사, 의문사 중 하나를 사용해야 한다고 했지요. 그래서 명사절을 만들려면 접속사 that, if, whether, 관계대명사 what, 복합관계대명사, 의문사 중 하나를 사용해야 합니다. 이에 대해서는 Part 2 Chapter 01에서 자세하게 다루도록 하겠습니다. 우선 여기서는 이런 것을 절이라고 한다는 것을 확인하도록 합시다.

15 That Mr. Choe is the best English teacher is true.
　　　　명사절(주어)

　▶ Mr. Choe is the best English teacher 앞에 명사절을 이끄는 접속사 that을 붙여서 '최 씨가 최고의 영어 강사이다'를 '최 씨가 최고의 영어 강사라는 것'으로 명사처럼 바꿔서 문장의 주어로 사용하고 있습니다.

16 My problem is that I don't know how to solve the question.
　　　　　　　　　　명사절(보어)

　▶ that I don't know how to solve the question이 문장의 보어로 쓰이고 있습니다. 역시 명사절입니다.

17 She predicted that Edward wouldn't be on time.
　　　　　　　　명사절(목적어)　　　　　　　　　　　　* predict 예상하다　be on time 제시간에 도착하다

　▶ that Edward wouldn't be on time이 동사 predicted의 목적어로 쓰이고 있습니다. 목적어 자리에 오는 품사도 명사죠. 그러므로 that 이하는 명사절입니다.

18 Whether he's coming tonight or not is uncertain.
　　　　　　명사절(주어)

　▶ 접속사 whether가 명사절을 이끌면 '~인지 아닌지'라는 뜻이 됩니다. Whether he's coming tonight or not은 주어로 쓰인 명사절입니다.

---

11 다시 만나 반갑다. **12** 너는 외모에 대해 걱정이 너무 많다. **13** 끔찍한 날씨에도 우리는 즐거운 하루를 보냈다. **14** 락커룸으로 들어가서, 흥민이는 유니폼을 벗었다. **15** 최 씨가 최고의 영어 강사라는 것은 사실이다. **16** 나의 문제점은 그 문제를 어떻게 해결해야 할 지 모른다는 것이다. **17** 그녀는 Edward가 제시간에 오지 않을 거라고 예상했다. **18** 그가 오늘밤 올지 안 올지는 확실하지 않다.

19 I want to know if a suite room is available.
　　　　　　　　　명사절(목적어)

　▶ know의 목적어 자리에 if가 이끄는 명사절이 왔네요. if는 부사절에서는 '만약, ~라면'이라는 뜻이지만 명사절에서는 '~인지 (아닌지)'라는 뜻이 됩니다. 그래서 이 문장에서는 '스위트룸을 쓸 수 있는지 (아닌지)'라고 해석하면 됩니다.

20 What happened between us is a secret.
　　　명사절(주어)

　▶ 관계사 what이 이끄는 명사절로 '우리 사이에 있었던 것'이라고 해석합니다.

21 Whoever comes with you is welcome.
　　　명사절(주어)

　▶ '~든지'라는 뜻을 지닌 복합관계대명사도 명사절을 만들 수 있습니다. 동사 is 앞까지 전부 명사절로 만들어 주어 역할을 합니다. '너와 오는 사람이 누구든지' 또는 '누가 너와 함께 오든지'로 해석하면 됩니다.

22 Why she ran away is a mystery.
　　명사절(주어)

　▶ '누가, 언제, 어디서, 무엇을, 어떻게, 왜'에 해당하는 말을 '의문사'라고 하는데 이 의문사들이 명사절을 만들 수 있습니다. she ran away 앞에 why를 붙여 만든 의문사절이 주어로 쓰여 명사절이 되고, '왜 그녀가 달아났는지'라고 해석합니다.

❷ 형용사절

'형용사절'은 명사를 수식하는 형용사 역할을 하는 절이죠. 다른 말로 관계사절이라고 합니다. 형용사절에는 ❶ 관계대명사절과 ❷ 관계부사절이 있습니다. 관계대명사라는 명칭 때문에 명사절이라고 생각하는 학생들이 있더라구요. 아닙니다. 관계대명사로 시작해서 관계대명사절이라고 부르지만 그 내용은 앞에 나오는 명사(선행사)를 수식하는 역할을 하므로 형용사절입니다. 마찬가지로 관계부사절도 관계부사로 시작하는 형용사절입니다.

23 Everything that happened was my fault.
　　　　　　　　　형용사절

　▶ everything이라는 명사를 that happened라는 관계대명사절이 수식하고 있습니다. 형용사절인 거죠. everything은 우리말로 '모든 것'이라고 해석되지만 단수 취급한다는 것도 기억해두세요.

24 I tore the book which you had given me.
　　　　　　　　　　　형용사절

　▶ 명사 book을 which you had given me가 수식하고 있습니다. 당연히 형용사절이죠. 관계대명사 which로 시작하는 절이니 관계대명사절이라고 불러도 됩니다.

25 The place where we spent our holidays was really beautiful.
　　　　　　　　　형용사절

　▶ 관계부사 where가 이끄는 절이 명사 place를 수식하고 있습니다. 관계부사로 시작해서 관계부사절이라고 부르는 것일 뿐, 부사절이 아니고 형용사절입니다.

❸ 부사절

'부사절'은 당연히 문장 속에서 부사의 역할을 담당하지요. 문장의 뼈대를 구성하는 말이 아니므로 부사절은 주절과 분리되어 독립적으로 존재합니다. 그래서 생략해도 문법적으로 오류가 생기지 않습니다. 내용적으로는 다른 부사와 마찬가지로 시간, 이유, 조건, 방법, 목적, 결과, 양보 등을 나타냅니다.

26 Nick kissed me when I closed my eyes.
부사절

▶ when I closed my eyes는 시간을 나타내는 부사절입니다. 그런데 문장에서 부사절을 생략해도 남은 문장이 문법적으로 틀린 문장이 되지는 않습니다. 이것이 부사절의 특징입니다.

27 As soon as we've packed, we can leave.
부사절

▶ As soon as we've packed는 시간을 나타내는 부사절입니다. 'as soon as∼'는 '∼하자 마자'라는 뜻을 지닌 부사절을 이끄는 접속사입니다.

28 Whenever I go on a picnic, it rains.   * go on a picnic 소풍가다
부사절

▶ 시간을 나타내는 whenever가 부사절을 만들고 있습니다. 부사절은 문장의 주절과 독립적으로 존재한다는 것을 확인할 수 있습니다.

Q 절과 문장은 무엇이 다른 건가요?

A 네, 좋은 질문입니다. 학생들이 많이 헷갈리기도 하는 거구요. 문장이란 '말과 글에서 완결된 내용을 나타내는 최소 단위'입니다. 일반적으로 주어와 서술어가 반드시 들어가고 경우에 따라 목적어가 결합하기도 하죠. 물론 수식어가 붙을 수 있습니다. 이런 문장은 하나의 독립된 형식으로 존재합니다. 그런데 절은 주어와 동사가 있지만 문장과 달리 독자적으로 사용되지 못하고 다른 문장의 한 성분으로 활용됩니다. 즉, 문장의 한 부분으로 쓰인다는 거죠. 그래서 명사절의 경우 문장의 주어, 목적어, 보어 중 하나로 쓰이고 형용사절은 문장 속의 명사를 수식할 때 쓰이며 부사절은 문장과 독립적으로 활용됩니다. 그래서 절을 사용할 경우에는 동사 하나를 안을 수 있는 접속사, 관계사, 의문사 중 하나를 먼저 쓰고 그 뒤에 주어, 동사를 씁니다. He is honest.라고 쓰면 문장이지만 I think that he is honest.라고 썼을 때 that he is honest는 독립적으로 쓰이는 문장이 아니라 think의 목적어로 쓰이고 있는 것이죠. 이런 경우 문장이라 하지 않고 목적어로 쓰인 명사'절'이라고 하는 겁니다. 자 이제 아시겠죠.

---

19 스위트룸을 쓸 수 있는지 알고 싶다.   20 우리 사이에 있었던 것은 비밀이다.   21 너와 오는 사람이 누구든지 환영한다.   22 왜 그녀가 달아났는지 의문이다.   23 일어났던 모든 일은 내 잘못이었다.   24 네가 내게 줬던 책을 찢어버렸다.   25 우리가 휴가를 보냈던 장소는 정말 아름다웠다.   26 내가 눈을 감았을 때 Nick이 키스를 했다.   27 짐을 싸자마자, 우리는 떠날 수 있다.   28 내가 소풍갈 때마다, 비가 온다.

CHAPTER 03

문장 성분
Sentence Elements

'성분'이라는 말은 일상에서 많이 쓰이지요. 무언가를 구성하고 있는 요소들을 그렇게 부르죠. '문장 성분'도 마찬가지입니다. 문장을 구성하고 있는 요소들을 문장 성분이라고 하는데 주어, 서술어, 목적어, 보어, 수식어 이렇게 다섯 가지가 있습니다. 이 성분들로 사용할 수 있는 단어는 어떤 종류가 있는지, 그리고 각각의 성분들은 문장에서 어떤 역할을 담당하는지 살펴보기로 하죠.

	주어	서술어(동사)	목적어	보어	수식어
품사	(대)명사	동사 (조동사 포함)	(대)명사	명사 형용사	형용사 부사

(1) 주어

동작이나 상태의 주체를 '주어'라고 합니다. 주어로 사용할 수 있는 품사는 명사와 대명사 두 가지뿐입니다. 대명사도 사실 명사를 대신 받은 말이라는 것을 생각하면 명사 한 가지만 주어로 쓰인다고 알아두면 됩니다. 당연히 두 단어 이상이 합쳐져 하나의 명사처럼 쓰이는 명사구와 명사절도 주어로 사용할 수 있습니다. 주어와 동사의 수를 일치시키는 것이 영어에서는 매우 중요한데 구나 절은 단수 취급합니다. 따라서 명사구나 명사절이 주어로 쓰이면 동사는 단수형으로 써야 합니다.

❶ (대)명사가 주어로 쓰인 경우

01 Many students passed the test.
　　　　명사
　▶ 명사 students가 문장의 주어로 쓰였습니다.

02 Nothing scares Mr. Choe. He's very brave.
　　　명사　　　　　　　　　　대명사
　▶ -thing으로 끝나는 단어들은 명사이며 단수 취급합니다. 그래서 동사도 단수형을 사용하고 있구요. He는 앞에 나온 Mr. Choe를 대신 받는 명사 즉 대명사로 두 번째 문장에서 주어로 쓰이고 있습니다.

❷ 명사구가 주어로 쓰인 경우

03 To read good books is so important to improve writing skills.
　　　명사구(단수 취급)　　　동사의 단수형

▶ 부정사구와 동명사구가 명사로 사용될 수 있는데 이 문장에서 부정사구가 주어로 쓰이고 있네요. 명사구는 단수 취급해서 동사 is를 사용하고 있습니다.

04 Being a doctor means that you're always busy.
　　명사구(단수 취급)　　동사의 단수형

▶ 동명사구 being a doctor가 주어로 쓰이고 있구요. 단수 취급해서 동사는 means를 사용했습니다.

❸ 명사절이 주어로 쓰인 경우

05 That experience is the best teacher is true.
　　　　명사절(단수 취급)　　　　동사의 단수형

▶ Experience is the best teacher.는 하나의 문장이죠. 이 문장에 명사절을 만드는 접속사 that을 붙여서 '경험이 최고의 스승이라는 것'이라는 명사절을 만들었습니다. 그리고 이것을 주어로 쓰고 있구요. 명사절은 단수 취급하니 동사는 is를 사용했습니다.

06 Whether you accept it or not is totally up to you.
　　　　명사절(단수 취급)　　　　동사의 단수형
　　　　　　　　　　　　　　　　　　　　　　　　* be up to ~에게 달려 있다

▶ 접속사 whether가 이끄는 명사절이 주어로 쓰이고 있네요. 명사절은 당연히 단수 취급하여 동사는 is를 사용했습니다.

07 What I want to do now is to get into a medical college.
　　　　명사절(단수 취급)　　　동사의 단수형
　　　　　　　　　　　　　　　　　　　　　* get into ~에 들어가다, 입학하다

▶ 주어 자리에 관계대명사 what이 이끄는 명사절이 왔네요. 대부분의 관계대명사는 형용사절을 만들지만 what은 명사절을 만듭니다. 절은 단수 취급하므로 동사는 is를 사용했습니다.

08 Where she went is not known to anybody.
　　　명사절(단수 취급)　　동사의 단수형

▶ 의문사 where가 이끄는 명사절을 만들어 주어로 쓰고 있습니다. 역시 단수 취급합니다.

---

01 많은 학생들이 그 시험에 합격했다. 　 02 어떤 것도 최 씨를 겁주지 못한다. 그는 매우 용감하다. 　 03 좋은 책을 읽는 것은 쓰기 능력을 향상시키는데 매우 중요하다. 　 04 의사가 된다는 것은 네가 늘 바쁘다는 걸 의미한다. 　 05 경험이 최고의 스승이라는 것은 사실이다. 　 06 네가 그걸 받아들일지 말지는 전적으로 너에게 달려 있다. 　 07 내가 지금 원하는 것은 의대에 들어가는 것이다. 　 08 그녀가 어디로 갔는지는 아무도 모른다.

(2) 서술어(동사)

문장에서 주어의 움직임이나 상태를 나타내는 말을 '서술어'라고 합니다. 우리말에서는 동사와 형용사가 서술어로 사용되는데요. 영어는 오직 '동사'만 서술어로 사용됩니다. 그래서 문장을 이해할 때는 굳이 서술어라고 하지 않고 동사라고 해도 무방합니다. 그리고 흔히 그렇게들 말하고 있구요. 우리말에서 형용사를 서술어로 사용하는 경우를 영어로 나타낼 때는 be동사 등의 도움을 받아야 하는데 이런 내용은 Part 4에서 자세히 다루도록 하겠습니다. 동사는 조동사와 결합하거나 수동형을 만들기도 하고 여러 가지 시제를 표현할 수 있습니다.

09 Two pairs of my socks are full of holes.
_{서술어}

▶ be동사 are가 문장의 서술어로 쓰이고 있네요. be동사는 '〜한 상태이다'라는 의미를 지니고 있습니다.

10 My mother will water my plants while I'm away.
_{서술어}

▶ 이 문장에서 water는 '물'이라는 명사가 아니라 '물을 주다'라는 뜻의 동사로 조동사 will과 함께 서술어로 쓰였답니다. 그리고 plant는 '심다'라는 동사가 아니라 '화분'이라는 명사로 쓰였습니다.

11 You are not allowed to smoke here.
_{서술어}

▶ '허락하다, 허가하다'라는 뜻의 동사 allow가 수동으로 사용되었습니다. 이처럼 동사는 능동 또는 수동의 형태로 사용된답니다.

(3) 목적어

'목적어'는 문장에서 흔히 '〜을, 〜를'로 해석이 되는 문장 성분입니다. 하지만 목적어를 이렇게 이해하기보다는 앞으로는 목적어를 '동작의 대상'이라고 생각해 보세요. 이것이 좀 더 정확한 목적어의 정의입니다. 해석은 '〜을, 〜를'이라고 하면 되구요. 경우에 따라서 '〜에게'라고 해석이 되는 경우도 있습니다. 그리고 목적어로 사용할 수 있는 품사는 주어와 마찬가지로 (대)명사밖에 없습니다. 따라서 명사 역할을 하는 명사구, 명사절은 당연히 목적어로 쓸 수 있습니다.

12 I bought the book in the bookstore yesterday.
_{명사}

▶ 동사 buy의 과거형 bought가 문장의 서술어입니다. 그리고 구입한 대상은 the book이구요. the book을 동사 bought의 목적어라고 합니다.

13 I want to go to the shopping mall.
_{명사구}

▶ 동사 want의 대상은 to go입니다. 즉, 명사구에 해당하는 부정사구 to go가 목적어로 쓰였습니다.

14 He claimed that he was innocent.

　　　　　　　　　명사절

* innocent ⑱ 무죄의, 결백한

> ◯ he was innocent 앞에 접속사 that을 붙여 명사절을 만들고 이 명사절이 목적어로 사용되었습니다. 이 경우 목적어절을 이끄는 접속사 that은 생략해도 됩니다.

(4) 보어

'보어'는 주어 또는 목적어의 성질, 상태를 보충 설명해 주는 말입니다. 동사만으로는 주어나 목적어를 완전히 설명하지 못해서 명사나 형용사로 보충 설명하는 겁니다. 주어를 보충 설명하는 말을 '주격 보어'라고 하고 목적어를 보충 설명하는 말을 '목적격 보어'라고 합니다. 보어로 쓸 수 있는 품사는 명사와 형용사 이렇게 두 가지가 있다는 것도 기억해 두세요.

❶ 주격 보어

15 Mr. Brown is a teacher whom I respect.

　　　　　　　명사

> ◯ a teacher는 주격 보어로 쓰이고 있는 명사입니다. 이렇게 명사가 보어로 쓰이면 주어와 주격 보어는 서로 같은 말이 됩니다. 즉, 주어 = 주격 보어의 관계가 성립합니다.

16 Many people are homeless as a result of the bombing.

　　　　　　　　　형용사

* as a result of ~의 결과로, ~때문에

> ◯ be동사의 보어 자리에 homeless가 왔네요. be동사만으로는 many people을 완전히 설명할 수 없어서 '집 없는'이라는 뜻을 가진 형용사 homeless를 사용해서 보충 설명하고 있습니다. 이렇게 형용사를 보어로 쓰면 주어의 상태를 나타내게 됩니다.

17 My hope is to go out with Jane.

　　　　　　　　명사구

* go out with ~와 사귀다

> ◯ 부정사구는 명사구로 쓰일 수 있죠. 보어로 명사를 쓸 수 있으니 당연히 명사구도 보어로 쓸 수 있구요. 이 문장에서 to 이하는 주격 보어로 쓰인 명사구입니다.

18 The advantage of this project is that we can meet many students.

　　　　　　　　　　　　　　　　명사절

> ◯ 명사절은 명사의 역할을 하니 당연히 보어로 사용할 수 있습니다. that we can meet many students는 주격 보어로 사용된 명사절입니다.

---

09 양말 두 켤레가 온통 구멍이 났다.　10 어머니께서 내가 없는 동안에 내 화분에 물을 주실 거다.　11 너는 여기서 흡연을 하면 안 된다.　12 나는 어제 서점에서 그 책을 샀다.　13 나는 그 쇼핑몰에 가고 싶다.　14 그는 자기가 무죄라고 주장했다.　15 Brown 씨는 내가 존경하는 선생님이다.　16 많은 사람들이 폭격으로 집을 잃었다.　17 내 소원은 Jane과 사귀는 거다.　18 이 프로젝트의 장점은 우리가 많은 학생들을 만날 수 있다는 것이다.

❷ 목적격 보어

19 We elected Mr. Brown a chairperson.
명사

▶ '우리가 Brown을 선출했다.'라고 하면 Brown을 무엇으로 선출했는지 알 수가 없습니다. 그래서 목적어 Brown 뒤에 chairperson이라는 명사를 보어로 사용해서 'Brown을 의장으로 선출했다'라는 표현을 한 것입니다. 이때 chairperson은 목적어 Mr. Brown을 보충 설명하는 목적격 보어입니다. 주격 보어와 마찬가지로 명사를 보어로 사용했으므로 Mr. Browon = a chiarperson 관계가 성립합니다.

20 I made Tommy happy.
형용사

▶ '내가 Tommy를 만들었다.'라고만 말하면 뭔가 부족하죠. 그래서 목적격 보어를 사용합니다. 이 문장에는 목적격 보어로 명사가 아니라 형용사를 썼는데요. 이렇게 목적격 보어로 형용사를 쓰면 Tommy = happy의 관계가 성립하지 않고 happy는 Tommy의 상태를 나타내는 말이 됩니다.

(5) 수식어

표현을 아름답고 멋있게 또는 뚜렷하고 정확하게 하기 위해 사용하는 말을 '수식어'라고 합니다. 수식어는 무미건조해질 수 있는 문장에 감칠맛을 부여합니다. 수식어라는 말에서 알 수 있듯이 명사나 동사를 수식하는 말인데 문장에 멋과 맛을 더해주긴 하지만 정보 전달의 핵심적 역할을 담당하는 것은 아닙니다. 문장을 꾸미는데 일종의 양념같은 역할을 한다고 생각하면 됩니다. 수식어는 두 가지가 있습니다. 명사를 수식하는 형용사가 있구요, 동사나 형용사 또는 경우에 따라 다른 부사를 수식하는 부사가 있습니다.

❶ 명사를 수식하는 형용사(구, 절)

21 Oprah Winfrey seems to be a very confident person.
형용사   * seem to ～처럼 보이다

▶ '자신감 있는'이라는 형용사 confident가 명사 person을 수식하고 있습니다. 이럴 때 형용사가 명사를 수식한다고 말하는 겁니다. 또한 부사 very가 형용사 confident를 수식하고 있습니다.

22 The book on the desk is not mine.
형용사구

▶ '책상 위에'라는 on the desk가 앞에 있는 명사 the book을 수식하고 있네요. 세 개의 단어로 구성되어 명사를 수식하므로 형용사구입니다. 당연히 형용사구도 수식어입니다.

23 I lost the book which you had bought me.
형용사절

▶ which you had bought me가 앞에 있는 the book을 수식하고 있습니다. 그런데 수식어가 주어, 동사가 있는 절입니다. 즉, 관계대명사 which가 이끄는 형용사절이 앞에 있는 명사 book을 수식하고 있습니다.

❷ 동사, 형용사, 다른 부사를 수식하는 부사

24 Children learn incredibly fast, whereas adults learn fairly slowly.
부사 부사 부사 부사

▶ '배우다'라는 동사 learn을 부사 fast가 수식하여 '빠르게 배운다'는 말을 만들고 있네요. '믿을 수 없을 정도'로의 의미인 부사 incredibly가 부사 fast를 수식하고 있구요. whereas가 이끄는 뒷문장에도 부사 slowly는 동사 learn을 수식하고 있구요. 부사 fairly는 다른 부사 slowly를 수식하고 있습니다.

25 The pasta you made me yesterday was very delicious.
부사

▶ 부사 very가 형용사 delicious를 수식하고 있습니다. 사실 부사 very는 이 문장에서 없어도 말은 통하지만 delicious를 강조해서 문장에 맛을 더해 주고 있습니다. 이것이 바로 수식어가 하는 역할입니다.

---

19 우리는 Brown을 의장으로 선출했다.　20 내가 Tommy를 행복하게 해줬다.　21 Oprah Winfrey는 대단히 자신감 있는 사람으로 보인다.　22 책상 위에 있는 책은 내 것이 아니다.　23 네가 내게 사줬던 그 책을 잃어버렸다.　24 아이들은 믿을 수 없을 정도로 빠르게 배운다. 반면에 어른들은 매우 느리게 배운다.　25 네가 어제 내게 만들어준 파스타는 정말 맛있었다.

명사를 수식하는 말

외국어를 배운다는 건 쉬운 일이 아닙니다. 특히 모국어와 어순이 다른 외국어를 배우는 건 정말 힘든 일입니다. 영어는 우리말과 어순 차이가 심해서 특히나 한국인에게는 배우기 어려운 언어인데요. 그 중에서도 가장 힘든 것 하나를 꼽으라면 아마도 명사를 수식하는 말의 위치가 아닐까 싶어요. 그런데 수능 시험에 출제되는 모든 지문의 문장에는 명사를 수식하는 다양한 말들이 등장하는데 이것에 익숙하지 않으면 제대로 문장을 읽어 나갈 수가 없습니다. 그래서 본격적으로 영어 문법을 공부하기 전에 우리말과 너무 다른 차이를 보이는 명사와 그 명사를 수식하는 말에 대해 먼저 공부하는 것이 매우 중요합니다.

우리말은 형용사가 명사를 수식할 경우 형용사가 먼저 오고 뒤에 명사가 옵니다. '유능한 강사' 이런 식으로요. 이 원칙은 단일 형용사이건 형용사절이건 반드시 지켜지는 규칙입니다. 명사를 수식하는 형용사는 무조건 앞에 있어야 합니다. '영어를 가르치는 유능한 강사', '처음에는 별로였지만 엄청난 노력을 통해 변화를 일구어 낸 유능한 강사' 이런 식으로 말입니다. 아무리 길어져도 명사를 수식하는 말은 모두 명사 앞에 있어야 합니다.

영어도 형용사가 한 단어이면 우리말처럼 형용사가 명사 앞에 옵니다. a pretty girl 이런 식으로요. 접속사 and 정도로 단일 형용사들이 연결될 때에도 마찬가지로 형용사는 명사 앞에 옵니다. a pretty and smart girl 이렇게 말입니다. 이런 경우는 우리말과 같으니 어려울 것이 하나도 없습니다.

그런데 형용사가 길어지면 얘기가 달라집니다. 우리말과 달리 형용사가 명사 뒤에 위치하게 됩니다. 바로 이런 형태가 우리말에 없는 것이어서 어지간히 익숙해지지 않으면 의미를 파악하기가 쉽지 않습니다. 그래서 이 개념을 확실하게 익히고 충분히 훈련해야 합니다. 이렇게 하지 않으면 복잡한 영어 문장을 신속하게 읽고 바르게 해석하는 게 불가능합니다. 이번 기회에 확실히 정리합시다.

명사를 뒤에서 수식하는 모양은 모두 여덟 가지가 있습니다. 형용사구의 모양이 다섯 가지, 형용사절의 모양이 세 가지입니다. 하나씩 살펴보기로 합시다.

■ 명사를 뒤에서 수식하는 8가지 유형

	형용사	1. He tried every means available. 그는 온갖 수단을 다 써 보았다. 2. Dora responsible for the mistake has been fired. 그 실수에 책임이 있는 Dora는 해고당했다.
명사 +	전치사 + 명사	3. 40% of people under the age of 25 are unemployed. 25세 이하의 사람 중 40퍼센트가 무직이다.
	to 동사원형	4. All living things need oxygen to breathe. 모든 생명체는 숨 쉴 산소가 필요하다.
	-ing(현재분사)	5. Men living in Seoul do not know rural pleasure. 서울에 사는 사람들은 시골의 즐거움을 모른다.
	-ed(과거분사)	6. The paintings stolen from the museum haven't been found yet. 박물관에서 도난당한 그 그림들은 아직 발견되지 않았다.
	관계사 + 주어 + 동사	7. I met an old friend that[whom] I hadn't seen for years. 오랫동안 보지 못 했던 옛 친구를 만났다.
	관계사 + 동사	8. The doctor who examined the sick child was gentle. 아픈 아이를 진료한 그 의사는 친절했다.
	주어 + 동사	9. The woman I was dancing with stepped on my toe. 나와 춤췄던 그 여자가 내 발을 밟았다.

(1) 명사 + 형용사 + 전치사 ~

단일 형용사는 명사 앞에 위치하는 것이 원칙이지만 형용사를 수식하는 말이 형용사 뒤에 있을 경우에는 형용사를 명사 앞에 두지 않고 형용사와 형용사를 수식하는 말 모두 명사 뒤에 둡니다. 문장에서 이 형태가 한 눈에 보이지 않으면 해석을 제대로 못 하게 됩니다.

01 Jane responsible for the mistake has been fired.
　　　명사　　　형용사　　　전치사

▶ 형용사 responsible을 for the mistake가 수식하고 있습니다. 이럴 경우 responsible for the mistake를 붙여 쓰고 수식할 명사 Jane 뒤에 위치합니다.

02 Students eligible for the scholarship should hand in the application.
　　　명사　　　형용사　　　전치사　　　　　　　　　　　　　* eligible 형 자격 있는　hand in 제출하다, 내다

▶ '자격 있는 학생들'이라는 말은 eligible students라고 쓰면 됩니다. 그런데 이 문장에서는 '그 장학금을 탈 자격이 되는' 이라는 말이 되어서 for the scholarship이 eligible을 수식하고 있습니다. 이런 경우 eligible for the scholarship을 붙여서 수식할 명사 students 뒤에 위치합니다.

01 그 실수에 책임이 있는 Jane이 해고되었다.　02 장학금을 탈 자격이 되는 학생들은 지원서를 제출해야 한다.

CHAPTER 04 명사를 수식하는 말 **031**

(2) 명사 + 전치사 + 명사

전치사구가 앞에 있는 명사를 수식하는 경우입니다. 이미 구와 절을 학습할 때 살펴본 형태라 눈에 익숙할 것입니다. 다시 한 번 확인해보겠습니다.

03 The student in the room is my friend.

명사   전치사 + 명사(전치사구)

▶ 전치사구 in the room이 앞에 있는 명사 the student를 수식하고 있습니다.

04 The book on the table belongs to my father.

명사   전치사 + 명사(전치사구)

* belong to ~의 것이다, ~에 속하다

▶ 전치사구 on the table이 앞에 있는 명사 the book을 수식하고 있습니다.

(3) 명사 + to 동사원형

부정사구가 명사 뒤에서 명사를 수식하는 역할을 합니다. **Part 6**에서 배우게 될 부정사의 용법 중에서 '형용사적 용법'에 해당되는 거죠. 부정사가 형용사로 쓰이면 일반 형용사와 마찬가지로 명사를 수식하거나 보어로 쓰이는데 명사를 수식하는 경우에는 명사 앞에 오는 게 아니라 뒤에 와야 합니다 .

05 The student to fly the kite is my friend.

명사   to 동사원형

▶ 부정사구 to fly the kite가 앞에 있는 명사 the student를 수식하고 있습니다. 부정사의 형용사적 용법이죠. 이렇게 부정사가 앞에 있는 명사를 수식할 때 조동사 will, can 정도의 의미를 가집니다. 그래서 '~할, ~하려는, ~할 수 있는' 정도로 해석합니다.

06 All living things need oxygen to breathe.

명사   to 동사원형

▶ 부정사구 to breathe가 앞에 있는 명사 oxygen을 수식하고 있습니다. 부정사가 앞의 명사를 수식하는 형용사적 용법으로 쓰였고 '숨 쉴, 숨 쉴 수 있는' 정도로 해석하면 됩니다.

(4) 명사 + -ing (현재분사)

명사 뒤에 현재분사가 오면 앞에 있는 명사를 수식합니다. 물론 현재분사 한 단어만 쓰이는 경우 a sleeping baby처럼 현재분사가 명사 앞에 오지만 the baby sleeping in the cradle처럼 현재분사가 다른 말과 결합해 명사를 수식하는 경우에는 명사 뒤로 가야 합니다. 해석은 당연히 진행의 의미가 들어가야 합니다. 그래서 '~하는, ~하고 있는'이라고 해석합니다. 명사와 현재분사 사이에 '주격 관계대명사 + be동사'가 생략된 형태로 설명되기도 합니다. 여기서는 현재분사가 앞에 있는 명사를 수식한다고 이해하면 됩니다.

07 The student flying the kite is my friend.
　　　　명사　　　현재분사구
　　▶ 현재분사구 flying the kite가 앞에 있는 명사 the student를 수식합니다. '연을 날리는' 또는 '연을 날리고 있는'이라고 해석하면 됩니다.

08 Men living in Seoul do not know rural pleasure.
　　　명사　　　현재분사구
　　▶ living in Seoul이라는 현재분사구가 앞에 있는 명사 men을 수식하고 있습니다.

(5) 명사 + -ed (과거분사)

명사 뒤에 타동사의 과거분사형이 오면 이것도 앞에 있는 명사를 수식하는 말입니다. 현재분사와 마찬가지로 한 단어로 되어 있다면 당연히 명사 앞에서 명사를 수식하겠지만 구를 이룬다면 모두 명사 뒤에 두어야 합니다. 예를 들어 '초대받은 사람'은 the invited person이라고 쓰지만 '그 파티에 초대받은 사람'은 the person invited to the party라고 써야 합니다. 명사와 과거분사 사이에 '주격 관계대명사 + be동사'가 생략된 것으로 생각해도 되지만 앞에 있는 명사를 수식하는 '형용사구'라고 생각하는 게 더 쉽게 이해될 것입니다.

09 The student invited to the party is my friend.
　　　　명사　　　　과거분사구
　　▶ invited가 단독으로 쓰이지 않고 구를 이루고 있으므로, 앞에 있는 명사 the student를 뒤에서 수식하고 있습니다.

10 The painting stolen from the museum hasn't been found yet.
　　　　명사　　　　　과거분사구
　　▶ 과거분사구 stolen from the museum이 앞에 있는 명사 the painting을 수식하고 있습니다.

---

03 방에 있는 학생이 나의 친구이다.　04 탁자 위에 있는 그 책은 나의 아버지 것이다.　05 연을 날릴 학생은 나의 친구이다.　06 모든 생명체는 숨을 쉴 산소가 필요하다.　07 연을 날리고 있는 학생은 나의 친구이다.　08 서울에 살고 있는 사람들은 시골 생활의 즐거움을 모른다.　09 그 파티에 초대받은 학생은 나의 친구이다.　10 박물관에서 도난당한 그림이 아직 발견되지 않았다.

(6) 명사 + 관계사 + 주어 + 동사

관계사가 이끄는 절은 형용사절입니다. 따라서 문장에서 관계사절을 보면 앞에 있는 명사를 수식하는 말로 이해하면 됩니다. 관계사와 관련된 자세한 내용은 Part 3에서 배우도록 하구요. 여기서는 관계사 뒤에 오는 문장이 앞에 있는 명사를 수식하는 형용사절이라는 사실을 알아둡시다.

11 I met an old friend whom I hadn't seen for years.
명사   관계사 + 주 어 + 동사

▶ 관계사절 whom I hadn't seen for years가 앞에 있는 명사 an old friend를 수식하고 있습니다.

12 That's the car which my father bought last year.
명사   관계사 + 주 어 + 동사

▶ 관계사절 which my father bought last year가 앞에 있는 명사 the car를 수식하고 있습니다.

(7) 명사 + 관계사 + 동사

관계사 뒤에 동사가 와도 앞에 있는 명사를 수식하게 됩니다. 관계사 뒤에 주어+동사가 오면 목적격 관계 사이고 관계사 뒤에 동사가 오면 주격 관계사인데 앞에 있는 명사를 수식한다는 점에서는 차이가 없습니다. 주격 관계사와 목적격 관계사의 차이는 Part 3에서 자세히 다루도록 하겠습니다.

13 The doctor who examined the sick child was gentle.
명사   관계사 + 동 사

▶ who examined the sick child가 앞에 있는 명사 the doctor를 수식하고 있습니다.

14 The thief who broke into my house was caught by police.
명사   관계사 + 동 사

* break into ～에 침입하다

▶ who broke into my house가 앞에 있는 명사 the thief를 수식하고 있습니다.

(8) 명사 + 주어 + 동사

이 형태는 명사와 주어 + 동사 사이에 목적격 관계대명사가 생략된 것입니다. 그런데 이미 생략된 것을 생각할 필요 없이 명사 뒤에 주어 + 동사가 나오면 앞에 있는 명사를 수식한다는 것을 이해하고 문장을 해석하면 됩니다.

15 The woman I was dancing with stepped on my toe.
　　　 명사　　주어 + 동사

　▶ The woman과 I 사이에 목적격 관계대명사 whom이 생략된 형태입니다. 하지만 생략되어 있는 목적격 관계대명사를 생각하지 말고 명사 the woman 뒤에 나오는 주어 + 동사를 갖춘 I was dancing with가 앞에 있는 명사 the woman을 수식하는 형용사절이라고 생각하면 됩니다.

16 The cookie I made broke into pieces.
　　　 명사　　주어 + 동사　　　　　　　　　　　　　　　　　　　 * break into pieces 산산조각나다

　▶ the cookie 뒤에 있는 주어 + 동사인 I made가 앞에 있는 명사 the cookie를 수식하고 있습니다.

지금까지 다룬 명사를 수식하는 여덟 가지 유형 중에서 (1), (4), (8) 형태의 문장을 이해하는 것에 학생들이 특히 약합니다. 학생들이 해석이 안 된다고 어려워 하는 문장에는 이 세 가지 형태가 포함된 경우가 많거든요. 정확하게 익히고 충분히 훈련하는 게 가장 좋은 방법입니다. 대충대충 해석하는 습관을 버리고 평소에 정확하게 해석하도록 해보세요. 명사를 수식하는 말은 워낙 많이 쓰이는 것이어서 조금만 노력하면 금방 익숙해질 수 있습니다. 조금 귀찮고 힘들어도 정확하게 또박또박 해석하는 습관을 길러야 한다는 것을 꼭 명심하기 바랍니다.

---

11 나는 오랫동안 보지 못했던 옛 친구를 만났다.　12 저것이 아버지께서 작년에 구입하신 차다.　13 아픈 아이를 진찰했던 의사는 친절했다.　14 우리 집에 침입했던 도둑이 경찰에게 잡혔다.　15 나와 춤추던 여자가 내 발을 밟았다.　16 내가 만든 쿠키가 산산조각이 났다.

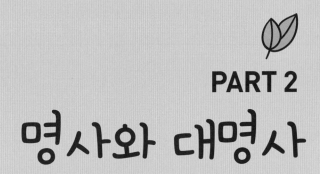

PART 2
명사와 대명사

CHAPTER 01

명사의
종류와 역할

Part 1에서 문장을 이루는 구성 요소를 '문장 성분'이라고 했습니다. 그 각각의 문장 성분에 사용할 수 있는 품사는 무엇이 있었는지 기억하나요? 주어로 쓸 수 있는 품사는 단 한 가지 (대)명사뿐이었고, 서술어가 될 수 있는 품사는 동사 하나였죠. 목적어로 쓸 수 있는 품사는 주어와 마찬가지로 (대)명사 한 가지였고요. 그리고 보어로 쓸 수 있는 품사는 명사와 형용사 두 가지가 있었고요. 영어라는 언어는 기본적으로 동사를 중심으로 왼쪽에 주어를 놓고 오른쪽에 목적어를 놓는 구조로 이루어져 있습니다. 이때 주어와 목적어로 쓸 수 있는 품사가 오직 (대)명사 하나뿐이므로, 결국 영어에서 가장 중요한 품사는 명사와 동사라 할 수 있습니다. 그래서 명사와 동사를 잘 이해하고 활용하는 게 영어를 잘하는 관건이 되는 것입니다.

자, 이런 지식을 기반으로 영문법 공부를 명사로 시작해봅시다. 이번 Part에서는 명사와 대명사를 공부해 보도록 할 거예요. 기본 개념을 확실하게 이해하고 정리한 뒤에 명사와 함께 쓰이는 다른 말들을 공부할 테니까 잘 따라오세요.

(1) 명사의 종류

명사는 우선 ❶ 단일명사, ❷ 명사구, ❸ 명사절로 크게 나누어 볼 수 있어요. 우선 단일명사란 하나의 단어가 가지고 있는 품사가 명사인 경우를 말하는 거고, 명사구와 명사절은 둘 이상의 단어가 모여서 그 기능을 명사처럼 사용하는 것입니다. 보통 우리가 명사라고 하면 단일명사를 말하는 것입니다.

따라서 먼저 단일명사부터 공부하고 이어서 명사구와 명사절을 살펴보겠습니다. 아무래도 명사구나 명사절은 엄밀히 따지면 무언가에 이름을 붙인다는 의미의 '명사'하고는 사실 조금 거리가 있는 문법 요소들이므로 나중에 살펴보기로 하겠습니다.

(2) 단일명사

❶ 셀 수 있는 명사와 셀 수 없는 명사의 차이

우리말은 사실 '셀 수 있는 명사(가산명사)'와 '셀 수 없는 명사(불가산명사)'를 엄격하게 구별해서 사용하지는 않습니다. 그래서 단수와 복수의 구별도 엄격하지 않은데 영어는 그렇지 않답니다. 영어권 사람들은 명사를 보면 무조건 셀 수 있는 명사인지, 셀 수 없는 명사인지 구별해서 사용한답니다. 단수와 복수의 사용도 매우 엄격하고요. 이런 차이에 따라서 여러 가지 구별해서 사용해야 하는 것들이 있기 때문에, 명사는 반드시 셀 수 있는 명사인지, 셀 수 없는 명사인지 구별해서 익혀두는 것이 영어를 보다 잘 할 수 있는 방법이에요.

셀 수 있는 명사와 셀 수 없는 명사는 그 활용에서 네 가지의 중요한 차이가 있답니다. 자, 이 차이점을 잘 기억해두세요!

{차이 1} 셀 수 있는 명사는 부정관사 a, an과 함께 쓸 수 있지만, 셀 수 없는 명사는 부정관사를 사용할 수 없다.
{차이 2} 셀 수 있는 명사는 복수형을 쓸 수 있지만, 셀 수 없는 명사는 복수형을 쓸 수 없다.
{차이 3} 셀 수 있는 명사는 수를 나타내는 형용사인 many, few 등을 사용하지만, 셀 수 없는 명사는 양을 나타내는 형용사 much, little 등을 사용한다.
{차이 4} 셀 수 있는 명사는 단수형만 단독으로 사용할 수 없다.

{차이 4}가 무엇을 말하는지 조금 어려울 수 있습니다. 예문을 통해 알아봅시다. Book is on the table. 이렇게 쓰면 틀린다는 것입니다. book은 셀 수 있는 명사이므로 반드시 한정사(관사, 소유격 등) 중 하나와 함께 쓰거나 아니면 복수형을 사용해야 하는 것입니다. 즉, A book is on the table.이나 My book is on the table.처럼 관사나 소유격 등과 함께 써야 하는 거죠. 그리고 Books are on the table.처럼 복수형을 쓰면 한정사와 함께 쓰지 않아도 됩니다.

그런데 셀 수 없는 명사는 단수형을 단독으로 사용해도 됩니다. 예를 들어, Water is important.라는 문장에서 셀 수 없는 명사 water는 한정사와 함께 쓰지 않아도 단수형 단독으로 사용할 수 있답니다. 한정사는 Part 3에서 공부할 것입니다.

셀 수 있는 명사	셀 수 없는 명사
1. 부정관사 사용 가능	1. 부정관사 사용 불가능
2. 복수형 사용 가능	2. 복수형 사용 불가능
3. '수'를 나타내는 형용사 사용	3. '양'을 나타내는 형용사 사용
4. 단수형 단독 사용 불가	4. 단수형 단독 사용 가능

❷ 셀 수 있는 명사

사실 우리가 예민하게 구별하지 않을 뿐이지 셀 수 있는 명사와 셀 수 없는 명사에 대한 인식은 우리나 영어권 사람들이나 다르지 않습니다. 우리가 셀 수 있는데 영어권 사람들이 못 셀 리가 없고, 우리가 셀 수 없는 것을 영어권 사람들이라고 해서 셀 수 있는 건 아니니까요. 단지 우리가 영어권 사람들처럼 예민하게 따지지 않을 뿐입니다. 예를 들어, '충고'라는 명사는 사실 셀 수 없는 건데 우리말에서는 '충고 하나 할게!' 이런 식으로 말하거든요. 하지만 영어권 사람들은 an advice 이렇게 말하지 않는다는 거죠. 사실 조금만 주의해서 생각하면 셀 수 있는 것인지 셀 수 없는 것인지는 구별할 수 있어요. 따라서 앞으로 명사가 나오면 셀 수 있는 것인지 셀 수 없는 것인지 생각해보고 헷갈리는 것들은 정확히 따져 익히는 게 좋습니다.

여기서는 좀 더 쉽게 구별할 수 있는 법을 알려드릴게요. 우선 셀 수 있는 명사는 우리 눈에 보이는 고정된 형태의 것이라고 생각하면 됩니다. 일단 눈에 보여야 하고, 형태가 변하지 말아야 합니다. 연필, 책상, 의자, 탁자 등이 이런 명사에 해당됩니다. 셀 수 있는 명사는 부정관사와 함께 쓸 수 있고, 복수형이 가능하며, 수를 나타내는 형용사와 함께 쓰고, 한정사 없이 단수형만 단독으로 사용할 수 없다는 것을 꼭 기억해야 합니다.

■ 셀 수 있는 명사의 예

pencil, desk, chair, table, cup, house, phone, friend, dog, cat, computer ...

01 There is a pencil on the table.
셀 수 있는 명사 앞에 쓰인 부정관사, 정관사
▶ 연필(pencil)은 셀 수 있는 명사이기에 한정사인 부정관사(a)를 썼고, 탁자(table)는 셀 수 있는 명사이기에 한정사인 정관사(the)를 쓴 것입니다.

02 I don't know where my cup is.
셀 수 있는 명사 앞에 쓰인 소유격
▶ 컵(cup)은 셀 수 있는 명사이기에 단독으로 쓸 수 없어 한정사인 소유격(my)을 쓴 것입니다.

03 I want to have many friends.
많은(many)이라는 수형용사 + 복수형 명사
▶ 친구(friend)는 셀 수 있는 명사이고 많은(many)이라는 수형용사가 왔기에 복수형 -s가 붙었습니다.

04 There are a few cats in my house.
많은(a few)이라는 수형용사 + 복수형 명사
▶ 고양이(cat)는 셀 수 있는 명사이고 많은(a few)이라는 수형용사가 왔기에 복수형 -s가 붙었습니다.

05 Could you buy me a computer for my birthday?
a + 단수 명사
▶ 컴퓨터(computer)는 셀 수 있는 명사이지만 단수를 나타내는 a가 왔으므로 단수를 썼습니다.

❸ 셀 수 없는 명사

셀 수 없는 명사의 특징은 네 가지로 나누어 볼 수 있어요. 즉, 셀 수 없는 명사는 ❶ 부정관사를 사용할 수 없고, ❷ 복수형이 없으며, ❸ 양을 나타내는 형용사와 함께 사용하며, ❹ 셀 수 있는 명사와 달리 단수형의 단독 사용이 가능하다는 것을 앞서 배웠습니다. 이제 셀 수 없는 명사로는 어떤 것이 있는지 그 종류에 대해 좀 더 자세히 알아보도록 할게요.

첫 번째는, 세상에 하나 뿐인 것은 하나, 둘, 셋이라고 셀 수 없는데, 예를 들어 사람 이름, 나라 이름, 도시명, 회사명, 요일, 월 등이 여기에 해당됩니다. 하나밖에 없으니 당연히 복수형을 사용하지 않고, 첫 글자도 대문자로 쓰지요. 이런 종류의 명사를 '고유명사'라고 합니다.

■ 셀 수 없는 고유명사의 예

Wonkyu, Edison, Korea, Busan, Samsung, BMW, Han River, Mars, NIKE, Monday, June, July ...

두 번째로 여러 개를 포함할 수 있는 상위 개념에 해당하는 단어들은 셀 수 없는데, 이를 '집합명사'라고 부릅니다. 즉, 책상, 의자, 탁자 각각은 셀 수 있지만, 그 상위 개념에 해당되는 '가구'는 셀 수가 없습니다. 우리가 연필, 지우개, 볼펜 각각은 셀 수 있지만 '문구류'는 셀 수 없잖아요. 전화기, 복사기는 셀 수 있지만 '비품'은 셀 수 없지요. 100원짜리, 1000원짜리 동전이나 지폐는 셀 수 있지만, 그 상위 개념인 '돈'은 셀 수가 없답니다. 그래서 집합을 나타내는 우리말의 '~류'라는 의미에 해당되는 말들은 셀 수 없는데, 영단어에서는 '-ry'가 붙어 있는 경우가 많습니다.

■ 셀 수 없는 집합명사의 예

furniture, stationery, equipment, money, machinery, weaponry, luggage, pottery, rubbish ...

세 번째로 형태가 고정되어 있지 않은 것들은 대체로 셀 수 없습니다. 이를 우리말로 '물질명사'라고 부르는데, 주로 액체류를 나타내는 단어가 대표적입니다. 물, 우유, 맥주, 커피 같은 것들이 물질명사에 해당됩니다. 액체 말고도 설탕, 소금, 밀가루, 빵, 얼음처럼 어디에 담아 두는가에 따라 모양이 달라지는 것들도 물질명사에 해당됩니다. 공기, 산소, 증기, 연기 같은 기체류도 여기에 해당됩니다.

■ 셀 수 없는 물질명사의 예

water, milk, beer, coffee, sugar, salt, flour, bread, ice, air, oxygen, steam, smoke ...

물질명사를 세고 싶을 때는 이들을 담아두는 용기와 함께 나타내거나, 아니면 이 물질명사들이 고정된 모양을 나타내는 단위와 함께 사용하게 됩니다. 예를 들어, 커피 한 잔, 물 한 컵, 빵 한 조각처럼 나타냅니다. 이렇게 사용할 때 조심할 것은 빵 두 조각이 되더라도 빵이 복수가 되는 게 아니라 조각이 복수가 된다

---

01 탁자 위에 연필이 하나 있다.   02 내 컵이 어디 있는지 모르겠다.   03 나는 친구가 많았으면 한다.   04 나의 집에 고양이가 몇 마리 있다.   05 당신은 내 생일에 컴퓨터를 사주실 수 있나요?

는 점입니다. 즉, a piece of bread, two pieces of bread, many pieces of bread의 형태가 되는 것입니다. two piece of breads처럼 쓰면 안 된다는 것에 유의해야 합니다. 문법 용어로 이렇게 물질명사와 함께 쓰이는 단위를 '조수사'라고 부르기도 해요. 그런데 이 조수사가 단어별로 꼭 고정되어 있는 것은 아니에요. 물의 경우에 대부분 컵과 함께 쓰이겠지만, 물 한 대접이 될 수도 있고 물 한 접시가 될 수도 있지요. a cup of water, a bowl of water, a dish of water처럼요. 마찬가지로 빵도 a piece of bread, a slice of bread, a loaf of bread 등 여러 가지로 표현할 수 있습니다.

네 번째는 우리가 흔히 '추상명사'라고 부르는 것입니다. 눈으로 볼 수 없는 추상적인 개념이나 제도, 감정, 상태 등에 이름을 붙인 것이지요. 충고, 정보, 소식, 시간, 교육, 기쁨, 행복, 사랑, 두려움, 부, 아름다움, 행운, 믿음 같은 단어들이 추상명사에 속합니다.

■ 셀 수 없는 추상명사의 예

advice, information, news, time, education, pleasure, love, fear, wealth, beauty, luck, belief ...

❹ 수에 유의할 명사

'예외 없는 규칙은 없다.'는 말이 있듯이, 우리가 지금까지 공부한 명사의 단수와 복수 기본 원리에서 벗어난 명사들도 있습니다. 이런 명사들은 상황이나 경우에 따라서 쓰임새가 다르게 나타날 수 있으므로 유의해야 합니다.

● 단수 취급하기도 복수 취급하기도 하는 집합명사

집합명사 중 family, team, audience 같은 몇몇 단어들은 동사의 수에 있어 경우에 따라서는 단수 취급하기도 하고 복수 취급하기도 해요. 언제 동사의 수가 달라질까요? 가족이나 팀, 관객을 하나의 단위로 나타낼 때는 단수 취급하고, 가족이나 팀, 관객의 구성원을 나타낼 때는 복수 취급합니다. 아래 예문을 잘 살펴보세요.

06 My family is very large.
　　　가족을 하나의 단위(대가족)로 나타냄

07 My family are all very well.
　　　가족의 각각 구성원 모두를 나타냄
　　　▶ 06은 가족을 하나의 단위(대가족)로 나타내고 있으므로 단수 취급하여 동사는 is가 쓰였고, 07은 가족의 각각 구성원 모두를 나타내므로 복수 취급하여 동사는 are가 쓰였습니다.

08 The audience was a large one.
　　　관객을 하나의 단위로 나타냄

09 The audience were greatly moved.
관객의 각각 구성원을 나타냄

▶ 08은 관객을 하나의 단위로 나타내고 있으므로 단수 취급하여 동사는 is가 쓰였고, 09는 관객의 각각 구성원 모두를 나타나기에 복수 취급하여 동사는 were가 쓰였습니다.

그런데 사실 이것은 영국 영어에서만 구별하는 것이고, 미국 영어에서는 이런 명사를 굳이 단수와 복수로 구별하지 않아요. 따라서 이런 문장들의 단수와 복수의 쓰임을 묻는 문제는 논란의 소지가 있는데, 아직도 학교 내신 시험에서는 종종 등장하기도 합니다. 시험 문제에 나오면 해석할 때 '모두'라는 말을 한번 넣어 보세요. 그렇게 해서 말이 잘 통하면 대체로 복수 취급하면 됩니다.

● 복수 취급하는 명사

개별 구성원들의 집합을 나타내는 말 중에서 형태는 단수형이지만, 내용은 복수여서 복수 동사를 쓰는 집합명사들도 있어요.

■ 복수 취급하는 집합명사의 예

police, military, people, cattle ...

또, 짝을 이루어 하나를 이루는 명사들도 복수 취급을 해요.

■ 복수 취급하는 짝 명사의 예

glasses, shoes, socks, trousers, pants, shorts, scissors ...

● 단수 취급하는 명사

정치학, 수학 등 학문명은 -s로 끝나지만 단수 취급합니다.

■ -s로 끝나는 단수명사의 예

politics, mathematics, physics, statics, economics, ethics ...

그리고 병명이나 국가명은 뒤에 -s가 붙어 있더라도 단수 취급합니다.

■ -s로 끝나는 단수명사의 예

measles, the United States, the Philippines ...

---

06 우리 가족은 대가족이다. (단수 취급)   07 우리 가족은 모두 잘 지낸다. (복수 취급)   08 관객이 많았다. (단수 취급)   09 관객들 모두 매우 감동받았다. (복수 취급)

Deep Q&A

Q 그런데 셀 수 있는 명사와 셀 수 없는 명사 둘 다 쓰이는 명사도 있던데요, 이건 뭔가요?

A 네, 맞아요. 많은 단어들은 셀 수 있는 명사와 셀 수 없는 명사로 모두 쓰입니다. 예를 들어, company라는 단어가 '회사'라는 뜻으로 쓰이면 당연히 셀 수 있는 명사가 됩니다. 그런데 company가 '교제, 함께 있음' 등의 뜻으로 쓰일 때는 셀 수 없는 명사가 됩니다. 셀 수 없는 명사로 앞에서 언급했던 family 또한 '가구(家口)'라는 뜻으로 쓰이면 셀 수 있는 명사가 됩니다. 하나만 더 예를 들어 보겠습니다. people이라는 단어는 복수 취급하는 집합명사로 '사람들'이라는 뜻으로 쓰입니다. people이라는 단어가 '민족'이라는 뜻으로 쓰일 때는 셀 수 있는 명사가 됩니다. 그러므로 어떤 단어를 셀 수 있는, 셀 수 없는 것으로 딱 구별해서 외우겠다는 것은 그다지 현명한 학습 방법은 아닙니다. 좀 더 유연한 사고가 필요하답니다.

(3) 이름 아닌 명사 – 명사구와 명사절

명사구와 명사절은 앞에서 배운 단일명사처럼 실제 사물이나 개념에 고정된 이름을 부여한 것은 아니랍니다. 단지 명사처럼 문장에서 주어나 목적어 등으로 활용하기 위해 명사의 기능을 부여한 것이지요. 그래서 '~하는 것', '~하기' 등으로 명사처럼 해석이 되기는 하지만, 엄밀하게 얘기하면 문법적으로 명사처럼 쓰이는 것일 뿐 내용적으로 명사라고 할 수는 없답니다. 따라서 명사구나 명사절은 그 모양을 정확하게 익히고 문장 속에서 올바르게 해석하는 것이 무엇보다 중요합니다.

❶ 명사구

'명사구'에는 기본적으로 ❶ 부정사구, ❷ 동명사구가 있습니다. 부정사구는 'to + 동사원형'의 모양으로 우리말 해석은 '~하기', '~하는 것' 정도로 하면 됩니다. 그리고 동명사구는 '동사원형 + -ing'의 형태로 우리말 해석은 '~함', '~하기' 정도로 하면 된답니다. what to do나 how to do 같은 '의문사 + to do'도 명사 역할을 합니다.

❷ 명사절

'명사절'은 세 가지로 나누어 볼 수 있어요. 복습 한번 해볼까요? 영어에서 절을 이끌 수 있는 것은 몇 가지가 있다고 했었죠? Part 1의 Chapter 02에서 배웠습니다. 그렇습니다. 접속사, 관계사, 의문사 이렇게 세 가지가 있다고 했었죠? 마찬가지로 명사절도 당연히 세 가지가 있어요. 기억이 잘 안 나면, 지금 바로 Part 1의 Chapter 02의 내용을 확인해보세요.

그런데 명사절을 만들 수 있는 접속사에는 세 가지가 있어요. 바로 that, if, whether인데요, that은 뜻이 없으니 'that + S + V'는 '주어가 동사하는 것'이라고 우리말로 해석하면 돼요. 그리고 if 또는 whether가 이끄는 절은 '~인지 (아닌지)'라고 해석하면 됩니다. 그런데 '만약 ~라면'이라는 뜻으로 쓰이는 if는 부사절이라는 것에 주의해야 합니다. if가 명사절을 이끌 때 '~인지 (아닌지)'라고 해석하는 것과는 명확하게 구별해야 합니다. 그리고 하나 더 알아둘 것이 있습니다. if는 명사절로 쓰일 때 목적어절에만 사용할 수 있고, 주어나 보어절에서는 사용할 수 없다는 것입니다.

이에 반해, 명사절을 만드는 관계사는 딱 두 가지가 있답니다. 하나는 what 관계사이고, 또 하나는 -ever라는 모양을 가지고 있는 복합관계사랍니다. 'what + S + V'의 경우 '주어가 동사하는 것'이라고 해석하면 되고, 복합관계사 -ever의 경우 '~든지'라고 해석하면 됩니다. 즉, whoever는 '누구든지'라고 하면 되고, whatever는 '무엇이든지'라고 해석합니다.

마지막으로 의문사가 만드는 명사절도 있어요. 이 명사절은 의문사(질문)의 뜻 그대로 해석하면 됩니다. 의문사에 맞게 '누가, 언제, 어디서, 어떻게, 왜'라고 하면 된다는 것입니다. 좀 더 재주를 부려서 '사람, 시간, 장소, 방법, 이유'라고 해석해도 됩니다. 예를 들어, 'Who went there is ~'는 '누가 거기에 갔는지'라고 해석해도 되지만 '거기에 간 사람'으로 해석해도 된다는 겁니다.

이제 명사의 역할을 공부할건데요, 주로 명사구나 명사절이 문장 속에서 어떻게 쓰이는지를 더 자세히 다룰 것입니다. 아래 표와 비교해가며 주어진 예문들을 정확하게 해석하도록 연습해보세요. 이번 기회에 명사구와 명사절을 해석하는 방법을 확실하게 자신의 것으로 만들어봅시다.

	종류	형태	해석
명사구	부정사구	to + 동사원형	~하기, ~하는 것
	동명사구	동사원형 + -ing	~함, ~하기
명사절	접속사 that절	that + S + V	~것
	접속사 if절 (주어, 보어로 사용하지 않음)	if + S + V	~인지 (아닌지)
	접속사 whether절	whether + S + V	~인지 (아닌지)
	관계사 what절	what + (S) + V	~것
	복합관계대명사 -ever절	-ever + (S) + V	~든지, ~라도
	의문사절	의문사 + (S) + V	누가 ~, 언제 ~, 어디서 ~, 어떻게 ~, 왜 ~

(4) 명사의 역할

명사는 문장에서 주어, 목적어, 보어로 쓰입니다. 문장의 주요 성분에 쓰이므로 명사를 잘 해석하는 능력이 무척 중요합니다. 단일명사는 뜻만 알면 그대로 해석하면 되니 크게 문제될 것이 없습니다. 중요한 것은 명사구나 명사절이 왔을 때 틀리지 않고 정확하게 해석하는 것입니다. 이런 실력을 키우는 것은 정확한 이해와 충분한 훈련입니다. 무슨 말인지 아시겠죠? 앞의 표와 비교해가면서 주어진 예문을 정확하게 해석하는 연습을 통해 이번 기회에 명사에 관한 문법 사항을 확실하게 자신의 것으로 만들어보세요.

❶ 주어로 쓰이는 명사

■ (대)명사

10 It was a great exam! Everything I'd revised came up!
　　 주어로 쓰인 대명사 it　　　　　　 주어로 쓰인 대명사 everything

▶ 첫 번째 문장에서는 대명사 it이 주어로 사용되었습니다. 두 번째 문장에서는 대명사 everything이 주어로 사용되었습니다.

11 The French wine I bought is really tasty.
　　 주어로 쓰인 명사 the French wine

▶ 문장의 주어는 명사 the French wine이구요. I bought는 앞에 있는 명사를 수식하는 말입니다. '명사＋주어＋동사'에서 '주어＋동사'가 앞에 있는 명사를 수식하는 것입니다.

■ 명사구

12 To sing in a choir is very enjoyable.
　　　　 주어로 쓰인 명사구

▶ 명사구 중에서 부정사구가 문장의 주어로 쓰이고 있습니다. '합창단에서 노래하다'에 명사적 기능을 부여해서 주어로 쓰고 있네요. 그래서 '합창단에서 노래하는 것'이라고 해석하면 됩니다.

13 Walking down that street alone at night is dangerous.
　　　　　　　 주어로 쓰인 명사구

▶ 명사구 중에서 동명사구가 주어로 쓰였습니다. walking down that street alone at night 전체가 주어 부분으로 쓰이고 있네요. 굳이 한 단어만 고르라고 하면 walking이 주어이지만 그렇게 생각하지 말고 주어 부분 전체를 주어로 생각하면 됩니다.

■ 명사절

14 That I didn't pass all of my exams is disappointing.
　　　　　　 주어로 쓰인 명사절

▶ 접속사 that이 주어 부분에 해당하는 명사절을 만들고 있습니다. 이렇게 사용하는 that은 뜻은 없고 명사를 만드는 기능만 합니다. 그래서 문장 전체에 '～것'이라는 말을 붙여 주어로 해석하면 됩니다. 그리고 구나 절은 단수 취급한다는 것을 기억하죠? 그래서 동사도 단수동사 is를 쓰고 있습니다.

15 Whether the minister will resign is still uncertain.
　　　주어로 쓰인 명사절

* resign ⑧ 사임하다, 물러나다

　▶ 접속사 whether가 이끄는 명사절이 주어로 쓰였는데 ' ~인지 아닌지'라고 해석하면 됩니다. 절은 단수 취급하므로 동사는 is를 사용했습니다.

16 What I want to do is to avoid making a mistake.
　　주어로 쓰인 명사절

　▶ 관계사 what이 이끄는 명사절이 주어로 쓰였습니다. 절은 단수 취급하므로 동사는 is를 쓰고 있습니다.

17 Where he was last night is a very important matter.
　　　주어로 쓰인 명사절

　▶ 의문사 where가 이끄는 명사절이 주어로 쓰였습니다. 절은 단수 취급하므로 동사는 is를 쓰고 있습니다.

❷ 목적어로 쓰이는 명사

■ (대)명사

18 Mary asked me my opinion of the film.
　　　　　간접목적어　　　직접목적어

　▶ 동사 ask는 목적어를 두 개 가질 수 있는 동사인데 간접목적어로 대명사 me가 쓰였고 직접목적어로는 my opinion이 쓰였습니다. 물론 my opinion of the film까지를 모두 목적어라고 해도 괜찮습니다.

■ 명사구

19 We regret to announce the death of Dr. Jackson.
　　　　　　　　　　목적어로 쓰인 명사구

　▶ 동사 regret의 목적어로 부정사구가 왔습니다. regret이라는 동사는 목적어로 부정사가 올 수도 있고 동명사가 올 수도 있는데요. 'regret to-do'가 오면 '~하게 되어 유감이다'라고 해석하고, 'regret -ing'가 오면 '~한 것을 후회하다'라고 해석합니다. 시험에 잘 나옵니다. 꼭 기억하세요.

20 Jane insisted on my taking care of the baby.
　　　　　　　　　목적어로 쓰인 명사구

* take care of ~ 돌보다, 보살피다

　▶ 'insist on ~'은 '~을 주장하다'라는 의미의 동사인데 목적어로 동명사구가 왔습니다. 그런데 taking 앞의 my는 뭐냐구요? 동명사의 의미상의 주어입니다. 동명사의 의미상 주어는 동명사 앞에 소유격을 쓰거든요. 그래서 taking care of의 의미상의 주어 자리에 소유격 my를 쓴 것입니다.

---

10 정말 최고의 시험이었어! 내가 공부한 게 전부 다 나왔어! **11** 내가 구입한 프랑스 와인은 진짜 맛있다. **12** 합창단에서 노래하는 것은 정말 즐겁다. **13** 밤에 혼자 그 길을 걷는 것은 위험하다. **14** 내가 모든 시험을 다 통과하지 못했다는 것이 실망스럽다. **15** 장관이 사임할지는 아직 불확실하다. **16** 내가 원하는 것은 실수를 피하는 것이다. **17** 어젯밤 그가 어디에 있었는지가 대단히 중요한 문제이다. **18** Mary가 나에게 그 영화에 대한 의견을 물었다. **19** 우리는 Jackson 박사의 사망을 알리게 되어 유감이다. **20** Jane은 내가 아기를 돌봐야 한다고 주장했다.

■ 명사절

21 I am sure that he will succeed in business.

　　　　　　　　　목적어로 쓰인 명사절

　▶ 접속사 that이 이끄는 명사절이 '확신하다'라는 의미를 지닌 동사 be sure의 목적어로 쓰였습니다.

22 I want to know if there is heaven.

　　　　　　　　목적어로 쓰인 명사절

　▶ 동사 want의 목적어로 부정사 to know가 쓰였습니다. 그런데 know를 동사라고 생각해 보세요. 타동사이니 목적어를 가질 수 있겠죠? 그래서 그 자리에 접속사 if가 이끄는 명사절이 know의 목적어로 쓰였습니다. if 명사절은 목적어 자리에만 쓸 수 있다고 했죠. 바로 이런 경우입니다. '〜인지 (아닌지)'라고 해석하면 됩니다. 또는 if를 '혹시'라고 해석해도 됩니다. '혹시 천국이 있는지' 이렇게 말입니다.

23 I don't believe what they tell me.

　　　　　　　　목적어로 쓰인 명사절

　▶ 관계사 what이 이끄는 명사절이 동사 believe의 목적어로 쓰였습니다.

24 My father asked me who had his keys.

　　　　　　　　　　목적어로 쓰인 의문사절

　▶ 동사 ask의 직접목적어 자리에 의문사 who가 이끄는 명사절이 쓰였습니다. 이렇게 문장의 일부분으로 쓰이는 의문사절을 '간접의문문'이라고도 합니다.

❸ 보어로 쓰이는 명사

문장의 보어로 명사가 쓰이면 '주어 = 주격 보어' 또는 '목적어 = 목적격 보어'의 관계가 성립합니다.

■ (대)명사

25 The movie made Jessica Alba a superstar.

　　　　　　　　　　　목적격 보어로 쓰인 명사

　▶ 문장의 목적어는 Jessica Alba이고 명사 a superstar가 목적격 보어로 쓰였습니다. 따라서 'Jessica Alba = a superstar'의 관계가 성립합니다.

■ 명사구

26 My dream is to become a film director.

　　　　　　　　주격 보어로 쓰인 명사구

　▶ 부정사구 to become a film director가 주격 보어로 쓰였습니다. 그래서 'my dream = to become a film director'의 관계가 성립합니다.

■ 명사절

27 My feeling is that we will lose the election.

　　　　　　　주격 보어로 쓰인 명사절

　▶ 접속사 that이 이끄는 명사절이 문장의 주격 보어로 쓰였습니다. 이 경우에도 주어와 주격 보어는 서로 같은 말이 됩니다.

28 The problem is whether the information is correct or not.
주격 보어로 쓰인 명사절

▶ 접속사 whether가 이끄는 명사절이 주격 보어로 쓰였습니다.

Q 간접의문문을 배웠는데 무슨 말인지 잘 모르겠어요.

A 직접의문문이니 간접의문문이니 하는 말이 학생들을 더 헷갈리게 합니다. 그냥 의문사절이라고 생각하세요. 문장과 절의 차이를 알고 있죠. 문장의 일부분으로 쓰이는 말이 절이잖아요. 그리고 절을 이끌 수 있는 것에는 접속사, 관계사, 의문사 이렇게 세 가지가 있다는 것도 배웠습니다. 그 중에서 의문사로 시작하는 명사절이 문장의 일부분으로 쓰인 것을 간접의문문이라고 합니다. 간접의문문이 시험에 잘 나오는 이유는 의문사가 쓰였으니 의문문의 어순으로 문장을 쓰려고 하는 학생들이 많은 거예요. 그런데 의문사가 이끄는 절은 의문문처럼 무엇을 물어보는 것이 아니죠. 접속사가 뒤에 주어＋동사를 데리고 오듯 의문사가 뒤에 주어＋동사의 모양을 데리고 오는 거예요. 의문사로 시작하고 있다는 것 말고는 접속사가 이끄는 절과 차이가 없는 거죠. 문장의 일부분이지 실제 문장은 아니여서 물음표가 있을 리도 없고 의문문의 어순을 취할 리도 없는 것입니다. 그래서 '의문사＋주어＋동사'의 어순으로 사용하는 것입니다.

시험 문제에 틀린 문장으로 등장할 때는 '의문사＋동사＋주어'의 모양으로 잘 나옵니다. 실제 의문문으로 착각을 유도해보는 거죠. 하지만 문장의 일부분으로 쓰인 것이기 때문에 물음표도 없고 어순도 '의문사＋주어＋동사'가 되야 합니다. 예문 한 번 볼까요?

I want to know how old are you. (×)
I want to know how old you are. (○)
나는 네가 몇 살인지 알고 싶다.

▶ know의 목적어로 의문사 how가 이끄는 절이 왔습니다. 이렇게 문장의 일부분으로 쓰인 의문사절을 '간접의문문'이라고 하는 거예요. 이때 중요한 건 어순입니다. 실제로 물어보는 문장일 때는 How old are you?라고 쓰지만 이 문장에서는 실제 묻는 게 아니므로 '의문사＋동사＋주어'로 쓰면 틀리고 '의문사＋주어＋동사'로 써야 합니다.

하나만 더 봅시다.

He asked me what time was it. (×)
He asked me what time it was. (○)
그는 나에게 몇 시인지 물었다.

▶ 이제 설명하지 않아도 알겠죠? 실제 물어보는 문장이면 What time was it?이라고 써야 하지만 문장의 일부분으로 사용되고 있는 의문사절, 즉 간접의문문에서는 그렇게 쓰지 않는답니다. 이제 아시겠죠?

---

21 내가 확신하는데, 그는 사업에 성공할 것이다.   **22** 나는 천국이 있는지 알고 싶다.   **23** 나는 그들이 내게 말한 것을 믿지 않는다.
24 아버지께서 누가 그의 열쇠를 가지고 있는지 물어 보셨다.   **25** 그 영화가 Jessica Alba를 수퍼스타로 만들었다.   **26** 나의 꿈은 영화감독이 되는 거다.   **27** 내 느낌에 우리가 선거에서 질 것이다.   **28** 문제는 그 정보가 정확한가 아닌가이다.

❹ 동격

문장 속에서 어떤 단어나 구절이 서로 같은 기능을 하면 이것을 문법 용어로 '동격'이라고 합니다. 영어에서는 명사 두 개가 연속해서 쓰이면 그 두 개의 명사가 서로 같은 내용을 지녀서 이를 동격이라고 부릅니다. 그런데 이건 예외가 있어요. 우선, 4형식의 간접목적어와 직접목적어는 동격이 아닙니다. 그리고 복합명사라고 부르는 것도 명사 둘이 연속하지만 동격이 아닙니다.

먼저 4형식의 경우입니다. He gave me a book.이라고 썼을 때 me와 a book이라는 명사 두 개가 연속하고 있지만 이 둘은 같은 말이 아닙니다. 복합명사는 쉽게 예를 들면 '온실효과' 같은 말을 의미합니다. greenhouse와 effect가 합쳐져서 전혀 새로운 의미의 명사를 만드는 것이죠. 명사 두 개가 연속해서 쓰였지만 같은 말은 아닙니다. 앞의 말인 greenhouse가 형용사적 기능을 한다는 것으로 설명될 수도 있지만 여러분은 그냥 greenhouseeffect 이렇게 붙어버린 새로운 단어라고 생각하면 더 쉽습니다. 그러면 이제 진짜 동격이 쓰인 문장을 보도록 하겠습니다.

29 My neighbor, a school teacher, has been helping our daughter with math.
　my neighbor와 a school teacher는 동일인을 나타내는 동격
　▶ my neighbor와 a school teacher라는 두 개의 명사가 연속해서 쓰이고 두 명사 사이에 콤마(comma)를 사용하고 있습니다. 이 두 명사가 서로 동일한 내용과 기능을 담당하고 있어서 이를 동격이라고 합니다. 흔히 '동격의 콤마'라고 말하기도 하는데 정확하게는 콤마가 동격이 아니라 명사 둘이 서로 동격인 것입니다.

30 The news that the exam papers have been stolen is not true.
　　　　동격절로 쓰인 that
　▶ 이 문장에서 that the exam papers have been stolen을 생략해도 문장은 성립합니다. The news is not true.라고 해도 완전한 문장이 되니까요. 그런데 the news에 대한 내용을 보완하기 위해 the exam papers have been stolen이라는 문장을 쓴 것인데 이 문장에도 동사가 있으니 그대로 쓸 수는 없고 뭔가로 연결해야 합니다. 그래서 이 문장에서 접속사 that을 사용하여 명사절을 만들어 앞에 있는 the news 뒤에 명사절이 와서 명사 둘이 나란히 섰으니 둘은 서로 동일한 기능과 내용을 가지게 됩니다. 명사절을 만드는 접속사 중에서 뜻이 없고 기능만 있는 that을 문장 앞에 붙이니 명사와 명사절이 서로 동격이 되었습니다. 그래서 이것을 동격절이라고 합니다.

딱 이런 것들만 동격절로 쓰인다고 할 수는 없지만 지문에서 흔히 볼 수 있는 동격의 형태로는 the fact that ~ , the idea that ~, the news that ~, the suggestion that ~ 등이 있습니다.

---

29 내 이웃인 학교선생님이 우리 딸 수학 공부를 도와주시고 있다.　　30 시험지가 도난당했다는 소식은 사실이 아니다.

 **Basic Test 01**

다음 괄호 안에 적절한 것을 고르시오.

01 Nobody likes having to move [furniture / furnitures].

02 The site has some valuable [information / informations] on the test.

03 I think you have too [many / much] luggage.

04 [Keep / Keeping] eye contact as much as possible is a very important factor.

05 [That / What] he is honest is not true.

06 I made a decision to accept [responsible / responsibility] for it.

07 I wonder [that / if] he is at home.

08 He has made me realize [that / what] every moment is important.

09 There is no hope [if / that] she would recover her health.

CHAPTER 02

대명사
Pronoun

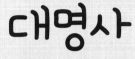

글자 그대로 명사를 대신해서 사용하는 명사가 바로 '대명사'입니다. 우리말은 대명사를 빈번하게 쓰지 않지만, 영어는 대명사를 어마어마하게 많이 사용한답니다. 맥락상 이해가 되면 주어나 목적어를 생략해버리기도 하는 우리말과 달리, 영어는 모든 문장 성분을 넣어 문장을 구성해야 합니다. 그래서 계속 같은 명사를 반복하여 사용하면 글을 읽는 사람의 입장에서는 지루하고 오히려 어색하기까지 합니다. 그래서 대명사를 쓰게 되는 것입니다.

영어에서 대명사를 사용할 때는 우선 사람과 사물을 구별해야 합니다. 사람일 경우 이른바 '인칭대명사'를 사용하고, 사물일 경우에는 특별한 경우가 아니면 'it'을 사용합니다. 잘 알고 있듯이, 사람일 경우에는 1인칭, 2인칭, 3인칭을 구별해서 사용해야 합니다. 당연히 명사를 대신 받는 말이니 명사의 수, 즉, 단수인지 복수인지를 정확하게 구별해서 사용해야 합니다 그리고 주격, 소유격, 목적격에 알맞은 대명사를 사용해야 합니다.

(1) 인칭대명사

인칭	수/성		주격	소유격	목적격	소유대명사
1인칭	단수		I	my	me	mine
	복수		we	our	us	ours
2인칭	단수		you	your	you	yours
	복수		you	your	you	yours
3인칭	단수	남성	he	his	him	his
		여성	she	her	her	hers
		중성 (사물/동물)	it	its	it	-
	복수		they	their	them	theirs

앞서 말했듯이, 인칭대명사는 우선 1인칭 '나, 우리', 2인칭 '너, 너희들', 3인칭 '그, 그녀, 그것, 그들'을 구별해야겠죠. 그리고 문장에서 주어 자리에는 '주격', 목적어 자리에는 '목적격', '~의'라는 뜻일 때는 '소유격'을 사용하며, '소유격 + 명사'의 의미를 가지는 '~의 것'이라는 뜻일 때는 '소유대명사'를 사용한다는 것을 기억해두세요. 이제 예문으로 인칭대명사의 쓰임새를 살펴봅시다.

01 If **you** happen to see **your** parents this weekend, give **them** **my** best regards.
　　　주격　　　　　　　　　　소유격　　　　　　　　　　　　　　목적격　소유격
　　　　　　　　　　　　　　　　　　　　　　　　　　　　　　　　* regard 명 안부(의 말)

　▶ if절의 주어로 주격 you, 부모를 수식하는 말에는 소유격 your를 썼네요. 그리고 주절에서 목적격으로 3인칭 복수형 them을 쓴 것은 if절의 parents를 의미하기 때문입니다. 그리고 I의 소유격 my도 쓰였네요.

이처럼 영어는 한 문장에서도 대명사를 많이 쓰고 있지요.

02 I waved to Mr. Smith but failed to attract **his** attention.
　　　　　　　　　　　　　　　　　　　　　　　소유격

　▶ Mr. Smith가 남자이고 명사 attention을 수식하는 말이므로 소유격 his를 사용했습니다.

03 Mary bought a laptop, and **it** is better than **mine**.
　　　　　　　　　　　　　　　주격　　　　　　　　소유대명사

　▶ a laptop은 사물이므로 주격 it을 사용했고, my laptop은 '소유격 + 명사'의 의미를 지니는 소유대명사 mine을 사용했습니다.

(2) 재귀대명사

인칭	단수	복수
1인칭	myself	ourselves
2인칭	yourself	yourselves
3인칭	himself / herself / itself	themselves
One	oneself	

'-self' 형태의 대명사를 '재귀대명사'라고 부르는데 두 가지 용법으로 사용됩니다.

첫 번째로, 주어가 한 행동이 자기 자신에게 돌아오는 경우, 즉, 주어와 목적어가 동일한 경우 목적어 자리에는 일반 목적격 인칭대명사를 쓰지 못하고 재귀대명사를 써야 합니다. 이 경우에는 문장의 목적어로 사용된 것이므로 생략할 수 없고 '~자신'이라고 해석하면 됩니다. 흔히 '재귀적 용법'이라고 합니다.

---

01 네가 이번 주말에 혹시 너의 부모님을 뵙거든, 내 안부를 전해줘.　02 내가 Smith 씨에게 손을 흔들었지만 그의 관심을 끌지 못했다.　03 Mary가 노트북을 샀는데, 그것은 내 것보다 더 좋다.

두 번째로, '직접' 또는 '스스로'라고 해석하는 경우인데 실제 문장에서 꼭 필요한 것이 아니어서 생략할 수 있습니다. 이것은 재귀대명사의 '강조적 용법'이라고 합니다.

04 I told you that the knife was really sharp. Now I've cut myself.

_{1인칭 재귀대명사}

▶ I've cut myself.는 주어와 목적어가 같습니다. 이럴 경우 목적어 자리에는 목적격 me를 쓸 수 없고 재귀대명사 myself를 사용해야 합니다. 그리고 myself는 자신의 행위가 자신에게 돌아오는 '재귀적 용법'이므로 생략할 수 없습니다.

05 In spite of his brave talk, he refused to touch the snake himself.

_{3인칭 재귀대명사}

▶ touch the snake 뒤에 '직접'이라는 의미로 재귀대명사를 사용했는데 이런 경우를 '강조적 용법'이라고 하고 생략해도 무방합니다.

06 My baby is able to stand up by herself now.

_{혼자, 스스로의 의미}

▶ by oneself는 '혼자, 스스로'라는 뜻으로 사용되는 재귀대명사의 관용적 표현입니다. 이런 재귀대명사의 관용적 표현으로 중요한 것들이 몇 가지 있습니다.

재귀대명사의 관용적 표현	의미
by oneself	혼자, 스스로
enjoy oneself	즐기다
help oneself	마음껏 먹다
of itself	저절로
in itself	그 자체로, 본래
beside oneself	미친, 제 정신이 아닌

(3) 특별한 it

it은 3인칭 단수형 대명사로 사물을 나타내는데 쓰이지만 이외에도 다양한 기능을 합니다.

❶ 문장을 받는 it

앞서 언급한 문장이나 문장의 일부분을 대신해서 대명사 it을 사용할 수 있습니다.

07 He said that he didn't steal the bag, but it's not true.

_{앞에 나온 문장을 대신하는 it}

▶ it이 가리키고 있는 말은 '자신은 가방을 훔치지 않았다고 얘기한 것'이죠. 이처럼 앞에 나온 문장이나 내용을 받을 때 대명사 it을 사용할 수 있습니다.

08 I forgot to turn off the oven, and it makes me mad.

앞에 언급한 내용을 받은 it

▶ it은 앞에 나온 '내가 오븐 끄는 것을 잊어버렸다'는 내용을 받고 있습니다.

❷ 가주어, 가목적어

주어 또는 목적어가 길어서 강조하려고 하는 내용이 돋보이지 않을 경우 '가주어 it' 또는 '가목적어 it'을 사용해서 강조하고 싶은 말을 언급할 수 있습니다. 이럴 경우 뜻없는 대명사 it을 주어 또는 목적어 자리에 써서 문장을 먼저 완성하고 뒤에 더 중요한 내용을 놓게 됩니다.

09 It is convenient for customers to shop online.

가주어

▶ '편리하다'는 말을 강조하기 위해 가주어 it을 사용하였습니다.

10 It is necessary for him to see a doctor.

가주어

*see a doctor 의사의 진찰을 받다

▶ '필요하다'는 말을 강조하기 위해 가주어 it을 사용하였습니다.

11 I make it a rule not to eat between meals.

가목적어

*make it a rule to ~하는 것을 규칙으로 정하다   eat between meals 간식을 먹다

▶ 5형식 문장에서는 부정사를 목적어로 사용할 수 없으므로 목적어 자리에 가목적어 it을 사용하여 문장을 완성하고 뒤에 진짜 목적어에 해당하는 to eat between meals를 쓰고 있습니다.

12 I take it for granted that they will support this idea.

가목적어

*take it for granted that ~을 당연한 것으로 여기다

▶ 가목적어 it을 사용해서 먼저 문장을 완성하고 뒤에 진짜 목적어에 해당되는 말인 that 이하의 내용을 쓰고 있습니다.

---

04 나는 너에게 그 칼이 진짜 날카롭다고 말했다. 지금 내가 베었다.   05 그는 용감하게 말은 했지만 뱀을 직접 만지는 건 거부했다.
06 나의 아기가 이제 혼자서 서 있을 수 있다.   07 그는 가방을 훔치지 않았다고 얘기했다. 하지만 그것은 사실이 아니었다.   08 오븐을 끄는 걸 잊어버렸다. 그것이 나를 미치게 한다.   09 고객들이 온라인으로 쇼핑하는 것이 편리하다.   10 그는 병원에 가봐야 한다.
11 나는 간식을 먹지 않는 걸 규칙으로 정한다.   12 나는 그들이 당연히 이 아이디어를 지지할 것이라고 여긴다.

(4) 특별한 it을 쓰지 않는 경우

사물을 받는 대명사인데도 it을 쓰지 않는 경우들이 있습니다. 어떤 경우들인지 잘 살펴봅시다.

❶ it과 one

보통은 앞에 나온 사물 명사를 대신 받을 때 it을 사용하지만, 앞에 나온 명사와 같은 명사이긴 해도 물건 자체가 다른 것이라면 it을 쓸 수 없습니다. 왜냐하면 it을 쓰면 같은 물건을 가리키는 것이기 때문입니다. 단어는 같지만 가리키는 물건이 다를 경우는 one을 씁니다.

13 I lost my watch yesterday, so I have to go to buy one.
다른 물건을 가리킴

▶ one은 앞에 나온 명사 watch를 받고 있습니다. 하지만 다른 물건을 의미합니다. 그래서 it이 아니라 one을 사용한 것입니다. 만약 it을 쓰게 되면 내가 잃어버린 바로 그 시계를 사야 하는 이상한 문장이 됩니다.

14 I lost my watch yesterday. Fortunately I found it.
동일한 물건을 가리킴

▶ it이 앞에 나온 명사 watch를 받고 물건까지 동일한 것을 가리킵니다. 잃어버린 시계를 찾았으므로 it을 쓰는 게 올바릅니다.

❷ 수식을 받는 대명사

앞에 나온 명사가 사물이면 대명사는 it을 사용하지요. 그런데 만약 그 대명사가 뒤에 이어지는 어떤 말의 수식을 받고 있을 때는 it을 사용하지 않고 that을 사용합니다. 물론 복수명사라면 that의 복수형인 those를 씁니다.

15 The office temperature is lower than that required by law.
temperature를 가리킴

▶ that은 앞에 나온 명사 temperature를 받고 있습니다. 보통의 경우 대명사 it을 쓰겠지만 required by law에 의해 수식을 받고 있기 때문에 이럴 경우에는 it required by law라고 쓰지 않고 it 대신 that을 사용합니다.

16 The price of diamond is higher than that of silver.
the price를 가리킴

▶ that은 앞에 나온 명사 the price를 받고 있습니다. 그런데 뒤에 of silver가 수식하고 있기 때문에 it을 쓰지 않고 that을 사용합니다.

17 The ears of a rabbit are longer than those of a cat.
the ears를 가리킴

▶ those는 앞에 나온 명사 the ears를 받고 있는데 the ears는 복수입니다. 그래서 대명사도 that의 복수형인 those를 사용한 것입니다.

(5) 기타 주의할 대명사

❶ this와 that

자주 쓰이는 건 아니지만 주의해야 할 사항입니다. this와 that이 한 문장에서 함께 대명사로 쓰일 경우 this가 나중에 언급된 말을, that이 먼저 언급된 말을 가리킵니다. this가 거리가 가까운 것을 가리키고, that이 거리가 먼 것을 가리킨다고 생각하면 쉽습니다.

18 We need both work and play. This gives us rest, and that gives us energy.

play를 가리킴 work를 가리킴

▶ this가 앞 문장에서 언급한 거리가 가까운 play를 가리키는 말이고 that은 앞 문장에서 언급한 거리가 먼 work를 가리킵니다. 착각하기 쉬우니 주의해야 합니다.

❷ 형용사로도 쓰이는 some과 any

'몇 개', '조금', '약간', '어느', '아무' 정도로 해석하는 말에 some과 any가 있습니다. 정확하게 정해지지 않은 수나 양을 나타낼 때 쓰는 말이어서 '부정(不定)대명사'라고 합니다. 명사와 더불어 형용사처럼 쓰기도 하고 독자적으로 대명사로 사용하기도 합니다. some은 우리말의 '좀'과 any는 우리말의 '어느'라는 의미와 잘 어울립니다.

some은 긍정문에 사용하고 any는 부정문, 의문문이나 조건문에 사용하는데 의문문이라도 상대방에게 뭔가를 권하는 내용일 경우에는 any 대신 some을 사용합니다.

19 I'm looking for some shoes to go with this suit.

형용사로 쓰인 some

▶ 찾고 있는 신발이 한 켤레가 아니여서 some을 썼는데 우리말로 '좀' 정도의 의미로 생각하면 됩니다.

20 Would you like some cornflakes?

형용사로 쓰인 some

▶ 의문문이지만 상대방에게 권하는 내용이므로 any를 쓰지 않고 some을 썼습니다.

21 Allie never seems to have any spare time.

형용사로 쓰인 any

▶ 부정어 never가 쓰인 부정문입니다. 부정문에서는 any를 사용합니다.

22 If you need any help, please let me know.

형용사로 쓰인 any

▶ 조건문에서는 some 대신 any를 사용합니다. any help는 우리말의 '(어떤) 도움' 정도의 의미입니다.

---

13 나는 어제 시계를 잃어버려서 시계를 하나 사러 가야 한다.　14 나는 어제 시계를 잃어버렸다. 다행히 그것을 찾았다.　15 사무실 온도가 법이 요구하는 것보다 낮다.　16 다이아몬드의 가격이 은의 가격보다 높다.　17 토끼의 귀가 고양이의 귀보다 길다.　18 우리는 일과 놀이가 다 필요하다. 이것(놀이)은 휴식을 주고 저것(일)은 에너지를 준다.　19 이 수트와 어울리는 신발을 좀 찾고 있다.　20 콘프레이크 좀 드실래요?　21 Allie는 약간의 여유 시간도 없어 보인다.　22 네가 도움이 필요하면 나에게 알려줘.

❸ 형용사와 대명사로 쓰이는 other

other는 형용사와 대명사 두 가지로 사용됩니다. 형용사로 쓰이면 '다른'이라는 뜻으로 명사를 수식하게 됩니다. 대명사로 쓰이면 '다른 것'이라는 의미로 사용되는데, other는 셀 수 있는 명사여서 단수형을 단독으로 사용할 수 없고, 정관사 the와 함께 the other의 형태로 '나머지 하나'를 가리키거나 복수형 others로 써서 '다른 것들'의 의미를 가집니다. 정관사 the가 붙으면 나머지 모두를 가리키는 말이 된다고 생각하면 됩니다. 즉, the other는 단수인데 정관사가 붙었으므로 '나머지 하나'라는 의미이고 the others라고 쓰면 '나머지가 여럿'이라는 의미가 됩니다. 해석은 '나머지 모두'라고 하면 이해하기 쉽습니다.

■ 형용사

23 Don't be thoughtless! Try to think about other people.
형용사

* thoughtless ⑱ 생각 없는   try to ~하려고 노력하다, 애쓰다

▶ other가 '다른'이라는 의미로 명사 people을 수식하는 형용사로 사용되고 있습니다.

24 The driver and three other passengers were injured in the accident.
형용사

▶ other가 '다른'이라는 의미로 명사 passengers를 수식하는 형용사로 사용되고 있습니다.

■ 대명사

25 I have two dogs; one is Maltese, and the other is Beagle.
대명사

▶ 개 두 마리 중에 하나는 대명사 one으로 받고 나머지 하나를 대명사 the other로 받았습니다.

26 I have three cats. One is pretty, another is so so, and the other is ugly.
대명사

▶ 세 마리 중 첫 번째 한 마리는 대명사 one으로 받았고, 다른 한 마리는 '다른 것 하나'의 뜻을 가지는 대명사 another로 받았습니다. 세 마리 중에서 마지막 한 마리를 대명사 the other로 받았습니다.

27 There are four racing cars; one is Ferrari and the others are Porsche.
대명사

▶ 네 대의 자동차 중에서 한 대는 대명사 one으로 받았고 나머지 세 대를 나타내는 말로 대명사 the others를 썼는데 세 대는 복수여서 others를 사용한 것입니다.

---

23 생각 없이 좀 굴지마! 다른 사람들에 대해 생각하려고 노력해 봐.   24 운전자와 세 명의 다른 승객들이 그 사고로 다쳤다.   25 나는 개가 두 마리 있는데, 하나는 Maltese이고 나머지 하나는 Beagle이다.   26 내게는 고양이가 세 마리 있다. 한 마리는 예쁘고, 또 한 마리는 보통이고, 나머지 한 마리는 못생겼다.   27 경주용 자동차가 네 대 있는데 하나는 페라리이고 나머지는 전부 포르쉐이다.

다음 괄호 안에 적절한 것을 고르시오.

01 When you choose toys for your children, inspect [it / them] carefully.

02 This jacket is too small for me. Do you have a bigger [it / one]?

03 There are many different ways of comparing the economy of one nation with [that / those] of another.

04 The merchant has three stores. One is in Seoul and [the other / others / the others] are in Busan.

05 Of the four proposals, three proposals have been accepted but [the other / another] was turned down.

06 In some cultures, people bow, and in [others / other], they shake hands.

07 I'm glad that I could manage to make [me / myself] understood in English.

다음 우리말에 알맞게 제시된 어구를 배열하시오.

01 독서 속도는 중요하다, 그러나 당신이 읽는 것에 대해 올바르게 생각할 수 있는 것이 훨씬 더 가치 있다. (far more valuable / is / but / think straight / reading speed / what / important, / about / you / is / being able to / read)

----

02 당신의 독해 능력을 향상시키기 위해서, 읽기 자료의 주제를 생각하는 것을 배우는 것은 그리고 문맥을 추론하는 것을 (배우는 것은) 필수적이다. (to improve / and / the context / to consider / the subject / of the reading material / make / guesses / about / your reading proficiency, / is / learning / essential)

----

03 채식주의자들이 충분한 단백질을 섭취하는 데 어려움을 겪는다는 것은 가장 큰 오해 중 하나다. (that / have / getting / one / trouble / biggest / adequate / is / of / the / protein / misconceptions / vegetarians)

----

04 우리 뒤에 있는 것과 우리 앞에 있는 것은 우리 안에 있는 것과 비교하여 아주 작은 문제들이다. (tiny matters / and / what lies before us / compared with / what lies within us / are / what lies behind us)

----

05 인간과 동물을 구별 짓는 것은 전자(=인간)는 도구를 만든다는 것이다, 그리고 문명이 발전함에 따라 이런 도구들은 점차 기계들로 바뀐다. (what / humans / is / that / as civilization progresses, / animals / tools / and, / these tools / from / turn into / the former / make / distinguishes / gradually / machines)

----

06 저녁에 일찍 귀가하기로 약속한 것을 잊지 마라. (Don't / home / back / the / your promise / in / to / forget / get / early / evening)

-----

07 한 세기 이상 동안, 정신 분석가들은 꿈이 곧 일어날 현실의 반영인지를 궁금히 여겨왔다. (more than a century, / if / have wondered / psychoanalysts / are / a reflection / dreams / of upcoming realities / for)

-----

08 모든 남자들이 똑같은 팀 셔츠를 입지만 절반은 그들의 옷 위에 노란색 조끼를 입는다. (all men / the same / a yellow vest / over / team shirt / but / wear / half / theirs / wear)

-----

09 단지 사랑하는 사람이 부탁하기 때문에, 우리가 무언가를 하기로 동의하는 때가 있다. (there / something / simply because / times / are / one / we / when / to do / a loved / agree / asks)

-----

10 투숙객들은 호텔의 다양한 편의시설을 이용하는 게 권장된다. (guests / avail / full range / are encouraged / to / of / hotel facilities / the / themselves / of)

Practice Test Ⓑ

01 다음 글의 밑줄 친 부분 중, 어법상 틀린 것은?

Being friendly and being sociable are qualities very much ① <u>respected</u> among people. These are some of the qualities that ② <u>are</u> necessary to "get ahead" in life. People who are shy and quiet ③ <u>are often mistaken</u> for unfriendly people. How people present themselves in terms of their choice of clothing, hairstyle, and lifestyle ④ <u>are</u> also given great importance. And any outward changes in appearance ⑤ <u>are</u> often thought to reflect inward changes. A new and different hairstyle, for example, may show that a person is feeling good about himself or herself.

02 (A), (B), (C)의 각 네모 안에서 어법에 맞는 표현으로 가장 적절한 것은?

Just wait when things look dark. The sun's going to come out. It always does. See the possibilities in any situation, no matter how dark it appears. The situation, dark (A) as / whether it may appear, is not all that bad. There is hope. There are possibilities. There is a very great truth (B) that / which to every disadvantage there may be and usually is a corresponding advantage. Behind the darkest clouds the sun is shining. In the toughest situations there is always some value (C) that / what is in itself good.

	(A)	(B)	(C)
①	as	that	that
②	as	that	what
③	as	which	that
④	whether	which	what
⑤	whether	that	that

03 다음 글의 밑줄 친 부분 중, 어법상 틀린 것은?

Working at a part-time job ① while studying at a university has many advantages. Having a part-time job teaches the young students a sense of responsibility and how to handle money. If students can get a part-time job in ② its area of study, they are gaining valuable experience and ③ putting their knowledge to use immediately. The extra money they can earn will be useful for meeting tuition fees and ④ enjoying university activities. Also, they will have the personal satisfaction of ⑤ having contributed to their own education.

04 (A), (B), (C)의 각 네모 안에서 어법에 맞는 표현으로 가장 적절한 것은?

You get motion sickness when the brain gets different messages from your body about balance, position, and motion. Maybe your brain is (A) confusing / confused about the unusual movements your body has been making. Physicians don't know why some people get motion sickness more easily than (B) other / others . Also, some people get motion sickness very easily in a car or plane. Yet, they may be able to bounce in a boat on the water all day and feel fine. What can be done to prevent it? The more popular and accepted ways to try to avoid it (C) is / are as follows.

	(A)	(B)	(C)
①	confusing	other	is
②	confusing	others	are
③	confused	other	are
④	confused	others	are
⑤	confused	other	is

PART 3
명사와 함께 쓰이는 말

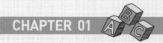
관사와 한정사
Article & Determiner

앞서 학습한 것처럼 영어 문장을 구성할 때 가장 중요한 품사 두 가지를 꼽으라고 하면 명사와 동사입니다. 그래서 이 책에서도 명사와 동사를 중심으로 영어 문장의 구성을 다루고 있습니다. 우선 명사를 쓰고 읽는 법을 배웠구요. 이번 Part에서는 명사와 함께 쓰이는 말들을 학습하게 됩니다. 명사를 특정하는 '관사'와 '한정사', 명사의 성질, 상태를 설명하는 '형용사' 그리고 명사 뒤에서 명사를 수식하는 절을 만드는 '관계사'에 대해서 차례로 학습하게 될 것입니다. 이 부분이 영어 문장 구성의 90%를 차지한다고 해도 과언이 아닙니다. 그만큼 활용 범위가 큰 부분이므로 천천히 꼼꼼하게 그리고 확실하게 익히고 넘어가야 합니다. 자, 그럼 시작해보겠습니다.

(1) 관사

'관사'는 우리말에는 없는 품사여서 완벽하게 이해하기가 어렵습니다. 어떤 분들은 관사를 틀리지 않게 쓰느냐가 원어민이냐 아니냐를 구분하는 기준이 된다고 말할 정도니까요. 하지만 수능 시험에서는 직접적인 그 쓰임에 대해 출제되지 않는 내용입니다. 그래서 이 책에서도 아주 자세하게 다루지는 않고 중요한 내용을 간단하게 정리하도록 하겠습니다. 관사의 종류에는 두 가지가 있습니다.

❶ 부정관사

부정관사 a, an은 '막연한 어떤 것'을 지칭할 때 사용합니다. 즉, 부정관사는 '한정하지 않는 관사'라는 의미입니다. 원칙적으로 셀 수 있는 명사의 단수형 앞에 위치합니다. 부정관사의 쓰임을 살펴보면 ❶ '하나'를 가리킬 때, ❷ '같은 것'을 나타낼 때, ❸ '~마다', '~당', '매~'를 나타낼 때에 쓰입니다.

01 I really need a cup of coffee.
　　　　　　하나의 의미
　▶ 부정관사 a는 '하나'라는 의미를 가집니다. 따라서 커피 '한 잔'을 나타냅니다.

02 Birds of a feather flock together.

the same의 의미

▶ 유명한 영어 속담으로 우리말의 '유유상종'과 같은 의미를 지닌 문장입니다. 여기서 a는 the same의 의미로 쓰이고 있습니다. 즉, a feather는 '깃털 하나'라는 의미가 아니라 '한 가지 깃털', 즉, '같은 깃털'이라는 의미입니다.

03 Take this medicine three times a day.

per의 의미

▶ a는 per의 의미를 가집니다. 우리말로는 '~마다', '~당', '매~'로 해석하면 됩니다. 따라서 a day는 '매일마다'라는 의미입니다.

❷ 정관사

정관사는 '한정하는 관사'라는 의미입니다. 따라서 정관사 the는 '특정한 것'을 지칭할 때 사용합니다. 부정관사 a와는 다르게 정관사 the는 셀 수 있는 명사뿐만 아니라 셀 수 없는 명사, 단수명사와 복수명사 모두에 사용할 수 있습니다. 구체적으로 정관사 the의 쓰임을 살펴보면 ❶ 이미 언급된 명사를 다시 나타낼 때, ❷ 서로 간에 알고 있는 대상을 나타낼 때, ❸ 세상에 하나밖에 없는 유일한 것을 나타낼 때, ❹ 명사가 뒤에 수식어구가 있는 말에 한정될 때 사용합니다. 또한 ❺ 'the + 형용사'의 형태로 명사의 의미를 나타내거나 '복수 보통명사'의 뜻을 나타내기도 합니다.

04 An old lady lives in the old house. The lady has an expensive car.

앞 문장에서 언급한 lady를 가리킴

▶ 앞 문장에서는 정해지지 않은 한 부인을 가리키고 있습니다. 그래서 부정관사 an을 사용하고 있습니다. 그런데 뒤의 문장에 쓰인 lady는 앞 문장에서 언급된 '그' lady를 가리키는 말이라 the lady로 나타내고 있습니다.

05 Wonkyu, would you close the door for me?

서로 간에 알고 있는 대상을 가리킴

▶ 아무 문이나 닫아 달라는 게 아니라 바로 '그' 문을 닫아 달라는 의미입니다. 말하는 사람과 듣는 사람이 서로 어떤 문인지 알고 있는 문입니다. 이럴 때 정관사 the를 사용합니다.

06 The Earth goes around the Sun, and the Moon goes around the Earth.

세상에 하나밖에 없는 유일한 것을 나타냄

▶ 지구, 태양, 달은 세상에 하나밖에 없는 것들입니다. 이런 것들을 표현할 때 정관사 the를 씁니다.

07 The water in this bottle is not good to drink.

수식하는 말에 의해 한정될 때 쓰는 the

▶ 셀 수 없는 명사 water는 보통은 관사를 붙이지 않고도 사용할 수 있습니다. 하지만 뒤에 in this bottle이라는 말이 앞에 있는 명사 water를 수식하고 있죠. 이렇게 수식하는 말에 의해 한정되는 명사 앞에는 정관사 the를 씁니다.

---

01 나는 정말 커피 한 잔이 필요하다.　**02** 같은 깃털을 가진 새가 무리를 이룬다.(= 유유상종)　**03** 이 약을 하루에 세 번 드세요.　**04** 한 노부인이 그 오래된 집에 산다. 그 부인은 비싼 차를 가지고 있다.　**05** 원규야, 그 문 좀 닫아 주겠니?　**06** 지구가 태양을 돈다. 그리고 달이 지구를 돈다.　**07** 이 병에 있는 물은 마시기 좋지 않다.

08 The rich are not always happy.

the＋형용사＝복수 보통명사

▶ 정관사 the가 형용사와 함께 쓰이면 '복수 보통명사'의 의미가 됩니다. the rich는 rich people을 나타냅니다. 따라서 the poor는 poor people, the dead는 dead people의 의미를 가지게 됩니다.

(2) 한정사

명사가 어떤 것인지를 특정해서 지칭할 때 사용하는 말을 '한정사'라고 합니다. 가장 대표적인 것이 바로 관사죠. 관사 외에도 다음과 같은 것들을 한정사라고 합니다.

관사 · 지시사	a, an, the, this, that, these, those
부정형용사	some, any, no, every, each, either, neither
의문형용사	what, whatever, which, whichever
소유격	my, your, our, his, her, their
수량형용사	many, much, little, few, more, most, enough, several

한정사와 관련해서 주의해서 알아두어야 할 것은 한정사는 둘 이상을 연속해서 쓸 수 없다는 것입니다. 그래서 **He is a my friend.**는 문법적으로 잘못된 문장입니다. 한정사인 관사 a와 소유격 my가 연속해서 쓰였기 때문입니다. 그래서 이럴 경우에는 **He is a friend of mine.** 처럼 '한정사＋명사＋of＋소유대명사'의 형태로 써야 합니다. 이것을 흔히 '이중소유격'이라고 합니다. '소유'를 나타내는 전치사 of와 소유대명사를 이중으로 쓴다고 해서 부르는 명칭입니다.

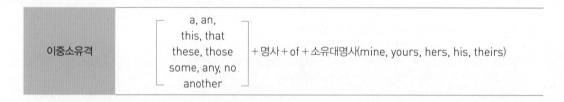

이중소유격	a, an, this, that these, those some, any, no another ＋명사＋of＋소유대명사(mine, yours, hers, his, theirs)

09 He is a her big fan. (×)

부정관사와 소유격이 함께 쓰일 수 없다.

He is a big fan of hers. (○)

▶ 첫 번째 문장은 부정관사 a와 소유격 her가 연속해서 쓰였습니다. 앞서 설명했듯이 한정사는 이렇게 둘 이상을 연속해서 쓸 수 없습니다. 그래서 이 문장은 두 번째 문장처럼 이중소유격이 쓰인 형태로 써야 합니다.

10 I ran into an my old friend this morning. (×)

부정관사와 소유격이 함께 쓰일 수 없다.

I ran into an old friend of mine this morning. (○)

* run into 우연히 만나다, 마주치다

▶ 첫 번째 문장은 부정관사 an과 소유격 my가 연속해서 쓰인 틀린 문장입니다. 한정사는 둘 이상을 연속해서 쓸 수 없으므로 두 번째 문장처럼 이중소유격이 쓰인 형태로 고쳐야 올바릅니다.

예외적으로 다른 한정사와 연속해서 써도 되는 것들이 있습니다. all, both, half, double이 그렇습니다.

11 All my students passed the test last year.

all은 수식하는 명사 앞에 다른 한정사가 올 수 있다.

▶ all은 수식하는 명사 앞에 the, this, that, 소유격 등의 다른 한정사가 올 수 있습니다. 따라서 이 문장은 틀린 문장이 아닙니다.

12 Both the students are so creative.

both는 수식하는 명사 앞에 다른 한정사가 올 수 있다.

▶ both 역시 all과 마찬가지로 수식하는 명사 앞에 다른 한정사가 올 수 있습니다. 따라서, 이 문장도 틀린 것이 아니므로 잘 익혀두기 바랍니다.

---

08 부자라고 항상 행복한 것은 아니다.   **09** 그는 그 여자의 열혈 팬 중 한 명이다.   **10** 나는 오늘 아침에 우연히 오랜된 친구를 만났다.   **11** 나의 학생 모두가 작년에 시험에 합격했다.   **12** 두 학생 모두 대단히 창의적이다.

형용사
Adjective

'형용사'는 명사의 성질이나 상태가 어떠한지를 설명하는 말입니다. 그 설명 방법에는 두 가지가 있는데요. 먼저 명사 앞뒤에서 명사를 수식하면서 그 명사를 설명하는 방법(한정적 용법)이 있고, 명사 뒤에서 보어로 쓰이면서 그 상태를 설명해주는 방법(서술적 용법)이 있습니다. 우리말의 형용사도 동일한 역할을 하기 때문에 이해하는데 어려울 것이 없습니다. 차이가 있다면 우리말 형용사는 명사를 수식할 때와 서술어로 쓰일 때 모양이 변하지만 영어는 동일한 모양으로 두 가지 역할을 모두 한다는 정도입니다. 아, 한 가지가 더 있어요. 우리말은 모든 형용사가 두 가지 역할을 다 할 수 있지만 영어는 한 가지 역할만 하는 형용사들도 꽤 있다는 것입니다.

(1) 형용사의 역할

❶ 명사를 수식하는 형용사 (한정적 용법)

형용사가 하는 가장 기본적인 기능은 명사를 수식하는 것입니다. 우리말과 다른 점이 있다면 우리말은 명사를 수식하는 말은 무조건 명사 앞에 와야 하지만 영어는 그렇지 않은 경우도 있다는 거죠. 형용사가 구나 절이 될 경우 명사 뒤로 가야 한다는 것입니다. 앞서 학습했던 내용이니 기억할 것입니다.

01 Wild animals should be treated with care.
  형용사 wild가 명사 animals를 수식

▶ 형용사 wild가 명사 animals를 수식하고 있습니다. 이렇게 형용사가 명사를 수식하는 것을 '한정적 용법'이라고 합니다. 그리고 구나 절이 아닌 단일 형용사일 경우 이처럼 대개 명사 앞에서 명사를 수식합니다.

02 I'm looking for something special.
  형용사 special이 명사 something을 수식   * look for ~을 찾다

▶ 형용사 special이 명사 something을 수식하는 '한정적 용법'입니다. 그런데 이번에는 형용사가 명사 뒤에 위치했네요. -thing, -body, -one으로 끝나는 명사는 이처럼 수식하는 형용사가 명사 뒤로 가야 합니다.

03 Applicants eligible for the scholarship are reviewed by the board of education.

_{형용사구 eligible for the scholarship이 명사 applicants를 수식}

* applicant ⑲ 지원자 scholarship ⑲ 장학금 eligible ⑲ 적합한, 자격이 있는

▶ 명사를 수식하는 형용사가 구나 절이면 명사 뒤에 와야 한다고 학습했었죠. 이 문장에서 eligible for the scholarship 은 앞에 있는 명사 Applicants를 수식하고 있는 형용사구입니다. 그리고 형용사 eligible은 전치사구 for the scholarship 이 수식하고 있습니다.

❷ 보어로 쓰이는 형용사 (서술적 용법)

우리말은 형용사가 직접 서술어로 쓰이기도 합니다. 하지만 영어는 형용사를 서술어로 직접 사용할 수는 없습니다. 그래서 서술어로 활용하고 싶을 때는 be동사 등의 도움을 받아서 사용하게 되는데 이렇게 사용된 형용사를 '보어'라고 합니다. 보어로 쓰이는 형용사는 앞에 나온 명사인 주어나 목적어의 성질이나 상태를 나타내게 됩니다. 앞에 목적어가 있는 목적격 보어의 경우는 be동사 등의 도움없이 바로 사용하는데 그 내용은 be동사가 있는 경우와 마찬가지라고 생각하면 됩니다.

■ 주격 보어 : 주어 상태를 보충 설명

04 He seemed unhappy despite being wealthy.

_{주격 보어   주격 보어}

* despite 쩐 ~임에도, ~인데도 wealthy ⑲ 부유한

▶ 형용사 unhappy가 동사 seem의 보어로 형용사 wealthy가 동사 be의 보어로 쓰였네요. 이렇게 뒤에 보어가 필요한 동사들이 있는데 이에 대해서는 Part 4에서 자세하게 다룰 것입니다. 뒤에 나오는 동명사 being은 동사인데 전치사 despite 뒤에는 명사만 올 수 있어 being을 쓴 것이지요. 그러면 be동사의 보어로 형용사 wealthy가 왔다는 것을 알겠죠. 그리고 unhappy와 wealthy는 주어 he의 상태를 나타내는 주격 보어입니다.

05 We are amazed at all the circus animals.

_{주격 보어}

* be amazed at ~에 놀라다

▶ 과거분사 amazed가 동사 are의 보어로 사용되었네요. 현재분사나 과거분사는 품사가 형용사입니다. 따라서 보어로 쓰여 주어 We의 상태가 amazed하다는 것을 보여 주고 있죠. 이렇게 형용사가 보어로 쓰인 것을 '서술적 용법'이라고 합니다.

■ 목적격 보어 : 목적어 상태를 보충 설명

06 The thought of going back to school makes me happy.

_{목적격 보어}

▶ 동사 makes 앞 까지가 모두 주어입니다. 그리고 me는 목적어이구요. 목적어인 me의 상태를 나타내는 목적격 보어로 형용사 happy가 쓰였습니다.

---

01 야생동물들은 조심스럽게 다루어야 한다. **02** 나는 특별한 것을 찾고 있다. **03** 장학금 자격이 있는 지원자들은 교육위원회에서 다시 검토된다. **04** 그는 부자인데도 행복해 보이지 않았다. **05** 우리는 서커스 동물을 보고 놀랐다. **06** 학교로 되돌아간다는 생각이 나를 행복하게 한다.

07 I found the English test extremely hard.
목적격 보어

▶ the English test가 목적어이고 hard가 목적격 보어로 쓰인 문장입니다. 목적어인 영어 시험의 상태가 대단히 어렵다는 것을 보충 설명하고 있습니다. 이처럼 목적격 보어는 목적어의 상태를 나타내는 말입니다.

08 I consider him worthy of respect.
목적격 보어

* (be) worthy of ~할 만하다, ~할 가치가 있다

▶ 목적어는 him이고 목적어의 상태를 나타내는 목적격 보어는 worthy of ~ 입니다.

❸ 한 가지 용법으로만 쓰이는 형용사

앞서 언급한 것처럼 우리말은 모든 형용사가 한정적 용법, 서술적 용법으로 쓸 수 있습니다. 물론 영어도 대부분의 형용사가 두 가지 용법으로 모두 쓸 수 있습니다. 하지만 몇몇 형용사들은 그 중에서 한 가지 용법으로만 사용됩니다. 이런 형용사들의 쓰임에 유의해야 합니다.

■ 한정적 용법으로만 쓰이는 형용사

고등학교 교과과정에 자주 등장하는 한정적 용법으로만 쓰는 형용사는 '~의' 또는 '~로 된'이라는 의미를 지닌 -en, -er로 철자가 끝나는 형용사들이 많습니다.

---

only, elder, drunken, golden, wooden, inner, outer, main, former ...

---

09 The ax is the only tool needed to make a living as a woodcutter.
한정적 용법으로만 쓰이는 only

* make a living 먹고 살다, 생계를 유지하다

▶ 형용사 only는 명사 tool을 수식하는, 즉 한정적 용법으로만 사용됩니다. 그래서 명사 tool 앞에 위치하고 있습니다. only는 문장에서 서술적 용법 즉 보어로 쓰이지 않습니다.

10 Your key is in my inner pocket.
한정적 용법으로만 쓰이는 inner

▶ 형용사 inner는 '~안의, 내부의'라는 뜻을 가지고 있는데 명사 pocket을 수식하는 한정적 용법으로 쓰였습니다. inner는 문장에서 보어로 쓰이는 서술적 용법으로는 사용되지 않습니다.

■ 서술적 용법으로만 쓰이는 형용사

서술적 용법으로만 쓰이는 형용사에는 ❶ '접두사 a-'가 붙은 형용사, ❷ be afraid of 처럼 'be + 형용사 + 전치사'의 형태로 숙어라고 배우는 것들 중에 가운데 위치하고 있는 형용사들은 대부분 서술적 용법으로만 쓰입니다. 특히, ❷의 경우는 아래 표를 참고하여 숙어처럼 외워서 익혀두도록 합시다.

---

alive, alone, asleep, alike, ashamed, awake, alert, afraid, glad, liable, unable

---

11 I can't stay awake in class.

　　　　　　서술적 용법으로만 쓰이는 awake

　▶ 형용사 awake는 '깨어있는' 상태를 나타내는 형용사로 '~한 상태를 유지하다'라는 뜻을 가진 자동사 stay의 보어로 쓰이고 있습니다. 명사를 수식하는 한정적 용법으로는 쓰이지 않습니다.

12 I am ashamed of having made such a mistake.

　서술적 용법으로만 쓰이는 ashamed　　　　　　　　　　　　　　　　* make a mistake 실수하다

　▶ 'be ashamed of ~'는 '~을 부끄러워하다'라는 표현으로 ashamed는 서술적 용법으로만 쓰이는 형용사로 명사를 수식하는 한정적 용법으로는 쓸 수 없습니다. 이처럼 'be + 형용사 + 전치사'의 형태로 쓰이는 형용사들 중에는 서술적 용법으로만 쓰이는 형용사들이 많습니다.

∵ 숙어처럼 외우는 'be + 형용사 + 전치사'

be absent from	~에 결석하다, ~가 없다
be absorbed in	~에 열중하다
be accessible to	~에 접근 가능하다
be angry with	~에 화가 나다
be anxious about	~을 염려하다
be anxious for	~을 갈망하다
be available for	이용 가능하다, 쓸 수 있다
be awake to	~을 알아채다, 알고 있다
be aware of	~을 알다
be capable of	~을 할 수 있다, 능력이 있다
be cautious of	주의하다, 조심하다
be conscious of	~을 의식하다
be content with	만족하다

---

07 나는 그 영어 시험이 대단히 어렵다는 것을 알았다. 　08 내 생각에 그 사람은 존경할만하다. 　09 도끼는 나무꾼으로서 먹고 살기 위해 필요한 유일한 도구이다. 　10 네 열쇠가 내 안주머니에 있다. 　11 나는 수업 시간에 깨어 있을 수 없다. 　12 나는 그런 실수를 했다는 게 부끄럽다.

be contrary to	~와 반대이다
be convinced of	~을 확신하다
be crowded with	~로 붐비다, 가득 차다
be curious about	~에 호기심이 있다
be dependent (up)on	~에 의존하다
be different from	~와 다르다
be due to	~ 때문이다
be equal to	~와 같다
be equivalent to	~와 동등하다, ~에 해당하다
be essential to	~에 필수적이다, 필요하다
be familiar to 사람	~에 익숙하다, 친숙하다
be familiar with 사물	~에 익숙하다, 친숙하다
be famous for	~로 유명하다
be far from	결코 ~아니다, 거리가 멀다
be full of	~로 가득 차다
be good at	~을 잘하다, 능숙하다
be incapable of	~을 못하다, 할 수 없다
be incompatible with	~와 공존할 수 없다
be independent of	~에 의존하지 않다, 독립하다
be indifferent to	~에 무관심하다
be interested in	~에 관심이 있다
be jealous of	~을 질투하다, 시기하다
be known to	~에게 알려져 있다
be responsible for	~을 책임지다
be rich in	~가 풍부하다, 많다
be short of	~이 부족하다
be sick of	~에 질리다
be similar to	~와 비슷하다
be subject to	~에 종속되다
be suitable for	~에 적합하다, 어울리다
be sure of	~을 확신하다
be true of	~에 적용되다, 유효하다
be weary of	~에 지치다
be worthy of	가치가 있다

Q 명사를 수식할 때와 보어로 쓰일 때 뜻이 달라지는 형용사들이 있나요?

A 네 그렇습니다. 많지는 않지만 그런 형용사들이 몇 개 있습니다. 그 중에서 꼭 알아두어야 할 형용사는 certain, present, ill, sorry입니다. 이 형용사들은 '형용사＋N', 'be＋형용사' 형태로 의미를 기억하면 됩니다. 예를 들어 certain은 명사를 수식할 때는 '특정한'이라는 뜻으로 쓰이구요, 보어로 쓰일 때는 '확실하다'라는 뜻으로 쓰입니다. 그래서 이 단어는 다음과 같이 외우는 게 좋습니다.

- certain＋N : 특정한 명사 / • be certain : 확실하다

다른 세 가지도 마찬가지겠죠.
- present＋N : 현재의 명사 / • be present : 참석하다, 존재하다
- ill＋N : 나쁜 명사 / • be ill : 아프다
- sorry＋N : 불쌍한 명사 / • be sorry : 미안하다

The present owner of the house is me.

저 집 현재의 주인은 저예요.

▶ present은 명사 owner를 수식하고 있는 형용사로 '현재의'라고 해석합니다.

50 students were present at the class.

50명의 학생이 그 수업에 참석했다.

▶ present은 be동사의 보어로 쓰였는데 '참석하다, 출석하다'라고 해석합니다.

Q 철자가 -ly로 끝나는 단어는 주로 부사라고 알고 있는데 형용사인 경우도 있는지요?

A 있습니다. 철자가 -ly로 끝나는 단어는 모두 부사라고 생각하는데요, 그렇지 않습니다. -ly로 끝나는 단어들이 대부분 부사이긴 하지만 형용사도 적지 않게 있습니다. 그 차이는 구별하기 쉬워요. 형용사 뒤에 -ly가 붙으면 부사인데요, 명사 뒤에 -ly가 붙으면 형용사입니다.
형용사 beautiful 뒤에 ly를 붙여 beautifully라고 쓰면 부사로 '아름답게'라는 의미가 되지요. 형용사 slow 뒤에 ly를 붙여 slowly를 만들면 부사로 '느리게'라는 의미가 된답니다.
그런데 명사 friend 뒤에 ly를 붙여 friendly를 만들면 형용사로 그 의미가 '다정한', '친구같은'이 된답니다. 마찬가지로 명사 world 뒤에 ly를 붙여 worldly라고 쓰면 '세상의', '세속적인'이라는 뜻을 가진 형용사가 됩니다. 이처럼 명사 뒤에 ly가 붙으면 형용사가 된다는 것을 잘 기억해두세요.

Basic Test 01

다음 괄호 안에 적절한 것을 고르시오.

01 The team is trying to build the [powerful / powerfully] brand.

02 You need to purchase the house that you can feel [comfortable / comfortably].

03 My father thinks it [impossibly / impossible] that I get the scholarship.

04 Crabs eat coconut, and fish eat [living / alive] coral, and rats live in the tops of all trees.

05 If I just want to sit and relax, I switch on the television and fall fast [sleeping / asleep].

(2) 명사의 수와 양을 나타내는 형용사

명사의 수 또는 양을 나타내는 형용사를 문법 용어로 '수량형용사'라고 합니다. 우리말은 이 구별이 까다롭지 않은데 영어는 정확하게 구별해서 사용합니다. 셀 수 있는 명사는 '수'로 나타내고, 셀 수 없는 명사는 '양'으로 나타냅니다. 그래서 명사의 종류에 따라 수와 양을 나타내는 형용사를 정확하게 구별해서 사용해야 합니다.

셀 수 있는 명사를 수식하는 수량형용사	few : 거의 없는 a few : 약간 있는 only a few : 조금 있는 not a few : 많은 quite a few : 꽤 많은 many : 많은 a number of : 많은 several : 몇몇의 various : 다양한	+셀 수 있는 명사(복수형)+동사의 복수형(are/do/have…)
셀 수 없는 명사를 수식하는 수량형용사	little : 거의 없는 a little : 약간 있는 only a little : 조금 있는 not a little : 많은 quite a little : 꽤 많은 much : 많은 a good deal of : 많은 a large amount of : 많은	+셀 수 없는 명사(단수형)+동사의 단수형(is/does/has…)

| 둘 다 수식하는
수량형용사 | some : 조금 있는
any : 어느, 어떤
no : 없는
all, most : 대부분의
a lot of : 많은
lots of : 많은
plenty of : 충분한
enough : 충분한
more : 더 많은 | + 셀 수 있는 명사(복수형) + 동사의 복수형(are/do/have...)
셀 수 없는 명사(단수형) + 동사의 단수형(is/does/has...) |

❶ many + 셀 수 있는 명사 / much + 셀 수 없는 명사 / many a(n) + 단수명사

많은 수와 양을 나타내는 형용사로 many와 much가 있습니다. 이 중에서 many는 셀 수 있는 명사와 함께 사용합니다. 즉, 수를 나타내는 말이구요. much는 양을 나타내는 말이라서 셀 수 없는 명사와 함께 사용합니다. 하나가 아니라 많은 것을 나타내므로 many 뒤에는 셀 수 있는 명사의 복수형이 와야 합니다. 하지만 much는 똑같이 많은 것을 나타내지만 셀 수 없는 명사와 함께 사용하므로 명사의 복수형이 올 수 없습니다. 당연히 단수명사가 이어지겠죠. 그래서 주어로 사용될 경우에도 'many + 복수명사' 다음에는 복수동사가 와야 하지만 'much + 단수명사'는 단수동사가 와야 합니다. 그런데 좀 특이한 표현으로 many a(n)가 있습니다. 이 표현도 우리말로는 '많은'을 나타내지만 뒤에 나오는 명사를 하나의 덩어리로 묶어서 말하는 방식이라 many 뒤에 오는 말은 셀 수 있는 명사이지만 'a(n) + 명사'의 형태로 옵니다. 따라서 단수명사가 와야 합니다. 당연히 단수 취급해야 합니다.

13 Mike didn't visit our house for many days.
many + 셀 수 있는 명사

▶ day는 하루, 이틀, 사흘 이렇게 셀 수 있습니다. 그래서 여러 날이 되면 복수형 days를 사용하고 셀 수 있는 명사를 수식하는 many를 사용합니다.

14 After much discussion we arrived at a decision.
much + 셀 수 없는 명사

▶ discussion은 셀 수 없는 명사로 복수형을 사용할 수 없습니다. 따라서 '많은 토론'을 나타낼 때 셀 수 없는 명사를 수식하는 much를 사용합니다.

15 Mary seems to show much interest in her children.
much + 셀 수 없는 명사

▶ interest는 셀 수 없는 명사입니다. 따라서 '많은 관심'이라는 표현을 하기 위해서는 '많은'에 해당하는 말로 much를 사용합니다.

---

13 Mike가 며칠 동안 우리 집에 오지 않았다.　**14** 많은 토론 후에 우리는 결론에 이르렀다.　**15** Mary는 자신의 아이들에게 많은 관심을 보이는 것 같다.

16 Many a publisher has gone bankrupt with the depression.
   _{many a + 단수 명사   단수동사}

* bankrupt ⑲ 파산한   depression ⑲ 불경기

   ▶ many a는 '많은'이라는 뜻이지만 뒤에 이어지는 명사는 단수명사가 와야 합니다. 따라서 publisher가 이어지고 동사도 has gone이라는 단수형을 사용합니다.

❷ few + 셀 수 있는 명사 / little + 셀 수 없는 명사

few는 셀 수 있는 명사와 함께 쓰고 little은 셀 수 없는 명사와 함께 씁니다. 둘 다 뜻은 '거의 없는', '아주 적은' 정도의 의미입니다. 그런데 앞에 a를 붙여 a few / a little이라고 쓰면 '제법 있는', '꽤 되는'이라는 의미로 바뀝니다. 즉, a few / a little은 긍정의 의미로 쓰이고, few / little은 부정의 의미로 쓰입니다. 정확히 몇 개라는 말이 아니라 '적은' 수와 양을 나타내는 말인데 few / little은 그 수나 양이 거의 없을 정도로 느껴지는 것이고, a few / a little은 '그래도 이 정도면 괜찮은' 정도의 어감을 가집니다.

셀 수 있는 명사	few(부정적 의미) vs a few(긍정적 의미)
셀 수 없는 명사	little(부정적 의미) vs a little(긍정적 의미)

17 There are a few things I have to do before I leave.
   _{a few + 셀 수 있는 명사}

   ▶ thing은 셀 수 있는 명사로 앞에 '몇 가지 일'이라는 의미로 a few를 쓰고 복수명사를 사용했습니다. 이처럼 a few 뒤에는 셀 수 있는 명사의 복수형이 옵니다.

18 A little money is better than no money.
   _{a little + 셀 수 없는 명사}

   ▶ money은 셀 수 없는 명사이므로 '약간의 돈'을 나타낼 때 앞에 셀 수 없는 명사를 수식하는 a little을 사용했네요. 그래서 동사도 단수형인 is를 사용했습니다.

19 Few students passed all the exams.
   _{few + 셀 수 있는 명사}

   ▶ 한 명은 아닌데 그 수가 매우 적다고 여겨져서 few를 students 앞에 썼는데 '거의 없는' 정도의 의미를 가집니다. 그래도 하나 보다는 많으니 복수명사를 사용해야 합니다. 이처럼 few는 셀 수 있는 명사의 복수형 앞에 사용합니다.

20 There is little money left.
   _{little + 셀 수 없는 명사}

   ▶ money는 셀 수 없는 명사이므로 '돈이 거의 없는'이라는 의미가 되려면 little을 사용합니다.

a few와 a little 앞에 not, only, quite 등이 붙어 또 다른 느낌의 말을 만들어 내기도 합니다. 먼저 not a few, not a little부터 살펴보겠습니다. '적은'이라는 의미를 가지는 말 앞에 not을 붙였으니 '적지 않은'이라는 말이 되죠? '적지 않은 돈이 생겼어.' 이렇게 말하면 제법 많은 돈이라는 의미입니다. 그래서 not a few, not a little은 '적지 않은, 꽤 되는'이라는 뜻이 됩니다. only a few, only a little의 경우 '오직'이라는 의미의 only가 앞에 와서 '오직 적은' 수와 양의 의미가 됩니다. 마지막으로 quite a few, quite a little에서 quite는 '꽤, 상당히'라는 뜻이잖아요. 따라서 '꽤 많은, 제법 많은' 정도의 의미가 되겠군요. 간략하게 정리하면 not a few, not a little, quite a few, quite a little은 그 수나 양이 제법 많다는 의미이고, only a few, only a little은 수나 양이 아주 적다는 의미를 가지게 됩니다.

- not a few(little) : 적지 않은, 꽤 되는
- quite a few(little) : 꽤 많은, 제법 많은
- only a few(little) : (오직, 겨우) 적은, 조금

---

21 A test result caused me not a little anxiety.

not a little + 셀 수 없는 명사

▶ anxiety는 셀 수 없는 명사입니다. 그래서 a few가 아닌 a little로 수식하는데 a little 앞에 not이 있으므로 '적지 않은'이라고 해석하면 됩니다.

22 Only a few actors achieve recognition as stars.

only a few + 셀 수 있는 명사   * recognition 명 인정, 인식

▶ actors는 셀 수 있는 명사의 복수형이므로 a few가 수식하고 있는데 앞에 only가 있으므로 '오직 소수', '아주 조금'이라고 해석하면 됩니다.

23 The article had quite a few mistakes in it.

quite a few + 셀 수 있는 명사

▶ mistakes는 셀 수 있는 명사의 복수형이므로 '꽤 많은'이라는 뜻인 quite a few가 수식을 하고 있습니다.

---

16 많은 출판업자들이 불경기로 파산했다.   **17** 떠나기 전에 내가 해야 할 일이 몇 가지 있다.   **18** 돈이 좀 있는 게 아예 없는 것보다 낫다.   **19** 모든 시험에 합격한 학생은 거의 없다.   **20** 남아 있는 돈이 거의 없다.   **21** 시험 결과가 나로 하여금 적지 않은 걱정을 하게 했다.   **22** 오직 소수의 배우들만 스타로 인정받는다.   **23** 그 기사는 꽤 많은 실수가 있었다.

Deep Q&A

Q few와 a few 중에서 어떤 것이 더 많나요?

보통 a few가 더 많다고 생각하더라구요. 하지만 few와 a few, little과 a little은 객관적으로 어떤 것이 더 많은 것인가를 규정하기는 어렵습니다 이건 많고 적음의 문제가 아니예요. 말을 하는 사람이 어떻게 느끼느냐의 차이로 봐야 합니다. 예를 들어 '너 돈 좀 있니?'라고 물었을 때 A는 '응, 나 돈 좀 있어.'라고 이야기하고 B는 '나 조금밖에 없어.'라고 대답했을 때 사실 누가 더 많이 가지고 있을지 알 수 없는 거죠. 막상 확인해 보니 둘 다 만 원씩 가지고 있었다면 A는 자기가 가진 만 원이 적지 않은 돈이라고 생각한 것이고 B는 자신이 가진 만 원이 적다고 생각한 것이지요. few와 a few, little과 a little도 이와 비슷하다고 생각하면 됩니다. 다음 예문을 한 번 볼까요?

There are a few things to give you.
너에게 줄게 좀 있어.

There are few things to give you.
너에게 줄 게 거의 없어.

첫 번째 문장과 두 번째 문장은 실제로 정확하게 수의 차이가 있는 것이 아니라는 것을 아시겠죠? 말하는 사람의 주관적 느낌이 첫 번째 문장의 경우 긍정적이지만, 두 번째 문장의 경우는 부정적이라고 생각하는 것이 더 정확한 이해라고 할 수 있습니다. 예문을 하나 더 살펴보도록 하죠.

We have a little time before the train leaves.
기차가 떠나기 전까지 남은 시간이 좀 있어.

We have little time before the train leaves.
기차가 떠나기 전까지 남은 시간이 거의 없어.

이제 few와 a few, 그리고 little과 a little의 차이를 아시겠죠?

❸ all / both / each / every

자, 이제 다루게 될 수량형용사들은 실제 영어로 표현하려다 보면 은근히 헷갈리기 쉽습니다. 각각의 쓰임에 대해 잘 살펴봅시다.

먼저 all의 쓰임에 대해 알아봅시다. 여러분이 알고 있는 것처럼 '모든'이라는 말인데요. (경우에 따라 '모든 것'이라는 명사로 쓰이기도 합니다.) all은 셀 수 있는 명사, 셀 수 없는 명사 둘 다를 수식할 수 있습니다. '모든' 이라는 뜻으로 쓰이므로 all 뒤에 셀 수 있는 명사가 오면 당연히 복수형이 와야 하구요, 주어로 쓰일 경우 동사도 당연히 복수동사를 사용합니다. 하지만 셀 수 없는 명사를 수식할 때는 all 다음에 오는 명사는 단수형을 사용해야 하고 주어로 쓰이면 단수동사를 사용해야 합니다.

- all + 셀 수 있는 복수명사 + 복수동사
- all + 셀 수 없는 단수명사 + 단수동사

---

both는 '둘 다'라는 뜻으로 쓰입니다. both A and B 형태로 쓰면 'A와 B 둘 다'라는 뜻으로 쓰이구요, A와 B가 합쳐 주어가 되면 복수 취급합니다. both가 '둘 다'라는 의미이므로 뒤에 명사가 올 때는 당연히 셀 수 있는 명사의 복수형을 사용해야 하고 주어로 사용되었다면 동사도 당연히 복수동사를 사용합니다.

- both A and B + 복수동사
- both + 복수명사 + 복수동사

---

each는 우리말의 '각각, 각자'에 해당하는 말입니다. 하나씩을 나타내는 말이지요. 그래서 each 뒤에는 단수명사가 와야 하고 단수 취급을 합니다. every는 '모든'이라는 의미를 지니고 있어 당연히 복수명사가 올 거라 착각하기 쉽습니다. 하지만 every는 사실 '하나 하나'를 세는 개념입니다. 따라서 all days는 '모든 날'이 되지만 everyday는 '매일'이 되거든요. '모든 날'이 중요하다와 '매일'이 중요하다는 결국 비슷한 의미가 되긴 하지만 셀 때는 '모든 날'은 복수가 되지만 '매일'은 단수가 됩니다. 그러므로 every 뒤에는 단수명사가 와야 하고 당연히 단수 취급합니다.

- each + 단수명사 + 단수동사
- every + 단수명사 + 단수동사

---

24 All (of the) students are **diligent**.
all + 셀 수 있는 복수명사　　복수동사

▶ all이 셀 수 있는 명사의 복수형 students를 수식하고 있네요. all 다음에 of the를 쓸 수도 있고 생략할 수도 있어요. 'all + 복수명사'는 복수 취급하여 동사도 복수형을 써야 합니다.

25 All the information is **useful and informative**.
all + 셀 수 없는 명사　　단수동사
　　　　　　　　　　　　　　　　　　　　　　　* informative ⓐ 유익한, 정보가 되는

▶ all 다음에 오는 명사가 셀 수 없는 information입니다. 그러므로 단수형을 사용해야 하고 동사도 단수형 is를 사용했습니다.

26 Both shoes have **holes** in them.
both + 복수명사　복수동사

▶ both 뒤에 온 명사 shoe는 셀 수 있는 명사이므로 당연히 복수형을 사용해야 하고 동사도 복수형을 써야 하므로 has가 아닌 have를 사용했습니다.

27 Each person has a unique **fingerprint**.
each + 단수명사　　단수동사

▶ each 뒤에는 단수명사가 와야 합니다. persons라고 쓰지 않도록 조심해야 하고 당연히 동사도 단수형 has가 와야 합니다.

28 Every member of the class was given the paper and answer sheet.
every + 단수명사　　　　　　　　단수동사

▶ every는 뒤에 단수명사가 옵니다. 따라서 단수형인 member를 쓰고 동사도 was를 사용한 것입니다.

❹ A number of ~ / The number of ~

착각하기 쉬운 그래서 시험에도 자주 등장하는 표현들이 있습니다. 주의해서 그 쓰임을 익혀두어야 합니다. 먼저 a number of는 '많은'이라는 의미를 지닌 표현인데요. 이 표현에 number가 쓰였으니 수를 나타내는 것임을 알 수 있습니다. 그래서 셀 수 있는 명사와 함께 사용합니다. 즉, '많은'이라는 뜻이므로 a number of 뒤에는 셀 수 있는 명사의 복수형이 옵니다. 그리고 a number of가 주어가 아니라 뒤에 나오는 복수형 명사가 주어가 됩니다. 그러므로 주어는 항상 복수가 되는 것이죠. 따라서 복수 취급해서 복수동사를 사용해야 합니다. 그리고 good, great, large를 이용해서 a good number of ~, a great number of ~, a large number of ~의 형태로 '매우 많은, 대단히 많은'이라는 의미를 만들 수 있습니다.

그런데 the number of는 '~의 숫자, 개수'라는 뜻입니다. 이 표현에도 number가 있으므로 셀 수 있는 명사를 수식하는데 셀 수 있는 명사는 하나보다는 많을 것이므로 뒤에 셀 수 있는 명사의 복수형이 이어집니다. 여기서 주의할 점은 주어는 뒤에 온 복수명사가 아니라 '복수명사의 숫자'가 주어가 된다는 것입니다. 즉, the number가 주어인데 the number는 단수이죠. 그래서 동사는 단수형이 와야 한다는 것을 꼭 기억해야 합니다.

> • A number of + 셀 수 있는 복수명사 + 복수동사
>
> • The number of + 셀 수 있는 복수명사 + 단수동사

29 A number of travelers visit Jeonju Hanok Village.
　　　a number of + 복수명사　　복수명사
　▶ a number of 뒤에는 셀 수 있는 명사의 복수형이 오므로 travelers를 쓰고, 주어가 복수명사인 travelers이므로 동사도 복수동사 visit을 사용하고 있습니다.

30 The number of students in the school has decreased for 3 years.
　　　the number of + 복수명사　　　　　　단수동사
　▶ the number of 뒤에는 셀 수 있는 명사의 복수형이 오므로 students가 쓰였고 이때 주어는 students가 아니라 the number이므로 동사는 have가 아닌 has를 써야 합니다.

정답 및 해설 p. 06

Basic Test 02

다음 괄호 안에 적절한 것을 고르시오.

01 I heard that the students spent quite [a few / a little] time preparing for the test.

02 All of the materials used in making the doll house [was / were] from discarded scraps.

03 Eating a lot of fatty foods often leads to a diet that contains too [many / much] energy.

04 I think that [a few / a little] lemon juice on fish [makes / make] it taste better.

05 People all over the world watch each [game / games] with great interest.

06 The refugees have [few / little] possessions and [few / little] hope of returning home soon.

07 [A number of students / The number of students] wish to return to the easy days of high school.

---

24 학생들 모두가 부지런하다.　25 모든 정보가 유용하고 유익하다.　26 신발 둘 다(양쪽 신발) 구멍이 났다.　27 사람들 각자는 독특한 지문을 가지고 있다.　28 그 학급의 모든 멤버에게 종이와 답안지를 나누어줬다.　29 많은 여행자들이 전주 한옥마을을 방문한다.
30 그 학교 학생수가 3년째 줄어들었다.

관계대명사
Relative Pronoun

관계대명사는 영어 학습을 어렵게 만드는 문법 요소 중 하나입니다. 선행사니 제한적 용법이니 하면서 갑자기 생소한 용어들이 등장하여 괜시리 어렵다는 막연한 생각을 하게 만듭니다. 사실 관계대명사는 어려운 말이 아니거든요. 그냥 형용사절이라고 생각하면 됩니다. 단지 우리말과 다른 점이 있다면 형용사절이 명사 뒤에 위치하여 명사를 수식한다는 것이죠. 쉽다고 자신있게 생각해야 쉽습니다. 아시겠죠? 그러면 관계대명사에 대해 차분하게 알아보도록 하겠습니다.

관계대명사는 접속사와 대명사가 합쳐져서 앞에 있는 명사를 수식하는 형용사절을 지칭하는 말입니다. 무슨 말인지 모르겠죠? ^^ 자 그럼, 우리말을 예로 들어 설명해볼게요. 보다 쉽게 이해할 수 있을 겁니다.

(1) '저 사람은 선생님이다. 그리고 그는 영어를 가르친다.'

복잡하지 않은 문장인데 두 문장으로 쪼개서 표현하고 있지요. 두 문장을 합쳐서 이렇게 바꿔 볼까요?

(2) '저 사람은 영어를 가르치는 선생님이다.'

이 문장이 우리가 일반적으로 쓰는 말에 훨씬 더 가깝죠?
우리말이므로 이렇게 쉽게 바꿀 수 있겠지만, 어떻게 두 문장을 한 문장으로 바꿀 수 있는지 살펴봅시다.
먼저 문장 (1)에서 첫 번째 문장의 '선생님'과 두 번째 문장의 '그'는 같은 사람입니다. 동일 인물이므로 중복을 피해 두 번째 문장의 '그'를 없애고 그 다음 '영어를 가르친다'는 말을 첫 번째 문장에 있는 선생님과 붙여줍니다. 원래 주어로 쓰였던 '그'와 '선생님'은 같은 사람이니까요. 이런 과정을 거치면 문장 (2)가 만들어집니다. 이 과정을 영어로 한 번 바꿔서 살펴봅시다.

That is a teacher, and he teaches English.

먼저 첫 번째 문장의 teacher와 두 번째 문장의 he가 동일인이므로 he를 중복해서 사용하지 않고 없앤 다음, teaches English를 첫 번째 문장의 a teacher와 붙여 보겠습니다. 이때 접속사 and는 필요없으니 삭제하면 되구요. 그 다음이 우리말과 좀 다릅니다. 우리말은 수식하는 말을 명사 앞으로 옮겼지만 영어는 그렇게 하지 않구요. 명사 teacher 뒤에 수식하는 말인 teaches English를 놓습니다. 우리말은 '가르치다'를 '가르치는'으로 바꿔서 수식하는 말임을 나타내지만 영어는 그렇게 쓰지 않고 명사 teacher 뒤에 and he를 합친 기능을 담당하는 관계대명사 who를 써서 뒤에 나오는 말이 앞에 있는 teacher를 수식하는 말임을 보여줍니다. 그리고 이제 수식을 받는 말이 되었으니 a teacher도 the teacher로 고쳐 씁니다. 그러면 다음과 같은 문장이 됩니다.

That is the teacher who teaches English.
　　　　　선행사　관계대명사

이렇게 한 문장으로 합쳐진 문장에서 앞에서 수식을 받는 명사를 '선행사'라고 합니다. 선행사가 사람이면 관계대명사는 who를 쓰고, 사물이면 which를 씁니다. that은 사람과 사물 모두에게 사용할 수 있습니다.

이해가 되나요? 아직 좀 어렵다고 생각되면 우선 명사 뒤에 관계대명사가 이끄는 절이 나오면 이것은 앞에 있는 명사인 선행사를 수식하는 형용사절이라는 것을 기억해둡니다.

∴ 관계대명사의 종류와 격변화

선행사	주격	소유격	목적격	절의 종류
사람	who / that	whose	who(m) / that	형용사절
사물 · 동물	which / that	whose / of which	which / that	형용사절
사물(선행사 포함)	what	×	what	명사절

(1) 관계대명사의 종류와 역할

자, 이제 관계대명사가 이끄는 절은 명사를 수식한다는 것을 이해했을 것입니다. 그런데 이 관계대명사는 원래 '접속사 + 대명사'가 하나로 합쳐진 기능을 합니다. 그래서 관계대명사는 두 문장을 한 문장으로 만들 때 두 번째 문장의 대명사가 하던 역할을 고스란히 넘겨받게 됩니다. 사라진 대명사가 문장의 주어였다면 관계대명사는 주어의 역할을 하고 목적어로 사용된 대명사를 접속사와 함께 관계대명사로 바꾸었다면 목적어의 역할을 담당하게 됩니다. 이들을 각각 '주격 관계대명사', '목적격 관계대명사'라고 부릅니다.

❶ 주격 관계대명사

뒷문장에서 주어로 쓰였던 대명사가 접속사와 대명사의 기능을 동시에 하는 관계대명사로 바뀌면서 뒤에는 주어가 없는 문장이 오는데 이것이 주격 관계대명사절의 매우 중요한 특징입니다. 주어에 해당되던 말을 관계대명사로 바꿨으니 뒤에는 불완전한 문장이 온다는 것을 꼭 기억하세요. 바로 이것이 일반 접속사와 관계대명사의 결정적 차이입니다.

- 접속사 + 완전한 문장
- 명사 + 관계대명사 + 불완전한 문장

01 The teacher met a woman who looked like his colleague.

선행사가 사람일 때 쓰는 주격 관계대명사
* colleague 명 동료

▶ 관계대명사 who가 이끄는 형용사절이 앞에 있는 선행사 a woman을 수식하고 있습니다. 선행사 a woman이 관계대 명사 who가 포함된 문장의 주어에 해당됩니다. 이때 who는 주어 구실을 하기 때문에 '주격 관계대명사'라고 합니다.

02 This is a fine opportunity which should not be lost.

선행사가 사물일 때 쓰는 주격 관계대명사
* opportunity 명 기회

▶ 선행사가 opportunity입니다. 사람이 아니라 사물이므로 관계대명사 which를 사용했습니다. 그리고 opportunity는 관계대명사 which가 포함된 뒷문장의 주어 역할을 합니다. 이때 which는 주어 구실을 하므로 '주격 관계대명사'라고 합 니다.

03 Flowers that attract bees are good for gardens.

선행사가 사람이든 사물이든 상관없이 쓰는 주격 관계대명사
* attract 동 (주의, 관심을) 끌다, 끌어당기다

▶ 관계대명사 that은 선행사가 사람이든 사물이든 모두 사용할 수 있습니다. that attract bees가 앞에 있는 선행사 flowers를 수식하는 형용사절입니다.

❷ 목적격 관계대명사

뒷문장에서 주어로 사용되었던 대명사가 없는 관계대명사가 '주격 관계대명사'라면, '목적격 관계대명사'는 뒷문장에 목적어가 없겠다고 생각할 수 있겠지요. 맞습니다. 뒷문장에 있었던 동사의 목적어나 전치사의 목적어가 사라지고 앞 문장에 있는 명사를 수식하도록 만들어진 것이 '목적격 관계대명사'입니다. 주격 관 계대명사와 마찬가지로 목적격 관계대명사 뒤에는 목적어가 없는 불완전한 문장이 오게 됩니다.

04 Ban is exactly the person whom we want to see.

선행사가 사람일 때 쓰는 목적격 관계대명사

▶ we want to see the person이 완전한 문장인데 the person이 없어졌습니다. '우리는 그 사람을 보고 싶다.'에서 목 적어 '그 사람을'을 빼고 '우리가 보고 싶은'이라는 말을 만들기 위해 관계대명사를 사용하였습니다. 그리고 선행사 the person은 사람이고 목적어에 해당하므로 관계대명사는 목적격 관계대명사에 해당되는 whom을 사용했습니다.

05 I lost the watch which my father had bought me.

선행사가 사물일 때 쓰는 목적격 관계대명사

▶ my father had bought me가 앞의 선행사 the watch를 수식하고 있습니다. 그리고 선행사가 사물인 the watch이므 로 관계대명사는 which를 사용합니다. 관계대명사 뒤에는 had bought의 직접목적어가 없는 불완전한 문장으로 이루어 져 있다는 것을 알 수 있습니다.

06 Here is the book that you were looking for.
선행사가 사람이든 사물이든 상관없이 쓰는 목적격 관계대명사

● that은 선행사 book을 수식하고 있는 목적격 관계대명사입니다. 관계대명사 that 뒤에는 목적어가 없는 불완전한 문장이 왔다는 것을 알 수 있습니다. that은 선행사가 사람이든 사물이든 상관없이 모두 쓸 수 있습니다.

❸ 소유격 관계대명사

관계대명사를 이용하여 두 문장을 한 문장으로 만들 때 뒷문장에서 사라질 대명사가 소유격인 경우도 있습니다. 예를 들어 '선생님 + 그 사람의 전공은 영어이다'에서 '전공이 영어인 선생님'으로 바꾸면 '그 사람의'라는 소유격만 사라지게 되는데 이때 필요한 것이 '소유격 관계대명사'입니다. whose, of which 두 가지를 사용합니다. 소유격 관계대명사가 앞서 학습한 주격이나 목적격 관계대명사와 다른 것은 주어나 목적어라는 필수 성분이 사라지는 것이 아니라 소유격만 사라지는 것이므로 소유격 관계대명사 뒤에는 완전한 문장이 온다는 것입니다.

07 We stopped to help some people whose car had broken down.
선행사가 사람일 때 쓰는 소유격 관계대명사

* break down 고장나다

● 뒷문장에서 사라진 말이 people's입니다. '사람들의 차가 고장났다.'에서 소유격인 '사람들의'를 생략하고 '차가 고장난'이라는 말을 만들어 앞에 있는 사람들을 수식하고 있습니다. 소유격을 생략했으니 관계대명사도 소유격인 whose를 사용하고 있습니다. 그리고 관계대명사 뒤의 문장을 보면 실제 주어가 car인데 people's car에서 소유격만 생략되어 있으므로 문장의 구성 요소를 모두 갖춘 완전한 형태의 문장이 남게 됩니다.

08 The little girl whose doll was lost was sad.
선행사가 사람일 때 쓰는 소유격 관계대명사

● '그 소녀의 인형이 없어졌다.'에서 소유격인 '그 소녀의' 즉 her를 생략하여 뒷문장이 선행사 the little girl을 수식하고 있습니다. 따라서 소유격 관계대명사인 whose를 쓰고 뒷문장에는 doll was lost라는 완전한 형태의 문장이 남게 됩니다.

---

01 그 선생님이 그의 동료처럼 보이는 한 여자를 만났다.　02 이것은 놓쳐서는 안 될 좋은 기회이다.　03 벌을 유인하는 꽃들이 정원에 제격이다.　04 Ban이 우리가 보고 싶어하는 바로 그 사람이다.　05 나는 아버지께서 사주셨던 시계를 잃어버렸다.　06 여기 네가 찾던 책이 있다.　07 우리는 (그들의) 자동차가 고장난 사람들을 도와주려고 멈추었다.　08 (그녀의) 인형을 잃어버린 작은 소녀는 슬펐다.

Q 관계대명사 앞에 콤마(,)가 있느냐 없느냐에 따라 뜻이 달라진다고 하던데요. 콤마(,)의 유무에 따라 어떻게 뜻이 달라질 수가 있죠?

A 네, 아주 좋은 질문입니다. 미리 결론부터 말하자면 관계대명사 앞의 콤마(,) 유무에 따라 뜻이 달라질 수도 있거나 약간 다른 의미가 될 수 있습니다. 먼저 용어 정리부터 해볼게요. 선행사 뒤에 콤마(,) 없이 관계대명사가 나오는 경우를 '한정적 용법' 또는 '제한적 용법'이라 하고, 선행사 뒤에 콤마(,)가 나오고 관계대명사가 오는 경우를 '계속적 용법'이라고 합니다. 즉, 뒤에 나오는 말이 앞에 있는 명사만을 한정해서 말하고 있거나 그 명사만으로 설명을 제한한다는 의미로 '한정적 용법' 또는 '제한적 용법'이라는 용어를 쓰는 것이고, 앞에 나온 말을 받아서 계속 이야기한다는 의미에서 '계속적 용법'이라고 하는 겁니다. 예문을 한 번 보죠.

She has a son who became a doctor.

She has a son, who became a doctor.

첫 번째 문장은 '한정적 용법'으로, 두 번째 문장은 '계속적 용법'으로 쓰였네요. 첫 번째 문장을 해석하면 '의사가 된 아들이 있다.'라는 의미입니다. 아들은 아들인데 의사가 된 아들로 한정해서 말하는 겁니다. 두 번째 문장을 해석하면 '아들이 있는데, 그 아들이 의사가 됐다.'라는 의미가 됩니다. 사실 큰 차이가 있다고 하기가 좀 그렇습니다. 그런데 우리나라 영문법 책들은 첫 번째 문장은 아들이 여러 명인데 그 중 의사가 된 아들을 칭하는 것이고 두 번째 문장은 아들이 하나 있는데 그 아들이 의사가 된 것이라고 차이를 부각시키죠. 그런데 꼭 이렇지는 않아요. 첫 번째 문장이 앞에 나온 선행사인 아들을 딱 집어서 얘기하는 건 맞지만 그렇다고 반드시 아들이 여러 명이 있어야 하는 건 아니랍니다. 우리말 어감으로 '그 여자 아들 있잖아 왜, 그 의사가 된 애 말이야.'라는 식으로 말하는 거죠. 예문 하나를 더 봅시다.

I visited Busan which is the second largest city in Korea.

I visited Busan, which is the second largest city in Korea.

위의 두 예문을 보면 좀 더 명확해집니다. 첫 번째 문장이 한국에 부산이 여러 개 있는데 그 중 두 번째로 큰 도시 부산을 얘기하는건가요? 아니죠. '내가 부산에 갔어, 그 왜, 한국에서 두 번째로 큰 도시 말이야.' 이렇게 얘기한 거지요. 두 번째 문장은 '내가 부산에 갔어, 그런데 부산이 한국에서 두 번째로 큰 도시야.' 이렇게 말하는 거지요. '제한적 용법'은 딱 찍어서 이야기하고, '계속적 용법'는 계속 이어서 이야기한다는 것은 맞지만, 제한적 용법은 여럿 중의 하나라는 설명은 경우에 따라 맞기도 하지만 맞지 않는 경우도 있답니다. 그리고 하나 더 기억할 게 있습니다. 앞에서 나온 말을 받아서 계속 이야기하는 '계속적 용법'의 경우에는 관계대명사 that을 사용할 수 없습니다. 앞에 나온 말을 받아서 이야기해야 하는데 that은 뜻이 없거든요. who는 '그 사람', which는 '그것' 정도의 뜻을 가지지만 that은 뜻이 없으므로, 앞의 말을 받는 '계속적 용법'에서는 that을 사용하기가 이상한 것입니다. that은 관계대명사나 접속사로 사용할 때는 뜻이 없다는 것도 꼭 기억해두세요.

Basic Test 03

다음 괄호 안에 적절한 것을 고르시오.

01 Gandhi is a man [whom / whose] many people respect.

02 The river [which / who] flows through Seoul is called the Han River.

03 Your secretary [who / which] answered my phone wasn't very polite to me.

04 Mr. Choe is a person [whom / which] I've always looked up to.

05 Here are a few sites [which / where] I think are worth visiting on the Internet.

06 Success usually comes to those [who / which] are too busy to be looking for it.

(2) 관계대명사 what

관계대명사는 앞에 있는 명사인 선행사를 수식하는 역할을 한다는 것을 이제 알겠죠? 그런데 앞에 있는 명사가 특별한 의미없이 명사적인 형태만 가지는 경우들이 있습니다. '~것' 같은 말들이 여기에 해당이 되는데 이럴 때는 굳이 명사 모양을 유지할 필요가 없으므로 선행사와 관계사를 합쳐서 하나의 단어로 쓰게 됩니다. 이런 경우에 사용하는 관계대명사가 바로 what이랍니다. 즉, the thing which 정도의 말을 한 단어의 관계대명사 what으로 나타내게 되는 거죠. 그래서 what이라는 관계대명사는 앞에 수식할 명사가 없답니다. 당연하겠죠. what이 선행사를 포함하고 있으니까요. 우리말로는 '~것' 정도로 해석하게 됩니다.

다음 예문을 한 번 볼까요?

That is the thing which I cherish.

'저게 내가 소중히 여기는 것이야.'라는 의미 안에 굳이 the thing which라고 표현할 필요가 없는 거죠. 고작 '~것'이라는 한 글자에 단어 세 개를 사용하고 있으니 비효율적입니다. 이럴 경우 말을 줄여 표현하는데 이때 what을 사용한다는 것입니다. 그래서 선행사를 포함한 관계대명사 what이라고 한답니다. 다음의 예문을 보세요.

That's what I cherish.

이렇게 관계대명사 what을 사용하면 일반적인 관계대명사가 있는 문장과는 달리 앞에 수식할 명사인 선행사 없습니다. 그래서 관계대명사 what절은 명사를 수식하는 형용사절이 되지 않습니다. 자신이 선행사를 품고 명사절이 되는 것입니다. 잘 기억해두세요. 관계대명사 what은 수식할 선행사가 없고, 형용사절이 아니라 명사절입니다.

09 What the children need is love and affection.
  선행사를 포함한 관계대명사 what
  ▶ The thing which the children need를 선행사 포함된 관계대명사 what으로 표현한 것입니다. what이 이끄는 관계대명사절이 주어로 쓰였으니 명사절이고 절은 단수 취급하므로 동사는 is를 썼습니다.

10 Waiter, this isn't what I ordered!
  선행사를 포함한 관계대명사 what
  ▶ the thing which I ordered를 선행사를 포함한 관계대명사 what으로 표현한 것입니다. what I ordered는 문장의 보어로 쓰인 명사절입니다.

(3) 주의해야 할 관계대명사의 용법

❶ 앞 문장의 일부 또는 전부를 받는 관계대명사 which

관계대명사가 받는 말이 앞 문장의 일부 내용이거나 또는 앞 문장 전체가 되는 경우들이 있습니다. 그럴 경우 관계대명사는 which를 사용하게 됩니다. 이때 관계대명사 which는 and it 정도의 의미라고 생각하면 됩니다. 즉, 앞 문장이 끝나고 접속사 and가 오고 그 다음에 앞 문장은 일부 혹은 전체 내용을 대명사 it으로 받는 데 접속사 and와 대명사 it을 합쳐서 관계대명사 which로 바꾸어 쓰는 것입니다.

11 The principal turned up late, which was unusual.
  앞 문장 전체를 받는 관계대명사   * turn up 나타나다, 등장하다
  ▶ 콤마(,) 뒤에 관계대명사가 올 때 이 관계대명사가 앞 문장 전체를 받을 경우 which를 씁니다. 교장 선생님이 늦게 오셨다는 앞 문장 내용 전체를 which가 받는데 이 which는 and it 정도의 의미로 생각하면 됩니다.

12 The children ate too much cake at the party, which made them ill.
  앞 문장 전체를 받는 관계대명사
  ▶ 콤마(,) 뒤에 오는 관계대명사가 앞 문장 전체를 받을 경우, 관계대명사 which를 씁니다. 이 which는 and it 정도의 의미로 생각하면 됩니다 .

❷ 전치사 + 관계대명사

'목적격 관계대명사'는 뒷문장의 목적어 역할을 합니다. 그런데 목적어는 동사의 목적어도 있고 전치사의 목적어도 있답니다. 그 중에서 전치사의 목적어가 목적격 관계대명사가 되면 문장 뒤에 목적어 없이 전치사만 남게 되는데 이럴 경우 전치사를 관계대명사 앞으로 옮겨도 됩니다. 단, '전치사 + 관계대명사'의 형태를 만들 때 주의할 점은 관계대명사 that을 쓸 수 없다는 것입니다. 관계대명사 that을 사용할 수 없는 경우가 하나 더 있었죠. 맞습니다. 관계대명사의 계속적 용법에서도 사용할 수가 없습니다. 기억할 게 하나 더 늘었네요. '전치사 + 관계대명사'의 모양을 만들 때 관계대명사 that은 쓸 수 없습니다.

13 That's the reality of the world which we live in.

관계대명사 which는 전치사 in의 목적어

= That's the reality of the world in which we live.

▶ 첫 번째 문장의 관계대명사 which는 전치사 in의 목적어로 쓰인 말입니다. 그래서 문장이 전치사 in으로 끝난 것입니다. 이럴 경우 전치사 in을 관계대명사 which 앞으로 보낼 수 있습니다. 두 번째 문장이 바로 이것을 표현한 것입니다.

14 They're the people whom we gave the money to.

관계대명사 whom은 전치사 to의 목적어

= They're the people to whom we gave the money.

▶ 첫 번째 문장에서 관계대명사 뒤의 문장을 보면 전치사 to의 목적어가 없는 불완전한 문장이죠. 전치사 to의 목적어인 the people이 선행사가 되고 관계대명사 whom을 활용해서 그런 것입니다. 전치사 to는 관계대명사 앞으로 보낼 수 있는데 두 번째 문장이 이것을 표현한 것입니다.

❸ 관계대명사의 생략

경우에 따라 관계대명사는 생략할 수 있습니다. 가장 흔한 경우가 목적격 관계대명사를 생략하는 것입니다. 이렇게 관계대명사를 생략하면 남는 모양은 '명사 + 주어 + 동사'가 됩니다. 또 하나는 '주격 관계대명사 + be동사'도 생략할 수 있는데 이럴 경우 남는 모양이 '명사 + -ing' 또는 '명사 + -ed'가 됩니다. Part 1에서 배웠던 뒤에서 앞에 있는 명사를 수식하는 경우와 똑같죠? 네, 맞습니다. 바로 그 모양입니다.

15 He loves his father (whom) many students want to meet.

생략이 가능한 목적격 관계대명사

▶ meet의 목적어에 해당하는 목적격 관계대명사로 whom이 쓰였는데 목적격 관계대명사는 생략할 수 있습니다.

16 I don't want to buy a laptop (which is) made in China.

생략이 가능한 주격 관계대명사 + be동사

▶ '주격 관계대명사 + be동사'는 생략할 수 있습니다. 그러면 a laptop made in China의 모양이 남게 됩니다. '주격 관계대명사 + be 동사'가 생략된 모양이지만 앞에 있는 명사인 a laptop을 made in China가 뒤에서 수식하고 있다고 생각해도 됩니다.

---

09 아이들이 필요로 하는 것은 사랑과 애정이다. **10** 웨이터, 이건 내가 주문한 게 아니예요! **11** 교장 선생님이 늦게 오셨는데, 그것은 흔한 일은 아니었다. **12** 아이들이 파티에서 케이크를 너무 많이 먹었는데, 그것은 그들을 탈이 나게 했다. **13** 그것이 우리가 살고 있는 세상의 현실이다. **14** 그들이 우리가 돈을 주었던 사람들이다. **15** 그는 많은 학생들이 만나고 싶어하는 (자신의) 아버지를 사랑한다. **16** 나는 중국산 노트북은 사고 싶지 않다.

❹ 부정대명사＋of＋목적격 관계대명사

완전한 문장 다음에 'and＋부정대명사＋of＋대명사'의 모양이 올 경우에 이를 '목적격 관계대명사'를 이용해 표현할 수도 있습니다.

17 I have some students, and one of them is very smart.

= I have some students, one of whom is very smart.
부정대명사＋of＋목적격 관계대명사

▶ 관계대명사는 접속사와 대명사를 결합한 것이죠. 첫 번째 문장에 있는 접속사 and와 대명사 them을 결합하여 두 번째 문장에서 whom을 사용했는데 전치사 of 뒤에 왔으므로 목적격 관계대명사입니다.

18 He owns three cars, and one of them is over fifty years old.

= He owns three cars, one of which is over fifty years old.
부정대명사＋of＋목적격 관계대명사

▶ 첫 번째 문장의 접속사 and와 대명사 them을 결합하여 관계대명사를 만들면 두 번째 문장이 만들어집니다. 두 번째 문장에 쓰인 which는 목적격 관계대명사입니다.

정답 및 해설 p. 07

Basic Test 04

다음 괄호 안에 적절한 것을 고르시오.

01 It was raining hard, [it / which] kept us indoors.

02 That's the information [for that / for which] they were looking.

03 There were three applicants, none of [whom / which] seemed very competent.

04 He will need to learn to speak Russian, [who / which] is a requirement for the trip.

05 My neighbor has three dogs, all of [that / which] are aggressive.

06 [That / What] is beautiful is not always good.

---

17 여러 명의 학생이 있는데 그 중 한 명이 매우 똑똑하다.   18 그는 차가 3대 있는데 그 중 하나는 50년이 넘었다.

CHAPTER 04

관계부사
Relative Adverb

자, 이제 명사와 관련된 마지막 Chapter입니다. 바로 관계부사를 배울 차례인데 이미 관계대명사를 학습했으니 어렵지 않게 이해할 수 있을 겁니다. 관계부사의 내용은 관계대명사와 거의 같은 내용이라고 생각해도 무방할 정도로 유사합니다. 그럼, 차분하게 내용을 살펴보도록 합시다.

(1) 관계대명사와 관계부사의 차이

관계대명사는 접속사와 대명사가 합쳐져 만들어지는 것이라고 배웠습니다. 그리고 관계대명사는 앞에 나오는 명사인 선행사를 수식하는 형용사절이 된다는 것도 배웠습니다. 그런데 관계부사는 '접속사와 부사'가 합쳐져서 앞에 나오는 명사를 수식하는 말입니다. 따라서 관계대명사와 그 원리나 기능은 같다고 생각해도 됩니다. 예문을 통해서 자세히 살펴보죠.

That's the house and I live in it.
That's the house which I live in.

첫 번째 문장에서 and와 it을 합치면 무엇이 만들어질까요? 그렇습니다. 관계대명사 which가 만들어집니다. 접속사와 대명사를 합쳐서 관계대명사로 바꾸고 앞에 있는 선행사 the house를 수식하도록 만든 것이 두 번째 문장입니다. Chapter 03에서 학습한 내용이므로 쉽게 이해가 될 것입니다.

자, 이제는 다음 문장을 볼까요?

That's the house and I live there.
That's the house where I live.

앞서 살펴본 두 문장과 내용상의 차이는 거의 없습니다. 하지만 문장이 완전히 똑같지는 않죠? 뭐가 다른가요. 앞서 살펴본 문장은 앞에 나오는 the house를 대명사 it으로 받았지만 이번 문장은 the house를 부사 there로 받았습니다. 그러면 이번에는 접속사와 부사를 합쳐야 합니다. 그래서 and와 부사 there를 결합한 where라는 관계부사로 the house를 수식합니다. 그래서 That's the house where I live.라는 문장이 만들어지는 것입니다. 그럼 관계대명사와 관계부사가 쓰인 문장을 다시 한 번 더 볼까요?

That's the house which I live in. (= That's the house in which I live.)
That's the house where I live.

두 문장을 보면 관계대명사와 관계부사의 앞부분은 똑같습니다. 차이는 뒤에 있습니다. 관계대명사를 쓰면 전치사의 목적어가 없는 불완전한 문장이 이어집니다. 하지만 관계부사를 쓰면 완전한 문장이 이어집니다. 사라진 게 부사인데 부사는 문장의 필수 성분이 아니므로 부사가 없어도 완전한 문장이 남습니다. 바로 이것이 관계대명사와 관계부사의 가장 큰 차이입니다. 그런데 전치사로 끝난 첫문장에서 전치사는 관계대명사 앞으로 보낼 수 있습니다. 그렇게 보내 놓고 관계부사가 쓰인 문장과 비교해보면 in which 자리에 where가 있고 앞뒤가 똑같군요. 그래서 흔히 '전치사 + 관계대명사'는 관계부사와 같다고 하는 겁니다. 아시겠죠? 잘 기억해두세요. 중요한 것은 관계대명사는 뒤에 불완전한 문장이 오지만 관계부사는 뒤에 완전한 문장이 온다는 겁니다.

(2) 관계부사의 종류

관계부사의 종류에는 네 가지가 있습니다. 선행사가 무엇인가에 따라 사용하는 관계부사가 달라지는데요. 선행사가 '장소'를 나타내는 말이면 where, '시간'을 나타내는 말이면 when, '이유'를 나타내는 말이면 why, '방법'을 나타내는 말이면 how, 이렇게 네 가지의 관계부사를 사용해야 합니다.

01 That's the hotel where we spent our honeymoon.
선행사가 장소를 나타내는 말일 때 사용하는 관계부사 where   * honeymoon ⑲ 신혼여행
> ▶ 선행사 the hotel은 장소를 나타내는 말이므로 선행사가 장소일 때 사용하는 관계부사 where을 이용해서 선행사를 수식하고 있습니다. 관계부사 where 뒤에는 완전한 문장이 나옵니다.

02 There's a scene where the hero nearly dies.
선행사가 장소를 나타내는 말일 때 사용하는 관계부사 where
> ▶ 관계부사 where를 이용하여 선행사 a scene을 수식하고 있습니다. a scene은 '장면'이라는 의미로 장소를 나타내는 말이 아니라고 생각할 수도 있는데요. where는 구체적 장소에만 쓰이는 것이 아니라 추상적이고 포괄적인 범위로 사용되어 '물리적, 추상적' 공간 모두에 사용할 수 있다고 생각하면 됩니다.

03 Autumn is the season when I feel most restless.
선행사가 시간을 나타내는 말일 때 사용하는 관계부사 when   * restless ⑲ 가만히 못있는, 들썩이는
> ▶ 선행사 the season은 시간을 나타내는 말이므로 관계부사 when을 이용하여 수식하고 있습니다. 관계부사 when 뒤에는 완전한 문장이 왔습니다.

04 I can't think of a reason why I should help you.
선행사가 이유를 나타내는 말일 때 사용하는 관계부사 why
> ▶ 선행사가 이유를 나타내는 a reason이므로 관계부사 why를 이용하여 수식하고 있으며, 관계부사 why 뒤에는 완전한 문장이 왔습니다.

05 I don't know (the way) how I can solve the problem.

선행사가 방법을 나타내는 말일 때 사용하는 관계부사 how

▶ 선행사가 방법을 나타내는 the way이므로 관계부사 how를 사용하여 수식하고 있습니다. 그런데 한 가지 주의할 것이 있습니다. 관계부사 how를 사용할 때는 선행사나 관계부사 중 하나를 반드시 생략해야 합니다. 즉, the way how 이렇게 둘 다 쓸 수는 없습니다. 선행사를 생략하든, 관계부사를 생략하든 둘 중 하나를 반드시 생략해야 합니다.

(3) 관계부사의 생략

관계부사는 선행사나 관계부사 둘 중 하나를 생략해도 됩니다. 선행사만 있고 관계부사가 없어도 되고 관계부사만 남겨두고 선행사를 생략해도 된다는 말입니다. 그런데 관계부사 how는 앞서 언급한 것처럼 선행사를 생략하거나 관계부사를 생략하거나 '둘 중 하나를 반드시 생략'해야 한다는 것에 주의해야 합니다.

06 I don't know the place I met her first time.

the place 다음 관계부사 where가 생략됨

▶ 장소를 나타내는 선행사 the place 다음에 관계부사 where가 생략되었습니다. the place는 '~한 곳', '~한 장소'로 해석하면 됩니다.

07 May is the time the festival takes place around the world.

the time 다음 관계부사 when이 생략됨

▶ 시간을 나타내는 선행사 the time 다음에 관계부사 when이 생략되었습니다. the time은 '~한 때'라고 해석하면 됩니다.

08 Tom didn't understand the way the copier worked.

관계부사 how가 생략됨

Tom didn't understand how the copier worked.

선행사 the way가 생략됨

Tom didn't understand the way how the copier worked. (×)

▶ 선행사가 방법을 나타내는 the way이면 관계부사 how를 생략하거나 아니면 관계부사 how를 사용하고 선행사 the way를 생략해야 합니다. 따라서 첫 번째, 두 번째 문장은 옳은 문장이지만 세 번째 문장은 틀린 문장이 됩니다.

---

01 저기가 우리가 신혼여행을 갔던 호텔이다. 02 영웅이 거의 죽을 뻔한 장면이 있다. 03 가을은 내가 가장 가만히 있기가 힘든 계절이다. 04 내가 당신을 도와야 할 이유를 모르겠다. 05 나는 그 문제를 어떻게 풀어야 할지 모르겠다. 06 나는 그녀를 처음 만났던 곳을 모르겠다. 07 5월은 전 세계에서 축제가 열리는 때이다. 08 Tom은 그 복사기가 작동하는 방식을 이해하지 못했다.

(4) 복합관계사

관계사 뒤에 -ever가 결합하는 형태를 '복합관계사'라고 합니다. 복합관계사도 '복합관계대명사'와 '복합관계부사' 이렇게 두 가지가 있습니다. 관계대명사와 관계부사에 -ever가 붙어 있고 관계대명사 what처럼 선행사를 포함하고 있다는 것 외에는 특별한 것이 없으므로 예문을 통해 잘 익혀둡시다.

❶ 복합관계대명사

복합관계대명사는 명사절, 또는 부사절로 쓰입니다. 주어 또는 목적어로 사용될 때는 명사절로 쓰인 경우이고, 문장에서 독립되어 쓰일 때는 부사절로 쓰인 경우입니다.

■ 명사절

'anyone + 관계대명사'가 '관계대명사 + -ever' 형태가 된 것으로 명사절로 쓰입니다. 주어나 목적어 자리에 쓰여 우리말로는 '~든지', '~라도'라고 해석합니다. 이런 점을 제외하고는 관계대명사와 동일하다고 생각하면 됩니다. 뒤에 불완전한 문장이 오는 것도 관계대명사와 동일합니다.

- whoever : anyone who
- whomever : anyone whom
- whosever : anyone whose
- whichever : anything that
- whatever : anything that

---

09 Whoever came here was welcome.
'누구든지'의 의미를 지닌 복합관계대명사 whoever

▶ whoever는 선행사를 포함하고 있는 복합관계대명사로 '누구든지'라고 해석하면 됩니다. 문장의 주어를 이끄는 명사절로 쓰이고 있습니다.

10 You can take whichever you want.
'어느 것이든지'의 의미를 지닌 복합관계대명사 whichever

▶ take 뒤에 목적어 자리에 whichever가 이끄는 복합관계대명사절이 왔습니다. 문장의 목적어로 쓰였으니 명사절이며 선행사를 포함하고 있으니 '어느 것이든지'라고 해석하면 됩니다. whichever는 관계대명사이므로 뒤에는 want의 목적어가 없는 불완전한 문장이 왔습니다.

11 I will enjoy eating whatever you cook.
'무엇이든지'의 의미를 지닌 복합관계대명사 whatever

▶ eating의 목적어 자리에 명사절로 쓰인 복합관계대명사절이 왔습니다. whatever는 '무엇이든지'로 해석하면 됩니다.

■ 부사절

'no matter + 관계대명사'가 '관계대명사 + -ever' 형태가 된 것으로, 우리말로는 '아무리 ～라도', '～라 하더라도' 등으로 해석하면 됩니다. 이 경우는 명사절이 아니라 부사절의 역할을 하게 되며 부사절인 경우도 선행사는 포함하고 있어서 앞에 따로 선행사는 없습니다. 그리고 뒤에는 불완전한 문장이 이어집니다.

- whoever : no matter who
- whomever : no matter whom
- whosever : no matter whose
- whichever : no matter which
- whatever : no matter what

12 Whoever you may be, I won't tell you anything.

'누구라 하더라도'의 의미를 지닌 복합관계대명사 whoever

▶ 복합관계사절인 whoever가 주어나 목적어로 쓰인 게 아니라 문장에서 독립된 부사절로 쓰였습니다. 그래서 부사절로 쓰인 복합관계대명사절이라고 합니다. whoever 앞에 선행사가 없고 뒤에는 be동사의 보어가 없는 불완전한 문장이 왔습니다. whoever는 '누구라 하더라도'로 해석하면 됩니다.

13 Whichever you may choose, you regret it.

'어느 것을 ～하더라도'의 의미를 지닌 복합관계대명사 whichever

▶ whichever you may choose는 문장의 주어나 목적어가 아닌 독립된 부사절로 사용된 복합관계대명사절입니다. whichever는 '어느 것을 ～하더라도'로 해석하면 됩니다.

14 Whatever may happen, you have to overcome it.

'무슨 ～하더라도'의 의미를 지닌 복합관계대명사 whatever

▶ whatever may happen이 독립된 부사절로 쓰인 복합관계대명사절입니다. whatever는 '무슨 ～하더라도'로 해석하면 됩니다.

09 여기에 오는 사람 누구든지 환영받았다.   10 네가 원하는 건 어느 것이든지 가질 수 있다.   11 나는 네가 요리한 건 무엇이든지 잘 먹을 것이다.   12 당신이 누구라 하더라도, 나는 아무것도 말하지 않을 것이다.   13 네가 어느 것을 고른다 하더라도, 너는 그것을 후회한다.   14 무슨 일이 일어난다 하더라도, 너는 그것을 극복해야 한다

❷ 복합관계부사

'복합관계부사'는 관계부사 when, where, how에 -ever을 결합해서 만들어진 표현으로 명사절로는 사용되지 않고 부사절로만 사용됩니다. whenever는 '언제든지', '언제 ~하더라도'로 wherever는 '어디 ~든지', '어디를 ~하더라도'로 however는 '아무리 ~할지라도', '비록 ~하더라도'라고 해석하면 됩니다. 단 however의 경우 'however + 형용사/부사 + 주어 + 동사'의 어순으로 사용한다는 것에 유의해야 합니다.

15 **Whenever you come, I will welcome you.**
'언제 ~하더라도'의 의미를 지닌 복합관계부사 whenever

▶ 복합관계부사 whenever가 쓰였고 '언제 ~하더라도'로 해석합니다. 관계부사처럼 복합관계부사도 뒤에는 완전한 문장이 옵니다.

16 **Wherever you go, I will follow you.**
'어디를 ~하더라도'의 의미를 지닌 복합관계부사 wherever

▶ 복합관계부사 wherever는 '어디를 ~하더라도'로 해석합니다. 뒤에는 완전한 문장이 옵니다.

17 **However tired you may be, you have to study English.**
'아무리 ~할지라도'의 의미를 지닌 복합관계부사 however

▶ 복합관계부사 however는 '아무리 ~할지라도'라고 해석합니다. 복합관계부사 however 뒤에는 형용사나 부사가 먼저 오고 주어, 동사 순으로 표현한다는 것을 꼭 기억해야 합니다. 따라서 however you may be tired라고 쓰면 틀린 문장입니다. however 뒤에 tired를 먼저 쓴 다음 주어, 동사가 와야 합니다.

---

15 네가 언제 온다 하더라도 나는 너를 환영할 것이다.   16 네가 어디를 가더라도, 나는 너를 따라갈 것이다.   17 네가 아무리 지쳤더라도, 영어 공부를 해야 한다.

다음 괄호 안에 적절한 것을 고르시오.

01 Is this the place [where / which] we're supposed to meet them?

02 July and August are the months [which / when] most people go on holiday.

03 There are many occasions [which / when] seat belts save lives.

04 The reason [why / which] I get fat is that I'm always tasting things while I'm cooking.

05 The school [where / which] I was educated closed down a couple of years ago.

06 [Who / Whoever] is eligible to play can have a chance to renew their contracts.

07 You'll always find someone who speaks English [wherever / whatever] you go.

08 I'm going to buy myself a Rolls Royce, [however / whenever] long it takes me!

Practice Test Ⓐ

다음 우리말에 알맞게 제시된 어구를 배열하시오.

01 우리가 사랑하는 사람들의 사랑을 느끼는 것은 우리의 삶에 연료를 공급해주는 불이다. (whom / is / a fire / to feel / the love / of people / we love / that / our life / feeds)

----

02 크게 실패할 용기가 있는 사람들만이 언제라도 크게 이룰 수 있다. (greatly / achieve / dare to / only / those who / greatly / fail / can ever)

----

03 브레인스토밍은 당신이 가지고 있는지 몰랐던 생각을 표면에 나오도록 하게 하는 유용한 방법이다. (a useful way / to the surface / brainstorming / you didn't know / to let / you had / come / is / ideas / which)

----

04 궁극적으로, 인간이 열망해야 할 유일한 위력은 그가 자신에게 행사하는 위력이다. (to which / over himself / the only power / should aspire / which he exercises / that / ultimately / is / man)

----

05 당신의 이메일 중 많은 것은 당신을 모르고 단지 당신이 아마도 별로 원하지 않는 무언가를 당신에게 팔고 싶어 하는 완전히 낯선 이들에게서 온다. (complete strangers / your e-mail comes / who just want to / much of / sell you something / who don't know you / from /and / you probably / don't really want)

----

06 두려움은 부정적인 태도가 인화되는(발현되는) 그 조그만 암실이다. (little darkroom / negatives / are developed / where / is / that / fear)

- -

07 당신이 무언가를 할 수 있는 한 가지 이유는 당신이 할 수 없는 백 가지 이유만큼의 가치가 있다. (you can do / why / is worth / why you can't / a single reason / 100 reasons / something)

- -

08 정확히 감독이 지시하는 방식대로 배우가 장면을 연기한다면, 그것은 연기가 아니다. (plays / exactly the way / a director orders, / it isn't / acting / an actor / when / a scene)

- -

09 당신이 옹호하는 모든 것이 의심스러울 때가 올 것이다. 그러나 당신은 계속 나아가야 하고 절대 멈춰서는 안 된다. (you stand for, / push forward / and never stop / but you must / when you will / doubt everything / the time will come)

- -

10 작년 여름에 나는 브로드웨이를 방문했는데, 그곳에서는 일 년에 만 번 넘게 극장 커튼이 올라간다. (I visited Broadway, / more than / the curtain goes up / 10,000 times / last summer / in a year / where)

- -

01 (A), (B), (C)의 각 네모 안에서 어법에 맞는 표현으로 가장 적절한 것은?

In our society, (A) a number of / the number of fat people has been increasing. It has been found that people who lack parental love eat (B) many / much food to get their own satisfaction. A girl who feels worried so much about her grades tends to make herself feel better by eating rich desserts or snacks. A boy who always feels lonely is likely to weigh more than an average boy. Even an adult (C) who / which often feels afraid or bored may find that eating makes him comfortable and turn to food.

	(A)		(B)		(C)
①	a number of	·······	many	·······	which
②	a number of	·······	many	·······	who
③	the number of	·······	many	·······	which
④	the number of	·······	much	·······	who
⑤	the number of	·······	much	·······	which

02 다음 글의 밑줄 친 부분 중, 어법상 틀린 것은?

People throw out trash every day and never think about it. But there is so ① <u>many</u> trash that it has become a big problem. We are running out of places to put the trash. Now, scientists have discovered a way to make ② <u>good</u> use of trash. In certain parts of the country, trash is collected and brought to special processing plants. At the processing plant, machines remove the glass and metal from the trash. This material is sold. Then, the remaining trash is cut up into tiny pieces and ③ <u>put</u> into huge furnaces, ④ <u>where</u> it is burned as fuel. The burning trash heats water until it becomes steam, and the steam energy drives machines to produce electricity. Finally, the electricity ⑤ <u>produced</u> at the processing plant is sold to factories or to power companies.

03 (A), (B), (C)의 각 네모 안에서 어법에 맞는 표현으로 가장 적절한 것은?

Our sense of smell is nowadays being used for various purposes. One area (A) which / where smells achieve particular results is marketing. For some time manufacturers have taken advantage of our sense of smell to sell household goods more. They spend millions of dollars hunting for the right aroma as they believe perfume influences the way (B) how consumers / consumers perceive a brand. In a survey, when people (C) asked / were asked what was the important factor in their choice of detergent, smell was rated highly.

	(A)	(B)	(C)
①	which	how consumers	asked
②	which	how consumers	were asked
③	where	how consumers	were asked
④	where	consumers	were asked
⑤	where	consumers	asked

04 다음 글의 밑줄 친 부분 중, 어법상 틀린 것은?

Every convention-goer I've known ① looks forward to the final evening banquet as "quitting time." The lifeless speeches and arguments ② have ended; now body and soul gasp for something refreshing. That "something refreshing" includes a period of fellowship, memorable cuisine, and a good speaker. My definition of a first-rate banquet speaker is one ③ which is easy to listen to, witty, and very wise. The eyes of the audience also told you ④ how much they enjoyed your stories. You had a theme, but you did not reveal ⑤ it directly: coping with stress. Thank you for a very enjoyable evening, Ray. I hope our paths will cross again.

PART 4

동사의 종류와 시제

동사의 종류
Types of Verb

지금까지 여러분은 영어 문장을 주로 1형식부터 5형식까지 5가지로 분류해서 설명한 문법을 근거로 학습해왔을 것입니다. 하지만 영어 문장의 형식을 분류하는 방식은 비단 이것만 있는 것은 아닙니다. 7형식 분류도 있고, 9형식 분류도 있습니다. 심지어는 25형식 분류도 있구요. 하지만 중요한 것은 어떤 식으로 영어 문장을 분류하든 우리가 학습하는 영어가 달라지지는 않는다는 것입니다. 중요한 것은 우리가 영어를 학습하는 것은 영어 문장의 내용을 올바로 이해하는 것이지 기계적으로 문장 구조를 분석하는데 있는 것이 아니라는 사실입니다. 문장의 형식 이론을 문장을 이해하기 위한 도구 정도로 생각하면 됩니다. 이번 Part에서는 여러분이 가장 일반적으로 알고 있는 문장의 5형식 분류 방법을 기본으로 문장 구조를 설명하되, 좀 더 정확하면서도 신속하게 문장을 이해할 수 있는 요소들을 몇 가지 첨가하여 설명하려고 합니다. '이 문장은 몇 형식이다'라고 외우려고 하지 마세요. 별 의미가 없습니다. 문장의 내용을 이해하는 것에 중점을 두고 동사의 종류별로 특징을 잘 살펴보도록 합시다.

(1) 자동사와 타동사

동사의 종류를 나눌 때 가장 많이 사용하는 방법이 '자동사'와 '타동사'로 구분하는 것입니다. 동사가 나타내는 동작이나 작용이 온전히 주어 자신에게만 미치는 동사를 '자동사'라 하고, 동사가 나타내는 동작이나 작용이 그 대상을 가지고 있을 때 이를 '타동사'라고 합니다. 다시 말해, 목적어가 필요 없는 동사를 '자동사'라고 하고 목적어, 즉 동작의 대상이 있어야 하는 동사를 '타동사'라고 합니다. 그런데 어떤 동사를 자동사인지 타동사인지 딱 정해서 말할 수 없는 것은 대부분의 동사는 자동사로도 쓰이고 타동사로도 쓰이기 때문입니다. 예를 들어, open이라는 동사는 자동사가 되면 '열리다'의 뜻이 되고 타동사가 되면 '열다'의 의미가 되거든요. 그래서 문장 속에서 동사의 활용을 잘 살피는 것이 중요합니다.

자동사는 뒤에 목적어가 필요하지 않으므로 명사가 바로 올 수 없겠지요. 그래서 자동사는 주어와 자동사만으로 문장이 끝나거나 주어 + 동사 뒤에 부사나 전치사가 옵니다. be동사 계열은 뒤에 형용사가 오지만 이것을 자동사로 생각하지 말고 다르게 생각하는 게 좋습니다. 이에 대해서는 연결동사에서 자세하게 다루도록 하겠습니다.

타동사는 뒤에 목적어를 필요로 하는 동사이므로 당연히 목적어가 오겠죠. 목적어가 될 수 있는 품사는 명사밖에 없으므로 동사 뒤에 명사에 해당하는 말이 오면 타동사라고 생각하면 됩니다.

예를 들어, I can swim.같은 문장은 주어와 동사만으로 의미 전달이 다 되고 있습니다. 이 문장에 쓰인 swim을 자동사라고 합니다. I lie on the bed. 이런 문장도 마찬가지요. I lie.만으로 완전한 문장이 만들어지고 뒤에 on the bed는 부사구이지요.

자, 이제 I love you.라는 문장을 볼까요? love라는 동사 다음에는 그 대상인 you가 이어지고 있습니다. 동사 뒤에 목적어가 왔습니다. 따라서 love를 타동사라고 합니다. I met him on the road.라는 문장에서도 met 다음에 만났던 대상인 him이 왔습니다. 목적어까지 와야 완전한 문장이 됩니다. 타동사는 이렇게 목적어를 필요로 합니다. 그리고 목적어 다음에 명사를 쓰기 위해서는 전치사를 사용합니다. 바로 이 모양이 on the road입니다.

01 Something terrible happened yesterday.
자동사

　◉ happen은 '일어나다, 발생하다'라는 뜻을 지닌 자동사입니다. 그래서 뒤에 목적어가 오지 않습니다. yesterday는 부사로 자동사 뒤에 올 수 있습니다. -thing로 끝나는 명사는 수식하는 말이 뒤에 옵니다.

02 The plane disappeared from view.
자동사

　◉ disappear는 '사라지다'라는 뜻을 지닌 자동사입니다. 따라서 동사 뒤에 명사를 쓰려면 전치사를 이용해서 써야 합니다. from view는 전치사구입니다.

03 She has such a lovely voice.
타동사

　◉ have는 '가지다'라는 뜻을 지닌 동사로 가지고 있는 대상이 필요한 타동사입니다. 그래서 뒤에 목적어에 해당하는 명사 voice가 왔습니다.

04 We have to solve the problem.
타동사

　◉ solve는 '풀다, 해결하다'라는 뜻을 지닌 동사로 목적어가 필요한 타동사이므로 목적어 the problem이 왔습니다.

---

01 어제 끔찍한 일이 발생했다.　02 비행기가 시야에서 사라졌다.　03 그녀는 대단히 아름다운 목소리를 가졌다.　04 우리는 그 문제를 해결해야 한다.

❶ 타동사로만 알기 쉬운 자동사

우리가 영어 단어를 공부할 때 한 가지 뜻만 외우고 넘어가는 경우가 많습니다. 그래서 자동사와 타동사로 모두 쓰이는 동사들을 제대로 파악 못하는 경우가 많답니다. 앞서 살펴본 동사 open처럼 '열리다', '열다'로 비슷한 뜻으로 쓰이는 동사의 경우는 자동사와 타동사의 구분을 쉽게 파악할 수 있지만 자동사와 타동사로 모두 쓰이면서 의미의 차이가 있는 동사들은 정확한 의미를 파악하는 것이 쉽지 않습니다. 타동사로만 쓰이는 것으로 알기 쉬운 하지만 자동사로도 쓰이면서 의미가 달라지는 동사가 있습니다. 다음 동사들의 쓰임을 잘 살펴보세요.

동사	타동사로 쓰일 때의 의미	자동사로 쓰일 때의 의미
count	(수를) 세다	중요하다
work	일을 시키다	효과가 있다, 작용하다
do	~을 하다	충분하다
pay	~을 지불하다	이익이 되다, 가치 있다
help	~을 돕다	도움이 되다
read	~을 읽다	~라고 읽히다, 쓰여있다
sell	~을 팔다	팔리다

05 It is the behavior that counts.
　　　　　　　　　　　　　자동사

▶ count 뒤에 목적어가 없으니 자동사로 쓰였네요. 따라서 count는 '수를 세다'라는 뜻이 아니라 '중요하다'는 의미가 됩니다. 그래서 이 문장은 '중요한 것은 행동이다.' 또는 '행동이 중요한 것이다.'라고 해석할 수 있습니다. 그리고 이 문장은 'it is 강조 that' 구문으로 the behavior를 강조하고 있습니다.

06 This pill will work immediately.
　　　　　　　　　자동사
　　　　　　　　　　　　　　　　　　　　　　　　　　　* pill ⑲ 알약　immediately ⑪ 곧바로 , 즉시

▶ work 뒤에 목적어가 없습니다. 따라서 work는 '일을 시키다'라는 타동사로 쓰인 것이 아니라 '효과가 있다', '작용하다' 정도의 의미를 지닌 자동사로 쓰였습니다.

❷ 타동사로 착각하기 쉬운 자동사

타동사처럼 목적어가 필요한 것으로 보이지만 문법적으로는 자동사여서 뒤에 전치사가 먼저 나오고 목적어를 취하는 동사들이 있습니다. 예를 들어 '설명하다'라는 말은 타동사일까요? 자동사일까요? 당연히 뒤에 '~을'이라는 말이 필요한 타동사처럼 느껴집니다. 그런데 account라는 동사는 뒤에 전치사 for를 쓰고 그 대상을 써야 합니다. 이렇게 쓰이는 동사를 자동사라고 생각해도 되지만 '자동사 + 전치사'를 하나로 묶어 타동사처럼 생각해도 무방합니다. 이런 단어들은 처음부터 전치사를 하나로 묶어서 외워야 나중에 헷갈리지 않습니다. 대표적인 '자동사 + 전치사'로 쓰이는 동사들을 정리해 놓았으니 잘 학습하기 바랍니다.

자동사 + 전치사	의미
abstain from ~	~을 삼가다, ~을 금하다
account for ~	~을 설명하다, ~을 차지하다
agree to + 사물, agree with + 사람	~에 동의하다
believe in ~	~을 믿다
consist of ~	~로 구성되다
cope with ~	~에 대처하다
deal with ~	~을 다루다, ~에 대처하다
depend on ~	~에 의지하다, ~에 달려있다
graduate from ~	~을 졸업하다
interfere with ~	~을 방해하다
object to -ing	~을 반대하다
refer to ~	~을 말하다, ~을 언급하다
refrain from ~	~을 삼가다, ~을 자제하다
result in ~	~을 일으키다
stand for ~	~을 나타내다, ~을 상징하다
suffer from ~	~을 겪다 (부정적인 일), 고통받다
wait for ~	~을 기다리다

07 The doctor ordered me to abstain from smoking.
자동사 전치사

▶ abstain을 '~을 삼가다'라고 외우면 뒤에 전치사 from이 필요하다는 생각을 하기 어렵습니다. 그래서 abstain from으로 뒤에 오는 전치사까지 묶어 의미를 외우는 게 좋습니다.

08 You are supposed to account for the fact.
자동사 전치사   *be supposed to ~하기로 되어 있다

▶ account를 '~을 설명하다'라고 외우면 자동사라고 생각하기가 쉽지 않습니다. account 역시 뒤에 오는 전치사 for까지 함께 묶어서 account for의 의미를 '~을 설명하다'로 기억해야 합니다.

09 What will you do after you graduate from the school?
자동사 전치사

▶ graduate는 '~을 졸업하다'라는 의미여서 graduate 뒤에 목적어가 바로 올 것이라고 생각하기 쉽습니다. 하지만 graduate는 자동사이므로 뒤에 from을 함께 쓰고 그 뒤에 명사를 써야 합니다.

---

05 중요한 것은 행동이다.　06 이 약은 곧바로 효과가 있을 것이다.　07 의사는 나에게 흡연을 삼가하라고 했다.　08 너는 그 사실을 설명하기로 되어 있다.　09 너는 학교를 졸업하고 난 뒤에는 무엇을 할 거니?

❸ 자동사로 착각하기 쉬운 타동사

이번에는 자동사로 착각하기 쉬운 타동사에 대해 살펴볼게요. 우리말로 해석할 때 자동사로 착각해서 전치사를 붙여서 쓰는 실수를 하기 쉬운 타동사입니다. 문법적으로 타동사는 전치사 없이 바로 목적어를 써야 합니다. 시험에 워낙 자주 나오니 잘 기억해야 합니다. 자동사로 착각하기 쉬운 타동사를 외울 때 아예 동사 뒤에 명사 목적어 하나를 결합해서 외우면 헷갈리지 않고 오래 기억에 남을 것입니다. 그리고 attend와 enter는 자동사와 타동사로 모두 쓰이므로 각각의 의미를 잘 익혀두세요.

타동사	의미	꼭 알아둘 사항
accompany	동행하다, 동반하다	accompany with (×)
announce	알리다	announce to (×)
answer	응답하다, 대답하다	answer to (×)
approach	다가가다, 접근하다	approach to (×)
attend	참석하다, 출석하다	attend to : 돌보다, 보살피다
discuss	토론하다	discuss about (×)
enter	들어가다	enter into : 시작하다
marry	결혼하다	marry with (×)
reach	도달하다, 이르다	reach to (×)
resemble	~를 닮다	resemble with (×)

10 His assistant accompanied him on the business trip.
　　　　　　　　　타동사
　　　　　　　　　　　　　　　　　　　　　　　　　　　　　* assistant ⑲ 비서, 조수, 조교
▶ accompany는 '동행하다, 동반하다'라는 의미를 가진 동사입니다. 그래서 우리말로 해석하면 '~와'라는 말이 필요한 것처럼 느껴져 전치사 with를 함께 쓰기 쉽습니다. 하지만 accompany는 타동사여서 뒤에 전치사 with를 쓰면 안 됩니다. 그래서 목적어 him이 accompany 바로 뒤에 온 것입니다.

11 We need to discuss the problem before he comes here.
　　　　　　　　　　타동사
▶ discuss는 '토론하다'라는 의미의 동사인데 자동사로 착각하여 전치사 about와 함께 써야 하는 것으로 생각할 수 있습니다. 하지만 discuss는 타동사여서 뒤에 목적어가 바로 와야 됩니다. 그래서 discuss 뒤에 목적어인 the problem이 바로 쓰였습니다.

12 She closely resembles her mother.
　　　　　　　　　　타동사
▶ resemble은 우리말로는 '~와 닮다'라는 의미를 지닌 동사여서 resemble with의 형태로 써야 한다고 생각하기 쉽습니다. 하지만 resemble은 타동사여서 전치사 없이 바로 목적어가 와야 합니다.

❹ 목적어 뒤에 '전치사 + 명사'가 함께 쓰이는 타동사

타동사들 중 일부는 '주어 + 동사 + 목적어'로는 의미 전달이 완성되지 않아 뒤에 추가로 '전치사 + 명사'를 써야 하는 동사들이 있습니다. 이 형태로 쓰이는 동사에 대해서 잘 알아두어야 하고 또한 사용되는 전치사들의 의미도 잘 익혀야 합니다.

■ 주어 + 동사 + 목적어(사람) + as + 명사(지위, 신분)

이 형태에 해당되는 동사들은 주어, 동사, 목적어만 사용해서는 그 의미 전달이 완벽하지 않아 뒤에 'as + 명사'의 형태가 이어집니다. 이 경우에 사용되는 전치사 as는 '~처럼, ~로서'라는 의미를 지니고 있습니다. 그래서 이 형태를 우리말로 '목적어를 명사라고 생각하다, 여기다, 간주하다' 정도의 의미를 가집니다. 그러므로 이런 표현들은 뒤에 'as + 명사'까지 함께 외우는 게 좋습니다. 그리고 목적어 자리에는 주로 사람이 오고 뒤에 'as + 명사' 자리에는 대부분 지위나 신분을 나타낼 수 있는 말들이 오게 됩니다. 예문을 통해 확인해 보세요.

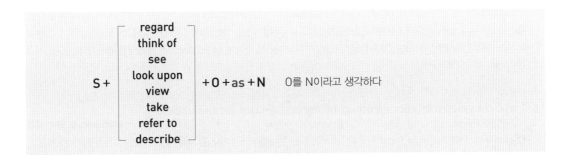

13 Mr. Choe always regards himself as a patriot.
　　　　　　　　　　타동사　　목적어　전치사　명사
　　　　　　　　　　　　　　　　　　　　　　　　　　　　　　* patriot 명 애국자
▶ regard는 '간주하다, 여기다'라는 의미의 타동사입니다. 그런데 '최 씨는 늘 스스로를 여긴다'라고만 하면 의미 전달이 완벽하지 않습니다. 그래서 목적어 다음에 전치사 as를 이용해서 '애국자'에 해당하는 a patriot이 왔습니다.

14 Many people think of themselves as indispensable.
　　　　　　　　　타동사　　　목적어　　전치사　　형용사
　　　　　　　　　　　　　　　　　　　* indispensable 형 없어서는 안될, 필수불가결한
▶ think of는 '생각하다'라는 의미의 타동사입니다. '많은 사람들은 스스로를 생각한다'라고만 하면 스스로를 무엇이라고 생각하는지에 대한 내용이 없어 의미 전달이 완벽하지 않습니다. 그래서 목적어 뒤에 '없어서는 안 될 존재'라는 의미의 as indispensable이 왔습니다. 전치사 뒤에 명사가 아니라 형용사인 indispensable이 왔는데 뒤에 people이 생략되었다고 생각하면 됩니다. 이렇게 명사 대신 형용사가 쓰이는 경우도 있으니 잘 기억해야 합니다.

---

10 그의 비서가 그와 동반하여 출장을 갔다.　11 그가 오기 전에 우리는 그 문제를 논의할 필요가 있다.　12 그녀는 자신의 어머니와 많이 닮았다.　13 최 씨는 늘 자신을 애국자라고 여긴다.　14 많은 사람들이 자신을 없어서는 안 될 존재라고 생각한다.

■ 주어 + 동사 + 목적어(사람) + of + 명사(사물)

이 형태에서 사용되는 전치사 of는 흔히 알고 있는 '~의'라는 뜻으로 쓰인 것이 아닙니다. 이 형태에서 사용되는 전치사 of는 '대상'을 나타내는 말입니다. 그래서 '목적어에게 ~을 알리다'라는 의미 다음에는 그 대상이 무엇인지를 나타내는 말이 옵니다. 목적어 자리에는 주로 사람이 옵니다. 반드시 사람만 온다는 것은 아니라 주로 사람이 온다는 것입니다. of 뒤에는 알리거나 전달하려는 내용이 주로 옵니다.

S + [remind / inform / notify / persuade / convince / warn / assure] + O + of + N   O에게 알리다 N을

15 The accident reminded people of the importance of peace.
　　　　　　　　　타동사　　　　목적어　전치사　　　명사

▶ remind 뒤에 people까지만 쓰면 사람들에게 상기시키는 것이 없는 불완전한 내용으로 문장이 끝나버립니다. 그래서 목적어 다음에 대상을 나타내는 전치사 of를 쓰고 상기시키는 내용인 the importance of peace를 씁니다. 'remind A of B'의 형태로 기억해두세요.

16 I will convince the other members of my enthusiasm for the role.
　　　　　　타동사　　　　　목적어　　　　전치사　　　명사　　　　　　　* enthusiasm 몡 열의, 열정

▶ convince 뒤에 the other members까지만 쓰면 다른 멤버들에게 납득시킬 내용이 없는 불완전한 문장이 됩니다. 그래서 납득시킬 내용인 my enthusiasm을 전치사 of를 이용하여 썼습니다.

■ 주어 + 동사 + 목적어(사람) + of + 명사(사물)

이 형태에 쓰인 전치사 of도 '~의'라는 뜻이 아닙니다. 이 형태에 쓰인 전치사 of는 주로 '빼앗다, 제거하다'라는 뜻을 가진 동사들과 함께 사용해서 '분리, 제거, 박탈'을 나타냅니다. 목적어는 주로 사람이 오고 전치사 of 뒤에는 빼앗는 내용물이 나오는 형태입니다. 이런 형태로 쓰이는 동사도 단순히 동사의 뜻만 외우지 말고 동사 이후 전치사 of 다음의 명사까지 묶어서 이해하는 것이 효과적인 학습이 됩니다.

S + [deprive / relieve / rid / rob / strip / disburden] + O + of + N   O에게서 빼앗다 N을

17 We should deprive the criminal of his freedom.
　　　　　　타동사　　　　　목적어　　　전치사　　　명사

* criminal ⑲ 범죄자

▶ deprive 다음에 criminal까지만 쓰면 '범죄자에게서 빼앗아야 하는' 내용이 없어 의미 전달이 명확하지 않으므로 전치사 of를 쓰고 그 뒤에 빼앗을 내용을 씁니다.

18 My boss relieves me of much of the paperwork.
　　　　　타동사　목적어 전치사　　　　　명사

* paperwork ⑲ 서류업무

▶ '나에게서 덜어주었다. 줄여주었다'는 것으로는 의미 전달이 정확하게 되지 않습니다. 그래서 나에게 무엇을 덜어주었는지를 써야 하는데 전치사 of 다음에 그 내용이 옵니다.

■ 주어 + 동사 + 목적어(사람) + with + 명사(사물)

아주 독특한 형태의 문장 구조여서 주의해야 합니다. '~에게 ~을 주다'라는 의미를 표현할 때 곧 학습하게 될 4형식을 사용하거나 일반적으로 '주어 + 동사 + 무엇을 + 전치사 + ~에게'라는 형태를 사용합니다. 그런데 특정한 몇몇 동사는 '주어 + 동사 + ~에게 + 전치사 + ~을'의 형태로 표현합니다. 특이한 형태여서 각종 시험에도 자주 등장합니다. 그래서 이렇게 쓰이는 동사들은 잘 기억해두어야 하는데 동사의 의미만 외우지 말고 '동사 + 사람 + with + 사물'의 형태로 기억해야 합니다. 어차피 외울 거라면 처음 학습할 때 정확하게 외우는 것이 좋겠죠? 이 형태로 사용하는 동사들을 흔히 '공급 동사'라고 부르기도 합니다. 그리고 '동사 + 사람 + with + 사물' 대신 '동사 + 사물'의 형태로 바꿔 쓸 수도 있는데 이 경우에는 전치사가 바뀌는 것에 유의해야 합니다. with 대신 for를 씁니다. '주어 + 동사 + 사물 + for + 사람'의 형태가 되는 것입니다. 전치사를 잘못 사용하고 있는 문장을 찾는 시험 문제에 자주 등장하니 잘 기억해 두세요.

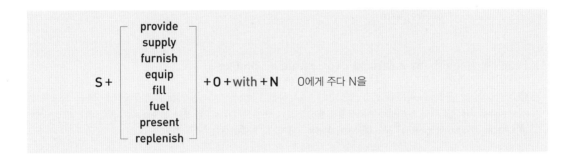

---

15 그 사고가 사람들에게 평화의 중요성을 상기시켰다.　16 나는 다른 멤버들에게 그 역할에 대한 내 열정을 납득시킬 것이다.　17 우리는 그 범죄자에게서 자유를 빼앗아야 한다.　18 내 상사가 나에게서 서류 업무를 많이 덜어주었다.

CHAPTER 01 동사의 종류　**113**

19 The teacher provides the students with his printout.
　　　　　타동사　　　　　목적어　　　전치사　　　　명사

* printout 몧 (나누어 주는) 자료

　▶ provide 뒤에 물건을 받을 대상인 the students가 오고 전치사 with 다음에 '무엇을'에 해당하는 printout을 쓴 문장입니다. 이 문장은 사람과 사물의 위치를 바꿔 The teacher provides his printout for the students.라고 써도 됩니다.

20 The waitress replenished the cup with coffee.
　　　　　타동사　　　　　　목적어　　전치사　　명사

　▶ replenish 뒤에 물건을 받을 대상인 the cup이 왔습니다. 목적어의 자리에는 주로 사람이 오지만 이렇게 사물이 올 수도 있습니다. 정확하게는 물건을 받을 대상이 오는 겁니다. 그리고 전치사 with가 오고 그 다음에 '무엇을'에 해당하는 coffee를 쓴 문장입니다.

■ 주어 + 동사 + 목적어(사람/사물) + from + 명사(사람/사물)

이 형태에서 쓰이는 전치사 from은 앞에 있는 목적어와 뒤에 오는 명사를 서로 떼어 놓는 역할을 합니다. 교집합이 있는 두 원을 서로 떼어 교집합이 없는 두 원으로 만든다고 생각하면 좀 쉽습니다. 이 형태 from은 두 개를 완전히 '분리, 구별'하는 의미를 지닌 동사들과 주로 사용하게 됩니다. 사람, 사물 가리지 않고 모두 활용할 수 있지만 사람과 사물을 구별하는 경우는 거의 없답니다. 즉, 목적어인 from 앞의 명사가 사람이면 from 뒤의 명사도 사람이 오고, 앞의 명사가 사물이면 뒤의 명사도 사물이 오는 게 일반적입니다.

```
          ┌ tell        ┐
          │ distinguish │
  S +     │ separate    │ + O + from + N    O와 N을 구별하다
          │ know        │
          └ differentiate┘
```

21 I can't distinguish my boyfriend's voice from his brother's.
　　　　　타동사　　　　　　목적어　　　　전치사　　　　　명사

　▶ distinguish는 '구별하다'라는 뜻을 지닌 동사로 나의 남자친구 목소리와 그 형의 목소리를 구별하는 의미가 되도록 전치사 from을 사용했습니다. 우리말로 'A와 B를 구별하다'라고 하면 전치사 with를 쓰는 실수를 하기 쉽습니다. '분리, 구별'을 나타내는 동사와 함께 쓰이는 전치사는 from이라는 사실을 꼭 기억하세요.

22 You are the kind of person who separates good from evil.
　　　　　　　　　　　　　　　　타동사　　목적어　전치사　명사

　▶ separate은 '구별하다, 떼어놓다'라는 뜻을 지닌 동사로 선과 악을 구별하고 분리한다는 의미가 되도록 good과 evil 사이에 전치사 from을 사용하였습니다.

■ 주어 + 동사 + 목적어(사람) + from + -ing

이 형태에 쓰이는 전치사 from은 흔히 '억제, 억지'를 나타냅니다. 목적어가 뒤에 나오는 명사를 하지 못하게 막는 의미를 가진 동사들과 결합을 하는 것입니다. 전치사 from 뒤에 오는 형태인 -ing는 동명사입니다. '~하지 못하게 하다'라는 의미이니 뒤에 동사가 와야 하는데 전치사 from이 있어 동사를 바로 쓰는 못하고 동사를 명사 형태로 만든 동명사가 오는 겁니다.

$$S + \begin{bmatrix} \text{stop} \\ \text{keep} \\ \text{prevent} \\ \text{prohibit} \\ \text{discourage} \\ \text{dissuade} \\ \text{hinder} \\ \text{inhibit} \end{bmatrix} + O + \text{from} + \text{-ing}$$ O가 하지 못하게 하다 ~을

23 The bad weather prevented me from going there.
   타동사   목적어   전치사   동명사
   ▶ '나쁜 날씨가 나를 ～하지 못하게 했다'라는 의미로 전치사 from 뒤에 동명사 going이 왔습니다.

24 The rules prohibit the students from drinking beer in the party.
   타동사   목적어   전치사   동명사
   ▶ '금지하다'라는 동사 뒤에 그 대상이 되는 목적어 the students가 왔습니다. 그 뒤에 '무엇을'에 해당하는 내용은 전치사 from 다음에 동명사 drinking이 왔습니다

Basic Test 01

정답 및 해설 p. 12

다음 괄호 안에 적절한 것을 고르시오.

01 My uncle [graduated / graduated from] Harvard University.

02 We should [wait / await] him here.

03 My hope is to [marry / marry with] you.

04 His lack of English prevented him [from getting / to get] the job.

05 The school has a plan to provide the students [for / with] the textbook.

19 선생님이 학생들에게 자신의 자료를 나눠준다.   20 웨이트리스가 컵에 커피를 다시 채워 주었다.   21 나는 내 남자친구 목소리와 그 형 목소리를 구별할 수가 없다.   22 너는 선과 악을 구별할 줄 아는 그런 사람이다.   23 날씨가 나빠서 나는 거기에 가지 못했다. 24 규칙은 학생들이 파티에서 맥주를 마시지 못하게 한다.

(2) 연결동사 (Copulas)

우리말은 형용사를 직접 서술어로 사용하지만 영어는 그렇게 쓰지 못합니다. 예를 들어 우리말은 '나는 예쁘다'라고 '예쁘다'는 형용사를 직접 서술어로 쓰지만 영어는 I pretty라고 쓸 수 없습니다. 그래서 이럴 경우 형용사를 서술어처럼 쓰는 방법은 바로 be동사로 연결하는 것입니다. 그래서 I am pretty.라고 쓰면 be pretty가 우리말의 '예쁘다'라는 서술어처럼 됩니다.

이렇게 주어와 형용사를 연결하는 동사를 copulas, 또는 copula verb라고 합니다. 우리말로는 '연결동사'라고 합니다. be동사가 가장 대표적인 연결동사인데 이 동사들은 뒤에 형용사가 온다는 특징을 가지고 있습니다. 흔히 '불완전자동사'라고 배웠던 동사들인데 형용사를 연결하는 동사라고 이해하면 됩니다.

❶ be동사

형용사를 연결하는 동사 중에서 be동사가 가장 많이 쓰입니다. '~하다'라는 고정된 상태를 나타내는 말은 be동사이지요. 그런데 be동사가 다른 연결동사들과 다른 중요한 점은 명사를 연결할 수 있다는 거예요. 즉, 다른 연결동사들은 명사를 연결할 수 없고 (가끔씩 명사를 연결하는 경우가 있습니다. 이에 대해서는 곧 다시 설명하겠습니다.) 형용사만 연결할 수 있지만 be동사는 명사를 연결할 수 있습니다.

be동사 뒤에 명사가 왔을 때와 형용사가 왔을 때의 차이점이 있지요. be동사 뒤에 명사가 오면 '주어 = 명사 보어'의 관계가 성립하구요. 형용사가 오면 주어의 성질이나 상태를 나타내는 말이 됩니다. Part 1에서 이미 배웠던 내용입니다. be동사는 뒤에 명사, 형용사 두 가지를 연결할 수 있다는 것을 꼭 기억합시다. 그런데 be동사 뒤에 부사나 전치사가 오는 경우도 있습니다. 이 경우에는 be동사가 연결동사로 쓰인 게 아니라 '있다', '존재하다'라는 뜻으로 쓰인 것입니다.

- be + 명사 / 형용사 : ~이다, ~하다
- be + 부사 /전치사 : 있다, 존재하다

---

25 Tom is in the room.

▶ be동사 뒤에 전치사 in이 왔습니다. 이 경우는 be동사가 '~이다'라는 연결동사로 쓰인 것이 아니라 '있다, 존재하다'라는 뜻이 됩니다. 그래서 'Tom은 방에 있다.'라는 의미가 됩니다.

26 Tom is there.

▶ be동사 뒤에 부사 there가 왔네요. 이 경우 be동사는 '있다, 존재하다'라는 의미로 쓰였습니다. 그래서 'Tom이 거기 있다.'라는 의미가 되는 것입니다.

27 I am an English teacher.

▶ be동사 뒤에 an English teacher라는 명사가 왔습니다. 이 경우 be동사는 주어 I와 an English teacher를 연결하고 있고 있지요. 그래서 '나는 영어교사이다'라는 의미가 됩니다.

28 You are old enough to understand the rule.

▶ be동사가 형용사를 연결하는 연결동사로 쓰였습니다. 뒤에 나오는 형용사는 앞에 주어의 성질이나 상태를 나타내는 말이 되어 '너는 충분히 나이가 들었다'라는 의미가 됩니다. 그리고 to understand the rule은 형용사 enough를 수식하는 말로 '그 규정을 이해할 만큼'으로 해석하면 됩니다.

❷ 상태를 나타내는 동사

상태의 고정	be
상태의 변화	get, go, come, grow, turn, make, fall, run, become ...
상태의 유지	stay, keep, remain ...
감각의 상태	look, sound, smell, taste, feel ...

이 동사들은 뒤에 형용사가 온다는 특징을 가지고 있습니다. 형용사가 오지 않으면 상태를 나타내는 동사가 아니라 다른 뜻이 됩니다. 명사가 오거나, 부사가 오거나, 전치사가 오거나 하는 경우들이 있는데요. 그 때는 모두 '~인 상태이다'라는 말이 아니라 각각 '고유의 동작'을 나타내는 말이 됩니다.

■ 상태의 고정을 나타내는 동사

> be

앞서 학습했듯이 be동사는 뒤에 형용사가 오면 '주어는 ~한 상태이다' 또는 '주어의 현재 상태는 ~하다'라는 말이 됩니다. 그리고 다른 연결동사들과 달리 명사를 연결할 수도 있다고 했습니다. 물론 be동사 뒤에 부사나 전치사가 오면 상태를 나타내는 말이 아니라 '있다, 존재하다'라는 동작을 나타내는 말이 된다는 것도 꼭 기억하세요.

29 The decision is problematic as to the usefulness.

*problematic 혱 문제있는, 문제가 되는   as to ~라는 점에서

▶ be동사 뒤에 problematic이라는 형용사가 왔으니 주어의 상태를 나타내는 말이 됩니다. 주어인 '그 결정은 문제가 있는 상태이다' 또는 '그 결정의 현재 상태는 문제가 있다'로 해석하면 됩니다.

---

25 Tom은 방에 있다.   26 Tom이 거기 있다.   27 나는 영어교사이다.   28 너는 그 규정을 이해할 만큼 충분히 나이가 들었다.   29 그 결정은 유용성이라는 점에서 문제가 된다.

30 Jane's visit to India was a life-changing experience.

> ▶ be동사 뒤에 명사가 왔습니다. 상태를 나타내는 동사는 뒤에 형용사가 오는 것이 일반적인데 be동사는 이렇게 뒤에 명사가 올 수도 있습니다. 명사가 오면 주어와 뒤에 나오는 명사는 서로 같은 의미나 성질을 나타냅니다. 즉, Jane's visit to India와 a life-changing experience가 같은 의미임을 알 수 있습니다.

■ 상태의 변화를 나타내는 동사

> get, go, come, grow, turn, make, fall, run, become

이 동사들은 상태가 변화하고 있음을 나타내는 동사입니다. 중요한 것은 이 동사들 뒤에는 형용사가 온다는 거예요. 형용사가 오지 않으면 상태의 변화를 나타내는 동사로 쓰인 것이 아닙니다. 즉, 형용사가 아닌 다른 말이 오면 다른 뜻으로 쓰인다는 것을 꼭 기억하세요. 그러므로 뒤에 형용사가 오는 경우 '상태가 변하다'의 의미로 해석하고, 형용사가 아닌 부사나 명사 등이 오면 다른 뜻으로 해석합니다.

예를 들어, 동사 get은 주로 '얻다, 구하다'라는 뜻으로 쓰이는데요, 하지만 뒤에 형용사가 이어지면 '상태가 변하다'라는 의미를 가져요. It gets dark.라는 표현은 원래 어둡지 않았는데 어두운 상태로 변한다는 의미거든요. 그래서 우리말로는 '어두워지다'라고 해석하게 됩니다. come 뒤에 형용사 true가 오면 '사실이 되다'의 의미가 되죠. 그래서 숙어처럼 '이루어지다, 실현되다'라고 외우기도 합니다. 사실이 아니었던 것이 사실로 상태가 변하는 것이죠. 그런데 come 뒤에 부사나 전치사가 오면 '오다'라는 뜻이 되는 거예요.

하나만 더 예를 들어볼게요. turn은 자동사로 '돌다', 타동사로 '돌리다'라는 뜻으로 쓰이는 동사입니다. 하지만 뒤에 형용사가 오면 이것 역시 '변하다'라고 해석합니다. Your face turned pale.이라고 쓰면 얼굴이 창백한 상태로 변하다, 즉 '창백해지다'라는 의미가 됩니다. 이렇게 상태의 변화를 나타내는 동사 뒤에는 형용사가 오는데요. 그런데 예외가 있습니다. become동사는 뒤에 명사가 올 수 있습니다. become동사는 철자가 be로 시작합니다. be가 보이죠? 그래서 be동사의 용법을 가지고 있기 때문에 become동사는 뒤에 명사가 올 수 있습니다. 그리고 make는 뒤에 형용사가 아니라 명사가 온다는 것에 주의하세요. make 뒤에 명사가 오면 '~가 될 거야'라는 의미가 됩니다. will be 정도로 이해하면 됩니다.

31 You should remember that your dreams will come true.

> ▶ come 뒤에 true라는 형용사가 왔으므로 come은 '오다'라는 의미가 아니라, 상태의 변화를 나타냅니다. be true는 '사실이다'라는 의미인데 come true라고 쓰면 '사실로 변하다'라는 말이 됩니다. 그래서 해석할 때는 '이루어지다'라고 하면 됩니다.

32 The children became really excited on Christmas Eve.

> ▶ be동사를 쓰면 '상태가 그랬다'라는 의미가 되지만 become동사를 써서 '상태가 흥분하는 쪽으로 변화했다'는 것을 나타냅니다.

■ 상태의 유지를 나타내는 동사

> stay, keep, remain

이 동사들 뒤에 형용사가 오면 '~한 상태의 유지'를 나타냅니다. 이 동사들도 뒤에 형용사가 아닌 다른 품사가 오면 다른 뜻으로 쓰이게 됩니다. 뒤에 형용사가 왔을 때만 '~한 상태를 유지하다'라는 의미가 됩니다. 다만 remain은 뒤에 명사가 와서 '~한 상태를 유지하다'라는 의미로 쓰이는 경우도 있습니다.

33 I stayed awake all night.

> ▶ stay 뒤에 '깨어 있는'이라는 의미의 형용사 awake가 와서 '깨어있는 상태를 유지하다'라는 의미로 쓰였습니다.

34 You should keep silent in this room.

> ▶ keep 뒤에 '조용한'이라는 의미의 형용사 silent가 와서 '조용한 상태를 유지하다'라는 의미로 쓰였습니다.

■ 감각의 상태를 나타내는 동사

> look, sound, smell, taste, feel

이 동사들 뒤에 형용사가 오면 '~한 감각이 (느껴지는) 상태'를 나타냅니다. 이런 의미로 쓰일 때 뒤에 부사를 쓰지 않도록 조심해야 합니다. 뒤에 형용사가 아닌 다른 품사가 오면 '보다, 소리내다, 냄새 맡다, 맛보다, 느끼다' 등의 의미로 쓰인 것입니다.

35 You look really tired.

> ▶ look 뒤에 형용사 tired가 와서 '피곤해 보인다'는 의미로 쓰였습니다.

36 Her voice sounded sweet on the phone.

> ▶ sound 뒤에 형용사 sweet이 와서 '부드럽게 들리는 상태이다'라는 의미로 쓰였습니다.

다시 정리하면 상태를 나타내는 동사 뒤에는 형용사가 옵니다. (be와 become은 명사가 올 수도 있습니다.) 모두 주어의 상태를 나타내는 표현이 되지요. 우리말로 해석하다 보면 뒤에 이어지는 품사가 형용사가 아닌 부사여야만 할 것 같은 생각이 듭니다. 그래서 형용사를 써야 하는 곳에 부사를 제시하고는 틀린 곳을 고르라는 문제로 자주 출제된답니다. 실수하지 않아야겠죠? 연결동사(copulas) 뒤에는 형용사가 온다는 것을 확실하게 기억해둡시다.

30 Jane의 인도 방문은 인생을 바꾸는 경험이었다.　31 너는 네 꿈이 이루어질 거라는 것을 기억해야 한다.　32 아이들이 크리스마스 이브에 정말로 흥분했다.　33 나는 밤새 깨어 있었다.　34 너는 이 방에서 조용히 해야 한다.　35 너는 정말 피곤해 보인다.　36 전화 상에서 그녀의 목소리는 부드럽게 들렸다.

다음 괄호 안에 적절한 것을 고르시오.

01 He looked [sad / sadly] when she said good-bye.

02 The hamburger I had yesterday tasted so [good / well].

03 I never feel [happy / happily] now.

04 You are supposed to keep [quiet / quietly].

(3) 수여동사 (S + V + IO + DO)

자, 이제 '수여동사'에 대해 다루도록 하겠습니다. 이 동사들은 뒤에 목적어가 두 개 온다는 것이 특징이지요. 동사 뒤에 우리말로 해석하면 '~에게 ~을'이라는 목적어가 두 개인 형태가 이어집니다. 그 중에서 앞에 오는 '~에게'에 해당하는 말을 '간접목적어(Indirect Object)'라고 합니다. 뒤에 오는 '~을'에 해당하는 말을 '직접목적어(Direct Object)'라고 합니다. 따라서 문장 뒤에 간접목적어와 직접목적어에 해당하는 명사가 두 개 오게 됩니다. 이런 형태에 쓰이는 동사를 흔히 '4형식 동사'라고 하며, 목적어가 하나 있는 경우와는 달리 '~주다'라는 말을 붙여 해석하면 됩니다. '수여동사'라는 말도 바로 이 '~주다'라는 의미에서 나온 명칭입니다. 예를 들어 teach 뒤에 목적어가 하나인 경우(3형식)는 '~을 가르치다'라고 하면 되구요. 목적어가 두 개인 경우는 '~에게 ~을 가르쳐주다'라고 해석하면 됩니다.

37 You should give the students advice.
　　　　　　　수여동사
▶ 수여동사 give 뒤에 오는 the students는 간접목적어이고 그 다음에 나오는 advice는 직접목적어입니다. 간접목적어는 '~에게' 직접목적어는 '~을'로 해석합니다.

38 The teacher always tells the students "Slow and steady wins the race."
　　　　　　　　　　　수여동사
▶ 수여동사 tell 뒤에 간접목적어로 the students가 오고 직접목적어로 유명한 영어속담이 왔습니다.

39 I want to find you a good partner.
　　　　　　수여동사
▶ 수여동사 find 뒤에 you는 간접목적어이고 a good partner는 직접목적어입니다. 수여동사로 사용된 find는 '찾다'라고 해석하지 말고 '찾아주다'라고 해석하면 됩니다.

❶ 3형식으로 바꾸기

영어에만 존재하는 독특한 수여동사가 사용된 문장을 같은 동사를 이용해서 목적어가 하나만 있는 3형식 문장으로 바꿔 쓸 수도 있습니다. 목적어가 하나인 문장을 만들 때 직접목적어를 동사의 목적어로 사용하고 간접목적어는 '전치사 + 명사'의 형태로 직접목적어 뒤에 위치하게 됩니다. 즉, 'S + V + O + 전치사 + N'의 형태가 됩니다. 3형식으로 바꿀 때 간접목적어 앞에 사용하는 전치사로는 to, for, of가 있습니다. 이 중에서 어떤 전치사를 사용하느냐는 동사에 따라 달라집니다.

■ 전치사 to를 사용하는 동사

> give, hand, pass, send, show, teach, throw, lend, write ...

수여동사를 3형식으로 바꿀 때는 동사 뒤에 직접목적어를 쓰고 그 다음에 전치사를 쓰는데 가장 많이 쓰이는 전치사는 to입니다. to가 별다른 목적없이 단순하게 방향의 이동을 나타낼 때 사용되는 전치사이므로 무언가가 누구에게 전해질 때 전치사 to를 가장 많이 활용하게 됩니다. 그래서 수여동사 중 전치사 to를 이용해 3형식을 만드는 동사들이 가장 많습니다.

40 You gave the attendant your ticket.

You gave your ticket to the attendant.   * attendant 몡 승무원

▶ 수여동사 give가 쓰인 4형식의 첫 번째 문장에서 직접목적어를 앞으로 가져오고 전치사 to를 쓰고 이어서 간접목적어를 전치사 to 뒤에 두면 3형식의 두 번째 문장이 됩니다.

41 He showed me his photos.

He showed his photos to me.

▶ 수여동사 show가 쓰인 4형식 문장도 전치사 to를 사용하여 3형식 문장을 만들 수 있습니다. 직접목적어 his photos를 동사 show 뒤에 두고 전치사 to를 쓴 다음에 간접목적어 me를 쓰면 됩니다.

42 He teaches students English.

He teaches English to students.

▶ 수여동사 teach가 쓰인 4형식의 문장도 전치사 to를 사용하여 3형식 문장을 만들 수 있습니다. 직접목적어 English를 동사 teach 뒤에 두고 전치사 to를 쓴 다음에 간접목적어 students를 쓰면 됩니다.

---

37 당신이 학생들에게 충고해 주어야 한다.   38 그 선생님은 늘 학생들에게 '천천히 그리고 꾸준한 것이 경기에서 이긴다'라고 말한다.
39 나는 당신에게 좋은 파트너를 찾아주고 싶다.   40 너는 승무원에게 너의 티켓을 주었다.   41 그는 나에게 자신의 사진을 보여 주었다.
42 그는 학생들에게 영어를 가르친다.

■ 전치사 for를 사용하는 동사

buy, choose, cook, find, do, get, make, build, call, order …

전치사 to를 쓰지 않는 동사들은 ask를 제외하고 전부 전치사 for를 사용한다고 생각하면 됩니다. 사다 (buy), 뽑다(choose), 요리하다(cook) 등의 동사들은 2가지 장면을 떠오르게 합니다. 물건을 살 때는 돈과 물건을 맞바꾸는 두 가지 장면이 떠오를 테고, 요리를 할 때는 요리를 하고 나서 요리를 누군가에게 대접을 하는 장면이 떠오르기 때문이죠. 그래서 '교환'이나 '대가'를 나타내는 전치사 for를 사용하는 것입니다. for를 무조건 '~하기 위해서(목적)'라는 의미로만 알고 있다면 '교환'이나 '대가'의 의미로 쓰인 for가 나오면 당황하기 쉽겠지요?

43 My boyfriend bought me a ring.

My boyfriend bought a ring for me.

▶ 수여동사 buy는 전치사 for를 사용합니다. 4형식인 첫 번째 문장의 직접목적어 a ring을 동사의 목적어로 사용하고 그 뒤에 전치사 for를 쓰고 간접목적어 me를 쓰면 3형식의 두 번째 문장이 됩니다.

44 His wife cooked him the pasta.

His wife cooked the pasta for him.

▶ 수여동사 cook은 전치사 for를 사용합니다. 동사 다음에 직접목적어 the pasta를 쓰고 전치사 for 다음에 간접목적어 him을 쓰면 3형식 문장이 됩니다.

■ 전치사 of를 사용하는 동사

ask

3형식으로 바꿀 때 전치사 of를 쓰는 수여동사는 ask 하나뿐입니다. 누군가에게 물어 볼 때는 물어보려는 대상이 있어야 합니다. 그래서 대상을 나타내는 전치사 of를 사용하는 것입니다.

45 He asked me the time of the next bus.

He asked the time of the next bus of me.

▶ 수여동사 ask는 전치사 of를 사용하여 3형식으로 바꿉니다. 따라서 직접목적어 the time of the next bus를 동사 뒤에 쓰고 그 다음에 전치사 of를 쓴 다음에 간접목적어 me를 쓰면 됩니다.

❷ 수여동사로 착각하기 쉬운 타동사

> introduce, explain, announce, describe, suggest, propose ...

'~주다'라는 의미를 지니고 있어 수여동사처럼 생각이 쉽지만 수여동사로 쓰이지 않는 동사들이 있습니다. 이 동사들은 '주어 + 동사 + 목적어 + 전치사 + 명사'의 형태로만 쓰이고 '주어 + 동사 + 간접목적어 + 직접목적어'의 4형식 형태로는 쓸 수 없습니다. 대체로 이 동사들은 원래 영어가 아니었던 말들이 영어에 편입된 경우입니다. 그래서 영어에만 있는 수여동사 형식으로 사용되지 않는 것입니다.

46 He introduced himself to my parents. (○)
He introduced my parents himself. (×)

> ◉ 동사 introduce는 '주어 + 동사 + 간접목적어 + 직접목적어'로 구성되는 수여동사의 형태로 쓸 수 없습니다. 반드시 '주어 + 동사 + 목적어 + 전치사 + 명사'의 모양으로 써야 하는 동사입니다. 따라서 두 번째 문장은 틀린 문장입니다.

47 Could you explain it to me? (○)
Could you explain me it? (×)

> ◉ 동사 explain은 '주어 + 동사 + 간접목적어 + 직접목적어'로 구성되는 수여동사의 형태로 쓸 수 없습니다. 반드시 '주어 + 동사 + 목적어 + 전치사 + 명사'의 모양으로 써야 합니다.

(ㄴ) 목적격 보어가 필요한 동사

'주어 + 동사 + 목적어'로는 의미 전달이 잘 되지 않아서 목적어에 대한 보충 설명이 필요한 동사들이 있습니다. 이럴 경우에는 목적어 뒤에 명사 또는 형용사를 추가해서 목적어를 설명하게 되는데요. 이때 추가하는 말을 '목적격 보어'라고 합니다. 이런 형태로 쓰이는 동사들을 흔히 '불완전타동사' 또는 '5형식 동사'라고 부릅니다.

48 I made him a player.
　　　5형식동사　　　목적격 보어

> ◉ '내가 그 사람을 만들었어.'까지만 말하면 의미 전달이 완전하지 않습니다. 그래서 목적어인 him에 대한 보충 설명인 a player라는 명사를 추가해서 문장을 구성합니다. a player는 '목적격 보어'라고 합니다.

49 I made him happy.
　　　5형식동사　　　목적격 보어

> ◉ 이 문장에서는 목적격 보어로 happy가 쓰였습니다. 앞서 배웠듯이 형용사도 목적격 보어로 쓸 수 있습니다.

---

43 내 남자친구가 나에게 반지를 사줬다.　44 그의 부인이 그에게 파스타를 요리해줬다.　45 그는 나에게 다음 버스 시간을 물어 보았다.　46 그는 나의 부모님에게 자신을 소개했다.　47 너는 내게 그것을 설명해 줄 수 있니?　48 나는 그를 선수로 만들었다.　49 나는 그를 행복하게 만들었다.

❶ 목적격 보어 자리에 명사가 오는 경우

목적격 보어 자리에 명사가 오는 경우는 목적어와 목적격 보어가 결국 같은 말이 됩니다. 앞에서 배웠던 주격 보어가 명사일 경우와 비슷하죠. 그리고 이 경우는 목적어와 목적격 보어를 '주어 + be동사 + 명사'의 모양으로 이해해도 됩니다.

50 The music made him a superstar.
　　　　　　　　　　　　　목적격 보어

▶ The music made him.으로는 문장의 의미 전달이 잘 안됩니다. 그래서 명사 a superstar를 목적격 보어로 사용한 것입니다. 이렇게 쓰면 him과 a superstar는 동일한 사람이 됩니다. 즉, 'him = a superstar'가 되는 것입니다. 그래서 목적어와 목적격 보어의 관계를 He is a superstar.로 이해해도 무방합니다.

51 My friends called me a walking dictionary.
　　　　　　　　　　　　　　　목적격 보어

▶ 'call A B'라고 쓰면 'A를 B라고 부르다'라는 뜻이 되는데요. 이때 B가 목적격 보어가 되는 것입니다. 즉, 'me = a walking dictionary' 관계가 성립합니다. 그래서 목적어와 목적격 보어의 관계를 I am a walking dictionary.로 이해해도 됩니다.

❷ 목적격 보어 자리에 형용사가 오는 경우

목적격 보어 자리에 형용사가 오면 목적어와 목적격 보어가 같은 사람이나 사물 관계가 성립되지 않습니다. 이 경우에는 형용사인 목적격 보어가 목적어의 성질이나 상태를 나타내게 됩니다. 목적격 보어 자리에 부사를 쓰지 않도록 조심해야 합니다. 시험에도 잘 출제됩니다.

52 He made the problem a lot easier.
　　　　　　　　　　　　　목적격 보어

▶ 목적격 보어로 형용사 easier이 쓰였습니다. a lot은 비교급 앞에 와서 '훨씬' 정도의 의미로 비교급을 강조하는 말입니다. 형용사가 목적격 보어이므로 'the problem = easier'는 성립되지 않고 the problem의 상태가 easier임을 보여줍니다. The problem is easier.로 이해해도 무방합니다.

53 I found the problem very difficult to solve.
　　　　　　　　　　　　　　목적격 보어

▶ find가 5형식 문형의 동사로 쓰이면 '목적어가 ~하다는 것을 알게 되다'라는 뜻이 됩니다. 그래서 '목적어인 the problem의 상태가 very difficult임을 알게 되었다'라고 해석합니다. 뒤에 나오는 to solve는 앞에 있는 형용사 difficult를 수식하는 to부정사의 '부사적 용법'입니다.

(5) 특수동사

'주어 + 동사 + 목적어' 뒤에 명사나 형용사가 오는 경우를 '5형식 문형'이라고 하고 이 문형에 쓰이는 동사를 '불완전타동사'라고 한다는 것을 배웠습니다. 그런데 '주어 + 동사 + 목적어' 뒤에 명사나 형용사가 아닌 '목적어의 동작'을 나타내는 표현을 쓰는 동사들이 있답니다. 동작의 특징에 따라 목적어 뒤에 '동사원형, to 동사원형, 현재분사(-ing), 과거분사(-ed)' 네 가지의 형태가 올 수 있답니다. 이런 형태를 만드는 동사들을 '특수동사'라고 부릅니다. 보통 문법책에서는 이들도 5형식 동사로 분류하고 뒤에 나오는 동작의 모양 네 가지를 목적격 보어로 분류합니다. 물론 그렇게 이해해도 상관은 없습니다. 하지만 이들은 따로 분류해서 학습하는 것이 이 동사들의 활용을 이해하고 익히는데 더 유용합니다. 그래서 이 책에서는 이런 동사를 '특수동사'로 분류해서 다루고자 합니다. 시험에도 워낙 자주 나오는 것들이니 이번 기회에 확실하게 익혀두세요.

❶ 지각동사

사람의 인지, 감각과 관련이 있는 동사를 '지각동사'라고 합니다. 이런 동사들이 쓰이면 목적어 다음에 세 가지의 모양이 올 수 있습니다. ❶ 보편적, 일반적 동작이 올 경우에는 '동사원형'이 오고, ❷ 진행중인 동작일 경우에는 '현재분사(-ing)'가 그리고 ❸ 완료된 동작일 경우 '과거분사(-ed)'가 옵니다. -ing는 목적어와 능동의 관계가 되고 -ed는 목적어와 수동의 관계가 됩니다. 특히 지각동사는 목적어 다음에 'to 동사원형'이 오지 않고 to가 생략된 동사원형이 온다는 것도 주의해야 합니다.

지각동사	목적어	목적격 보어	반드시 알아둘 사항
see watch hear notice feel sense perceive recognize listen to	O	동사원형	보편적, 일반적인 동작
		현재분사(-ing)	O와 현재분사가 능동 관계
		과거분사(-ed)	O와 과거분사가 수동 관계

54 I saw someone run[running] past the window.
　　　　지각동사
　▶ 지각동사 see가 쓰였으니 목적어 someone 다음에는 동사원형(run)과 현재분사(running)가 올 수 있습니다. 동사원형을 쓰면 그냥 달려가는것을 봤다는 느낌이고, 현재분사를 쓰면 순간적인 느낌이 좀 더 강해서 달려가고 있는 것을 봤다는 표현이 됩니다.

---

50 그 음악이 그를 슈퍼스타로 만들었다.   51 내 친구들이 나를 '걸어다니는 사전'이라고 불렀다.   52 그는 그 문제를 훨씬 쉽게 만들었다.   53 나는 그 문제가 풀기에는 매우 어렵다는 것을 알았다.   54 나는 누군가 창문 옆으로 달리는[달려가고 있는] 것을 보았다.

55 We heard you argue[arguing] with your coach.
　　　　지각동사

　　▶ 지각동사 hear의 목적어 you 다음에는 동사원형(argue)이나 현재분사(arguing)가 올 수 있습니다.

56 I heard my name called behind me.
　　　　지각동사

　　▶ 지각동사 hear의 목적어 my name의 뒤에 과거분사 called가 왔습니다. 목적어 my name과 동사 call의 관계를 잘 생
각해 보면 이름이 불려지는 것이죠. 즉, 수동의 관계이므로 동사 call의 과거분사형인 called가 온 것입니다.

❷ 사역동사

사역동사는 보통 '시키다'라는 의미를 가진 동사입니다. 이렇게 알고 있어도 문제될 게 없겠지만 정확하게
하자면 '주어의 동작이 원인이 되어 목적어의 동작을 가져오는 동사'라고 이해하는 것이 더 좋습니다. 왜냐
하면 사역동사인 let은 '~하도록 내버려두다'라는 의미인데 이것은 '시키다'라는 의미와는 좀 거리가 멀잖아
요. 어쨌든 사역동사들은 각각의 동사마다 목적어 다음의 형태가 조금씩 다르기 때문에 유의해서 학습해야
합니다.

■ make

사역동사 make는 목적어 다음에 두 가지의 형태가 올 수 있습니다. 목적어와 능동의 관계이면 to가 생략된
동사원형이 오고, 수동의 관계이면 과거분사(-ed)가 옵니다. make의 경우 목적어 다음에 현재분사(-ing)를
쓰지 못한다는 것에 유의해야 합니다.

사역동사	목적어	목적격 보어	반드시 알아둘 사항
make	O	동사원형	O와 동사원형이 능동 관계
		현재분사(-ing)	목적격 보어로 현재분사를 쓸 수 없음
		과거분사(-ed)	O와 과거분사가 수동 관계

57 My mother always made me keep my room tidy.
　　　　　　　　　사역동사

　　▶ 사역동사 make의 목적어인 me와 동사 keep의 관계는 '내가 유지한다'는 의미이므로 능동의 관계입니다. 그래서 목
적어 뒤에 동사원형 keep이 왔습니다.

58 She made her business plan accepted.
　　　　사역동사
　　　　　　　　　　　　　　　　　　　　　　　　　　　　* accept ⑧ 받아들이다, 승인하다
　　▶ 사역동사 make의 목적어 her business plan과 accept의 관계는 '사업 계획이 받아들여진다'는 의미이므로 수동의
관계입니다. 그래서 과거분사인 accepted가 왔습니다.

■ have

사역동사 have는 make와 마찬가지로 목적어와 동작의 관계가 능동일 경우에는 to가 생략된 동사원형을 사용합니다. 그런데 have는 다른 사역동사와 달리 동작의 자리에 현재분사(-ing)를 쓸 수 있습니다. 이 점을 잘 기억해두어야 합니다. 목적어와 동작의 관계가 수동이면 당연히 과거분사(-ed)를 씁니다.

사역동사	목적어	목적격 보어	반드시 알아둘 사항
have	O	동사원형	O와 동사원형이 능동 관계
		현재분사(-ing)	O와 현재분사가 능동 관계
		과거분사(-ed)	O와 과거분사가 수동 관계

59 My boss has me finish the work before the deadline.
　　　　　　　사역동사

* deadline 명 마감기간, 마감시한

▶ 사역동사 have의 목적어 me와 동작 finish의 관계는 '내가 끝내는 것'을 의미하는 능동의 관계이므로 동사원형 finish를 사용했습니다. to finish는 쓸 수 없다는 점에 유의해야 합니다.

60 I had a microchip in my body examining diseases.
　　사역동사

▶ 사역동사 have의 목적어 a microchip (in my body)와 동작 examine의 관계는 '마이크로칩이 질병을 검사하는 것'이므로 능동의 관계입니다. 따라서 현재분사 examining이 왔습니다. 다른 사역동사와 달리 have는 이렇게 현재분사를 사용할 수 있습니다. 물론 동사원형 examine을 사용해도 올바른 문장입니다.

61 My teacher always has the homework checked.
　　　　　　　　사역동사

▶ 사역동사 have의 목적어 homework와 동작 check의 관계는 '숙제가 확인하는 게 아니라 확인받는 것'이므로 수동의 관계입니다. 그래서 과거분사 checked가 왔습니다.

---

55 우리는 네가 너의 코치와 논쟁하는 것을 들었다.　56 나는 뒤에서 내 이름을 부르는 것을 들었다.　57 어머니는 항상 내가 방을 깔끔하게 유지하게 하셨다.　58 그녀는 자신의 사업 계획이 승인되도록 했다.　59 나의 상사는 내가 그 일을 마감기간 전에 끝내라고 한다.　60 나는 몸안에 질병을 검사하는 마이크로칩을 가지고 있었다.　61 나의 선생님이 늘 숙제를 확인한다.

■ let

사역동사 let은 '~하게 내버려 두다, ~하도록 해주다' 정도의 뜻을 가진 동사입니다. 목적어와 동작의 관계가 능동이면 다른 사역동사와 마찬가지로 to를 생략한 동사원형을 사용하지만 현재분사(-ing)는 사용할 수 없습니다. 그런데 사역동사 let은 수동의 경우가 특이합니다. 다른 사역동사처럼 과거분사(-ed)를 직접 사용하지 못하고 'be + -ed'의 모양을 사용해야 합니다. 사실 엄격하게 말하면 과거분사(-ed)를 사용할 수 없고 동사원형의 모양을 이용한 것인데 그렇게 알면 더 복잡하니 능동일 경우는 동사원형, 수동일 경우는 'be + -ed'를 사용한다고 이해하면 됩니다.

사역동사	목적어	목적격 보어	반드시 알아둘 사항
let	O	동사원형	O와 동사원형이 능동 관계
		현재분사(-ing)	목적격 보어로 현재분사를 쓸 수 없음
		be + -ed	O와 be + -ed가 수동 관계

62 My teacher let his students do whatever they want to.

▶ 사역동사 let의 목적어 his students와 동작 do의 관계가 능동입니다. 그래서 to를 생략한 동사원형인 do가 쓰였습니다. 그리고 문장 마지막의 want to는 뒤에 do가 생략된 모양입니다. 동사를 반복해서 쓰지 않고 생략한 겁니다.

63 Let the fact be known to everybody.

▶ 사역동사 let의 목적어 the fact와 동작 know의 관계가 수동입니다. 그 사실이 알리는 게 아니라 알려지는 것입니다. 그런데 사역동사 let은 목적어와 동작의 관계가 수동일 때 과거분사를 쓰면 안 되고 'be + -ed'의 모양을 써야 해야 합니다. 그래서 known이 아닌 be known이 왔습니다.

■ help

사역동사 help는 목적어와 동작의 관계가 능동일 때 동사원형을 써도 되고 to 동사원형을 써도 됩니다. 그런데 여기서 한 가지 특이한 것은 목적어가 대명사일 경우 목적어를 생략해도 된다는 것입니다. 그래서 대명사인 목적어가 생략될 경우 '주어 + help + to 동사원형'이나 '주어 + help + 동사원형'의 모양이 됩니다. 이런 경우 두 번째 모양은 동사가 두 번 연속해서 쓰인 것으로 보여 틀린 문장으로 생각하기 쉽습니다. 결론적으로 사역동사 help는 아래 정리한 것처럼 네 가지 모양이 올 수 있다는 것을 명심하세요.

> • 주어 + help + 목적어 + to 동사원형
>
> • 주어 + help + 목적어 + 동사원형
>
> • 주어 + help + to 동사원형
>
> • 주어 + help + 동사원형

64 The doctor helped the patient (to) recover from the disease.

　　　사역동사

▶ 사역동사 help의 목적어 the patient와 동작을 나타내는 recover의 관계가 능동입니다. 이럴 경우 동사원형인 recover 를 써도 되고 to recover를 써도 됩니다.

65 This device is made to help (to) keep blood pressure under control.

　　　　　　　사역동사

▶ 사역동사 help 뒤에 목적어가 생략된 문장입니다. 목적어를 생략하고 썼으니 help 뒤에는 동사원형 keep이 와도 되고 to keep이 올 수도 있다고 생각하면 됩니다. help keep 이렇게 동사가 두 개 연속해서 쓰이면 모양이 어색해 보일 수 있 지만 잘못된 문장이 아니므로 조심해야 합니다.

■ get

사역동사 get은 '~하게 하다'라는 뜻을 지니고 있는데 아주 특별한 용법을 지니고 있는 동사는 아닙니다. 그런데 영어 시험에 워낙 자주 등장하는 동사여서 잘 살펴보겠습니다. 기본적으로 사역동사 뒤에 나오는 목적어와 동작의 관계가 능동이면 to 동사원형을, 수동이면 과거분사(-ed)를 쓰지요. get의 용법은 이것이 전부입니다. 그런데 make, have, let 같은 다른 사역동사들과 착각을 해서 to 동사원형이 와야 할 자리에 동사원형도 쓸 수 있는 것으로 착각하기 쉽습니다. 다시 한번 정리하자면 목적어 자리에 사람이 올 경우 동 작을 직접 하게 되므로 to 동사원형이 오구요, 목적어 자리에 사물이 오게 되면 대부분 동작을 당하게 될 테니 수동일 때 사용하는 과거분사(-ed)가 오는 게 일반적입니다. 다만 get은 목적격 보어 자리에 현재분사 (-ing)도 올 수 있습니다. 하지만 시험 문제에는 거의 to 동사원형과 과거분사(-ed)만 등장하므로 이것만 잘 알아두어도 됩니다.

> • 주어 + get + 목적어(사람) + to 동사원형
> • 주어 + get + 목적어(사물) + 과거분사(-ed)
> • 주어 + get + 목적어 + 현재분사(-ing)

66 I got Martin to check all the windows before he left.

▶ 사역동사 get 뒤에 목적어로 사람인 Martin이 왔고 이 사람이 창문을 확인하는 것이므로 목적어와 동작의 관계가 능동 입니다. 따라서 to동사원형인 to check를 쓴 것입니다.

67 I have to get the evening meal prepared.

▶ 사역동사 get 뒤에 목적어로 사물인 the evening meal이 왔고 그 동작으로 prepare가 쓰였는데 목적어와 동작의 관 계가 수동이네요. 저녁식사가 준비되는 것이니까요. 따라서 과거분사 prepared가 쓰였습니다.

---

62 나의 선생님은 학생들이 원하는 건 뭐든지 하게 한다.　63 그 사실이 모두에게 알려지게 하세요.　64 의사 선생님이 그 환자가 병 에서 회복하도록 도왔다.　65 이 장치는 혈압을 통제하도록 만들어졌다.　66 나는 Martin에게 떠나기 전에 모든 창문을 확인하라고 했 다.　67 나는 저녁식사가 준비되도록 해야 한다.

❸ 목적격 보어 자리에 항상 to 동사원형이 오는 동사

목적어 다음에 동작이 오는 동사들 중에는 반드시 to 동사원형만 써야 하는 것들도 있습니다. 이 동사들의 특징은 뒤에 나오는 목적어와 동작의 관계가 '미래의 일'이라는데 있습니다. Part 6에서 다루겠지만 to가 원래 시간상으로 미래를 나타내는 경우가 많습니다. 그래서 목적어 뒤에 나올 동작이 앞으로 있을 일을 나타내기에 to 동사원형이 오는 겁니다. 그래서 '목적어가 (앞으로) ~하도록 하다'라는 미래의 의미가 들어가게 해석을 합니다.

---

advise, allow, ask, compel, convince, enable, encourage, expect, force, lead, order, permit, persuade, promise, recommend, request, require, urge, want ...

---

68 The new English teacher advised us to read English newspaper a lot.
목적격 보어

▶ advise라는 동사는 앞으로 '~하도록 권하다, 충고하다'의 의미를 지닙니다. 그래서 advise 뒤에 목적어 자리에 사람이 오면 그 동작에 해당하는 말인 목적격 보어로 to 동사원형을 쓰게 됩니다.

69 The principal allowed me to teach English in the school.
목적격 보어

▶ 동사 allow는 목적어가 앞으로, 미래에 '~하도록 허락하다'라는 의미를 지니고 있습니다. 따라서 목적격 보어로 to 동사원형이 옵니다.

70 The money enabled me to enter the medical college.
목적격 보어

▶ 동사 enable은 목적어가 앞으로 '할 일을 가능하게 해 준다'는 의미입니다. 그래서 동작에 해당되는 내용인 목적격 보어로 to 동사원형을 씁니다.

71 My uncle persuaded me to try it again.
목적격 보어

▶ persuade라는 동사는 '설득하다'라는 뜻을 지니고 있습니다. 과거의 일을 설득할 수는 없겠죠? 따라서 목적어가 앞으로 '~하라고 설득하는 것'이므로 목적격 보어로 to 동사원형을 씁니다.

---

68 새로 오신 영어선생님이 우리에게 영자 신문을 많이 읽도록 권하셨다.   69 교장 선생님이 제가 그 학교에서 영어를 가르치도록 해주셨다.   70 그 돈이 내가 의대에 가게 해주었다.   71 나의 삼촌이 다시 해보라고 나를 설득했다.

Deep Q&A

Q '나는 네가 곧 회복하기를 바란다.'라는 말을 I hope you to recover soon.이라고 영작했더니 틀린 문장이라고 합니다. 왜 그렇죠?

A 언뜻 봐서는 잘못된 곳이 없어 보입니다. 해석하면 특별하게 이상하지도 않으니까요. 그래서 외국어 공부가 어려운 것입니다. 영작한 문장이 잘못된 이유는 동사 hope의 쓰임에 있지요. hope는 want나 wish와 의미가 비슷하지만 그 쓰임이 다르기 때문인데요. 동사 hope는 5형식 문장으로 쓰지 않습니다. 즉, '주어＋hope＋사람＋to동사원형'의 형태로 쓰지 않아요. 동사 hope를 이용해서 영작을 하려면 '주어＋hope＋that＋주어＋동사'의 형식으로 써야 합니다. 따라서 올바른 문장으로 고치면 I hope that you will recover soon.이 됩니다. 물론 질문에서 언급한 영작 문장에 hope 대신 want를 동사로 쓰면 옳은 문장이 되지요. 이렇게 hope처럼 5형식 문형으로 사용할 수 없는 동사들이 있어요. 대표적인 것으로 propose, demand, say, suggest 등이 있습니다. 예문 하나만 더 살펴보겠습니다.

I suggested the teacher to explain it to the students. (×)
I suggested that the teacher (should) explain it to the students. (○)
나는 그 선생님께서 그것을 학생들에게 설명해 줄 것을 제안했다.

▶ '목적어가 ~하라고 하다'라는 말이니 'suggest＋목적어＋to동사원형'의 형태로 써도 될 것 같지만 동사 suggest는 5형식 문장으로 쓸 수 없는 동사입니다. 그래서 두 번째 문장처럼 that절을 이용해서 써야 합니다.

정답 및 해설 p. 13

다음 괄호 안에 적절한 것을 고르시오.

01 I saw a gentleman [entering / to enter] the conference room.

02 This cream will make your skin [appear / appeared] smoother.

03 Steve is going to have two of his teeth [taking / taken] out.

04 Some parents let their children [do / to do] whatever they like.

05 The university doesn't allow students [bring / to bring] food into the classroom.

06 We encourage you [to visit / visit] our homepage.

(6) 구동사 (Phrasal verb)

마지막으로 좀 특별한 동사를 소개하려고 합니다. '구동사(Phrasal verb)'인데 '동사구'라고 하기도 합니다. '구'라는 말에서 어떤 느낌이 오지 않나요? 네, 맞습니다. 구동사는 '둘 이상의 단어로 이루어진 동사'를 말합니다. 동사 하나에 전치사, 부사 등이 결합해서 만들어지는데 두 개의 단어로 이루어지는 경우도 있고 세개의 단어로 이루어지는 경우도 있습니다. 두 단어로 만들어지면 two words verb이라고 부르기도 하고 세단어로 이루어지면 three words verb이라고 부르기도 합니다. 이 책에서는 '구동사'라고 칭하겠습니다. 영어에서 워낙 중요한 지위를 가지고 있고 그 양도 방대해서 '구동사 사전'이 있을 정도입니다. 중요도에 비해서 조금 소홀히 다루는 경향이 있습니다. 뭐 복잡한 설명을 여러분에게 할 필요는 없을 것 같구요. 쉽고 간단하게 정리해보도록 하겠습니다.

구동사는 좀 더 포괄적이고 많은 의미를 가지고 있는 그 사용 범위가 넓으면서 아주 쉬운 동사를 사용합니다. get, take, make, go, come, look, run, turn, hold, leave, hand ... 이런 동사들을 사용하죠. 여기에 여러분이 잘 알고 있는 on, off, away, in, out, into, out of, up, down 등의 전치사나 부사가 결합합니다. 이렇게 동사와 전치사/부사를 결합해서 다양한 의미를 가지는 동사를 구동사라고 합니다.

예를 하나 들어 볼게요. '보다'라는 뜻을 가진 동사 look에 여러가지 전치사를 결합해 보겠습니다. '밖으로'라는 의미를 가진 out을 붙여 look out이라고 쓰면 '밖을 보다, 내다보다'라는 말이 만들어집니다. '안으로'라는 의미를 가진 into를 붙여 look into라고 쓰면 이번엔 '들여다보다'라는 의미가 만들어지게 됩니다. look up이라고 쓰면 '올려다보다'라는 의미가 되구요. look down이라고 쓰면 '내려다보다'라는 말이 되죠. '뒤로'라는 의미를 가진 back을 붙여 look back을 쓰면 당연히 '뒤돌아보다'라는 의미가 되구요. 이번엔 look up 뒤에다가 사람의 주의, 생각, 관심 따위가 향하는 '방향'을 나타내는 to를 붙여 look up to라고 쓰면 '존경하다'라는 말이 만들어지구요. look down 뒤에 '계속'의 의미를 가진 on을 붙여 look down on을 쓰면 계속 내려다보기만 하니 '무시하다, 경멸하다'라는 뜻이 만들어집니다. 이렇게 동사와 전치사/부사를 붙여 다양한 의미를 만드는 말이 구동사인 것입니다. 이제 감이 잡히죠?

원어민들은 어려운 단어보다는 이런 구동사를 사용해서 말하는 것을 더 좋아합니다. 우리가 영어로 된 글을 읽을 때는 어려운 단어도 많이 보게 되지만 사실 영어로 일상적인 대화를 할 때는 그렇게 어려운 단어를 듣게 되는 경우가 많지 않아요. 그건 우리도 마찬가지입니다. 실생활에서 어려운 동사를 사용하는 경우는 흔치 않으니까요. 그래서 '회상하다'라는 말보다는 '뒤돌아보다'라는 말을 많이 쓰고 '묘사하다'보다는 '써내려가다'라는 말을 많이 쓰게 되죠. 영어도 마찬가지로 retrospect보다는 look back을 더 많이 쓰고 describe보다는 write down을 더 많이 씁니다.

그런데 이 구동사를 공부할 때 주의할 것이 하나 있습니다. 많은 학생들이 구동사를 공부할 때 단어의 뜻을 외우듯이 구동사의 뜻을 한두 가지로 고정시켜 외우는 경향이 있습니다. 그런데 이 구동사라는 게 원래 아주 폭넓은 의미를 지니고 있는 동사와 대략적인 의미를 가진 전치사나 부사가 결합하기 때문에 다양한 의미로 쓰일 수 있습니다. 그래서 주어진 맥락에 따라 이해하는 것이 중요한데 그 뜻을 너무 한두 가지로 고정시켜 외워보려고 합니다. 그렇게 쓸 수 없는 말인데도 말입니다. look back은 그야말로 '뒤돌아보다'라고 하면 됩니다. 정말 뒤를 돌아볼 수도 있고 상황에 따라 과거를 돌아볼 수도 있는 겁니다. look into는 정말 어딘가 안을 볼 수도 있고, 그 대상이 사건이라면 '조사하다, 수사하다'의 의미로 쓰일 수도 있어요. 이 사건을 잘 '들여다 보고 있어요' 이런 말을 쓰잖아요. 이렇게 구동사는 그 뜻을 한두 가지로 고정시켜 외워서는 안 됩니다. 그러므로 앞으로 구동사를 접하게 되면 그 동사의 기본적인 의미와 결합하는 전치사와 부사의 대략적인 의미를 붙여서 이해하려고 해보세요. 우리가 원어민이 아니기 때문에 구동사를 보고 바로 정확한 뜻을 알 수는 없지만 '아~ 이런 뜻으로도 쓰이겠구나'하는 정도의 생각은 할 수 있습니다. 구동사는 그렇게 공부하면 됩니다.

결론적으로 구동사는 앞에서 언급한 것처럼 그 내용이 워낙 방대하여 문법책에서 구동사 전체를 소개하는 것은 불가능합니다. 다만 구동사가 어떻게 만들어지고 활용되는지를 간단하게 살펴본 것으로 마치도록 하겠습니다.

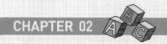
동사의 시제
Tense of Verb

동작이 발생한 시간의 위치를 표시하는 문법의 범주를 '시제'라고 합니다. 간단히 말해서 동작이 언제 발생했는지를 나타내는 말입니다. 우리말과 영어는 이 시제를 나타내는 방법이 좀 차이가 있답니다. 그래서 일반적으로 우리말에서 활용하던 방식으로 영어의 시제를 표현하면 틀리는 경우들이 있습니다. 물론 대부분은 영어의 쓰임과 우리의 사고방식이 유사하지만 특별하게 다르게 쓰이는 경우들이 있지요. 전자의 경우는 가벼운 마음으로 확인하고 넘어가면 될 거구요. 후자의 경우는 확실하게 익혀서 영어를 사용할 때 틀리지 않도록 해야겠죠. 자, 그럼 하나씩 살펴보기로 하겠습니다.

(1) 시간, 시제 그리고 상

우리가 시제를 공부할 때 사용하는 말을 한 번 떠올려 보세요. '과거완료', '현재진행', '미래완료진행' 이런 말을 사용하지요. 그런데 잠시 여기서 앞의 말과 뒤에 붙어 있는 말을 분리하여 생각해 봅시다. 앞에는 '과거, 현재, 미래'라는 말이 있구요. 뒤에는 '완료, 진행, 완료진행'이라는 말이 있습니다. 이것을 붙여서 보면 헷갈리지요. 앞으로 우리는 이걸 분리해서 보도록 하겠습니다.

먼저 '시간'을 볼까요.
시제에서 사용되는 말 중에서 앞에 있는 과거, 현재, 미래는 '시간'을 나타내는 말입니다. 우리가 알고 있는 바로 그 시간입니다. 한국 사람이나 미국 사람이나 북극 사람이나 이 시간에 대한 인식 차이는 없습니다. 우리가 알고 있는 과거, 현재, 미래와 영어권 사람들이 생각하는 과거, 현재, 미래는 모두 같습니다. 이것만 생각하면 이해하기 쉬운데 여기에 완료니, 진행이니 하는 말을 붙여 사용하니 어렵습니다. 떼어서 생각해보세요. 현재완료나 현재진행이나 뒤에 아무런 말도 붙어 있지 않은 단순현재나 모두 현재일 뿐입니다. 마찬가지로 과거진행이나 과거완료나 단순과거나 모두 시간상으로는 과거를 나타냅니다. 어려운 거 아닙니다. 시간을 나타내는 두 글자 즉, 과거, 현재, 미래에 대해서만 신경쓰면 됩니다. 이것만 해도 현재완료와 과거가 헷갈리는 그런 일은 없을 겁니다. 뒤에서 자세히 설명하겠지만 단순과거는 과거이고 현재완료는 현재이거든요. 헷갈릴 이유가 하나도 없답니다.

다음으로 '상(aspect)'에 대해서 설명드리겠습니다.

국어문법 시간에 배우는 그 '상' 맞습니다. '단순, 진행, 완료'를 가리키는 말이 상입니다. 즉, 상이란 시간이 움직이는 모습을 나타내는 말입니다. 그래서 상은 말을 들었을 때 어떤 느낌이 드는지를 보여주는 것입니다. 상은 세 가지로 나타냅니다. 늘 하는, 일상적인, 정해진 움직임을 나타내는 ❶ '단순상'과 순간적이며 곧 바뀔 것 같은 동작을 나타내는 ❷ '진행상' 그리고 지속적인 느낌이거나 영향을 끼치는 느낌을 주는 ❸ '완료상' 이렇게 세 가지로 나누어 볼 수 있습니다. 이것에 대해서는 다시 자세하게 설명할 것입니다.

이제 시간과 상을 결합하여 부르면 됩니다. 현재 늘 하는 일이면 '단순현재', 현재하고 있지만 곧 변화할 일이면 '현재진행', 과거에 시작해서 현재까지 지속하고 있는 일이면 '현재완료' 이렇게 나타내는 것입니다. 예문을 통해 살펴봅시다.

01 My father drives to work every day.
_{단순현재}
▶ 매일, 늘 하는 일이며 이 말을 하는 시기가 현재이니 현재에다 단순상을 결합한 단순현재로 표현한 문장입니다.

02 My father is driving to work every day.
_{현재진행}
▶ 현재는 운전해서 출근하지만 곧 다른 방법을 취할 것 같은 느낌을 주는 진행상을 결합한 현재진행으로 표현한 문장입니다.

03 My father has driven to work for 10 years.
_{현재완료}
▶ 시간으로는 과거에 한 일이 현재까지 지속되는 일이니 현재에 완료상을 결합해서 현재완료로 표현한 문장입니다.

위의 예문을 통해 살펴보았듯이 '시제'는 이렇게 시간과 상을 결합해서 나타내는 말인데 시간은 앞에서 말한 것처럼 우리가 이미 잘 알고 있는 것이니 따로 공부할 게 없구요. 지금부터 상을 잘 정리해보도록 하겠습니다. 여기에 시간만 붙이면 흔히 이야기하는 12시제가 모두 만들어지는 것입니다. 시간과 상을 결합해서 시제의 모양이 만들어진다는 것을 꼭 기억하기 바랍니다.

---

01 아버지는 매일 운전해서 출근하신다.　**02** 아버지는 매일(지금은) 운전해서 출근하는 중이시다.　**03** 아버지는 10년 동안 운전해서 출근하신다.

(2) 단순시제

단순상은 정해진 일을 표현할 때 사용합니다. 그래서 '늘, 항상 그렇게 하는 일'을 나타냅니다. 당연히 시간 상으로도 장기간, 오랫동안, 변화없이 그렇게 하는 느낌을 주게 됩니다. 시간상 현재이면 단순현재를 쓰고, 시간상 과거이면 단순과거를 쓰며, 미래의 일이면 단순미래를 씁니다. 정해진 일, 늘, 항상 하는 일, 장기간 변화가 예상되지 않는 일에 단순상을 사용한다는 것을 꼭 기억해 둡시다.

❶ 단순현재 [동사원형 또는 동사원형 -(e)s]

단순상에 시간은 현재가 결합한 것을 '단순현재'라고 합니다. 3인칭 단수형에서는 동사 뒤에 -(e)s를 붙여서 쓰고 나머지는 동사원형을 사용합니다. 단순현재를 쓰면 '현재' 시점에서 '정해진' 일을 나타냅니다. 그리고 오랫동안, 변화없이 하는 일의 느낌이 듭니다. 그래서 '늘, 항상' 등의 표현들과 아주 잘 어울립니다. 지금 한다고 해서 단순현재가 아니라 시간적으로 현재와 단순상의 결합이라는 말을 다시 한 번 잘 생각해보세요. 지금 하는 일인데 정해져 있고 변화 가능성이 거의 없는 일을 의미하는 것입니다.

04 Water freezes at 0 degrees Celsius.
단순현재

* freeze ⑧ 얼다, 얼리다   degree ⑲ 도   Celsius ⑲ 섭씨

▶ 물이 섭씨 0도에서 어는 것은 현재 시점에서 정해져 있는 일이고 앞으로도 이것은 변화가 없을 일입니다. 따라서 단순현재를 사용하여 표현한 것입니다.

05 Our teacher always gives us a test.
단순현재

▶ 주어가 3인칭 단수이므로 동사는 gives를 썼습니다. 즉, 단순현재를 사용해서 현재 시점에서 늘, 그렇게 정해져 있는 느낌을 줍니다. 순간적으로 잠깐 시험을 보는 게 아니라 늘 그렇게 시험을 보는 느낌을 표현한 것입니다.

06 Julia writes a letter to her mother once a month.
단순현재

▶ 현재 시점에서 꾸준히, 늘, 변화 없이 한 달에 한 번씩 편지를 쓰는 느낌을 단순현재로 표현한 것입니다.

❷ 단순과거 [동사원형 -ed]

동사의 과거형을 이용해서 단순과거를 쓰면 과거에 있었던 정해진 일에 대한 표현이라는 느낌이 들게 됩니다. 단순상을 사용했으므로 정해진 일의 느낌이 드는 건 단순현재와 같습니다. 단지 시점만 과거로 옮겨 갔다고 생각하면 됩니다. 그래서 과거에 늘 하던 일, 과거에 일어난 정해진 일 등에 단순과거를 사용합니다. 흔히들 '역사적 사실은 과거를 쓴다'라고 이야기하는 것도 역사적 사실이란 것이 과거 특정 시점에 발생한 정해진 일이기 때문입니다. 뭐 특별한 규칙이라기 보다는 그냥 과거의 일이니까 과거시제로 쓰는 겁니다. 단순과거를 사용하는 경우는 우리말과 거의 다르지 않습니다. 그래서 쉽게 이해할 수 있습니다. 그리고 특정한 과거 시점을 나타내는 말과 함께 쓰이면 당연히 과거시제를 사용해야 합니다. 그래서 다음과 같은 부사들은 단순과거와 아주 잘 어울립니다.

ago, last, yesterday, once, at one time, then, 날짜, 연도

07 The TV program first went on the air 20 years ago.
단순과거

▶ 20년 전에 방송되었던 것은 과거에 있었던 정해진 일입니다. 그래서 단순과거를 사용했습니다. '~전에'라는 특정시점을 나타내는 ago는 단순과거와 잘 어울리는 부사입니다.

08 In 1969, the first men landed on the moon.
단순과거

▶ 인간의 달 착륙은 과거에 있었던 정해진 일입니다. 그래서 단순과거를 씁니다. 딱 한 시점을 정해 과거임을 보여주는 부사구 'in 1969'는 단순과거와 잘 어울립니다.

09 The other night, I heard a noise coming from the garden.
단순과거

▶ the other night는 정확한 과거의 시기를 나타내는 부사구이고 정원에서 (나오는) 소음은 과거에서 발생한 정해진 일이므로 단순과거로 표현했습니다.

❸ 단순미래 [will / shall + 동사원형]

사실 미래를 표현하는 것이 조금 애매합니다. 미래는 아직 일어나지 않은 일이기 때문입니다. 그래서 미래의 일은 정해졌다고 말하기는 애매합니다. 미래는 우리말의 '~할 거야, ~일 거야'에 해당하는 경우인데 영어의 동사는 미래형이 없어서 이 경우에 조동사의 도움을 받아서 나타냅니다. 가장 흔히 사용하는 조동사가 will과 shall입니다. 예전에는 단순미래와 의지미래를 구분해서 will과 shall도 구분해서 쓰는 것으로 배웠는데요. 요즘 영어에서는 모두 will을 사용하고 있습니다. 매우 딱딱한 문어체 문장에서 shall을 쓰는 경우가 있기는 하지만 이 역시 사라지고 있는 추세입니다. 영어 지문을 읽다가 미래를 표현하는 문장에 shall이 나오면 will처럼 해석하면 됩니다. will과 shall의 쓰임을 굳이 구별하자면 할 수도 있지만 그럴 필요까지는 없습니다. 단, will을 쓰지 못하고 반드시 shall을 써야 하는 경우가 있어요. 바로 '우리 ~할까요', '~해 드릴까요'에 해당하는 말인데요. 영어로 'Shall we ~?, Shall I ~?'라고 표현합니다. 이 때는 will을 쓸 수 없습니다. 즉, 'Will I ~?', 'Will we ~?'라는 표현은 영어에 없다고 알아두면 됩니다.

그리고 미래의 일은 동사의 미래형이 없어서 미래를 나타내는 조동사 will을 빌려 쓰는 것이므로 그에 상응하는 내용으로 미래를 나타내는 방법이 몇 가지 더 있습니다. 우선 'be going to 동사원형'이나 'be about to+동사원형'과 같은 표현을 will 대신 사용할 수 있구요. 그리고 가까운 미래에 일어날 것이 확실한 일을 나타낼 때는 'am/are/is -ing'의 현재진행형으로 나타낼 수도 있습니다. 마지막으로 흔히 부정사 'be to 부정사'라고 부르는 'be to 동사원형'의 모양으로도 미래의 일을 나타낼 수 있습니다.

---

04 물은 섭씨 0도에서 언다.   05 우리 선생님은 늘 시험을 보게 한다.   06 Julia는 한 달에 한 번 어머니께 편지를 쓴다.   07 그 TV 프로그램은 20년 전에 처음 방송되었다.   08 1969년에 사람들이 달에 최초로 착륙했다.   09 지난 밤에 나는 정원에서 (나오는) 소음을 들었다.

10 I will stop by your house tomorrow.
단순미래(will + 동사원형) * stop by 들르다

▶ 미래를 나타내는 조동사 will을 사용해서 미래의 동작을 나타낸 것으로 문장 마지막에 tomorrow라는 미래를 나타내는
부사가 있으므로 미래로 표현하였습니다.

11 I'm going to start my own business.
단순미래 (be going to)

▶ '~할 예정이다'라는 의미의 'be going to 동사원형'을 사용하여 미래를 나타낸 표현입니다.

12 I'm meeting Jenny at the club tonight.
단순미래 (현재진행형)

▶ 곧 일어날 일이거나 확정적인 일인 것같은 느낌을 주는 현재진행형을 사용해서 미래를 표현한 문장입니다.

13 The conference is to take place in July.
단순미래(be to 용법) * conference 몡 회의, 협의 take place 일어나다, 발생하다, 열리다

▶ 'be to 동사원형'을 이용해서 미래를 나타내는 표현입니다. 이렇게 'be to 동사원형'은 '~할 예정이다, ~할 수 있다'
등의 뜻을 지니고 있어 미래의 일을 나타낼 수도 있습니다.

14 Shall I open that window?
단순미래(Shall I ~)

▶ 미래를 나타내는 표현으로 will을 쓸 수 없는 경우입니다. '~해 드릴까요?'라는 표현은 'Will I ~'를 쓸 수 없고 반드시
'Shall I ~'를 사용해야 합니다.

15 Shall we dance on the stage?
단순미래(Shall we ~)

▶ 미래를 나타내는 표현으로 will을 쓸 수 없는 경우입니다. '우리 ~할까요?'라는 표현은 'Will we ~?'를 쓸 수 없고 반
드시 'Shall we ~'를 써야 합니다.

(3) 진행시제 [be -ing]

진행상은 '순간적인 일, 진행중인 일'을 나타낼 때 사용하며 그 동작이 지속되지 않고 곧 바뀔 것같은 느낌
이 드는 표현입니다. 단순상이 정해진 일, 늘, 항상 하는 일을 나타내는 것과는 좀 다르죠. 단순시제를 사
용하면 그 일이 계속될 것 같은 느낌인데 반해 진행시제는 그 일이 곧 바뀔 느낌이 듭니다. 이것이 우리말
과 좀 달라서 헷갈리기도 합니다. 우리말은 "너 지금 뭐하니?"라고 물으면 "나 지금 밥 먹는다"라는 단순
현재의 대답으로 진행중인 동작을 나타낼 수 있지만 영어는 반드시 진행시제를 사용해야 하거든요. 이 차
이를 느껴보려면 'be + -ing'의 모양을 해석할 때 앞에다 '지금(은)/그때(는)' 정도를 붙여서 현재이면 '지금
은 ~중이다', 과거이면 '그때는 ~중이었다'로 해석해 보세요. 그러면 단순시제와 차이를 느낄 수 있습니다.
I live in Seoul.이라고 하면 '나는 서울에 산다'라는 말이죠. 이 표현에는 이사간다는 느낌이 들지는 않습니
다. 그런데 I am living in Seoul.은 '나는 지금은 서울에 사는 중이다.'라고 해석하는데 이 표현은 이사할
수도 있다는 느낌이 듭니다. 두 문장의 의미 차이를 알 수 있겠죠? 이처럼 진행시제를 사용하면 딱 그 순간
의 일을 나타내며 그 일은 곧 변화할 것 같은 느낌을 주게 되는 것입니다.

❶ 현재진행 [am/are/is -ing]

16 He is talking on the phone.
　　　　　　현재진행

　▶ 현재진행으로 쓰여진 문장으로 지금은 전화로 얘기하고 있지만 곧 만나서 얘기할 것 같은 느낌이 듭니다. 만약 이 문장을 단순현재인 He talks on the phone.이라고 쓰면 그는 늘 전화로 얘기한다는 느낌을 줍니다.

17 I am baking his birthday cake.
　　　　현재진행

　▶ 현재진행으로 쓰여진 문장으로 지금은 그의 생일 케이크를 굽는 중이지만 곧 다른 일을 할 것 같은 느낌을 줍니다. 이 문장 역시 단순현재로 쓰면 '나는 늘 그 사람 생일 케이크를 만든다.'는 그런 의미가 됩니다.

18 Korea is really playing well now. The crowd are cheering them on.
　　　　　　　　　　현재진행

　▶ 현재진행으로 첫 번째 문장은 '한국이 지금 경기를 잘하고 있고', 두 번째 문장은 그래서 '관중들이 지금 응원하고 있음'을 표현하고 있습니다.

❷ 과거진행 [was/were -ing]

과거진행은 시간이 과거라는 것을 제외하면 현재진행과 다를 게 없습니다. 즉, 과거의 어느 한 순간의 동작을 나타내며 그 동작이 지속되었을 것 같은 느낌을 주지는 않습니다. 그래서 해석할 때 앞에다 '그때는'을 붙여서 해석해 보면 단순과거로 쓴 것과 의미의 차이를 확연하게 느낄 수 있습니다. 예문을 통해 확인해 봅시다.

19 I was taking a shower when you called me.
　　　과거진행　　　　　　　　　　단순과거

　▶ '네가 전화했을 때 그때는 나는 샤워하는 중이었다.'라는 의미의 과거진행의 표현입니다. 만약 이 문장을 단순과거로 쓰면 '당신이 전화를 할 때는 (늘) 나는 샤워를 했다.'는 의미로 과거진행과 느낌의 차이가 납니다.

---

10 나는 내일 너희 집에 들르겠다.　**11** 나는 내 사업을 시작하려고 한다.　**12** 나는 오늘 밤 클럽에서 Jenny를 만날 것이다.　**13** 그 회의는 7월에 열릴 것이다.　**14** 저 창문을 열어드릴까요?　**15** 우리 무대에서 춤출까요?　**16** 그는 지금 전화로 얘기하는 중이다.　**17** 나는 지금 그의 생일 케이크를 굽는 중이다.　**18** 지금 한국이 정말 경기를 잘하고 있는 중이다. 관중들이 그들을 응원하는 중이다.　**19** 네가 전화했을 때 (그때) 나는 샤워하는 중이었다.

20 He was doing his homework, when someone broke into his house.

_{과거진행}

     * break into 침입하다

  ▶ 과거진행이 쓰인 문장과 그 뒤에 when 절이 함께 오면 '~한 때는 ~하는 중이었다'라고 해석을 합니다. 이 문장처럼 과거진행의 문장은 단순과거를 사용한 부사절과 잘 어울려 쓰입니다.

21 I was so sleepy when I was taking a lecture.

_{과거진행}

     * take a lecture 강의를 듣다

  ▶ 과거진행을 써서 '강의를 듣는 중'이라는 순간을 표현하고 있습니다. 과거진행을 쓰면 이렇게 과거의 특정한 순간을 나타내는 느낌이 강하게 듭니다.

❸ 미래진행 [will be -ing]

현재진행과 과거진행을 살펴보았으니 미래진행도 이해하는 것이 어렵지 않을 겁니다. 미래진행이 쓰인 문장은 '그때는 ~하는 중일 거야' 정도로 해석을 하면 단순미래와의 차이가 느껴질 겁니다.

22 I will be cooking by the time you get home.

_{미래진행}

     * by the time ~때 쯤

  ▶ 미래진행으로 '요리를 하는 중일 거야'를 표현하고 있습니다. 그리고 by the time은 접속사로 뒤에 주어와 동사가 있는 절이 왔습니다.

23 An hour from now, they will be playing soccer.

_{미래진행}

  ▶ '지금부터 한 시간 뒤'라는 미래의 시점에 '축구를 하는 중일 거다'를 미래진행으로 표현한 문장입니다.

---

20 누군가가 그의 집으로 침입할 때는 그는 숙제를 하고 있는 중이었다.   21 나는 강의를 듣는 중이었는데 너무 졸려웠다.   22 네가 집에 도착할 때쯤이면 나는 요리를 하는 중일 거다.   23 지금부터 한 시간 뒤에 그들은 축구를 하는 중일 거다.

Q 진행형으로는 쓸 수 없는 동사가 있다고 하는데 어떤 동사들이 진행형으로 쓸 수 없나요? 그리고 그 이유는 무엇인지 궁금해요.

A '소유, 상태, 인지'의 의미를 지니고 있는 동사들은 진행형을 쓸 수 없답니다. 어떤 동사들이 여기에 해당하는지 한 번 살펴봅시다.

- 소유 : have, own, belong, consist
- 상태 : love, like, want, mind, resemble, seem, appear, remain
- 인지 : know, believe, think, remember

위에 열거한 동사들은 진행형으로 쓸 수 없답니다. 이 동사들의 의미를 잘 생각해보세요. 진행형은 시작해서 아직 마치지 않고 중간 과정에 있음을 나타내는 말이지요. 그래서 진행형을 쓸 수 있는 동사들은 시작했다 중간에 그만둘 수도 있고 마음이 변하면 다시 시작할 수도 있는, 그래서 하다 말았다 하다 말았다가 가능한 동사들이랍니다. 그런데 진행형으로 쓸 수 없다는 것은 그 동사의 의미가 마치 동전의 양면처럼 이것 아니면 저것인 경우들이예요. 그래서 하다 말았다 하거나 중단하거나 하는 게 안 되는 것입니다. 예를 들어 소유하고 있거나 소유를 하고 있지 않거나이지 소유를 시작해서 중간에 그만 뒀다가 다시 소유하거나 이런 게 아니잖아요. 상태의 경우도 이런 상태이거나 아니거나이지 상태가 시작되었다 중단했다고 할 수도 없는 것입니다. 인지의 경우도 마찬가지랍니다. 이런 의미를 지닌 동사들은 '지금은 ~중이야'라고 진행으로 나타내면 아주 어색한 표현이 된답니다. 그래서 이런 동사들은 진행형으로 쓸 수 없는 것이랍니다.

I love my mother. (○)

I am loving my mother. (×)

나는 어머니를 사랑해.

▶ 어머니를 사랑하거나 사랑하지 않거나이지 '내가 지금은 어머니를 사랑하는 중이야.'라고 하면 어색하게 됩니다. 그래서 동사 love는 진행형을 사용하지 않습니다.

He resembles his father. (○)

He is resembling his father. (×)

그는 아버지와 닮았어.

▶ 아버지를 닮거나 안 닮거나이지 닮기를 시작했다가 중단하고 다시 시작하고 하는 게 어색하죠. 즉, '그는 아버지와 닮는 중이다.' 이런 표현은 이상할 수밖에 없답니다. 그래서 동사 resemble은 진행형으로 사용하지 않는답니다.

다음 괄호 안에 적절한 것을 고르시오.

01 Once a month, he [was going / goes] to the hairdresser's to have his hair cut.

02 A friend of mine [writes / wrote] an interesting story a few years ago.

03 My father [has been dead / died] two years ago.

04 When [did he return / has he returned] home?

05 I [ate / have eaten] a lot of candy when I was a child.

(4) 완료시제 [have -ed]

이제 '상' 중에서 마지막인 '완료'에 대해 학습하겠습니다. 영어에서의 완료는 우리말 문법의 완료와는 조금 다릅니다. 그리고 우리말과 정확하게 일치하지 않아서 사실 학습하기가 쉽지 않습니다. 보통 '경험, 결과, 계속, 완료'라는 네 가지 의미를 가지는 것으로 알고 있는데, 이것이 잘못된 것은 아니지만 이런 의미만으로는 완료를 이해하기 쉽지 않습니다. 왜냐하면 과거의 경험은 과거로 나타낼 수도 있고 현재완료로 나타낼 수도 있으니까요. 마찬가지로 과거의 결과도 과거로 쓸 수도 있고 현재완료를 사용할 수도 있습니다. 그래서 더 중요한 건 '완료'상이 어떤 느낌인지를 이해하는 것이지요. '상'이 무엇인지 기억나시나요? 아주 쉽게 얘기하면 '상'이란 '느낌'입니다 그러면 '완료'는 어떤 느낌일까요?

완료는 크게 두 가지로 나누어 볼 수 있습니다. ❶ '과거의 동작이 현재에 어떤 영향을 끼치는 경우'이고 ❷ '과거에 시작한 동작이 지금까지 지속되는 경우'입니다.

우선 첫 번째부터 살펴보겠습니다. 다음과 같은 경우를 생각해보죠.
친구가 물어 봅니다. "지금 몇 시니?" 그런데 나는 시계가 없어요. 어제 잃어버렸거든요. 이런 경우에 이렇게 대답을 하죠. "나, 시계 잃어버렸어." 친구는 질문을 현재시제로 했습니다. 그런데 나는 대답을 과거시제로 했습니다. 그런데 놀랍게도 이 말을 듣는 우리는 하나도 이상하지 않습니다. 왜냐하면 과거에 시계를 잃어버렸다는 것을 얘기하는 게 아니라 그래서 지금 시계가 없어서 시간을 모른다고 말한 것으로 알아 들으니까요. 바로 이런 느낌이 완료입니다. 과거에 시계를 잃어버린 동작이 현재 어떤 영향을 끼치고 있는 것입니다. 바로 이런 경우에 완료시제를 쓰는 겁니다. 과거시제를 써서 I lost my watch.라고 하면 '과거 어느 시점에 시계를 잃어버렸다.'라는 말이 되고, 완료시제를 써서 I have lost my watch.라고 하면 '과거 어느 시점에 시계를 잃어버린 것이 현재 어떤 영향을 끼치고 있다.'라는 말이 되는 것입니다. 조금 복잡하죠? ^^

물론 해석을 이렇게까지 할 필요는 없습니다. 그래도 완료가 무엇인지 알아야 하니 그 의미를 정확하게 이해하기 위해 설명이 길어졌을 뿐이에요. 자 그럼 우리말로 완료의 의미를 표현해봅시다. 다음 두 가지 방법 중 하나를 사용해보세요.

(1) ~했다 (그래서 지금 ~)
(2) ~한 상태이다

두 가지 방법 중 하나로 해석해 보면 완료의 표현에 담긴 느낌을 파악할 수 있습니다. 앞서 설명했던 문장도 친구가 몇 시냐고 물었을 때의 대답을 (1)처럼 하면 "나 시계를 잃어버렸어. (그래서 지금 몇 시인지 몰라.)"가 됩니다. (2)처럼 하면 "나 시계를 잃어버린 상태야."가 됩니다. 어떤가요? 이제 완료의 표현이 어떤 의미를 담고 있는지 느낌이 오죠? 과거완료이면 '~했다 그래서 그때 ~' 또는 '~한 상태였다'라고 이해하면 됩니다. 미래완료도 할 수 있겠죠? '~한다 그래서 그때 ~' 또는 '~한 상태일 거다'라고 미래로 바꾸어주기만 하면 됩니다.

이번에는 두 번째로 과거에 시작 동작이 지금까지 지속되는 것입니다. I live in Seoul.이라고 하면 '지금 서울에 산다.'는 것이고 I lived in Seoul.이라고 하면 '과거에 서울에 살았다.'라는 의미입니다. 그런데 I have lived in Seoul.이라고 하면 과거에 서울에 살기 시작한 동작이 지금까지 지속되고 있다는 의미가 됩니다. 이 경우도 해석하는 방법을 알아야겠죠. 우리말로 "(쭉, 계속) ~해왔다"라고 하면 됩니다. 과거완료는 "(쭉, 계속) ~해왔었다"로 해석하고, 미래완료의 경우에는 "(쭉, 계속) ~해왔었을 거다"로 해석을 합니다.

자, 그럼 이제 두 가지 방법을 적용해서 완료시제의 예문들을 해석하며 익혀봅시다. 완전히 다른 느낌으로 완료시제를 이해할 수 있을 것입니다.

❶ 현재완료 [have/has -ed]

현재완료는 앞에서 배운 두 가지 해석 방법 중 하나를 적용해 해석하면 됩니다. 두 번째 경우는 서로 아주 잘 어울리는 말들이 있으니 이런 것도 눈여겨 봐두세요. 예를 들어, '~이후로'라는 의미의 since, '~동안'이라는 의미의 'for + 기간' 같은 경우는 완료를 쓰지 않을래야 쓰지 않을 수가 없는 것들입니다. '~해왔다'라는 말과 너무 잘 어울립니다. 그래서 시험에도 자주 등장하니 잘 기억해두기 바랍니다.

24 I have stayed up all night, so I am sleepy.

현재완료

* stay up 자지 않고 깨어있다

▶ 앞 문장의 의미를 '밤새 잠을 못 잔 상태이다. 그래서 지금 ~'로 이해할 수 있어야 합니다. 뒷문장이 이 의미를 명확하게 해주고 있지만 설령 뒷문장이 없더라도 현재완료가 쓰인 앞 문장을 이렇게 이해할 수 있어야 합니다.

25 He has taken my bag. I should call him.

현재완료

▶ 현재완료가 쓰인 앞 문장은 '그가 내 가방을 가져간 상태이다.'라는 의미입니다.

26 I have lived in Busan for 10 years.

현재완료

▶ 과거 어느 시기에 부산에서 살기 시작한 동작이 지금까지 이어지고 있는 것을 표현한 것으로 have lived는 '쭉 살아왔다'는 의미로 생각하면 됩니다. for 10 years는 일정 기간의 지속을 나타내는 말이므로 완료시제를 사용해야 합니다.

27 It has been raining since I came here three days ago.

현재완료 진행

▶ 동사가 has been raining으로 현재완료에 진행형이 결합한 현재완료진행형이 쓰였습니다. 접속사 since 이후의 문장에는 특정한 과거를 나타내는 three days ago가 있으므로 과거동사 came를 썼습니다. 접속사 since는 계속해서 '쭉 ~해왔다'라는 동작의 지속과 잘 어울리므로 since가 쓰인 문장은 완료시제가 반드시 쓰입니다. 그런데 주의해야 합니다. '내가 온 것'이 완료가 되는 게 아니라 내가 온 이후로 '쭉 비가 내렸다'가 완료가 된다는 것입니다.

❷ 과거완료 [had -ed]

과거완료는 현재완료에서 시간만 과거로 보내면 됩니다. 과거보다 더 앞선 과거를 흔히 '대과거'라고 하는데요. 과거완료는 대과거에서 행한 동작이 과거 어느 시점에 영향을 끼치거나, 대과거에서 시작한 동작이 과거 어느 시점까지 계속되었음을 나타내는 표현입니다.

28 I had already finished homework when she came to help me.

과거완료

▶ 동사가 과거완료인 had finished가 쓰였는데 '끝낸 상태였다'라고 해석합니다. 그리고 '이미'라는 의미의 already는 완료시제와 잘 어울리는 부사입니다.

29 He had been sick for a week, when the doctor was sent for.

과거완료

▶ 기간을 나타내는 for a week는 완료시제와 잘 어울리는데 '일주일 동안'이라는 시점이 '더 과거부터 의사선생님이 오신 과거까지'이므로 과거완료를 사용합니다.

30 I had been watching TV for three hours when he arrived.

과거완료 진행

▶ 기간을 나타내는 for three hours가 있으니 완료시제를 사용합니다. 그런데 그 기준점이 그가 도착한 과거이므로 동사를 과거완료를 쓰는데 '~하는 중'이라는 진행까지 결합해서 과거완료진행을 사용했습니다.

❸ 미래완료 [will have -ed]

과거완료가 현재완료보다 시간을 과거로 옮긴 것이라면 미래완료는 시간을 미래로 옮긴 것입니다. 그런데 여기서 조심할 것은 시작하는 시점은 미래가 아니어도 된다는 것입니다. 동작의 완료 시점이 미래인 것이지 시작 시점은 그것보다 과거 어느 순간에 시작만 하면 되는 것입니다. 그래서 그 동작을 시작하는 시점은 말하는 시점을 기준으로 과거일 수도, 같은 시간대일 수도 또는 미래일 수도 있다는 겁니다. 어쨌든 미래의 어느 시점보다 이전에 한 동작이 미래의 어느 순간에 영향을 끼치거나 미래까지 지속되는 동작이기만 하면 됩니다.

31 I'll have finished my homework, when you visit me tonight.
미래완료

▶ 미래완료는 '~한 상태일 거다'라고 해석되므로 미래완료로 쓰인 will have finished는 '끝낸 상태일 거다'로 해석하면 됩니다.

32 The snow will have disappeared before the end of February.
미래완료

▶ 미래완료로 쓰인 will have disappeared는 '사라진 상태일 거다'라고 해석하면 됩니다.

33 She will have had dinner by then. You should go earlier.
미래완료

▶ 미래완료로 쓰인 will have had는 '다 먹었을 상태일 거다'라고 해석하면 됩니다.

---

24 나는 어제 밤새 깨어있었다. 그래서 지금 졸리다.　25 그가 내 가방을 가져갔다. 나는 그에게 전화해야겠다.　26 나는 10년째 부산에 살고 있다.　27 3일 전 내가 여기 온 이후로 비가 계속 내리고 있다.　28 그녀가 나를 도와주러 왔을 때 나는 이미 과제를 끝낸 상태였다.　29 의사선생님이 왔을 때, 그는 일주일 동안 아픈 상태였다.　30 그가 도착했을 때 나는 세 시간째 TV를 보고 있는 중이었다.　31 오늘밤 네가 나를 방문할 때, 나는 숙제를 끝낸 상태일 거다.　32 2월이 가기 전에 눈이 사라질 거다.　33 그때쯤이면 그녀는 저녁을 다 먹었을 상태일 거다. 너는 더 일찍 가야 한다.

Q 기간을 나타내는 말이나 '~이후로'라는 말이 완료시제와 잘 어울린다고 했잖아요. 왜 그런지 알려주세요. 그리고 완료시제와 어울리는 또 다른 것이 없나요?

A '왜냐하면'이라는 말이 '~때문이다'와 잘 어울리는 것처럼 문장에서 서로 잘 어울리는 말들이 있죠. 완료시제를 우리말로 해석하면 '~해왔다' 또는 '~한 상태이다'라고 했잖아요. 그래서 'for(~동안)', 'since(~이후로)' 같은 말이 완료시제 '~해왔다'와 잘 어울리는 거죠. '~동안', '~이후로'는 완료시제와 어울리는 정도가 아니라 완료시제를 쓰지 않으면 틀린 문장이 되기 때문에 시험에도 잘 나옵니다. 그리고 '~한 상태이다'도 잘 어울리는 말이 있겠죠? 'already(이미) ~한 상태이다', 'just(지금 막) ~한 상태이다', 'yet(아직) ~하지 않은 상태이다' 등이 잘 어울립니다. 그래서 이런 말들은 완료시제와 어울려 사용된답니다. 그런데 already, just, yet은 완료시제와 잘 어울리긴 하지만 for나 since와는 달리 반드시 완료시제를 써야 하는 건 아닙니다.

I've taught English for 20 years.
나는 20년 동안 영어를 가르쳐 왔다.

Since she started her new diet, she has lost 10kg.
그녀는 새로운 다이어트를 시작한 이후로 10킬로그램을 감량한 상태이다.

I have already had lunch.
나는 이미 점심을 먹은 상태이다.

I have just had lunch, so I am full.
지금 막 점심을 먹은 상태이다, 그래서 배가 부르다.

I haven't had lunch yet.
나는 아직 점심을 먹지 못한 상태이다.

정답 및 해설 p. 14

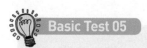

다음 괄호 안에 적절한 것을 고르시오.

01 Tom and Mary [know / have known] each other since they were in high school.

02 My parents [have been married / was married] for 40 years.

03 So far we [have contracted / contract] 10 companies for the promotion.

04 The reason I look so brown is that I have just [come / came] back from the Philippines.

05 She's getting married in a week, and she [chose / hasn't chosen] her dress yet.

(5) 절대시제와 상대시제 : 상대적 과거

이번에는 조금 어려운 이야기를 하겠습니다. 천천히 생각하면서 읽어보세요. 내용이 어려운 게 아니라 많이 접하거나 들어보지 못해 익숙하지 않은 것이니 차분하게 내용을 이해하도록 합시다. '절대적'이라는 말과 '상대적'이라는 말 아시죠? 학교에서 자주 사용하는 '절대평가', '상대평가'라고 할 때 바로 그 절대와 상대입니다. 그런데 시제에도 '절대시제'와 '상대시제'라는 게 있습니다. 지금까지 우리가 학습한 시제는 절대시제였습니다. 이번에는 '상대시제'를 배워보려고 합니다.

'상대시제'는 무언가를 기준으로 해서 나타내는 동작의 시간을 말하는 것입니다. 더 정확하게 말하자면 문장의 정동사(定動詞 : 주어에 대한 진술을 완결하는 서술어)를 기준으로 안겨 있는 문장의 시제를 나타내는 것입니다. 먼저 우리말로 생각해보겠습니다. '그 사람은 어릴 적에는 아버지를 사랑했다고 말했다'라고 하면 문장의 정동사는 '말했다'로 과거동사입니다. 그런데 안긴 문장에 있는 '사랑했다'는 정동사와 동일하게 동사의 과거형을 쓰고 있지만 정동사의 '말했다'를 기준으로 생각하면 '말했다'보다도 더 과거가 됩니다. 이런 것을 '상대시제'라고 합니다. 상대적 과거라고 불러도 좋습니다. 일단 상대시제가 무엇인지에 대한 감을 잡는 것이 중요합니다. 그럼 하나씩 살펴보도록 하겠습니다.

❶ 대과거

영어는 동작의 발생 시점을 표시하는 것이 우리말보다 훨씬 더 엄격합니다. 그래서 같은 문장 안에서 동작의 발생 순서를 정확하게 표현해야 합니다. 일반적으로 같은 문장 안에 동사가 연속해서 나오면 먼저 나온 동사가 먼저 있었던 동작이 됩니다. 그래서 I have a watch which my father buys me.라고 쓰면 문장이 어색해집니다. 내가 시계를 가지고 나서 아버지가 시계를 사는 것 같은 느낌이 듭니다. 그래서 이럴 경우 영어는 뒤에 나오는 동작이 앞에 있는 동작보다 먼저 있었던 일임을 시제로 나타내야 합니다. 그래서 buys가 아니라 과거시제인 bought를 써서 아버지가 시계를 사는 동작이 더 과거로 표시되어야 합니다. I have a watch which my father bought me.라고 써야 올바른 문장이 되는 것입니다.

그런데 이 문장의 주절의 동사가 과거이면 문제가 생깁니다. 즉, 주절의 동사를 과거로 하여 I had a watch which my father bought me.라고 쓰면 위에서 언급한 첫 번째 문장과 마찬가지로 had가 먼저 일어난 동작이 되고 bought가 나중에 일어난 동작이 되거든요. 그런데 둘 다 과거시제이므로 이럴 경우에는 뒤에 나오는 bought가 앞에 나온 had보다 더 먼저 있었던 일을 나타내야 합니다. 소위 '상대적 과거'임을 나타내야 합니다. 이럴 때 사용하는 모양이 바로 'had + -ed'입니다. 과거완료와 생김새가 똑같습니다. 이 모양을 이용하면 앞에 있는 '과거보다 더 과거'임을 나타냅니다. 우리가 흔히 '대과거'라고 부르는 것이죠. '대과거'라고 불러도 되고 '상대적 과거'라고 해도 됩니다. 문장의 정동사 보다 뒤에 나오는 안긴 문장의 동작이 더 과거일 경우 'had + -ed'로 나타낸다는 것을 꼭 명심하기 바랍니다.

34 The driver who died in the accident had been drinking.

　　　　　　　　　　　　　　　　　　대과거(과거완료 진행)

　▶ 먼저 나온 동사 died보다 뒤에 나오는 drink가 더 과거의 일입니다. 따라서 'had + -ed' 모양을 이용해서 더 먼저 일어난 일임을 나타내는데 had been drinking이라는 과거완료진행의 모양으로 표현했습니다.

35 When I ran to hold her hand, she had already fallen down.

　　　　　　　　　　　　　　　　　　　　　대과거(과거완료)

　▶ 먼저 나온 동사 run보다 뒤에 나오는 동사 fall down이 더 먼저 일어난 일입니다. 따라서 더 과거임을 나타내기 위해서 had fallen down을 쓰고 있습니다.

❷ 조동사 + have + -ed

조동사 뒤에는 동사원형이 온다는 것은 다 알고 있는 사실입니다. 그런데 조동사 뒤에 현재의 일 또는 앞으로의 일이 온다면 동사원형을 쓰면 되는데 조동사 뒤에 과거의 일을 나타내야 할 때는 문제가 생깁니다. 왜냐하면 조동사 뒤에는 동사의 과거형을 쓸 수 없으니까요. 그래서 이럴 경우에는 조동사의 내용보다 더 이전에 있었던 일임을 나타내기 위해서 'had + -ed'의 모양을 조동사 뒤에 쓰게 되는데 조동사로 인해 had는 동사원형인 have로 바꿔서 씁니다. 그래서 '조동사 + have + -ed'의 모양이 오게 됩니다. 흔히 숙어로 많이 외우는 것인데요. 물론 숙어처럼 외워도 되지만 조동사 뒤에 과거의 내용이 올 때 사용하는 모양이라고 생각하면 더 이해하기 쉬울 것입니다.

36 You should go to bed earlier.

　　　You should have gone to bed earlier.

　　　　　should have -ed(~을 했어야 했는데)

　▶ 첫 번째 문장은 '너는 더 일찍 자야 한다.'는 의미입니다. 그런데 '너는 그때 더 일찍 잤어야 했다'라고 말할 때는 두 번째 문장처럼 '조동사 + have + -ed'의 모양을 사용합니다. 일찍 잤어야 한다고 판단하는 시점은 현재인데 뒤에 나오는 내용은 과거이므로 조동사 should 뒤에 'have + -ed'의 모양을 씁니다.

37 He must be upset.

　　　He must have been upset.

　　　　must have -ed(틀림없이 ~을 했겠다)

　▶ 첫 번째 문장은 '그는 틀림없이 화났다.'라는 의미이죠. 지금 화가 나 있음에 틀림없다는 문장입니다. 그런데 지금이 아니라 '그는 그때 틀림없이 화가 났었다.'라는 표현을 할 때는 must 뒤에 'have + -ed'를 붙여 더 과거의 일임을 나타냅니다.

38 You need not have asked me for money.

　　　need not have -ed(~을 할 필요가 없었다)

　▶ 'need not 동사원형'은 '지금 ~할 필요가 없다'는 뜻입니다. 그런데 이 문장에서는 need not 뒤에 'have + -ed'가 와서 지금의 일이 아니라 과거의 일이라는 것을 알 수 있습니다. need not have asked는 '그때 ~을 요구할 필요가 없었다'는 의미입니다.

39 You cannot have broken with her.　　　　　　　　　　　　　　* break with 사람 ~와 헤어지다

　　　cannot have -ed(~을 했을 리가 없었다)

　▶ cannot 뒤에 동사원형이 아니라 'have + -ed'가 왔습니다. 뒤에 나오는 동작이 과거에 있었던 것임을 표현한 것입니다. cannot have broken은 '헤어졌을 리가 없었다'라는 의미입니다.

❸ 준동사의 상대적 과거

이제 '상대적 과거'가 무엇인지 이해가 되었을 것입니다. 이번에는 준동사의 상대적 과거인데요. '준동사'는 부정사, 동명사, 분사를 일컫는 말입니다. 자세한 내용은 Part 6에서 공부하기로 하겠습니다. 여기서는 상대적 과거에 대해서만 다루도록 하겠습니다. 준동사도 동작을 표현하는 것이라 시제가 있습니다. 그런데 동사처럼 절대시제를 가지는 것이 아니라 문장의 정동사와의 상대시제만을 가집니다. 일반적인 부정사나 동명사를 쓰게 되면 앞에 나온 정동사와 같은 때가 되거나 또는 미래가 되는데요. 'to have + -ed'나 'having + -ed'를 쓰면 문장의 정동사보다 상대적 과거가 됩니다. 흔히 '완료부정사', '완료동명사'라고 부릅니다. 그런데 이것도 결국 'had + -ed'의 모양을 빌려온 것인데 to 뒤나 -ing 자리에는 동사원형을 써야 하므로 'to had + -ed'가 아니라 'to have + -ed'를, 'hading + -ed'가 아니라 'having + -ed'를 쓰는 것입니다. 다음 문장들을 잘 살펴보세요.

1. She seems to be pretty.
2. She seems to have been pretty.
3. She seemed to be pretty.
4. She seemed to have been pretty.

1번 문장은 '그녀가 지금 예뻐 보인다.'는 뜻입니다. 문장의 정동사는 seems라는 현재형을 쓰고 있으므로 지금 보는데 뒤에 나오는 부정사는 앞의 정동사와 같은 때가 되므로 지금 예쁜 것이 되는 것입니다.

2번 문장은 '그녀가 지금 과거에 예뻤던 것처럼 보인다.'는 뜻입니다. 문장의 정동사는 seems라는 현재형이라 지금 보는 건데요. 뒤에 나오는 부정사는 '완료부정사'여서 seems 보다 더 과거가 됩니다 그래서 '지금 보니 과거에 예뻤을 것 같다'는 뜻이 되는 것입니다.

3, 4번 문장은 문장의 정동사가 seemed라는 과거형이네요. 그래서 3번 문장은 '과거에 보니, 그때 예뻤다'는 의미이구요, 4번 문장은 '과거에 봤더니 그때보다 더 과거에는 예뻤을 것으로 보였다'는 의미가 됩니다.

40 He insists on going there.

He insists on having gone there.
'간 것'이 '주장하는 것'보다 앞섬

▶ 첫 번째 문장은 지금 주장하고 지금 또는 앞으로 가겠다는 표현입니다. 앞에 나오는 정동사 insists on과 뒤에 나오는 동명사 going이 같은 때입니다. 그런데 두 번째 문장은 정동사 insists on보다 뒤에 나오는 동명사 having gone이 더 과거입니다. 과거에 갔던 거죠. 그래서 거기에 갔었다고 주장한다는 의미가 됩니다.

---

34 그 사고로 사망한 운전자는 음주를 했던 상태였다.　35 내가 그녀의 손을 잡으러 뛰어갔을 때, 그녀는 이미 떨어진 상태였다.　36 너는 더 일찍 자야 한다. 너는 더 일찍 잤어야 했다.　37 그는 틀림없이 화가 났다. 그는 틀림없이 화가 났었다.　38 너는 나에게 돈을 요구할 필요가 없었다.　39 네가 그녀와 헤어졌을 리가 없었다.　40 그는 거기에 간다고 주장한다. 그는 거기에 갔었다고 주장한다.

41 I am sure of his being honest.

I am sure of his having been honest.

'정직한 것'이 '확신하는 것'보다 앞섬

▶ 첫 번째 문장은 앞에 나오는 be sure 야와 뒤에 나오는 동명사 being이 같은 때를 나타내서 '나는 그가 (지금) 정직하다고 확신한다.'라는 뜻이 됩니다. 두 번째 문장은 뒤에 완료동명사가 쓰여 앞에 나오는 be sure of 보다 더 과거의 내용이 됩니다. 그래서 '나는 그 사람이 (과거에) 정직했다고 확신한다.'는 의미가 됩니다.

정답 및 해설 p. 14

Basic Test 06

다음 괄호 안에 적절한 것을 고르시오.

01 Jim said he [had seen / saw] Jessica at the store on Sunday.

02 I lost my cell phone which I [have bought / had bought] the day before.

03 Thank you for your present, but you [must / should] not have done this.

04 There aren't any empty boxes. He [must / should] have thrown them all away.

05 Shakespeare is believed to [be born / have been born] in 1564.

(6) 주의할 시제 법칙

영어 시제와 관련해서 내용은 모두 정리했습니다. 이제 마지막으로 시제와 관련해서 시험에 잘 출제되는 중요한 규칙들을 몇 가지 살펴보도록 하겠습니다. 학교 시험을 비롯하여 각종 영어 시험에 자주 등장하는 내용이므로 확실하게 이해하세요.

❶ 시제 일치의 법칙

시제 일치의 법칙은 앞에서 배운 상대시제와 관련이 있습니다. 문장의 정동사를 기준으로 상대적으로 과거, 현재, 미래가 되는 내용이 종속절에 왔을 경우에 해당되는 내용입니다. 주절의 동사가 현재이면 종속절에 그 상대시제로 과거, 현재, 미래가 모두 올 수 있지만, 주절의 동사가 과거이면 종속적에는 과거 또는 과거완료의 시제만 올 수 있다는 것이 시제 일치의 법칙입니다.

1. Everyone says I was the best driver.
2. Everyone says I am the best driver.
3. Everyone says I will be the best driver.

이 세 문장의 주절의 동사는 모두 현재입니다. 즉, 지금 시점에서 사람들이 이야기하는 것입니다. 그런데 종속절에 나오는 동사의 시제는 모두 다릅니다. 1번 문장처럼 쓰면 내가 최고의 운전자인 것은 사람들이 말하는 것보다 더 과거의 일이고, 2번 문장에서는 사람들이 말하는 시점과 내가 최고의 운전자인 것은 같은 때가 되지요. 3번 문장은 사람들이 내가 앞으로 더 미래에 최고의 운전자일 거라고 말하는 것입니다. 이렇게 주절의 동사 시제가 현재이면 종속절의 동사는 과거, 현재, 미래가 모두 올 수 있습니다.

그런데 주절의 동사가 과거가 되면 얘기가 좀 다릅니다. 다음 문장들을 한 번 볼까요?

1. She said that she was happy.
2. She said that she had been happy.
3. She said that she would be happy.

위의 문장들은 주절의 동사 시제가 과거입니다. 그녀가 말하는 시점이 과거입니다. 그리고 1번 문장은 종속절의 동사가 과거를 사용하고 있지만 상대시제로 말하자면 주절의 동사와 같은 때가 됩니다. 즉, 그녀가 말하는 때와 행복한 때가 같은 거죠. 2번 문장은 주절의 동사가 과거이고 종속절의 동사가 더 과거인 경우입니다. 그래서 앞에서 배웠던 것처럼 종속절의 동사는 'had + -ed'의 모양을 하고 있습니다. 여기까지는 쉽게 이해되죠. 3번 문장을 조심해야 합니다. 그녀가 말하는 시점보다 미래에 행복할 거라고 말하는 거잖아요. 만약 주절의 동사가 현재이면 미래를 나타내는 조동사 will을 쓰면 되는데 여기서는 주절의 동사가 과거여서 종속절의 동사를 미래형으로 쓸 수가 없습니다. 과거 대비 미래임을 나타내는 말로 조동사를 will이 아니라 will의 과거형인 would를 써야 합니다. 그래서 결론적으로 주절의 동사 시제가 과거이면 종속절에 쓰일 수 있는 동사의 모양은 과거형과 과거완료형 이렇게 두 가지가 됩니다. 상대적으로 미래라 하더라도 will의 과거형인 would를 쓰니까요. 이것을 시제 일치의 법칙이라고 부릅니다.

42 I realized that I had made a big mistake.
　　　　과거　　　　　더 과거의 일　　　　　　　　　　　　　　　*make a mistake 실수하다
▶ 주절의 동사로 realize의 과거형인 realized를 썼습니다. 그리고 종속절의 내용은 주절의 동사 보다 더 과거의 일을 표현하고자 'had + -ed'를 쓴 문장입니다.

43 I admitted that I had cheated in the exam.
　　　　과거　　　　　더 과거의 일　　　　*admit 통 인정하다, 받아들이다　cheat 통 속이다, 부정행위를 하다
▶ 주절의 시제보다 종속절의 부정행위를 한 것이 더 과거의 일입니다. 그러므로 종속절의 동사를 'had + -ed'로 쓴 문장입니다.

41 나는 그가 정직하다고 확신한다. 나는 그가 정직했다고 확신한다.　42 내가 큰 실수를 했다는 것을 깨달았다.　43 나는 시험에서 부정행위를 했음을 인정했다.

❷ '주장, 명령, 요구, 제안' 동사

주절에 '주장, 명령, 요구, 제안'의 의미를 가진 동사들이 오면 종속절에는 관용적으로 '주어 + should + 동사원형'의 모양으로 문장을 구성합니다. 그런데 이 경우에 조동사 should는 생략해도 괜찮습니다. should를 생략하면 주어 뒤에 동사원형이 오게 되어 헷갈리는 경우들이 있습니다. 특히 주절의 동사가 과거였다면 앞에서 배운 시제 일치의 법칙이 지켜지지 않는 것처럼 보여 틀린 문장으로 생각할 수 있으므로 주의해야 합니다.

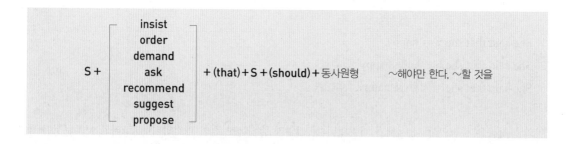

44 She suggested that they go on a diet to look pretty.
　　　주절: 주장의 의미를 지닌 동사　　종속절: should가 생략됨
　▶ 주절에 '제안하다'라는 동사 suggest가 쓰여 종속절은 'they should go on ~'라고 써야 하는데 should를 생략하고 'they go on ~'을 쓴 문장입니다. 주절의 동사가 과거라 종속절은 과거나 과거완료가 와야 한다는 시제 일치 법칙에 어긋나 보여 틀린 문장으로 착각하기 쉽습니다.

45 I recommend that he (should) work at a farm to make lots of money.
　　　주절: 제안의 의미를 지닌 동사　　종속절: should는 생략가능　　　　　　　　　　　* recommend ⑧ 추천하다
　▶ 주절에 '추천하다'라는 동사 recommend가 쓰여 종속절에서는 'should + 동사원형'을 써야 합니다. 물론 should를 생략하고 동사원형만 사용해도 됩니다.

46 My teacher insisted that I participate in the contest.
　　　주절: 주장의 의미를 지닌 동사　　종속절: should가 생략됨　　　　　　　　　　* participate in ~에 참가하다, 참여하다
　▶ 주절에 '주장하다'라는 동사 insist가 쓰여 종속절에는 'should + 동사원형'이 옵니다. 이때 should를 생략하여 현재시제가 와서 시제 일치가 되지 않은 틀린 문장으로 착각하기 쉬우니 주의해야 합니다.

도대체 왜 이런 동사들 뒤에는 조동사 should가 등장하는 걸까요? 아무 이유없이 등장한 건 아니랍니다. 필요한 말이니까 규칙적으로 등장해서 법칙으로까지 되었겠지요. 주장, 명령, 요구, 제안의 동사들과 '당연히 ~해야 한다'는 의미를 가진 조동사 should가 너무 잘 어울리는 겁니다. '그래서 ~해야 한다'라고 주장하고 명령하고 요구하고 제안하니까 종속절에 should를 쓰는 것입니다. 그리고 이런 동사가 쓰인 종속절에는 항상 should가 오다 보니 생략해도 원래 의미가 변하지 않게 받아들이게 된 겁니다.

여기서 한 가지 의문이 듭니다. 그렇다면 '~해야 한다'라는 뜻이 아니면 조동사 should를 쓰지 않아도 될까요? 네 그렇습니다. 안 써도 되는 정도가 아니라 쓰면 오히려 이상한 의미의 문장이 됩니다. 다음 문장을 한 번 봅시다.

47 He insisted that he had seen the accident.

▶ 만약 이 문장에서 종속절을 he should see the accident라고 쓰면 어떻게 될까요? '사고가 일어나는 것을 봐야 한다고 주장했다.'라는 이상한 문장이 되어버립니다. 이 문장의 정확한 의미는 '그는 사고가 일어난 것을 봤다고 주장했다.'입니다. 그러므로 should를 쓰지 않는 겁니다. 이 문장에서 조심해야 할 문법 사항이라면 주절의 insisted라는 과거 동사보다 사고를 본 게 더 먼저 있었던 일이므로 동사의 시제를 'had + -ed'를 써야 한다는 것입니다.

48 My teacher insisted that I had participated in the contest.

▶ 이 문장은 '참가했었다고 주장했다'는 내용입니다. 따라서 주절의 동사 insisted보다 종속절의 동사는 더 과거에 해당하는 'had + -ed'를 쓰고 있음에 주의해야 합니다.

❸ 왕래발착 동사

왕래발착 동사가 가까운 미래를 나타내는 부사와 함께 쓰일 때는 미래 대신 현재를 써도 된다는 것으로 영어 문법 공부하면서 많이 접하게 되는 문법 사항입니다. 먼저 결론부터 말하자면 이것은 좀 이상한 설명입니다. 틀린 말은 아닌데 핵심을 제대로 짚지 못했다고 할까요. 먼저, 왕래발착(往來發着) 동사는 '往(오고), 來(가고), 發(출발하고), 着(도착하는)' 의미를 지닌 동사를 지칭하는 말입니다.

---

go, come, begin, start, arrive, reach ...

이런 동사들은 가까운 미래를 나타내는 경우에 미래 대신 현재를 써도 된다는 것입니다. 그런데 이런 동사가 아니라도 되고 가까운 미래가 아니라도 상관없습니다. 중요한 건 미래의 일이라도 현재 확정되어 있다면 현재를 써도 된다는 것입니다. 앞에서 단순현재에 대해 설명할 때 나왔던 내용입니다. 단순현재를 쓰면 현재 시점에서 정해진 일을 나타낸다고 했었죠. 그래서 '나 내일 부산에 갈 거야.'라고 미래시제를 써도 되지만 확정된 일이라면 '나 내일 부산에 간다.'라고 현재시제를 써도 괜찮습니다. 그러고 보니 우리말도 마찬가지군요. 그리고 왕래발착 동사가 아니어도 현재 시점에서 확정된 것은 단순현재를 쓰면 됩니다. 예를 들어 '내일은 일요일이다.' 같은 표현은 현재로 나타내야지 오히려 미래로 나타낼 수 없습니다. 이런 현상이 왕래발착 동사에서 자주 나타날 뿐이고 아무래도 확정된 일이라면 가까운 미래일 가능성이 높은 것이니 이것을 규칙이라고 하기는 좀 이상합니다. 오히려 그 차이를 느끼는 게 더 중요합니다. 미래의 일인데 미래시제를 사용하지 않고 현재시제를 사용하면 지금 시점에서 확정된 것같은 느낌이 들고 그래서 더 강한 의지가 느껴지기도 합니다. '나 내년에 합격할 거야.' 보다 '나 내년에 합격한다.'가 훨씬 강한 의지가 느껴지는 것처럼 말입니다.

---

44 그녀는 그들이 예뻐보이려면 다이어트를 할 것을 제안했다.　45 나는 그에게 많은 돈을 벌기 위해 농장에서 일할 것을 제안했다. 46 나의 선생님은 내가 그 대회에 참가해야 한다고 주장하셨다.　47 그는 사고가 일어난 것을 봤다고 주장했다.　48 나의 선생님은 내가 그 대회에 참가했었다고 주장했다.

49 My boss comes back to work next month.
　　　　현재시제

　▶ next month라는 미래를 나타내는 부사구가 있으므로 미래시제인 will come이라고 써도 됩니다. 그런데 미래를 현재시제로 표현하니 현재 시점에서 확정된 일처럼 느껴집니다.

50 The train leaves this station at 7:30 tomorrow morning.
　　　　현재시제

　▶ 내일 아침에 출발하는 것이므로 미래시제를 써도 되지만 현재 시점에서 정해진 일이어서 현재시제를 사용한 문장입니다. 기차 시간은 확정되어 있는 것이므로 미래시제 보다는 현재시제를 사용하는 것이 좋습니다.

51 Tomorrow is Sunday.
　　　　현재시제

　▶ 내일이 일요일이라는 사실은 변동의 가능성 없는 확정되어 있는 것이므로 현재시제를 써야 합니다. 미래시제를 쓰면 이 문장은 오히려 틀린 문장이 됩니다.

❹ 시간, 조건의 부사절

시간이나 조건을 나타내는 부사절에서는 미래의 일이라 하더라도 미래시제를 쓰지 않고 현재시제를 씁니다. 그런데 시간이나 조건을 나타내는 부사절을 이끄는 접속사들 중에서 if와 when은 시간이나 조건을 나타내는 부사절 뿐만 아니라 명사절에서도 쓰이는 접속사입니다. 따라서 문장 내용을 통해 어떤 절로 쓰였는지 잘 파악해야 합니다. 명사절로 쓰여 미래를 표현하고 있다면 당연히 미래시제를 써야 합니다.

■ 부사절

when, before, after, as soon as 같은 시간을 나타내는 부사절이나 if나 unless 같은 조건을 나타내는 부사절에서는 미래의 일이라 하더라도 미래시제를 쓰지 않고 현재시제를 써야 합니다.

52 When you come back from your trip, let me know.
　　　　시간을 나타내는 부사절에서 미래는 현재시제로 표현

　▶ 여행에서 돌아오는 것은 미래의 일이지만 시간을 나타내는 부사절에서는 미래를 현재시제로 표현합니다. 따라서 will come back이 아니라 come back으로 쓴 문장입니다. 주절에는 사역동사 let이 쓰여 목적어 다음에 오는 목적격 보어로는 동사원형인 know를 썼습니다.

53 I would appreciate it if you take me to the airport.
　　　　조건을 나타내는 부사절에서 미래는 현재시제로 표현

　　　　　　　　　* appreciate ⑧ 고마워하다　take A to B A를 B로 데리고 가다

　▶ 공항에 데려다 주는 것은 미래의 일이지만 조건을 나타내는 부사절에서는 미래의 일이라 해도 현재시제로 표현하므로 'if you will take ~'가 아니라 'if you take ~'가 왔습니다.

54 Please, leave a message as soon as you get there.
　　　　시간을 나타내는 부사절에서 미래는 현재시제로 표현　　　　* as soon as S + V ~하자마자

　▶ 거기에 도착하는 것은 미래의 일이지만 시간을 나타내는 부사절이므로 현재시제를 사용했습니다. 그리고 as soon as는 뒤에 주어 + 동사가 나오는 접속사입니다.

■ 명사절

시간, 조건을 나타내는 부사절을 이끄는 접속사 중에 when과 if는 명사절을 이끌기도 합니다. 즉, when 과 if가 문장의 주어, 목적어, 보어로 쓰인 명사절을 이끄는 경우에는 미래의 일은 미래시제로 나타내야 합니다.

55 When he will come back home is not certain.
명사절에서 미래의 일은 미래시제로 표현
* be certain 확실하다

▶ 이 문장에 쓰인 when이 이끄는 절은 동사 is의 주어로 쓰인 명사절입니다. 그러므로 명사절에서는 미래를 현재시제로 표현하면 안 되고 미래시제로 나타내야 합니다. 그래서 will come back을 쓴 것입니다.

56 I want to know if he will participate in the activity.
명사절에서 미래의 일은 미래시제로 표현

▶ 접속사 if가 이끄는 절이 조건을 나타내는 부사절이 아니라 know라는 동사의 목적어로 쓰인 명사절입니다. 명사절일 경우 미래의 일은 당연히 미래시제로 나타냅니다. 그래서 will participate를 썼습니다.

정답 및 해설 p. 15

다음 괄호 안에 적절한 것을 고르시오.

01 The shop assistant asked if I [was looking / am looking] for something special.

02 My teacher suggested that the students [kept / keep] silent in the classroom.

03 I wonder if she [goes / will go] to the meeting held in Busan tomorrow.

04 After you [have completed / will have completed] the project, you will be transferred to the main office.

05 By the time the exam [will begin / begins], I'll have forgotten everything!

06 I don't know when the book [comes / will come] out.

49 나의 상사가 다음달 돌아온다.　50 기차가 내일 아침 7시 30분에 이 역을 출발한다.　51 내일은 일요일이다.　52 네가 여행에서 돌아오면 나에게 알려줘.　53 네가 나를 공항에 데려다 주면 정말 고맙겠다.　54 당신이 거기에 도착하자마자 메시지를 남겨주세요. 55 그가 집으로 언제 돌아올지는 확실하지 않다.　56 나는 그가 그 활동에 참가할지 아닐지 알고 싶다.

다음 우리말에 알맞게 제시된 어구를 배열하시오.

01 타조와 펭귄 같은 어떤 새들은 날 수 있는 능력을 잃었다, 그래서 그것들의 신체 구조는 오늘날 달리기나 수영에 특화되어 있다. (some birds, / so / to fly, / have lost / running or swimming / is specialized / for / today / ostriches and penguins / their ability / their body structure / such as)

----

02 그들은 내화(耐火)를 위해 벽에 회반죽을 칠했다, 그리고 그것은 그 건물이 붕괴하는 것을 막았다 화재가 났을 때. (prevented / a fire / the building / there was / they / plaster / and / it / put / when / had / on the wall / for fire-resistance, / collapsing / from)

----

03 결승선에 이르렀을 때 그 마라톤 선수는 숨이 찼다, 그는 두 시간 이상 동안 달리고 있었기 때문에. (running / the finish line / more than / was / when / been / he / the marathoner / reached / he / had / for / two hours / because / out of breath)

----

04 20년의 부재 끝에 그가 귀국했을 때, 그는 모든 것이 완전히 바뀌어버렸다는 것을 깨달았다. (a twenty-year / that / when / his country / absence, / he / everything / had / completely / he returned to / realized / changed / after)

----

05 사람들이 형제자매와 나누는 관계는 그들이 경험해보게 될 종종 가장 오래 지속되는 관계이다. (share / have / people / experienced / ones / they / will / the relationships / ever / the longest-lasting / often / siblings / are / with)

----

06 나는 어려움 속에서 웃을 수 있는, 괴로움 속에서 힘을 모을 수 있는, 그리고 반성을 통해 용감해질 수 있는 사람을 정말 좋아한다. (love / that / can / can / by reflection / can grow / that / brave / in trouble, / I / that / the man / from distress, / gather strength / smile / and)

----

07 당신은 당신의 아이들이 자라고 있음을 알게 된다, 그들이 자신들이 어디에서 왔는지 당신에게 묻는 것을 그만둘 때 그리고 당신에게 자신들이 어디에 가고 있는지 말하는 것을 거부할 때. (they're going / know / refuse / are / when / stop / you / where / they / came from / to tell / you / where / growing up / asking / your children / you / they / and)

----

08 기존의 패러다임을 바꾸려면, 그것을 바꾸기 위해 애쓰지 마라. 대신에, 새로운 모델을 하나 만들어라 그래서 그 낡은 것을 쓸모없게 만들어라. (the old one / struggle to / an existing paradigm, / change / it / instead, / in order to / a new model / and / make / change / don't / create / obsolete)

----

09 어리석은 사람은 자신을 현명하다고 생각한다, 그러나 현명한 사람은 자신을 어리석다고 여긴다. (himself / a wise man / thinks / wise, / considers / foolish / a foolish man / but / himself)

----

10 당신이 누군가를 비난하자마자, 어떤 것에 대해서든지, 당신의 관계와 당신의 개인적인 힘은 악화된다. (you / anyone / and / power / deteriorate / the moment / blame / your relationships / for anything, / your personal)

Practice Test ⓑ

01 (A), (B), (C)의 각 네모 안에서 어법에 맞는 표현으로 가장 적절한 것은?

If you sense or feel danger, act on that feeling quickly. If you are suspicious of the person you see near your car as you leave the store, don't (A) approach / approach to the car alone. Go back into the store. Ask someone to (B) accompany / accompany with you to your car. If you are suspicious of the person in the hallway of the apartment building (C) which / where you live, don't place your key in the door. Go to the manager's office and inquire about the person.

	(A)	(B)	(C)
①	approach	······· accompany	······· which
②	approach	······· accompany	······· where
③	approach	······· accompany with	······· which
④	approach to	······· accompany	······· where
⑤	approach to	······· accompany with	······· where

02 (A), (B), (C)의 각 네모 안에서 어법에 맞는 표현으로 가장 적절한 것은?

Mary was a very lazy girl. She didn't like to study. However, her father knew that studying was very important for her. Her father, a guard in a company, thought that he (A) has / had a low paying job because he hadn't studied hard. He encouraged her (B) to study / studying hard, but she wouldn't listen to him. He bought her a lot of books, but she wouldn't read them. He also took her to several educational institutes, but she wouldn't study. She just watched TV and played games with her friends. Finally, he sighed and said, "Oh, (C) as though / even though I've tried every possible means to help her study, I can't make her study. What should I do?"

	(A)	(B)	(C)
①	has	······· to study	······· as though
②	has	······· studying	······· even though
③	had	······· to study	······· even though
④	had	······· studying	······· even though
⑤	had	······· to study	······· as though

158 PART 4 동사의 종류와 시제

03 다음 글의 밑줄 친 부분 중, 어법상 틀린 것은?

Our business has been excellent lately — many old customers have been generous with their orders, but we want you to know that not even this state of affairs satisfies us. We ① are disturbed about you. Until three months ago, of all our customers ② you are one of the best, in every sense of the word. Apparently, you have decided ③ to discontinue your patronage. If you were in our place, wouldn't you be puzzled and disappointed? Having expanded our premises and ④ added to our staff and our stock within the last month, we are in a position to give you even better service than before — and we want you to be among those whom we are serving this spring with our full and modern line of household appliances. Please let us ⑤ hear from you soon.

04 (A), (B), (C)의 각 네모 안에서 어법에 맞는 표현으로 가장 적절한 것은?

I have no excuse for not checking my appointments calendar before dashing off to Denver — even if it was an emergency call. After looking forward for six weeks to (A) meet / meeting you and discussing your latest research results of the Matson project over lunch, I feel bad about forgetting to even inform you (B) of / about my absence. I will call you next week when I (C) return / will return and perhaps we can get together in San Francisco at your convenience. Please accept my apology.

	(A)	(B)	(C)
①	meet	of	return
②	meet	about	return
③	meet	of	will return
④	meeting	about	will return
⑤	meeting	of	return

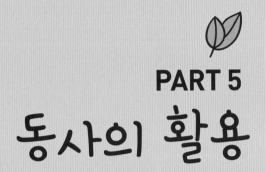

PART 5
동사의 활용

조동사
Modal Verb

'조동사'는 동사를 도와 말하는 사람의 태도나 의도를 드러내는 말입니다. 동사와 결합해서 동사의 어감을 바꾸는 역할을 합니다. 예를 들어 '가다'라는 동사와 결합해서 '갈 것이다', '가야 한다', '갈 수도 있다' 등으로 동사의 어감을 다르게 할 수 있는 말입니다. 직접적으로 동작의 내용을 바꾸지는 못하지만 말의 느낌에 변화를 주는 역할을 하는 것이 조동사라는 것을 알아두세요.

(1) 조동사의 특징과 종류

조동사는 동사없이 단독으로 사용할 수는 없는 말입니다. 항상 동사와 함께 쓰이며 조동사 뒤에 나오는 동사의 형태는 항상 동사원형이어야 하며 조동사를 부정할 때는 조동사 바로 뒤에 **not**을 붙여서 표현한다는 것도 알아두어야 합니다.

조동사의 위치 및 부정
조동사 + 동사원형
조동사 + not + 동사원형

01 You can go there.

You cannot go there.

▶ 조동사 can 뒤에 동사원형이 오고 조동사 can의 부정은 can 다음에 not을 붙입니다.

02 I will go there.

I will not go there.

▶ 조동사 will 뒤에 동사원형이 오고 조동사 will의 부정은 will 다음에 not을 붙입니다.

❶ 조동사로만 쓰이는 것

조동사로만 쓰이고 다르게 활용되지 않는 조동사에는 will, can, may, must 이렇게 네 가지가 있습니다. 흔히 조동사라고 하면 이 네 가지를 일컫는 겁니다. 자세한 내용을 하나씩 하나씩 살펴보도록 하겠습니다.

조동사	의미
will	의지 (~할 것이다) / 미래 (~일 것이다)
can	능력 (~할 수 있다) / 허가 (~해도 된다) / 가능성 (~할 수도 있다)
may	추측 (어쩌면, 아마도) / 허가 (~해도 된다)
must	추측 (틀림없이 ~) / 의무 (반드시)

❷ 조동사와 본동사로 함께 쓰이는 것

조동사는 동사와 결합해서 그 느낌을 바꾸는 것도 있지만 문법적 기능을 담당하는 것들도 있습니다. have, be, do 이 세 가지가 그렇습니다. 그런데 이 조동사들은 원래 자기의 뜻을 가지고 있는 동사이기도 합니다. have는 본동사로 쓰이면 잘 아는 것처럼 '가지다' 또는 '먹다'라는 뜻으로 쓰입니다. 그런데 경우에 따라 'have + -ed'의 완료형을 만들기도 합니다. 이럴 경우는 문법적으로 have는 조동사로 쓰인 겁니다. be 동사가 '존재하다' 또는 '~한 상태이다'라는 뜻으로 쓰이면 본동사의 기능을 하는 것이죠. 그런데 be 동사는 -ing 또는 -ed와 결합해서 진행형이나 수동형을 만들기도 합니다. 이럴 때는 be 동사가 조동사의 기능을 하는 것이죠. 마지막으로 do는 본동사로 쓰이면 '~을 하다'라는 의미로 쓰이지만 의문문과 부정문을 만들 때 활용되는 경우 do는 조동사로 쓰였다고 할 수 있습니다. 이처럼 기능을 담당하는 조동사도 있습니다. 조동사를 분류하는 것보다 중요한 것은 이들이 하는 역할을 잘 알고 있으면 됩니다.

조동사	조동사로서의 기능	본동사로 쓰일 때 의미
have	완료시제와 결합	가지다 / 먹다
be	진행, 수동과 결합	있다 / ~이다
do	의문문, 부정문과 결합	~을 하다

❸ 조동사와 비슷한 것들

동사 앞에 붙는다든지 동사와 결합해서 그 말의 어감을 바꾼다는 점에선 조동사와 동일하지만 문법적으로 조동사로 보기에 조금 애매한 것들도 있습니다. 어떤 학자들은 이들을 조동사로 분류하기도 하고, 조동사와는 구별을 해서 다르게 분류하는 학자들도 있습니다. 공부하는 학생의 입장에서 보면 이 표현들의 의미를 잘 아는 것이 중요하지 어떻게 분류할 것인가는 중요한 문제가 아닙니다. 따라서 조동사와 비슷한 것들의 정확한 의미와 기능을 제대로 이해하면 됩니다.

01 너는 거기에 갈 수 있다. / 너는 거기에 갈 수 없다.　02 나는 거기에 갈 것이다. / 나는 거기에 가지 않을 것이다.

조동사와 비슷한 것들	의미
be able to + 동사원형	~할 수 있다
be going to + 동사원형	~할 것이다, ~하려고 한다
used to + 동사원형	(과거에는) ~하곤 했었다
have to + 동사원형	~해야 한다
ought to + 동사원형	~해야 한다
had better + 동사원형	~하는 게 좋겠다 (강요의 느낌)
would like to + 동사원형	~하고 싶다
may well + 동사원형	~할만하다, ~하는 게 당연하다

03 He is able to complete the project on time.

~을 할 수 있다(= can)

* complete ⑧ 완성하다, 마치다 on time 정각에, 시간에 맞춰

▶ 'be able to + 동사원형'은 '~할 수 있다'라는 의미를 가지며 조동사 can과 같은 표현입니다.

04 I am going to buy a book tomorrow.

~할 것이다(= will)

▶ 'be going to + 동사원형'은 '~할 것이다'라는 의미를 가지는 미래를 나타내는 조동사 will 대신 사용할 수 있는 표현입니다.

(2) 조동사의 과거형

조동사의 과거형은 두 가지로 쓰일 수 있습니다. 첫 번째는 실제 과거를 나타내는 경우이고 두 번째는 자신감을 낮추어 상대방에게 겸손한 느낌을 전달하는 경우입니다. 첫 번째 경우는 과거형으로 쓰여 과거의 일을 이야기하는 것이지만 두 번째 경우는 현재 또는 미래의 일을 이야기하는데 과거형을 사용하는 것이라 헷갈리기 쉬운데요. 해석을 잘 해야겠죠. 어떻게 하냐면요, would는 '~할(일) 것 같다', could는 '~할(일) 수 있을 것 같다', should는 '~해야 할 것 같다', might는 '~할(일) 수도 있을 것 같다'라고 해석해 보세요. '확실히 ~할 거야', '~할 수 있어'라고 말하는 것보다 공손한 느낌이 듭니다. 다시 한 번 정리하면 해석할 때 첫 번째 경우는 과거이니 어려울 게 없구요, 두 번째 경우는 '~ 것 같다'로 해석하면 됩니다.

05 When I had a lot of money, I could do it.

can의 단순과거

▶ 돈이 많았을 때가 과거이므로 '~할 수 있는' 시기도 과거여야겠죠. 이 문장에 사용된 could는 '~할 수 있다'라는 뜻의 조동사 can의 단순과거입니다.

06 There could be another earthquake within a year.

~할 수 있을 것 같다

* earthquake ⑲ 지진

▶ 이 문장에 쓰인 could는 조동사 can의 과거형이긴 하지만 과거의 이야기를 하고 있는 건 아니죠. 1년 이내로 일어날 일이니 오히려 미래의 일이지요. 이럴 때 조동사의 과거형인 could는 '~할 수 있을 것 같다'라는 의미로 쓰인 것입니다.

07 Don't worry. He will help you to pass the exam.

　　　　　　미래를 나타냄

　　▶ 그가 앞으로 도와줄 것이므로 미래의 일입니다. 그래서 미래를 나타내는 조동사 will을 사용했고 '∼일 것이다'로 해석하면 됩니다.

08 Calm down. He would help you to solve the problem.

　　　　　　　　　　∼할 것 같다

　　▶ 07 문장과 비교해 보세요. 07 문장처럼 미래의 일인데 이 문장은 will을 쓰지 않고 과거형 would를 쓰고 있습니다. 이럴 때 조동사의 과거형 would는 과거의 일이 아니라 '∼할 것 같다'라는 의미로 쓰인 것입니다.

09 It might still be raining tomorrow when we wake up.

　∼할(일) 수도 있을 것 같다

　　▶ 내일 있을 일을 말하는데 may의 과거형인 might가 쓰였네요. 자신감을 낮추어서 말하는 것으로 '∼할(일) 수도 있을 것 같다'라는 의미를 지닙니다.

(3) 여러 가지 조동사

❶ will : 미래 또는 의지를 나타내는 말

말하는 사람의 의지를 나타내거나 미래의 일을 나타낼 때 가장 흔하게 쓰이는 조동사가 will입니다. 우리말의 '∼할 것이다', 또는 '∼일 것이다'라고 해석하면 됩니다. 당연히 동작일 때는 '∼할 것이다'라고 해석하고 상태일 때는 '∼일 것이다'라고 해석합니다. 그리고 will의 과거형인 would를 쓰면 앞에서 배운 것처럼 두 가지의 의미를 가질 수 있는데 하나는 조동사 will의 과거형으로 쓰이는 것이고, 하나는 will의 '공손하고 겸손한' 느낌을 표현하기 위한 would로 쓰인 것입니다.

10 I will go there as soon as he comes here.

　　　의지를 나타냄　　　　　　　　　　　　　　　　　　　　　　* as soon as ∼하자마자

　　▶ 조동사 will이 쓰여 미래의 일임을 알 수 있고 가겠다는 의지도 느껴집니다. as soon as는 시간을 나타내는 부사절을 이끄는 접속사여서 미래의 일이지만 현재시제가 미래시제를 대신하고 있습니다.

11 I think that she will be a famous singer.

　　　　　　　　　　　　미래를 나타냄

　　▶ 조동사 will을 사용해서 '앞으로, 미래에 그럴 것'임을 나타내고 있습니다.

---

03 그는 시간에 맞춰 그 프로젝트를 마칠 수 있다.　**04** 나는 내일 책을 한 권 살 것이다.　**05** 내가 돈이 많았을 때 나는 그것을 할 수 있었다.　**06** 1년 이내에 또 한 번 지진이 일어날 수 있을 것 같다.　**07** 걱정하지 마, 그가 네가 시험에 합격하게 도와줄 것이다.　**08** 진정해라. 그는 네가 그 문제를 해결하도록 도와줄 수 있을 것 같다.　**09** 내일 우리가 일어났을 때 여전히 비가 내리는 중일 수도 있을 것 같다.　**10** 여기에 그가 오자마자 나는 거기에 갈 것이다.　**11** 내 생각에 그녀는 유명한 가수가 될 것이다.

12 Tom won't apologize to his girlfriend.

will의 부정형

* apologize ⑧ 사과하다

▶ 조동사 will의 부정형인 will not은 줄여서 won't로 쓸 수 있습니다. 미래와 의지의 내용이 동시에 들어있습니다.

13 Sir, would you do me a favor?

공손하고 예의바른 표현

* do a favor 호의를 베풀다

▶ 앞으로 일어날 일에 will의 과거형인 would를 썼네요. 이 경우에 would는 공손하고 예의바른 표현을 위해 사용한 것입니다.

❷ can, may : 능력이나 가능성, 허가를 나타내는 말

능력이나 가능성, 허가를 나타내는 조동사로 can과 may를 들 수 있습니다. can은 동작일 때는 '~할 수 있다', 상태일 때는 '~일 수 있다'라고 해석합니다. may는 can보다 그 정도가 조금 약해집니다. 동작일 때는 '~할 수도 있다', 상태일 때는 '~일 수도 있다'라고 해석하면 됩니다. can과 may도 과거형인 could, might를 사용하면 실제 과거를 표현하는 것일 수도 있고, 혹은 공손하고 겸손한 표현이 될 수도 있습니다. 그리고 '~해도 괜찮다'라는 허락을 나타내는 말로도 쓸 수 있는데 어떤 의미로 쓰였는지는 문맥을 보고 판단해야 합니다.

14 I can buy the ticket for you if you want.

~할 수 있다

▶ can은 '~할 수 있다'라는 뜻의 조동사로 지금 또는 이후에 티켓을 살 수 있다는 느낌이 전달됩니다.

15 Sandra could swim to the rocks, but she decided not to.

can의 과거

▶ 이 문장에서 could는 can의 과거로 '~할 수 있었다'라는 의미로 쓰였습니다. 그리고 마지막의 deicided not to 다음에는 swim이 생략된 것으로 이것을 문법 용어로 '대부정사'라고 합니다. Part 6에서 배우게 될 것입니다.

16 You can use my smartphone if you like.

허락을 나타냄

▶ 조동사 can은 '~할 수 있다'라는 의미에는 '~해도 된다'는 허락의 의미를 내포하고 있기도 합니다. 이 문장에 쓰인 can은 허락의 의미로 해석하면 의미 전달이 더 잘 됩니다.

17 You may leave now if you wish.

허락을 나타냄

▶ 조동사 may는 can처럼 허락을 나타낼 때 사용할 수 있는데 이 문장에서 may는 허락을 나타냅니다.

18 I am so tired. I could sleep for a week.

공손하고 예의바른 표현

▶ 이 문장의 could는 can의 과거로 '과거에 잘 수 있었다'라는 의미로 쓰인 것이 아니라 '앞으로 잘 수 있을 것'같다는 미래의 일을 말하고 있습니다. 따라서 이때 쓰인 could는 can의 공손한 표현입니다. 해석은 '~할 수 있을 것 같다'라고 하면 됩니다.

19 The rumor can be true.
추측이나 가능성을 나타냄

▶ can 뒤에 상태를 나타내는 말이 오면 추측이나 가능성을 나타내는 '~일 수 있다'라고 해석합니다. 이 문장의 can이 바로 추측이나 가능성을 나타내고 있습니다.

20 You may get stuck in traffic if you don't leave early.
추측이나 가능성을 나타냄   *get stuck in traffic 차가 꽉 막히다, 교통정체에 갇히다

▶ may 뒤에 상태를 나타내는 표현이 이어지고 있네요. 따라서 이 경우에 may는 추측이나 가능성을 의미하는 표현으로 '~일 수도 있다'라고 해석하면 됩니다.

위의 예문에 보았듯이 상태를 나타내는 말에 can이나 may를 붙이면 '~일 수 있다', '~일 수도 있다'라고 해석합니다. 사실 조동사의 뜻이 변하는 게 아니라 본동사의 내용 때문에 이렇게 해석하는 것입니다.

그런데 이렇게 추측이나 가능성을 나타내는 말 중에 가장 단정적인 표현은 must입니다. must는 기본적으로 '~해야 한다'라는 당위, 당연, 의무를 나타내는 조동사인데요. must 뒤에 be동사 등이 오면 동작이 아니라 상태를 나타내므로 '~해야 한다'가 아니라 '~여야 한다'라고 해석을 하고 '단정적 추측'의 표현이 됩니다. 그리고 현대 영어에서 must는 문어체로 쓰인 경우를 제외하고는 '~해야 한다'라는 말로 거의 쓰이지 않아요. 구어체에서는 거의 대부분 '틀림없이 ~이다'라는 단정적 추측의 의미로 쓰입니다.

21 My girlfriend isn't at home. She must be on her way here.
단정적 추측을 나타냄   *be on one's way ~로 가는 길이다

▶ must be는 '~임에 틀림없다'는 의미인데 '틀림없이 ~이다'라고 하면 의미가 더 분명해져요. '그녀는 이리 오고 있음에 틀림없다.'보다는 '그녀는 틀림없이 이리 오고 있다.'가 훨씬 의미가 분명합니다.

22 Tom must be good at solving a difficult problem.
단정적 추측을 나타냄   *be good at -ing ~을 잘하다, ~에 뛰어나다

▶ 단정적 추측을 나타내는 must입니다. may나 can보다는 추측의 정도가 훨씬 강합니다. 거의 확신을 가지고 말하는 느낌을 줍니다.

---

12 Tom은 자신의 여자 친구에게 사과하지 않을 거다. 13 선생님, 부탁 하나만 들어주시겠어요? 14 네가 원한다면 내가 널 위해 티켓을 살 수 있다. 15 Sandra는 바위까지 수영을 할 수 있었지만 하지 않기로 결정했다. 16 네가 원하면 나의 스마트폰을 써도 된다. 17 당신이 원한다면 지금 떠날 수도 있다. 18 나는 너무 피곤하다. 일주일 동안 잘 수 있을 것 같다. 19 그 소문이 사실일 수 있다. 20 너는 일찍 떠나지 않으면 교통정체에 갇힐 수도 있다. 21 내 여자친구가 지금 집에 없다. 그녀는 틀림없이 이리 오고 있다. 22 Tom은 틀림없이 어려운 문제를 잘 푼다.

❸ must, should, have to, ought to : 의무, 당위를 나타내는 조동사

'~해야 한다'라는 의무, 당위를 나타내는 조동사로는 must, should, have to 등이 쓰입니다. 이 조동사들은 워낙 많이 쓰이기도 하고 또 시험에도 자주 나오기 때문에 주의하여 살펴보도록 하죠. 이 중에서 must가 가장 강력한 어감을 지니고 있어서 '반드시, 틀림없이' 해야 하는 일을 나타내는데, 사실 법적인 강제 조항 등을 제외하면 일상생활에서는 거의 쓰이지 않는 말이라고 할 수 있습니다. 문어체에서는 볼 수 있지만 구어체에서는 쓰이는 경우를 거의 볼 수 없어요. 구어체에서는 대부분 have to를 사용하며 should나 ought to도 must 보다는 그 어감의 강도가 덜하긴 하지만 그래도 일상 대화에서는 have to를 사용하는 게 더 좋습니다. 좀 더 정중하고 완곡하게 표현하고 싶으면 'be supposed to 동사원형'이나 'be required to 동사원형'을 쓰는 것도 좋습니다.

23 You must keep this door locked.
반드시, 틀림없이 ~해야 한다
▶ must는 '반드시, 틀림없이 ~해야 한다'라는 아주 강력한 어조의 표현인데 앞서 언급했듯이 이제는 문어체에서만 주로 사용합니다. 참고로 이 문장을 살펴보면 keep이 동사입니다. 그리고 뒤에 목적어 the door이 오고 목적격 보어로 locked 가 쓰였습니다. 문이 잠그는 게 아니라 문이 잠기는 거죠. 즉, 목적어와 목적격 보어의 관계가 수동의 관계여서 lock의 과 거분사인 locked를 사용한 겁니다.

24 The students should keep silent in the classroom.
의무, 당위를 나타냄
▶ should는 아주 강력한 의무, 당위를 나타내는 조동사로 쓰였습니다.

25 Mr. Shin has to work on Sundays.
'~해야 한다'라는 의미의 의무, 당위를 나타냄　　　　　　　　　　　　　　　　* on Sundays 일요일마다
▶ have to는 '~해야 한다'라는 의무, 당위를 나타내는 조동사로 쓰였습니다. 문어체나 구어체를 가리지 않고 쓰이는 조 동사입니다.

26 I think you ought to stay at home today.
'~해야 한다'라는 의미의 의무를 나타냄
▶ ought to는 must처럼 '~해야 한다'라는 의무를 나타내는 조동사로 쓰였습니다.

27 You are supposed to be at the meeting tomorrow.
~하기로 되어 있다　　　　　　　　　　　　　　　　　　　* be supposed to ~하기로 되어 있다
▶ 'be supposed to 동사원형'은 '~하기로 되어 있다' 정도의 어감을 지니고 있는 표현으로 '~해야 한다'라는 표현을 정 중하고 완곡하게 나타낼 때 씁니다.

28 You are required to reduce trial and error.
~하도록 요구받는다　　　　　　　　* be required to ~할 것이 요구되다　reduce ⑧ 줄이다, 감소시키다　trial and error 시행착오
▶ 'be required to 동사원형'은 '~하도록 요구받는다' 정도의 어감을 지니고 있는 표현으로 '~해야 한다'라는 표현을 정 중하고 완곡하게 나타낼 때 사용합니다.

이번에는 '~해야 한다'가 아니라 '~해서는 안 된다'라는 의미를 나타내는 표현에 대해 알아보겠습니다. 당연히 조동사 뒤에 부정어 not을 붙여서 부정의 의미를 나타내면 되는데 조심할 표현도 있습니다. have to의 경우는 '~해서는 안 된다'가 아니라 약간 다른 의미가 되거든요. 자, 그러면 부정의 의미가 쓰인 예문을 몇 개 살펴보겠습니다.

29 Parents shouldn't let their children watch violent films.
should의 부정형

* violent 형 폭력적인

▶ 조동사 should의 부정은 should not으로 표현하는데 축약해서 shouldn't로 씁니다. 사역동사 let이 쓰여 목적어의 동작인 목적격 보어로 동사원형인 watch가 왔습니다.

30 You must not forget your keys or you'll be locked out.
must의 부정형

* 명령문 or ~해라 그렇지 않으면   be locked out ~에 갇히다

▶ 조동사 must의 부정은 not을 붙여 must not으로 표현합니다. must not을 쓰면 '절대 ~해서는 안 된다'라는 아주 강한 금지의 표현이 됩니다.

31 You don't have to apologize. It's not your fault.
'~할 필요없다', '~하지 않아도 된다'의 의미

▶ 'have to 동사원형'의 부정은 have 앞에 don't을 붙여 'don't have to 동사원형'으로 표현하며 '~해서는 안 된다'는 의미가 아니라 '~할 필요없다', '~하지 않아도 된다'의 의미가 됩니다. 부정의 형태와 의미를 주의해서 기억해두세요.

자, 이제 had better에 대해 알아볼게요. had better는 '~하는 게 더 낫다'라는 뜻을 지니고 있는데 뜻이 틀린 것은 아닌데 권할 만한 표현은 아니예요. 왜냐하면 '~하는 게 더 낫다'보다는 그 뒤에 '만약 안하면 ~', '안 하기만 해봐' 정도의 어감이 더 들어간다고 봐야 하거든요. 그래서 약간은 겁을 주는 듯한 그런 느낌이어서 일반적으로 쓰기에는 다소 강한 표현입니다. 이 표현도 '~하지 않는 게 좋겠는데'라고 부정을 나타내려면 had better not을 씁니다.

32 I think you had better let the man do it.
~하는 게 낫다

▶ had better는 '~하는 게 더 낫다'라는 의미이지만 이 의미에는 그렇게 하지 않으면 안 된다는 어감이 담겨 있는 것을 알아두세요. 일반적으로 우리가 배우는 것처럼 뭔가를 권하는 표현은 아니라는 점에 유의하시기 바랍니다. had better가 조동사여서 뒤에 동사원형 let이 왔네요. 그리고 let이 사역동사이므로 뒤에 목적어의 동작을 나타내는 목적격 보어로 동사원형인 do가 왔습니다.

---

23 너는 반드시 이 문을 잠그고 있어야 한다.   24 학생들은 교실에서 조용히 해야 한다.   25 신 씨는 일요일마다 일을 해야 한다. 26 내 생각에 너는 오늘 집에 있어야 한다.   27 너는 내일 회의에 참석하기로 되어 있다.   28 너는 시행착오를 줄이도록 요구받는다. 29 부모는 그들의 자녀가 폭력적인 영화를 보게 해서는 안 된다.   30 너는 열쇠 챙기는 것을 잊어버려서는 안 된다. 그렇지 않으면 너는 갇힐 것이다.   31 너는 사과할 필요 없다. 그것은 너의 잘못이 아니다.   32 내 생각에 너는 그 남자가 그것을 하게 두는 게 더 낫다.

❹ would와 used to

'과거에 ~하곤 했었다'는 것을 영어로 표현하고 싶을 때 사용할 수 있는 조동사가 두 가지가 있습니다. 하나는 would이고 또 하나는 used to입니다. 둘 다 과거에 하던 동작이나 상태를 나타낸다는 점에서는 동일하지만 약간의 의미 차이가 있어요. would는 '과거에 그렇게 하곤 했었다'라는 과거 특정 시기의 행동만을 나타내고 현재와는 아무 관련이 없어요. 즉, 과거의 상태가 현재에도 이어지고 있는지 아닌지 알 수 없는 것입니다. 그런데 used to는 '과거에는 ~하곤 했었는데…' 정도의 어감으로 뒤에 '하지만 지금은 …' 정도의 말이 빠져있다고 생각하면 됩니다. 즉, '지금은 그렇지 않다'라는 의미가 되는 거죠. 따라서 would와 used to의 의미를 잘 구별해서 사용해야 합니다.

33 Every morning my husband would leave the house before I woke.

과거의 일을 나타냄, 현재도 그런지는 알 수 없음
> ▶ 조동사 would를 사용해서 '과거에 ~하곤 했었다'는 것을 표현하고 있습니다. 그런데 이 문장으로는 지금도 남편이 그렇게 일찍 집을 나가는지 아닌지는 알 수 없습니다. 과거에 남편이 그렇게 일찍 집을 나섰다는 의미가 되는 것입니다.

34 In those days, people used to wash all their clothes by hand.

과거에는 그랬지만 지금은 그렇지 않다는 의미
> ▶ 'used to + 동사원형'은 '과거에 ~하곤 했었다'는 의미로 '지금은 그렇지 않다'라는 것을 내포하고 있습니다. 따라서 이 문장에는 '요즘 사람들은 그렇지 않다'는 의미가 담겨 있는 것입니다.

35 Mary used to have long hair but she cut it.

과거의 상태를 나타냄
> ▶ used to는 과거의 동작을 나타낼 때 뿐만 아니라 상태를 나타낼 때도 사용한답니다. 이 문장의 경우는 '머리가 길곤 했었다' 보다는 '과거에 머리가 길었다'라는 상태로 해석합니다.

36 There used to be a cinema in the town but now there isn't.

과거의 상태를 나타냄   * cinema 명 영화관
> ▶ used to는 과거 상태를 나타내고 있으므로 '과거에 극장이 있었는데…'로 해석합니다. but 뒤에 있는 문장이 없더라도 지금은 극장이 없다는 의미가 담겨있는 것입니다.

❺ need와 dare

조동사 need와 dare 용법이 좀 특이합니다. 긍정문에서는 조동사로 사용하지 않고 본동사로 사용하지만 부정문이나 의문문에서는 본동사와 조동사로 모두 사용하거든요. 그래서 긍정문에서는 'need to + 동사원형', 'dare to + 동사원형'의 모양으로만 사용하지만, 부정문에서는 본동사로 쓰였으면 'don't need to + 동사원형', 조동사로 쓰였으면 'need not + 동사원형' 이렇게 두 가지 모양을 모두 쓸 수 있습니다. dare도 마찬가지구요. need와 dare는 미국 영어에서는 본동사로만 사용되고 영국 영어에서는 부정문에서 조동사로 사용됩니다. 따라서 공부하는 입장에서는 두 가지 경우를 모두 알고 있어야겠죠. 어쨌든 'need + 동사원형'의 모양은 없다는 것을 알아 두면 되겠네요. 미국 영어나 영국 영어 모두 긍정문에서는 조동사로 쓰지 않으니까요.

■ 본동사로 쓰이는 경우

37 Betty needs to learn to speak English.

본동사로 쓰인 need

▶ need는 긍정문에서 본동사로 쓰이죠. 그래서 'need to + 동사원형'이 쓰였습니다.

38 Betty does not need to learn to speak English.

본동사 need의 부정

▶ 본동사로 쓰인 need의 부정은 need 앞에 do(es) not을 붙여 표현합니다.

39 Does Betty need to learn to speak English?

본동사 need가 쓰인 의문문

▶ 조동사가 쓰인 문장을 의문문으로 만들 때 Can you swim?처럼 조동사를 문장 앞으로 보내지만 본동사가 쓰인 문장은 조동사 do를 이용하여 'Do + 주어 + 동사원형 ~?'의 형태로 의문문을 만들지요. 따라서 본동사로 need가 쓰인 문장은 조동사 do를 이용하여 의문문으로 만듭니다.

40 Does Betty dare to tell him the fact?

의문문에서 본동사로 쓰인 dare

▶ 의문문에서 dare가 본동사로 쓰였습니다. dare는 '감히 ~하다'라고 해석하는데 이런 해석이 어색할 때는 '과감하게 ~하다'라고 해석하면 됩니다.

■ 조동사로 쓰이는 경우

41 Betty need not learn to speak English.

조동사로 쓰인 need

▶ 'need not 동사원형'으로 보아 need는 조동사로 쓰였습니다. 앞에서 언급한 것처럼 영국 영어에서 주로 사용하는 표현입니다.

42 Need Betty learn to speak English?

조동사로 쓰인 need

▶ 조동사가 쓰인 문장의 의문문은 조동사를 문두로 보내는데 need를 문두로 보내 의문문을 만들었으므로 이 문장에서 need는 조동사로 쓰였습니다.

43 Betty dare not tell him the fact.

조동사로 쓰인 dare

▶ dare 뒤에 not이 오고 그 다음에 동사원형이 와서 부정문이 되었으므로 이 문장에서 dare는 조동사로 쓰였음을 알 수 있습니다

---

33 매일 아침, 나의 남편은 내가 일어나기 전에 집을 나섰다. 34 그 시절에 사람들은 모든 옷을 손으로 세탁했다. 35 Mary는 머리가 길었으나 잘라버렸다. 36 옛날에 마을에 극장이 있었는데 지금은 없다. 37 Betty는 영어 말하기를 배울 필요가 있다. 38 Betty는 영어 말하기를 배울 필요가 없다. 39 Betty가 영어 말하기를 배울 필요가 있을까? 40 Betty가 감히 그 사실을 그 사람에게 말할 수 있을까? 41 Betty는 영어 말하기를 배울 필요가 없다. 42 Betty가 영어 말하기를 배울 필요가 있을까? 43 Betty는 감히 그 사실을 그에게 말하지 못한다.

 **Basic Test 01**

다음 괄호 안에 적절한 것을 고르시오.

01 The earthquake will definitely [cause / causes] damage to property.

02 My father [should / used to] go to the museum on Sundays, but now he doesn't.

03 Men [would / should] like to change their height more than women.

04 He [cannot / must not] be Korean. He speaks perfect English.

05 My father [used to / would] smoke a packet a day but he stopped two years ago.

06 Now that you are no longer young, you [will / must] think of your future.

07 That ice is dangerously thin now. You [must not / don't have to] go ice-skating today.

(4) 조동사 + have + -ed

이 내용은 이미 배웠던 것입니다. '상대적 과거' 기억나죠? 조동사 뒤에는 항상 동사원형을 써야 하는데 경우에 따라 조동사 뒤에 과거의 일을 써야 할 경우들이 있습니다. 이럴 때 '조동사 + have + -ed'의 모양으로 나타낸다고 했었죠. 결국은 '조동사 + 동사원형'의 과거에 해당된다고 할 수 있습니다. '그때', '과거에'를 넣어서 해석하면 이해가 잘 되지요. 물론 '조동사 + have + -ed'의 표현을 많이 접해서 익숙해지는 것이 가장 좋지만, 이 표현은 '조동사의 과거'의 내용을 다룬다는 것을 꼭 이해하고 있어야 합니다. 대표적인 '조동사 + have + -ed'의 표현들과 그 의미를 간단하게 다시 정리해 놓았으니 확실하게 이해하기 바랍니다.

조동사 + have + -ed	의미
should have + -ed	(그때, 과거에) ~했어야 했다
must have + -ed	(그때, 과거에) 틀림없이 ~했었다
may(might) have + -ed	(그때, 과거에) 어쩌면 ~했을 수도 있다
could have + -ed	(과거에) ~할 수도 있었다
need not have + -ed	(그때, 과거에) ~할 필요는 없었다
cannot have + -ed	(그때, 과거에) ~했을 리가 없다

 **Basic Test 02**

다음 괄호 안에 적절한 것을 고르시오.

01 His condition is changing for the worse. I should [be paid / have paid] more attention to him.

02 Mr. Choe speaks good English. He [must / should] have studied English hard.

03 Stewart hasn't shown up yet. He [must / should] have been delayed.

04 Tom is a terrible gossip. Julia [should / shouldn't] have told him.

05 You [needn't / could] have hurt somebody, throwing a bottle out of the window like that.

(5) 알아두면 좋을 조동사의 관용적 표현

다음은 조동사가 포함되어 있는 관용적 표현을 정리하였습니다. 학교 내신 시험에서 주관식 서술형 문제로 자주 출제되는 표현들이라 숙어처럼 외워두면 아주 유익합니다. 물론, 정확하고 신속한 문장 해석을 하는 데에도 매우 중요한 표현들이니 잘 익혀두어야겠죠.

조동사의 관용적 표현	의미
cannot help -ing (= have no choice but to 동사원형)	~하지 않을 수 없다
cannot ... without -ing (= cannot ... but S + V)	…할 때마다, …하기만 하면 반드시 ~한다
cannot ~ too (= cannot ~ enough)	아무리 ~해도 지나치지 않다
may well ~	~하는 것도 당연하다
may as well ~	~하는 게 더 낫다
may as well A as B	B하는 것보다 A하는 게 더 낫다
would rather ~	차라리 ~하는 게 더 낫다
would rather A than B	B하느니 차라리 A하겠다

44 I cannot help studying English for worry about my future.
〜하지 않을 수 없다

= I have no choice but to study English for worry about my future.

▶ 첫 번째 문장의 help는 '돕다'라는 뜻이 아니라 '피하다, 꺼리다'라는 뜻으로 쓰여 cannot help studying은 '공부를 피할 수 없다' 즉, '공부를 하지 않을 수 없다'는 의미가 됩니다. 두 번째 문장은 'but 이하를 제외한 선택은 없다'는 뜻이므로 첫 번째 문장과 동일한 의미가 됩니다.

45 You cannot be too careful in driving a car.
아무리 〜해도 지나치지 않다

= You cannot be careful enough in driving a car.

▶ 첫 번째 문장을 직역하면 '자동차를 운전할 때 지나치게 조심할 수는 없다.'인데 cannot 〜 too가 '아무리 〜해도 지나치지 않다'이므로 '자동차를 운전할 때 아무리 조심해도 지나치지 않다.'라는 의미가 됩니다. cannot 〜 enough가 쓰인 두 번째 문장도 같은 의미가 됩니다.

46 Tom cannot go outside without carrying an umbrella.
…할 때마다, …하기만 하면 반드시 〜한다

▶ 직역하면 'Tom은 우산을 가지지 않으면 밖에 나갈 수가 없다'인데, 이것은 '밖에 나갈 때 항상 우산을 가지고 간다'는 의미이므로 '…할 때마다, …하기만 하면 반드시 〜한다'라고 해석합니다.

47 You may as well forget about it.
〜하는 게 더 낫다

▶ may as well은 '〜하는 게 더 낫다'라는 의미이므로 '그것에 대해 잊어버리는 게 더 낫다'라고 해석하면 됩니다.

48 I would rather stay home than go outside.
B하느니 차라리 A하겠다   A   B

▶ would rather A than B는 'B하느니 차라리 A하겠다'라는 의미입니다. 이 문장에서 A는 stay home이고 B는 go outside입니다. 따라서 '밖에 나가느니 차라리 집에 있겠다'로 해석하면 됩니다. 이때 A와 B에는 문법적으로 동등한 형태의 말이 와야 한다는 것도 기억하세요.

---

44 나는 내 미래에 대한 걱정 때문에 영어 공부를 하지 않을 수가 없다. 45 네가 자동차를 운전할 때는 아무리 주의해도 지나치지 않다. 46 Tom은 밖에 나갈 때마다 항상 우산을 가지고 나간다. 47 너는 그것에 대해 잊어버리는 게 더 낫다. 48 나는 밖에 나가느니 차라리 집에 있겠다.

'태(態)'는 동작의 방향성을 나타내는 문법 용어입니다. 동사와 관련해서 문장의 의미를 변화시키지 않으면서 동작의 방향을 나타내는 말을 태라고 합니다. 어렵죠? ^^ 원래 용어라는 게 어렵습니다. 중요한 것은 용어 그 자체가 아니라 용어에 담긴 의미입니다. 영어에는 '능동태'와 '수동태' 두 가지가 있어요. 능동태는 주어가 하는 동작의 방향이 다른 대상에게 향할 때 사용하는 표현입니다. 수동태는 그 동작이 주어에게로 향할 때 사용하는 표현입니다. 자, 이제 '태'가 무엇인지 정의는 알아봤으니 본격적으로 태의 내용을 차근차근 살펴보겠습니다.

(1) 능동태와 수동태

❶ 능동태와 수동태의 차이

능동태가 수동태로 바뀌는 과정

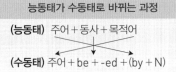

'능동태'는 주어가 직접 동작하는 것을 표현한 것입니다. 따라서 능동태 문장의 모든 동사는 주어의 동작을 나타내는 것이지요. 그런데 특별한 경우 동작을 당한 대상을 주어로 하여 어떤 동작을 당했는지, 어떤 동작이 이루어졌는지 그래서 어떤 영향을 받게 되었는지를 중심으로 나타내는 표현을 '수동태'라고 합니다. 그래서 수동태는 주어가 뒤에 나오는 동사의 대상이 됩니다. 능동태와 동작의 방향이 반대가 되는 거죠. 주어가 오고 능동태가 오면 주어가 그 동작을 하는 거예요. 그리고 다음에 목적어가 오면 목적어가 동작의 대상이 되는 거죠. 그런데 이 목적어를 주어 자리에 가져다 놓고 동사를 be + -ed의 모양으로 바꾸면 동작의 방향이 반대가 됩니다. 즉, 주어가 동작을 하는 게 아니라 동작의 대상이 되는 거죠. 이것을 수동태라고 합니다. 능동태와 수동태의 전환의 내용이 바로 이런 거예요. 앞으로는 이 내용을 잘 생각하면서 보도록 하세요. 그냥 막연히 똑같다고 생각하지 말고 주어가 무슨 동작을 하는지를 표현할 때 능동태를 쓰고, 주어에게 무슨 일이 일어났는지, 그 영향이 무엇인지를 중심으로 표현할 때 수동태를 쓴다는 것을 잘 익혀두어야겠죠.

01 I built this house in 2013.

→ This house was built in 2013.

▶ 첫 번째 문장은 '내가 집을 지었다'는 것이 전달하려는 내용의 핵심입니다. 하지만 두 번째 문장은 누가 집을 지었는지가 중요한 게 아니라 이 집에 무슨 일이 일어났는지를 보여주는 게 중요합니다. 그래서 '이 집이 지어졌다'는 것에 중점을 두고 수동태를 이용해서 나타낸 것입니다. 즉, 수동태는 주어로 쓰인 말에 무슨 일이 일어났는지를 보여주는 것에 초점을 맞춘 표현입니다.

02 Chris loves Betty.

→ Betty is loved by Chris.

▶ 첫 번째 문장은 'Chris가 Betty를 사랑한다'는 능동태 문장입니다. 하지만 두 번째 문장은 첫 번째 문장의 대상이었던 Betty에게 무슨 일이 있는지를 보여주는 게 중요한 수동태 문장입니다.

03 10 people are employed by the company.
_{~가 고용되었다}

*employ ⑧ 고용하다, 채용하다

▶ 10명에게 무슨 일이 일어났는지를 표현하는 데 중점을 두고 있는 수동태 문장입니다.

04 Many accidents are caused by careless driving.
_{~가 일어나다, 발생하다}

▶ cause가 타동사로는 '~을 일으키다, 유발하다'라는 뜻으로 쓰이는데 이 문장에서는 수동태인 be caused로 쓰여 '사고가 일어났다'는 것에 초점을 맞추고 있습니다.

05 Many issues were discussed at the meeting.
_{~가 논의되었다}

▶ be discussed라는 수동태 표현을 통해 '많은 쟁점이 논의되었다'라는 사실에 초첨을 맞추고 있습니다.

❷ 수동태가 주로 쓰이는 경우

능동태의 주어가 분명하지 않아 주어를 굳이 나타낼 필요가 없을 때, 또는 능동태의 주어가 일반인일 경우 능동태보다 수동태를 사용하는 것이 더 자연스럽습니다.

■ 능동태의 주어가 분명하지 않을 때

06 Many people were killed in the Second World War.
_{죽었다}

▶ '누가 죽였다'라는 말이 문장의 핵심이라면 능동태로 쓰는 게 좋습니다. 하지만 이 문장은 '많은 사람들이 죽었다'라는 것이 더 중요하게 전달하려고 하는 내용입니다. 즉, '누가 죽였다'는 게 중요하지도 않고 분명하지도 않은 거죠. 이럴 때는 능동태보다 수동태를 사용하는 게 더 좋습니다.

07 It is said that the weather is improving.
　　　　~라고 말하다

▶ 이 문장처럼 주어가 보통 일반인을 나타내는 경우 능동태보다 수동태를 사용하여 보통 '사람들이 그렇게 말한다'는 의미를 전달합니다.

08 The part of Elizabeth was played by Daisy.
　　　　　　　　　　　　~ 역할을 했다

▶ 수동의 의미를 억지로 살려 Elizabeth의 역할이 Daisy에 의해서 이루어졌다 정도로 해석할 수도 있지만 우리말은 영어만큼 수동태를 많이 사용하지 않기 때문에 해석이 다소 어색할 수 있습니다. 이럴 경우 수동태 동사 형태인 be + -ed를 능동으로 해석하고 뒤에 나오는 'by + 행위자'를 주어처럼 해석하는 것이 자연스러울 수 있습니다. 사실 번역하는 분들은 수동태를 이렇게 해석하는 경우들이 대단히 많습니다.

❸ 수동태를 쓰지 않는 경우

부정사나 동명사, 재귀대명사 그리고 절이 목적어인 경우 이들을 주어로 사용하는 수동태 문장은 사용하지 않습니다.

09 Chris wants to pass the test.
　　　　　　　　to 부정사가 목적어인 경우

To pass the test is wanted by Chris. (×)

▶ 능동태 문장의 목적어가 to pass the test라는 부정사구입니다. 이 경우 목적어인 부정사구를 주어로 활용한 수동태 문장은 만들 수 없습니다.

10 Betty devoted herself to teaching Math.
　　　　　　　　재귀대명사가 목적어인 경우　　　　　　　　　　　　　　* devote oneself to -ing ~에 헌신하다, 전념하다

Herself was devoted to teaching Math. (×)

▶ 능동태 문장에서 동사 devote의 목적어가 재귀대명사 herself입니다. 목적어가 재귀대명사일 경우 이를 주어로 활용한 수동태 문장을 만들 수 없습니다.

11 They agree that Mr. Choe is a good teacher.
　　　　　　　　　　절이 목적인 경우

That Mr. Choe is a good teacher is agreed by them. (×)

▶ 능동태 문장의 목적어가 명사절로 되어 있습니다. 목적어가 절일 경우 이를 주어로 활용한 수동태 문장을 만들 수 없습니다.

---

01 나는 이 집을 2013년에 지었다. → 이 집은 2013년에 지어졌다.　　02 Chris가 Betty를 사랑한다. → Betty가 Chris에게 사랑받는다.　　03 10명이 그 회사에 채용되었다.　　04 많은 사건들이 부주의한 운전 때문에 일어났다.　　05 많은 쟁점이 그 회의에서 논의되었다.　　06 많은 사람들이 2차 세계 대전 때 사망했다.　　07 날씨가 좋아지고 있다고들 말한다.　　08 Elizabeth의 역할은 Daisy가 했다.　　09 Chris는 시험에 합격하고 싶다.　　10 Betty는 수학을 가르치는 데 전념했다.　　11 그들은 최 씨가 훌륭한 선생님이라는데 동의한다.

Q 능동태를 수동태로 바꿀 때 동사를 be + -ed로 바꾸고 문장 마지막에 'by + 행위자'를 쓰잖아요. 그런데 수동태 문장을 보면 'by + 행위자'가 없는 경우들이 많이 있더라구요. 그건 왜 그렇죠?

A 좋은 질문입니다. 사실 'by + 행위자'가 있는 경우보다 오히려 없는 문장들이 더 많아요. 그것은 수동태를 사용하는 목적과 관련이 있답니다. 수동태는 주로 능동태의 목적어에게 무슨 일이 일어났는지를 표현하기 위해 사용하는 것이지요. 그래서 뒤에 나오는 행위자를 굳이 나타낼 필요가 없는 경우가 많아요. 누가 했는지를 말하는 게 중요했다면 능동태를 사용했겠지요. 그래서 수동태 문장에서 'by + 행위자'를 써도 되지만 생략하더라도 중요한 의미를 전달하는데 문제가 없다면 흔히 생략을 한답니다. 보통 문법책에서는 수동태 문장에서 동작을 누가 했는지 확실하지 않거나 별로 중요하지 않을 때 'by + 행위자'는 생략해도 된다고 설명하고 있습니다.

Because of the heavy rain, the bus had been delayed.

폭우 때문에 버스가 지연되었다.

▶ 뒤에 나오는 수동태 문장 뒤에 'by + 행위자'가 생략되었습니다. 버스가 지연된 사실을 전달하려는 것이 목적이므로 뒤에 'by + 행위자'를 쓸 필요가 없는 거죠. 굳이 쓴다 하더라도 by the heavy rain으로 나타내야 하는데 이미 앞에서 이 표현이 나오므로 중복이 됩니다.

I am not invited to the party.

나는 그 파티에 초대받지 못했다.

▶ '내가 파티에 초대받지 못했다'라는 사실을 나타내는 것이 중요하지 누구에 의해서 그렇게 됐는지를 언급하는 것이 중요한 것이 아니어서 'by + 행위자'를 생략한 문장입니다.

(2) 자동사는 수동태가 없다

모든 동사는 능동태를 만듭니다. 주어가 그 동작을 하는 것이니까요. 그런데 능동태 문장의 목적어를 주어로 사용하고 동사를 be + -ed 형태인 문장을 만들면 주어에게 동작이 가해지는 것이 된다고 했고 그것을 수동태라고 했지요. 결국 수동태란 능동태의 목적어에게 무슨 일이 일어났는지를 나타내는 표현인데 만약에 능동태로 사용된 문장에 목적어가 없다면 어떨까요? 당연히 수동태 자체가 존재할 수 없겠지요. 목적어를 주어로 바꾸어 써야 하는데 목적어가 없으니 수동태 자체를 만들 수가 없는 것입니다. 문장에서 목적어를 필요로 하지 않는 동사를 '자동사'라고 합니다. 그래서 목적어가 없는 자동사는 수동태 자체가 존재할 수 없습니다. 그런데 우리말로 해석하다 보면 꼭 수동태로 써야 할 것 같은 생각이 드는 자동사들이 있어요. 자칫하면 수동태로 쓰기 쉬우니 조심해야 합니다.

■ 시험에 잘 나오는 수동태를 만들 수 없는 자동사

수동태로 쓸 수 없는 주요 자동사
나타나다, 사라지다 : appear, arrive, disappear, vanish ...
보이다 : seem, look ...
일어나다, 발생하다 : happen, take place, occur ...
헷갈리는 자동사 : lie(눕다), rise(오르다), consist of(~로 구성되다), arise(일어나다, 발생하다), last(지속되다) ...

12 The accident occurred last night.
수동태로 쓸 수 없는 자동사 occur

▶ occur는 '일어나다, 발생하다'라는 뜻을 가진 자동사입니다. 그래서 수동태 문장을 쓸 수 없습니다. The accident was occurred last night.라고 쓰면 틀린 문장이 됩니다.

13 The moon disappeared behind a cloud.
수동태로 쓸 수 없는 자동사 disappear

▶ disappear는 '사라지다'라는 뜻을 가진 자동사입니다. 당연히 수동태로 사용할 수 없습니다. 따라서 The moon was disappeared behind a cloud.라고 쓰면 틀린 문장이 됩니다.

14 The Olympics take place every four years.
수동태로 쓸 수 없는 자동사 take place

▶ take place는 '일어나다, 발생하다, 열리다' 등의 의미로 쓰이는 자동사입니다. 수동태로 쓰지 않도록 조심해야 합니다. every four years는 '4년마다'라는 뜻입니다.

15 Water consists of hydrogen and oxygen.
수동태로 쓸 수 없는 자동사 consist of

▶ consist of는 '~로 구성되다'라는 의미를 지니고 있는 자동사입니다. 따라서 'be consisted of ~'의 수동태로 쓸 수 없습니다.

---

12 그 사고는 지난 밤에 일어났다. 13 달이 구름 뒤로 사라졌다. 14 올림픽 경기는 4년마다 열린다. 15 물은 수소와 산소로 구성된다.

Basic Test 03

다음 괄호 안에 적절한 것을 고르시오.

01 Several police officers [were arrived / arrived] at the site.

02 The car [was damaged / damaged] while it [was parked / parked] on the street.

03 Those who don't eat meat are [calling / called] vegetarians.

04 The bottles [are filled / filled] before the labels [are put / put] on.

05 The concert tickets [were posted / posted] to you more than a week ago.

06 Most of my time [is spent / spent] reading my favorite magazine on Sunday.

Deep Q&A

Q 책을 읽다가 The window broke.라는 문장을 봤어요. 창문이 깨진거니까 수동태를 사용해서 The window was broken.이라고 써야 올바른 문장 아닌가요?

A 자, 이런 경우가 영어 공부를 어렵게 만드는 것입니다. 먼저 break라는 동사는 '깨다'라는 뜻의 타동사로도 쓸 수 있고 '깨지다'라는 뜻의 자동사로도 쓸 수 있습니다. '깨다'라는 뜻의 타동사로 쓸 때는 '주어＋break＋목적어'의 형태가 되겠죠. 그리고 수동태로 바꾸면 be broken의 형태가 되고 '깨지다'라는 뜻이 될 거구요. 즉, The window was broken (by＋N). 같은 형태가 되는 것입니다. 그리고 '창문이 (～에 의해) 깨졌다.'라는 뜻이 되구요. 그런데 break라는 단어 자체가 '깨지다'라는 뜻의 자동사로도 쓰인다는 점에 주의해야 합니다. 그래서 이 자동사로 활용하면 The window broke.라고 쓰면 됩니다. 그리고 뜻은 우리말로는 똑같이 '창문이 깨졌다.'가 되죠. 이때 break는 자동사로 쓰였으니 수동태는 존재할 수 없는 것입니다. 첫 번째 문장은 누군가에 의해서 깨진 창문을 나타내는 것입니다. 두 번째 문장은 창문이 깨졌는데 누구에 의해서 그렇게 됐는지는 모르는 것입니다.

이런 예를 하나 더 살펴볼게요. open이라는 동사를 봅시다. 이 동사도 '열다'라는 뜻의 타동사와 '열리다'라는 뜻의 자동사로 쓰입니다. 내가 방문을 직접 열었다면 I opened the door.가 되겠죠. 그리고 이 문장은 The door was opened by me.라는 수동태로 쓸 수 있습니다. 그런데 이번에는 전철 문을 생각해 봅시다. 누가 여는 게 아니라 문이 열리는 거잖아요? 그럼 누가 문을 열었다의 수동이 아니라 그냥 문이 열린다는 능동의 문장이 되는 것입니다. 대신 자동사를 이용해서 써야 하는 겁니다. 그래서 The door opened.라는 형태로 써야 맞는 문장이 되는 것입니다. 그런데 만약에 비상 상황에서 내가 전철 문의 손잡이를 당겨서 열었다면 그때는 The door was opened by me.라고 표현해야 합니다. 자, 이제 이해가 되셨죠?

(3) 목적어가 절인 경우

목적어가 단어가 아니라 절인 경우에는 절 자체를 주어로 사용하여 수동태를 만들 수는 없다고 앞서 배웠지요. 그런데 수동태를 만드는 방법이 있답니다. ❶ 'It is + -ed'의 형태로 수동태를 만들거나 ❷ 목적어절 안에 있는 주어를 문장의 주어로 활용해서 수동태를 만들 수 있습니다. 두 번째의 경우는 뒤에 절의 모양 대신 'to + 동사원형'의 모양을 만드는 것에 유의해야 합니다.

아래 표와 예문을 통해 수동태가 만들어지는 과정을 잘 익히도록 합시다.

목적어가 절인 문장이 수동태로 바뀌는 과정
(능동태) S1 + [say, believe, expect, think, report] + that + S2 + V   목적어(절)
(수동태 1) It is + -ed that + S2 + V
(수동태 2) S2 is + -ed to + 동사원형

16 They say that Mr. Kim is a good teacher.

→ It is said that Mr. Kim is a good teacher.

→ Mr. Kim is said to be a good teacher.

▶ 능동태 문장에서 목적어가 절일 경우에는 두 가지 모양의 수동태를 만들 수 있지요. 우선, 능동태인 첫 번째 문장에서 They say만 수동의 모양으로 바꾸어서 'It is said that ~'의 형태로 수동태를 만드는 방법이 있습니다. 그리고 목적어 절 안에 있는 주어 Mr. Kim을 주어로 활용해서 'Mr. Kim is said ~'의 형태로 수동태를 만드는 방법이 있습니다. 그런데 주의해야 할 점은 'Mr. Kim is said that ~'이라고 쓸 수는 없다는 것입니다. 왜냐하면 이미 절이였던 목적어에서의 주어 Mr. Kim을 수동태의 주어로 활용하고 있으므로 that절 안에 있던 주어는 생략하고 동사는 'to + 동사원형'인 to be의 형태로 바꾸어서 수동태를 완성합니다.

17 People believe that many people were killed in the war.

→ It is believed that many people were killed in the war.

→ Many people are believed to have been killed in the war.

▶ 첫 번째 문장은 목적어가 절로 구성된 능동태 문장이죠. 따라서 'People believe that ~'에서 People believe를 It is believed that의 형태로 바꾸어 수동태로 만들 수 있습니다. 그리고 목적어인 that 절 안의 주어 many people를 주어로 활용하여 수동태를 만들 수 있습니다. 이 경우 that 절 안에 있던 동사 were killed는 부정사를 이용해서 바꾸어야 하는데 앞에 나온 동사 believe 보다 뒤에 나온 were killed가 더 과거의 일이잖아요. 앞서 시제에서 배웠던 상대적 과거를 적용해야 합니다. 그래서 to be killed가 아니라 to have been killed라고 써야 합니다.

---

16 그들은 김 씨가 훌륭한 선생님이라고 말한다.   17 사람들은 많은 사람이 그 전쟁에서 죽었다고 믿는다.

(4) 목적어가 두 개인 경우

수여동사가 쓰인 이른바 4형식 문장은 목적어가 직접목적어, 간접목적어 이렇게 두 개가 오잖아요. 따라서 수동태의 모양도 두 가지로 만들 수 있습니다. 그런데 직접목적어를 주어로 사용해서 수동태를 만들 경우 be + -ed 뒤에 간접목적어만 남는 모양이 3형식에서 전치사가 붙어 있는 문장을 수동태로 만들 때의 모양과 헷갈리기 쉽습니다. 잘못된 문장이 아니므로 조심해야 합니다. 이것이 어떤 내용인지 아래 예문들을 잘 살펴보세요.

18 They gave me a present.

→ I was given a present

→ A present was given me.

❿ 두 번째 문장은 첫 번째 문장의 간접목적어인 me를 주어로 활용해서 만든 수동태 문장입니다. 세 번째 문장은 첫 번째 문장의 직접목적어인 a present를 주어로 하여 만든 수동태 문장입니다. 세 번째 문장의 경우를 보면 was given 다음에 4형식 문장에서 간접목적어로 쓰였던 me가 남아 있게 됩니다. 그래서 언뜻 보면 좀 어색해 보일 수도 있지만 올바른 문장입니다.

19 They gave a present to me.

→ A present was given to me.

❿ 첫 번째 능동태 문장에 주의해야 합니다. 3형식 문장이지요. 그래서 목적어인 a present를 주어로 활용해 수동태 문장을 만들 수 있습니다. 그런데 18의 세 번째 문장과 달리 was given 다음에 to me가 붙습니다. 18의 세 번째 문장과 이 수동태 문장은 원래 능동태 문장이 달랐던 것입니다. 4형식의 직접목적어가 주어가 되면 be + -ed 뒤에 바로 간접목적어가 오지만 3형식 문장의 목적어가 주어가 되면 be + -ed 뒤에 전치사 + 명사가 오는 거죠. 그래서 둘 다 올바른 문장입니다.

20 Priority will be given to students who apply early.

*priority ⑲ 우선권, 우선순위 apply ⑧ 지원하다

❿ We will give priority to students who apply early.라는 3형식 능동태 문장에서 목적어 priority를 주어로 활용해서 수동태로 바꾼 문장입니다. 그리고 행위자는 굳이 드러낼 이유가 없어 by us는 생략한 것입니다. 그리고 who 이하는 선행사 students를 수식하고 있는 주격 관계대명사라는 것도 이제는 잘 보이죠?

(5) 주의할 수동태

❶ 구동사의 수동

동사와 전치사, 동사와 부사, 혹은 동사에 부사와 전치사가 합쳐진 2개 이상의 단어들로 구성된 동사를 '구동사'라고 배웠지요. 이 구동사도 타동사로 사용된 경우라면 수동태를 만들 수 있습니다. 이때 조심해야 하는 것은 구동사에서 사용된 전치사를 생략해서는 안 된다는 것입니다. 수동태 문장에서 행위자를 나타내는 'by + 명사'를 쓰면 전치사가 연속해서 오게 되어 이상하게 느껴 생략해야 한다고 생각하기 쉽거든요. 구동사에서 전치사가 빠지면 전혀 다른 의미의 동사가 되므로 수동태를 만들 때 구동사에 쓰인 전치사는 생략해서는 안 됩니다.

21 She looked down on the poor.

→ The poor were looked down on by her.

*look down on 무시하다, 깔보다   the poor 가난한 사람들

▶ 구동사인 look down on은 수동태를 만들면 be looked down on이 됩니다. 그런데 be looked down on 다음에 'by + 행위자'를 쓰면 전치사가 겹치기 때문에 이상해 보이지만 올바른 것입니다.

22 People speak well of the priest.

→ The priest is spoken well of by people.

*speak well of ~에 대해 좋게 말하다, 칭찬하다   priest ⑱ 목사, 성직자

▶ 구동사인 speak well of는 수동태를 만들면 be spoken well of가 됩니다. 그리고 뒤에 'by + 행위자'를 씁니다.

23 His brother was taken care of by Jim.

*take care of 돌보다, 보살피다

▶ 구동사인 take care of의 과거인 took care of를 수동태로 바꾸면 was taken care of가 됩니다. 그 뒤에 'by + 행위자'를 씁니다.

24 Martin was laughed at by them.

*laugh at 비웃다

▶ 구동사인 laugh at의 과거인 laughed at을 수동태로 바꾸면 was laughed at가 됩니다. 그리고 뒤에 'by + 행위자'를 씁니다.

25 My behavior was found fault with by them.

*find fault with 나무라다, 비난하다

▶ 구동사인 find fault with의 과거인 found fault with를 수동태로 바꾸면 was found fault with가 됩니다. 그리고 뒤에 'by + 행위자'를 씁니다.

---

18 그들이 나에게 선물을 주었다.   **19** 그들이 나에게 선물을 주었다.   **20** 일찍 지원한 학생들에게 우선권이 주어질 것이다.   **21** 그녀는 가난한 사람들을 무시했다.   **22** 사람들이 그 목사님에 대해 좋게 말한다.   **23** 그의 동생은 Jim에 의해 보살펴졌다.   **24** Martin은 그들에게 비웃음을 받았다.   **25** 나의 행동은 그들에게 비난받았다.

❷ 지각동사와 사역동사의 수동

동사의 종류에 대해 다룰 때 지각동사와 사역동사를 배운 적이 있었지요. 지각동사와 사역동사의 중요한 특징 중 하나가 목적어 뒤에 목적격 보어로 'to + 동사원형'을 쓰지 않고 to를 생략한 동사원형을 쓴다는 것이었습니다. 그런데 이 지각동사와 사역동사가 사용된 문장을 수동태로 바꿀 때는 생략된 to가 살아나 동사원형이 아닌 'to + 동사원형'을 사용해야 합니다. 시험에도 아주 잘 나오는 내용입니다.

26 The detective saw the woman put the jewelry in her bag.

→ The woman was seen to put the jewelry in her bag (by the detective).

* detective ⑲ 탐정, 형사　jewelry ⑲ 보석(류)

▶ 첫 번째 능동태 문장에는 지각동사 see의 과거형 saw가 쓰였습니다. 지각동사가 쓰인 문장은 목적어의 동작에 해당하는 목적격 보어로는 동사원형을 써야 합니다. 그런데 이 문장을 수동태로 바꾸면 was seen 뒤에 능동태 문장에 있던 put을 그대로 쓰면 안 됩니다. was seen to put의 형태로 써야 합니다. 능동태 문장에 지각동사로 인해 생략했던 to가 수동태로 바뀔 때는 다시 나타나는 것에 주의해야 합니다.

27 I heard the couple next-door quarrel over trivial things.

→ The couple next-door was heard to quarrel over trivial things (by me).

* next-door ⑲ 옆집의, 옆집에 사는　quarrel ⑧ 싸우다, 다투다　trivial ⑲ 사소한, 하찮은

▶ 첫 번째 능동태 문장에서 지각동사 hear의 과거인 heard가 쓰였고 그래서 목적격 보어로 to가 생략된 quarrel이 왔습니다. 하지만 이 문장을 수동태로 바꿀 때는 생략했던 to를 다시 써야 합니다. 그래서 두 번째 수동태 문장에는 was heard to quarrel의 형태가 온 겁니다.

28 My teacher made Jessica write the test again.

→ Jessica was made to write the test again (by my teacher).

▶ 첫 번째 능동태 문장에 사역동사 make의 과거형인 made가 쓰였고 목적어 보어로는 to가 생략된 동사원형인 write가 쓰였습니다. 이것을 수동태로 바꿀 때는 사역동사로 인해 생략했던 to를 다시 표시해야 합니다 그래서 두 번째 수동태 문장에는 was made to write의 형태가 된 것입니다.

❸ 주어가 부정어인 경우

nobody, nothing, none, no one 등의 부정어가 주어로 쓰인 문장을 수동태로 만들 경우에는 부정 주어를 행위자를 나타내는 전치사 뒤로 가져가지 않고 문장을 부정문으로 만든 다음 by 뒤에는 anybody, anything, anyone 등을 씁니다. 긍정/부정을 문장의 앞쪽에 표현하는 영어의 특징이 잘 드러난 형태입니다.

29 Nobody knows him.

→ He is not known to anybody. (○)

→ He is known by nobody. (×)

▶ 영어는 '그렇다, 아니다'를 문두에서 표현하려는 경향이 강한 언어입니다. 즉, 부정 주어는 문두에 씁니다. 부정 주어가 쓰인 첫 번째 문장을 수동태로 바꿀 때 He is known by nobody.라고 쓰지 않습니다. 먼저 문장을 부정문으로 만들고 nobody 대신 anybody를 이용해서 완성하게 됩니다. 그리고 '~에게 알려지다'라는 말은 'be known by ~'가 아니라

'be known to ∼'라고 쓴다는 것도 주의해야 합니다.

30 Nothing made the baby stop crying.

→ The baby was not made to stop crying by anything. (○)

→ The baby was made to stop crying by nothing. (×)

▶ nothing이라는 부정 주어가 쓰인 첫 번째 문장을 수동태 문장으로 바꿀 때 nothing을 문장의 마지막에 두지 않으므로 부정의 내용은 동사에서 처리합니다. 그래서 was not made to stop crying이라는 표현을 만들고 뒤에는 nothing 대신 anything을 이용합니다. 능동태 문장에서 사역동사 made가 쓰였으므로 생략했던 to가 수동태 문장에서 다시 나타나는 것도 주의해야 합니다.

❹ 진행형의 수동태, 완료형의 수동태

진행형과 완료형 문장도 수동태를 만들 수 있습니다. 일반적인 수동태 문장을 만드는 것과 크게 다를 것은 없는데 그 형태가 익숙하지 않아서 잘못 해석하는 경우들이 많습니다. 진행형과 완료형 문장의 수동태를 만드는 과정을 제대로 익혀두고 이해하도록 합시다.

■ 진행형의 수동태

진행형의 능동태 문장이 수동태로 바뀌는 과정
(진행형) She was playing the piano in the living room.
↓ (be + -ing)
(진행 + 수동) The piano was being played in the living room.
(be + being + -ed)

31 A plant is being removed from a table.　　　* plant 영 화분, 식물, 시설　remove 동 없애다, 치우다, 제거하다

▶ is removing 형태의 진행형을 수동태로 만든 문장입니다. 진행형의 수동태는 'be + being + -ed'의 형태로 사용되므로 is being removed의 수동태가 만들어졌습니다.

32 While the film was being made, the money ran out.　　　* run out 다 써버리다, 고갈되다

▶ was making 형태의 진행형을 수동태로 만든 문장입니다. 진행형의 수동태는 'be + being + -ed' 형태이므로 was being made가 만들어졌습니다.

26 그 형사는 여자가 가방 속에 보석을 넣는 것을 보았다.　27 나는 옆집 부부가 사소한 것들에 관해 다투는 것을 들었다.　28 나의 선생님은 Jessica에게 다시 시험지를 작성하게 했다.　29 아무도 그를 모른다.　30 어떤 것도 그 아이가 우는 걸 멈추게 할 수 없었다.　31 화분이 탁자에서 치워지고 있다.　32 그 영화가 만들어지는 중에 자금이 고갈되었다.

■ 완료형의 수동태

완료형의 능동태 문장이 수동태로 바뀌는 과정
(완료형)　　He has already solved the math problem in class.
↓ (have + -ed)
(완료 + 수동) The math problem has already been solved in class.
(have + been + -ed)

33 Both of the suspects have already been arrested.

* suspect 옝 용의자　arrest 용 붙잡다, 체포하다

▶ 완료형의 수동태는 have + been + -ed로 씁니다. 따라서 have arrested의 수동태는 have been arrested로 씁니다. 이때 부사 already는 have와 been 사이에 옵니다.

34 It had been decided that your contract will be renewed.

* contract 옝 계약(서)　renew 용 갱신하다, 다시 새롭게 하다

▶ 완료형인 had decided의 수동태는 had been decided가 됩니다. 그래서 It had been decided ～ 수동태 문장이 만들어졌고 that절에 또 하나의 수동태가 있는데 이것은 will renew your contract가 수동태로 바뀌어서 your contract will be renewed가 된 것입니다.

❺ by 이외의 전치사가 쓰이는 수동태

수동태는 보통 행위자를 나타낼 때 'by + 명사'를 사용합니다. 그래서 학생들 중에는 모든 수동태 문장이 'by + 명사'로 행위자를 나타내는 것으로 알고 있는데 그렇지 않습니다. 뒤에 나오는 내용이 앞에 나온 동작의 행위자일 경우에는 '～에 의해서'라는 의미를 가진 전치사 by를 이용해 행위자를 표현합니다. 하지만 뒤에 나오는 내용이 행위자가 아니라면 by를 쓸 이유가 없겠죠. 오히려 내용에 맞는 전치사를 사용해야 합니다. 예를 들어 '눈이 산을 덮었다'라는 문장은 Snow covered the mountain.이라고 쓸 것 같지만 사실 이런 표현은 잘 쓰지 않습니다. 대부분 수동태로 '산이 눈으로 덮였다.'라고 씁니다. 그런데 이럴 경우 The mountain was covered by snow.라고 쓰지는 않아요. 눈이 무슨 의지를 가지고 산을 덮는 게 아니니까요. 그래서 이럴 경우에는 '재료'를 나타낼 때 쓰는 전치사 with를 이용해서 The mountain was covered with snow.라고 써야 올바른 표현이 됩니다. 이렇게 수동태 문장에서 by가 아닌 전치사를 사용하는 것을 정리해 놓았습니다. 무작정 외우려고 하지 말고 전치사의 의미와 쓰임을 잘 생각해가며 이해하는 것이 중요합니다.

■ by 이외의 전치사를 사용하는 수동태

전치사	수동태			의미
in : 흥미, 관심	be	absorbed	in	～에 열중하다
		indulged		～에 빠지다
		involved		～에 관여하다
		interested		～에 흥미있다
		located		～에 위치하다
		situated		～에 위치하다
		skilled		～에 숙련되다

to : 방향	be	addicted assigned committed dedicated devoted engaged exposed known opposed married related	to	~에 중독되다 ~에 할당되다 ~에 헌신하다 ~에 전념하다 ~에 헌신하다 ~와 약혼하다 ~에 노출되다 ~에게 알려지다 ~에 반대하다 ~와 결혼하다 ~와 관련되다
of : 대상	be	convinced informed composed made	of	~을 확신하다 ~에 대해 알다 ~으로 구성되다 ~로 만들어지다
at : 놀람, 분노	be	annoyed alarmed astonished angered enraged frightened shocked startled surprised	at	~에 짜증나다 ~에 깜짝 놀라다 ~에 깜짝 놀라다 ~에 화나다 ~에 격분하다 ~에 무서워하다 ~에 충격 받다 ~에 놀라다 ~에 놀라다
with : 기쁨, 만족	be	amused contented delighted gratified pleased satisfied	with	~에 재미있어하다 ~에 만족하다 ~에 기뻐하다 ~에 만족하다 ~에 기뻐하다 ~에 만족하다
with : 도구, 물건	be	associated covered crowded equipped faced filled surrounded	with	~에 관계가 있다 ~으로 덮여있다 ~으로 붐비다 ~을 갖추고 있다 ~에 직면하다 ~으로 가득 차다 ~으로 둘러싸여 있다
about : 걱정, 흥분	be	concerned troubled worried	about	~을 걱정하다 ~을 걱정하다 ~을 걱정하다

33 용의자 둘 다 이미 체포된 상태였다.　34 당신의 계약을 갱신하기로 결정된 상태였다.

35 Judy was surprised at Ben's reaction to the breaking news.
~에 놀라다
*reaction 명 반응 breaking news 속보

▶ 뒤에 나오는 Ben의 행위가 행위자는 아닙니다. 그래서 be surprised 뒤에는 'by + 행위자'가 아니라 at을 이용하여 그 대상을 써서 수동태로 표현합니다.

36 My parents are very pleased with my exam results.
~에 기뻐하다

▶ be pleased 뒤에 나오는 시험 결과가 행위자는 아닙니다. 그래서 'by + 행위자' 대신 기쁨과 즐거움의 소재를 나타내는 전치사 with를 쓰고 그 뒤에 my exam results를 써서 수동태로 표현합니다.

37 The hill is covered with cherry blossoms.
~으로 뒤덮이다
*cherry blossom 벚꽃

▶ '~으로 뒤덮이다'라는 표현은 be covered 뒤에는 재료를 나타내는 전치사 with를 쓰고 그 다음에 명사를 씁니다.

38 I am interested in watching baseball games.
~에 관심이 있다

▶ '~에 관심이 있다'라는 표현은 be interested 뒤에 행위자를 나타내는 by 대신 in을 씁니다. 그리고 뒤에 관심, 흥미의 내용에 해당되는 표현을 씁니다.

39 Cup-bab is known to everybody in Noryangjin.
~에게 유명하다

▶ '~에게 알려지다'라는 표현은 be known 뒤에 by 대신 '~에게'라는 의미를 지닌 전치사 to를 씁니다.

40 Soybeans are known as very nutritious food.
~로 알려져 있다
*nutritious 형 영양가 높은

▶ '~로 알려져 있다'라는 표현은 be known 뒤에 '~로서'라는 자격의 의미를 담고 있는 전치사 as를 써서 표현합니다. 만약 행위자를 나타내는 by를 쓰게 되면 매우 영양가 높은 식품에 의해 콩이 알려지는 이상한 문장이 되겠죠.

41 The restaurant is known for its excellent cuisine.
~로 유명하다
*cuisine 명 요리

▶ '그 식당이 ~로 유명하다'는 의미의 수동태입니다. '~로 유명하다'는 행위자가 필요치 않으므로 by를 쓰지 않고 for를 씁니다. for는 40번 문장에 쓰인 as와 비슷하지만 차이가 있어요. as는 주로 지위, 신분을 나타내는 말에 사용하지만 for는 구체적 행위나 명사에 사용합니다. 그래서 이 문장에서 be known 뒤에 전치사 for를 사용합니다.

42 A man is known by the company he keeps.
~에 의해서 판단되다
*company 명 교제, 동료

▶ 이 문장은 '~에 의해서 알려지다'는 의미의 수동태입니다. 그래서 전치사 by를 써야 올바른 표현입니다. be known by를 숙어처럼 '~에 의해서 판단되다'로 익혀두세요.

---

35 Judy는 그 속보에 대한 Ben의 반응에 놀랐다.　36 부모님이 나의 시험 결과에 대단히 기뻐하셨다.　37 그 언덕이 벚꽃으로 뒤덮이다.　38 나는 야구 경기를 보는 것에 관심이 있다.　39 컵밥이 노량진에서는 모두에게 유명하다.　40 콩은 매우 영양가 높은 식품으로 알려져 있다.　41 그 식당은 뛰어난 요리로 유명하다.　42 친구를 보면 사람을 알 수 있다.

 **Basic Test 04**

다음 괄호 안에 적절한 것을 고르시오.

01 Her handicapped son was taken care [of / of by] Mary.

02 Peter is never heard [speak / to speak] ill of others.

03 My palm has been looked [for / at] by the fortuneteller very carefully.

04 The Italian restaurant is known [for / by] its excellent cuisine.

가정법
Conditional

말하는 내용에 대해 말하는 사람의 심적 태도를 나타내는 동사의 어형 변화를 문법 용어로 '(서)법'이라고 합니다. 영어에는 세 가지가 있는데요. ❶ 직설법, ❷ 명령법 그리고 이번 Chapter에서 공부할 ❸ 가정법이 있습니다. 그 중에서 말하는 사람이 말하는 내용을 사실로 인정하고 서술하는 것을 '직설법'이라고 하지요. 우리가 접하는 거의 대부분의 문장이 이 직설법에 해당됩니다. '명령법'은 말 그대로 말하는 사람이 듣는 사람에게 무엇을 시키거나 요구하는 방식의 말하기입니다. 그럼 가정법은 뭘까요? 말하는 내용이 가정하는 것이거나, 소원, 희망하는 사람의 심적 태도를 나타내는 (서)법을 '가정법'이라고 합니다. 역시 용어가 실제 내용보다 더 어렵네요. 자 그럼 이제 본격적으로 가정법에 대해서 알아봅시다.

(1) 단순 조건문과 가정법

보통 가정법이라고 하면 if 절을 떠올리는 학생들이 많아요. 물론 if 절이 가정법에서 가장 많이 쓰이기는 하지만 if 절이라고 해서 반드시 가정법은 아니랍니다.

가정법이란 어떤 상황이나 사실을 가정해서 말하는 화법인데 이 화법이 나타내는 화자의 태도는 뭔가를 상상하고 희망하는 거예요. 그런데 이때 중요한 것은 말하는 내용을 사실로 인정하고 서술하는 직설법과 달리 가정법은 사실이 아닌 얘기를 사실인 것처럼 꾸며서 표현한다는 것입니다. 그래서 흔히들 가정법은 직설법의 반대라고 말하기도 한답니다. if를 사용했다고 해서 가정법이 되는 것이 아니라 if 절에 있는 말이 사실이 아닌 줄 알면서 사실인 것처럼 말하는, 즉 거짓을 사실인 것처럼 말해야 가정법이라고 합니다.

이때 중요한 것은 가정법은 실제보다 한 시제 앞선 동사를 이용한다는 것입니다. 직설법은 현재의 일은 현재형으로, 과거의 일은 과거형으로 나타내지만 가정법은 현재의 일은 과거형으로, 과거의 일은 과거완료 'had + -ed'의 형태로 나타냅니다. 가정법의 핵심은 바로 이것이므로 잘 기억하세요. 다시 한 번 정리해 볼게요. 가정법은 한 시제 앞선 동사를 사용합니다. 현재의 일에 대한 가정은 동사의 과거형으로, 과거의 일에 대한 가정은 동사의 과거완료형으로 표현하는 겁니다.

01 If he is at home, I will visit his house. (단순 조건문)

◐ 이 문장은 지금 그가 집에 있는지 없는지 모르는 거예요. if절은 가정법이 아니라 단순 조건문입니다. 그래서 동사의 시제도 조건문은 지금 있다면을 현재로 나타내고, 주절은 '내가 방문할 것이다'는 미래로 나타내고 있습니다. 알면서 하는 거짓말이 아닌 것입니다.

02 If he were at home, I would visit his house. (가정법)

◐ 우리말로 해석하면 01번 문장과 이 문장은 별 차이가 없어 보입니다. 하지만 내용상 큰 차이가 있어요. 우선 동사를 보면 if절은 지금의 일인데도 과거형을 쓰고 있지요. 게다가 주어가 he임에도 was가 아니라 were를 쓰고 있어 가정법임을 알 수가 있습니다. 가정법에서는 주어가 단수여도 was를 쓰지 않고 were을 씁니다. 이 문장이 01번 문장과 다른 것은 01번 문장은 거짓말이 아니지만, 이 문장은 거짓말이라는 것입니다. 01번 문장은 집에 그가 있는지 없는지 모르면서 '만약 있다면'이라고 얘기한 것이고, 이 문장은 그가 집에 없는 줄 아는 거예요. 없다는 걸 알면서 '만약 있다면 갈 텐데'라고 이야기하는 것입니다. 이런 문장을 '가정법'이라고 하는 것입니다. 다시 한 번 강조하지만 이런 가정법 문장은 동사를 실제보다 한 시제 앞선 것을 사용합니다.

■ 단순 조건문

03 If you can't get to sleep, try counting sheep.

◐ 이 문장의 if절은 가정법이 아니라 단순 조건문입니다. 그래서 현재시제를 쓰고 있습니다. 앞에서 배웠던 문법으로 조건을 나타내는 부사절에 해당됩니다.

04 Children learn quickly if they are interested.

◐ 이 문장의 if절은 조건의 부사절로 단순 조건문입니다. 가정법의 if절이 아니기 때문에 가정법 시제를 사용하지 않았습니다.

■ 가정법

05 If my child were a bit taller, he could reach a book from a shelf.
<small>가정법에서 be동사는 were를 사용</small>

◐ 아이의 키가 작아서 책에 (손이) 닿지 않는다는 사실을 알고 있으면서, 이 사실의 반대 상황을 가정해서 표현하고 있는 가정법 문장입니다. 이렇게 말하면 소원, 희망의 분위기가 전달됩니다. 그리고 이럴 때는 한 시제 앞선 동사를 씁니다. 특히 가정법의 조건절에는 주어가 단수여도 be동사는 were를 씁니다.

06 If the ship had had more life boats, more passengers would have been saved.
<small>과거의 일</small>

◐ 그 배는 구명 보트가 많지 않았고 그래서 많은 승객을 구하지 못한 것을 알고 있는데, 이 사실의 반대 상황을 만약 그랬더라면 가정해서 표현하고 있습니다. 그래서 과거의 일이므로 if절에는 과거보다 한 시제 앞선 동사인 'had + -ed'의 모양을 쓰고 주절에서도 'would have + -ed'의 모양을 쓰고 있습니다

---

01 만약 그가 집에 있다면 나는 그의 집을 방문할 것이다.　02 만약 그가 집에 있다면, 나는 그의 집을 방문할 텐데.　03 만약 당신이 잠들지 못하면, 양의 수를 세라.　04 아이들은 관심이 있다면 빠르게 배운다.　05 만약 내 아이가 조금만 더 컸더라면 선반에 있는 책에 (손이) 닿을 텐데.　06 만약 그 배가 더 많은 구명 보트를 가지고 있었더라면 더 많은 승객들이 구해졌을 텐데.

(2) 가정법 과거와 가정법 과거완료

가정법에서는 실제보다 한 시제 앞선 동사를 사용합니다. 그래서 현재의 일이면 현재보다 한 시제 앞선 동사의 과거형을 사용합니다. 그렇게 동사의 과거형으로 표현하기 때문에 '가정법 과거'라고 부릅니다. 하지만 실제로는 현재의 사실을 말하는 것이죠. 과거의 일이라면 과거보다 앞선 시제로 과거완료형을 이용합니다. 가정법이면서 과거완료형을 이용했다고 해서 '가정법 과거완료'라고 부르는데 실제로는 과거의 사실에 대한 표현이라고 알아두면 됩니다. 주절의 자리에도 마찬가지로 가정법 과거이면 '조동사의 과거형 + 동사원형'의 모양을 씁니다. 가정법 과거완료의 주절은 '조동사의 과거형 + have + -ed'를 씁니다.

❶ 가정법 과거

07 If I had money, I would buy a bag of oranges.
　　　　현재 사실의 반대
　▶ 현재 돈이 없어서 오렌지 한 봉지를 사지 못하는 것을 가정법 과거로 표현했습니다. if절과 주절 모두 현재보다 한 시제 앞선 과거동사를 사용했습니다.

08 If she were awake, she could see the rainbow.
　　　　현재 사실의 반대
　▶ 현재 깨어 있지 않아서 무지개를 못 본 것을 가정법 과거로 표현했습니다. if절과 주절 모두 현재보다 한 시제 앞선 과거동사를 사용했습니다.

09 We could stay longer if we had more time.
　　　　　　　　　　　현재 사실의 반대
　▶ 현재 시간이 없어서 더 오래 머물 수 없는 것을 가정법 과거로 표현한 문장입니다. if절과 주절 모두 현재보다 한 시제 앞선 과거동사를 사용했는데 if절과 주절은 이렇게 위치를 바꿀 수 있습니다.

❷ 가정법 과거완료

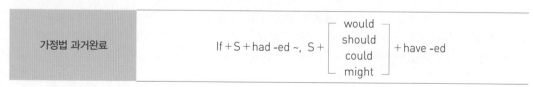

10 If you had visited the school, you could have met old friends.
　　　　과거 사실의 반대
　▶ 학교를 방문하지 않았기에 옛 친구를 못 만났던 과거 사실을 반대로 가정한 가정법 과거완료 문장으로 과거의 일이므로 if절과 주절 모두 과거보다 한 시제 앞선 과거완료 형태의 동사로 나타냈습니다.

11 If he had known you were right, he would never have blamed on you.
과거 사실의 반대

▶ 그는 네가 옳다는 걸 몰랐었고 그래서 그가 너를 비난했었다는 과거 사실을 반대로 표현한 가정법 과거완료 문장으로 과거의 일이므로 if절과 주절 모두 한 시제 앞선 동사인 과거완료 형태의 동사로 나타냈습니다.

12 You would have passed the test, if you had practiced it harder.
과거 사실의 반대

▶ 과거에 네가 열심히 하지 않아 시험에 합격하지 못했던 것을 반대로 가정해서 말하고 있는 가정법 과거완료 문장입니다. if절과 주절 모두 과거보다 한 시제 앞선 동사 형태인 관거완료를 사용했고 주절과 if절의 위치를 바꾸어 썼습니다.

❸ 혼합가정법

혼합가정법	If + S + had -ed ~, S + $\begin{cases} \text{would} \\ \text{should} \\ \text{could} \\ \text{might} \end{cases}$ + 동사원형

'혼합가정법'이란 if절은 가정법 과거완료로 쓰고 주절은 가정법 과거로 쓴 문장이예요. 즉, if절에 사용한 문장은 과거의 사실에 대한 가정이고, 주절에 사용한 문장은 현재의 일에 대한 가정이 되는 거죠. 13번과 14번 두 문장을 살펴보세요. 어떤 것이 옳은 문장일까요? 결론부터 말하면 둘 다 올바른 문장입니다.

13 If I had studied hard last year, I would be a college student now.
과거 사실의 반대   현재 사실의 반대

▶ 작년에 공부를 열심히 하지 않았고 그래서 지금 대학생이 아닌 것을 가정법으로 표현하려고 하니 두 가지 시제를 사용해야 합니다. 즉, if절에는 과거, 주절에는 현재에 대해 언급하고 있습니다. 따라서 if절에는 과거보다 한 시제 앞선 과거완료형을 쓰고, 주절에는 현재보다 한 시제 앞선 과거형을 쓴 거예요. 이렇게 두 가지 시제를 사용한 가정법을 혼합가정법이라고 합니다.

14 If I had studied hard last year, I would have been a university student.
과거 사실의 반대

▶ 이 문장은 작년에 열심히 공부하지 않아 대학생이 되지 못했다는 과거 사실의 반대를 표현한 가정법 문장입니다. if절과 주절 모두가 가정법 과거완료인 올바른 문장입니다.

15 If he hadn't died so young, he would be a famous musician now.
과거 사실의 반대   현재 사실의 반대

▶ 그가 어려서 죽은 것은 과거의 일이죠. 그래서 if절에는 과거 사실의 반대인 가정법 과거완료를 사용했고 주절은 유명한 음악가가 아닌 현재 사실의 반대를 나타낸 가정법 과거입니다. 이런 문장을 혼합가정법이라고 합니다.

07 만약 내가 돈이 있다면, 오렌지 한 봉지를 살 텐데.   08 만약 그녀가 깨어 있다면, 무지개를 볼 수 있을 텐데.   09 우리에게 시간이 더 있다면 더 오래 머물 수 있을 텐데.   10 만약 네가 학교를 방문했더라면, 옛 친구를 만났을 텐데.   11 만약 그가 네가 옳다는 걸 알았더라면, 그는 너를 비난하지 않았을 텐데.   12 만약에 네가 더 열심히 했었더라면, 네가 시험에 합격했을 텐데.   13 만약 내가 작년에 공부를 열심히 했더라면, 나는 지금 대학생일 텐데.   14 만약 내가 작년에 공부를 열심히 했더라면, 대학생이 되었을 텐데.   15 만약 그가 그렇게 어려서 죽지 않았더라면, 지금 유명한 음악가일 텐데.

16 If he had not gotten a job then, he would be poor now.
  과거 사실의 반대   현재 사실의 반대

▶ 과거에 일자리를 구했고 그래서 지금 가난하지 않다는 것을 가정법으로 나타낸 문장입니다. if절에는 가정법 과거완료를 쓰고 주절에는 가정법 과거를 쓴 혼합가정법입니다.

❹ 가정법에 쓰이는 were to와 should

> If + S + should / were to + 동사원형
> = Should + S + 동사원형
> = Were + S + to 동사원형

가정법 if 절에서 주어 다음에 should나 were to가 오는 경우가 있습니다. 실현 가능성이 매우 희박한 일에 대해 문어체에서 주로 볼 수 있는 표현입니다. 우리말로는 '혹시라도' 정도로 해석하면 됩니다.

17 If you should see him, tell him to come to my office ASAP.
  일어날 가능성이 별로 없는 일에 쓰는 should   * ASAP(as soon as possible) 최대한 빨리

▶ 가정법의 if절에서 주어 다음에 should가 오면 일어날 가능성이 희박한 일을 표현하는 것으로 '혹시라도'라고 해석하면 됩니다. 따라서 이 문장에서 if절은 '혹시라도 네가 그를 본다면'이라는 의미입니다.

18 If I were to be born again, I could marry her.
  should 보다 좀 더 딱딱한 표현

▶ 가정법의 if절에 were to가 나오면 should보다 좀 더 딱딱한 표현으로 실현 가능성이 더 없다고 생각하면 됩니다. 구어체에서는 거의 쓰이지 않는 표현이기도 합니다.

정답 및 해설 p. 21

Basic Test 05

다음 괄호 안에 적절한 것을 고르시오.

01 If he were informed about the job opening, he would [apply / have applied] for the company.

02 If you [applied / had applied] for the position, you could have gotten a job.

03 If he [didn't fall / hadn't fallen] asleep while driving, he wouldn't have crashed his car.

04 If Peter [had thought / have thought] twice, he wouldn't have made such a stupid mistake.

05 If I had studied English hard, I could [speak / have spoken] it fluently now.

(3) 주의할 가정법

❶ as if 가정법

as if를 사용하면 '마치 ~처럼'이라는 뜻이 됩니다. '그렇지 않은데 그런 것처럼 한다'는 표현의 가정법입니다. 그런데 앞에서 배운 if절과 달리 as if 가정법은 주절에서는 가정법을 사용하지 않고 직설법이 사용됩니다. 그래서 시제의 사용이 if절과는 다릅니다. as if절에서는 주절의 시제와 비교해서 상대시제를 사용합니다. 주절과 같은 때의 일이면 가정법 과거를 사용하고, 주절보다 더 과거의 일이면 가정법 과거완료를 사용합니다. if절이 쓰인 가정법과 헷갈리면 안 됩니다.

as if + 가정법 과거	(현재 사실의 반대) 마치 ~하는[인] 것처럼
as if + 가정법 과거완료	(과거 사실의 반대) 마치 ~했던[였던] 것처럼

19 Sometimes you're talking as if money grew on trees.
_{가정법 과거}

▶ 이 문장에서 네가 얘기하는 것은 거짓말이 아닙니다. 그래서 주절은 가정법 시제를 쓰지 않아요. 그런데 '마치 돈이 나무에서 자라는 것처럼'은 가정법이죠. 그래서 가정법 시제를 적용하는데 as if 가정법 표현에서 as if절의 시제는 주절의 직설법 시제와 비교해서 상대시제를 씁니다. 이 문장에서 주절과 as if절은 똑같이 현재의 일이므로 as if절에는 가정법 과거시제를 적용해서 과거동사 grew를 사용했습니다.

20 My boyfriend behaves as if he were like an famous singer.
_{가정법 과거}

▶ 주절의 동사 behaves는 직설법 현재입니다. 거짓말이 아니니까요. as if 절은 과거동사 were를 쓰고 있네요. 가정법 과거시제를 사용했으므로 주절의 동사와 같은 때가 되는 거죠. 즉, 지금 유명한 가수인 것처럼 지금 행동한다는 의미가 되는 것입니다.

21 I feel as if I had fallen in love with her.
_{가정법 과거완료}

▶ 내가 마치 과거에 그녀와 사랑에 빠졌던 사람인 것처럼 느껴진다는 의미로 as if절은 주절보다 상대적으로 하나 앞선 시제이므로 가정법 과거완료인 had fallen이 사용되었습니다.

16 만약 그가 그때 일자리를 구하지 못했더라면, 지금 가난할 텐데.　17 만약 혹시라도 네가 그를 본다면, 내 사무실로 최대한 빨리 오라고 말해 줘.　18 만약 내가 다시 태어난다면, 그녀와 결혼할 수 있을 텐데.　19 가끔씩 너는 마치 돈이 나무에서 자라는 것처럼 얘기한다.　20 내 남자 친구는 마치 자기가 유명한 가수인 것처럼 행동한다.　21 나는 마치 그녀와 사랑에 빠졌던 것처럼 느껴진다.

❷ I wish 가정법

I wish 뒤에 that절이 오면 가정법이 됩니다. 이 경우에 I wish는 '~라면 좋겠다', '~하면 좋겠다'라는 의미가 되는데 아닌 줄 알면서 그랬으면 좋겠다고 말하는 가정법 표현입니다. I wish 가정법도 as if 가정법과 시제의 활용이 동일합니다. I wish와 같은 때이면 that절에는 가정법 과거를, I wish 보다 더 과거의 일이라면 that절에는 가정법 과거완료를 사용합니다.

I wish + 가정법 과거	(현재 사실의 반대) ~라면 좋을 텐데
I wish + 가정법 과거완료	(과거 사실의 반대) ~했더라면 좋았을 텐데

22 I wish she were on my side.
    가정법 과거
＊ be on one's side ~의 편을 들다
  ▶ '그녀가 지금 내 편이었으면 좋을 텐데'라는 의미로 I wish와 that절의 시제가 같은 때이므로 that절에는 가정법 과거의 동사인 were을 썼습니다. 그리고 I wish 다음에는 절을 이끄는 접속사 that이 생략된 것입니다.

23 I wish I had brought an umbrella with me.
    가정법 과거완료
  ▶ '우산을 가지고 왔으면 좋았을 텐데'라는 의미로 that절의 시제는 I wish보다 하나 앞선 과거의 일이므로 가정법 과거완료인 had brought를 썼습니다. 그리고 I wish 다음에는 절을 이끄는 접속사 that이 생략된 것입니다.

❸ 여러 가지 가정법

반드시 if절만 가정법이 되는 건 아닙니다. 사실이 아닌 줄 알면서 그랬으면 하고 반대로 말하면 모두 가정법의 적용을 받습니다. 즉, 시제의 활용이 직설법과 다르다는 것입니다. 우선 '~하기만 했더라면'이라는 if only가 쓰인 가정법 문장을 살펴보겠습니다.

24 If only you'd told me, I could have helped you.
    과거 사실의 반대
  ▶ '~하기만 했더라면'이라는 의미의 if only가 이끄는 가정법 문장입니다. 이 문장은 과거 사실의 반대를 표현한 가정법 과거완료입니다.

'이제 ~할 때다'라는 의미를 지닌 'It is time that ~'의 표현은 that절에 가정법 시제를 적용해서 현재의 일이지만 동사는 과거형을 씁니다. 그래서 이런 형태로 쓰인 문장은 'It is (high) time 가정법'이라고 부릅니다. high를 생략하지 않고 쓰면 좀 더 강조하는 표현이 됩니다. 그런데 사실 구어체에서는 이 가정법은 잘 쓰지 않는 표현입니다. 구어체에서는 주로 'It is time to 동사원형'의 모양을 사용합니다.

25 It is time to go to bed.

   → It is time that you went to bed.

   → It is time that you should go to bed.

   → It is time that you go to bed. (×)

▶ '자, 이제 잘 시간이다.'라는 표현인데요. 구어체에서는 첫 번째 문장이 주로 사용됩니다. 두 번째 문장처럼 that절에 가 정법을 적용해서 go 대신 한 시제 앞선 과거동사 went를 써도 됩니다. 세 번째 문장처럼 that절에 조동사의 과거형을 써 도 됩니다. 단, 네 번째 문장처럼 that절에 현재형을 쓰는 것은 안 됩니다. 가정법 시제를 적용해야 합니다.

❹ if의 생략

if 가정법은 조건절에서 if를 생략하는 경우가 있습니다. if가 생략되면 주어와 동사가 위치를 바꾸게 됩니 다. 예문을 통해 익혀둡시다.

26 Were he strong, he would be able to lift it up.

▶ Were he strong은 조건절 If he were strong에서 if가 생략된 형태로 주어와 동사의 위치가 바뀌었습니다.

27 Had I been late again, my teacher would have kicked me out.   * kick out 내쫓다

▶ 조건절인 If I had been late again에서 if가 생략되면 주어와 동사의 위치가 바뀌어 Had I been late again이 됩니다.

28 Should you fall ill, the company will pay your hospital expenses.

▶ 조건절 If you should fall ill에서 if를 생략하고 주어와 동사의 위치가 바꾼 것이 Should you fall ill입니다. 조건절에 should가 쓰였으니 '혹시라도'라는 의미이지요.

접속사 If를 생략한 형태 중 '~이 없다면', '~이 없었다면'이라는 문장이 특히 시험에 자주 출제되므로 잘 익혀 두어야 합니다. Without이나 But for의 경우에는 뒤에 명사가 오기 때문에 가정법 과거와 과거완료 의 구분은 주절에 나오는 동사로 해야 합니다. 하지만 '~이 없다면'이라는 말을 if절을 이용해서 만들게 되면 if절에는 동사가 있으므로 가정법 과거와 가정법 과거완료를 구분해서 써야 한다는 점에 주의해야 합 니다.

---

22 그녀가 내 편을 들어주면 좋을 텐데.　23 내가 우산을 가지고 왔더라면 좋았을 텐데.　24 네가 나에게 말만 해주었더라면 내가 너를 도와줄 수 있었을 텐데.　25 자, 이제 잘 시간이다.　26 그가 힘이 세다면, 그것을 들어올릴 수 있을 텐데.　27 내가 또 늦었다면, 선생님이 나를 내쫓았을 텐데.　28 혹시라도 네가 아프면, 회사가 병원비를 지불할 것이다.

Without ~
= But for ~
= If it were not for ~ → Were it not for ~
= If it had not been for~ → Had it not been for ~

29 Without you, I could not live even a single day.

= But for you, I could not live even a single day.

= If it were not for you, I could not live even a single day.

= Were it not for you, I could not live even a single day.

▶ Without과 But for 뒤에 명사가 오므로 동사의 시제를 신경 쓸 필요가 없고 주절의 could not live의 형태를 보니 '지금 없다면'이라는 현재 사실의 반대를 표현하고 있습니다. 그래서 이 문장을 if절로 바꿔 쓰려면 가정법 과거완료를 쓰면 안되고 가정법 과거로 표현해야 합니다.

30 Without Shane, the child would have drowned.

= But for Shane, the child would have drowned.

= If it had not been for Shane, the child would have drowned.

= Had it not been for Shane, the child would have drowned.

▶ Without과 But for 뒤에는 명사만 오기 때문에 이것으로는 시제를 사용할 일은 없습니다. 그런데 주절을 보니 가정법 과거완료를 쓰고 있습니다. 따라서 if절로 바꾸어 표현할 때는 가정법 과거가 아니라 과거 사실에 반대를 표현하는 가정법 과거완료로 나타내야 합니다.

29 당신이 없다면, 나는 심지어 하루도 살 수 없을 텐데.   30 Shane이 없었다면 그 아이는 익사했었을 텐데.

다음 괄호 안에 적절한 것을 고르시오.

01 [Did / Had] I had a good friend, I would not have made such a silly mistake.

02 I wish I [hadn't been / wasn't] late for my interview yesterday.

03 Had I brought my camera, I [could have taken / could take] some lovely photos on that day.

다음 우리말에 알맞게 제시된 어구를 배열하시오.

01 "Think different"라는 절(節)은 문법적으로 부정확하다. "different"는 "differently"가 되었어야 한다. 하지만 스티브 잡스는 "different"를 고집했다, "Think big"이라는 표현과 마찬가지로. (the expression / grammatically inaccurate; / "different," / should have been / "differently" / is / but / Steve Jobs insisted on / "different," / "Think different" / as well as / the clause / "Think big")

----

02 그 잡지의 독자들이 지난 호의 눈길을 사로잡는 그 광고를 알아보는 것을 못했을 리가 없다. (of the magazine / cannot have failed / in / readers / advertisement / the last issue / the eye-catching / to notice)

----

03 그 재난 현장에는 많은 자원봉사자들이 있었다, 그리고 그들은 아무리 칭찬해도 지나치지 않다. (be praised / were / at the disaster / they / too highly / many volunteers / cannot / there / and)

----

04 많은 십 대들은 오토바이 사고의 위험에 놓여 있다, 불충분한 안전 교육과 연습으로 인해. (at risk / by / insufficient / many teenagers / safety education and practices / are being placed / of motorcycle accidents)

----

05 고등학교를 졸업할 때쯤이면, 오늘날의 학생들은 더 많은 정보에 노출되어온 셈일 것이다, 그들의 조부모가 평생 그랬던 정보보다. (their grandparents were / by the time / in a lifetime / graduate from / will have been exposed / than / they / today's students / to more information / high school,)

----

06 종종 쓰나미에 앞서 물이 해안선으로부터 멀어진다, 그리고 그것은 이상한 낌새를 못 채고 해수욕하는 사람들을 드러난 바다 바닥으로 유인한다, 쓰나미가 오기 직전에. (away from the shoreline, / arrives / tsunamis / of water / just before / unsuspecting beachgoers / onto / the tsunami / which / by the retreat / are often preceded / lures / the exposed sea floor)

------

07 만약 아이들이 어린 나이부터 어떻게 자신들의 재능을 활용하고 일을 잘 처리할 지 배운다면, 우울증의 양상에 빠지는 이들이 더 적을 텐데, 그들이 나이를 먹었을 때. (children / would / they are older / of depression / their talents / and / things well / from an early age, / fewer / were taught / how / patterns / when / if / do / to utilize / fall into)

------

08 만약 공무원들이 빌딩에서 균열이 처음 발견됐을 때 올바른 결정을 내렸다면, 그 붕괴는 방지할 수도 있었을 텐데, 혹은 최소한 더 잘 수습될 수도 있었을 텐데. (the collapse / the cracks / had made / managed / have been prevented, / were first found / the right decision / better / in the building, / officials / when / might / or / at least / if)

------

09 혹시라도 당신이 고질적으로 물이 새는 보트 안에 있다는 것을 알게 된다면, 배를 바꾸는 데 드는 에너지가 더 생산적일 것이다, 구멍을 때우는 데 드는 에너지보다. (you / find / changing vessels / patching leaks / than / devoted to / a chronically leaking boat, / energy / is likely to / devoted to / should / be more productive / energy / yourself / in)

------

10 당신의 눈을 사용하라, 마치 내일이면 당신의 눈이 멀게 될 것처럼, 목소리가 내는 아름다운 소리, 새의 노래를 들으라, 마치 내일이면 당신의 귀가 먹게 될 것처럼. (be stricken / hear / the song / as if / tomorrow; / you / the music / be stricken blind / of voices, / your eyes / use / of a bird, / you / would / deaf / would / tomorrow / as if)

01 다음 글의 밑줄 친 부분 중, 어법상 틀린 것은?

When something doesn't meet our expectations, many of us ① tend to blame others. When your car isn't working right, you think the mechanic must have repaired it incorrectly. When something is missing, you think someone else ② must move it. This attitude ③ has become extremely common in our culture. You often blame others even though they ④ may have helped you. You blame others as if you ⑤ were not responsible for your own actions. If you praise others, and not blame them, you will lead a happier life.

02 다음 글의 밑줄 친 부분 중, 어법상 틀린 것은?

In a town ① called Gloucester, a tailor ② had asked to make a very special waistcoat for the mayor by the following Monday. On Saturday afternoon it was still not complete. The tailor ③ was very worried. But when he returned to his shop on Monday morning, he found that his waistcoat ④ was finished. The explanation? His two assistants had crept secretly into the shop and sewed the waistcoat all Sunday ⑤ to help him.

03 다음 글의 밑줄 친 부분 중, 어법상 틀린 것은?

Soon after we moved to a new city, I found my son ① sobbing because he missed his friends. "I know you're feeling ② sad," I told him, "but can you think of one thing you could do to ③ make yourself feel better?" He thought for a while, and then asked me ④ if he could make a long-distance call to his best friend. The call ⑤ was lasted only five minutes, but his mood immediately improved. The following year, when we moved again, he called one of his friends before he felt lonely.

04 다음 글의 밑줄 친 부분 중, 어법상 틀린 것은?

Bob had been at a party before the accident happened. He drank a lot. ① Driving home, he suddenly lost control of the car and it ran into a bus stop and then a wall. Luckily, nobody ② was standing there. A bus ③ had come by a minute earlier and had picked up ten people. In other words, if the accident ④ happened only a minute before, Bob would have killed ten people. Of course, if Bob had not drunk so much, the accident ⑤ would not have happened.

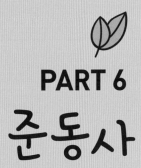

PART 6
준동사

부정사와 동명사

Infinitive & Gerund

동작의 내용을 나타내는 품사를 '동사'라고 하지요. 문장을 쓰다 보면 동작의 내용이 여러 번 필요한 경우가 있습니다. 그런데 영어는 한 문장 안에 동사를 하나밖에 쓸 수가 없답니다. 그래서 동작이 둘 이상 필요한 문장의 경우 가장 중요한 동사 하나를 남겨 두고 나머지 하나의 모양을 변화시켜서 문법적으로 다른 지위를 부여합니다. 이를 '준동사'라고 하는데 글자 그대로 동사에 준한다는 말이예요. 준우승, 준결승 같은 말에서 쓰이는 '준'과 같은 말입니다. 그렇게 동사의 모양을 살짝 바꿔서 다른 문법적 지위를 가지게 하지만 동작의 내용이 사라지지는 않으니 준동사라고 부르는 것들은 동사의 특징을 많이 가지고 있습니다.

우리말도 비슷해요. 예를 들어 '나는 네가 공부하다 원한다'라고 쓰면 틀린 문장입니다. 한 문장에 서술어가 두 개 있기 때문이죠. 그래서 '나는 원한다'라는 문장의 뼈대를 그대로 두고 '공부하다'라는 말의 어미를 살짝 바꿔서 '나는 네가 공부하기를 원한다'라고 씁니다. 그러면 '공부하다'라는 내용은 그대로 둔 채 문법적인 역할은 서술어가 아닌 '원한다'라는 동사의 목적어가 되었습니다. '공부하다'라는 동사의 어미를 '공부하기'로 바꾸어서 품사를 명사처럼 사용한 것이죠. 하지만 동사의 특징은 사라지지 않아서 '공부하다'의 주어로 '네'가 있고 목적어로 '영어를' 같은 말을 넣을 수도 있습니다. 그리고 '공부했기를'이라고 과거시제를 활용할 수도 있구요. 이렇게 형태 변화를 통해서 동사의 내용과 기본 특징을 유지하지만 다른 품사로 활용하는 말을 준동사라고 합니다.

(1) 준동사의 종류와 역할

영어에는 준동사가 '부정사', '동명사' 그리고 '분사' 이렇게 세 가지 있어요. 부정사는 명사, 형용사, 부사로 문법적 역할을 바꾸어 사용할 수 있습니다. 동명사는 명사로만 활용합니다. 분사는 형용사와 부사로 활용하는데 그 중 부사로 쓰인 것을 '분사구문'이라고 부르기도 합니다. 분사는 좀 독자적인 영역이어서 헷갈릴 일이 별로 없는데 부정사와 동명사는 학생들이 공부할 때 그 쓰임을 이해하기가 쉽지 않습니다. 그래서 부정사와 동명사의 공통점과 차이점을 중심으로 준동사의 활용을 학습하고 이것을 기반으로 분사의 쓰임도 살펴보도록 하겠습니다.

(2) 부정사와 동명사의 활용

부정사나 동명사 모두 동사가 변화한 형태입니다. 우리말로 표현하면 동사의 어미를 바꾸어서 다른 품사로 활용하는 것이죠. 그 중에서 부정사는 명사, 형용사, 부사로 활용이 되구요. 동명사는 오직 명사로만 쓰입니다. 그래서 부정사가 동사의 성질이 더 많이 남아 있어요. 동명사는 거의 명사쪽으로 넘어가 버린 말입니다. 자 그럼 차근차근 살펴보도록 하겠습니다.

❶ 부정사의 활용

동사의 어미를 변화시켜 다른 품사로 활용하는 말을 '준동사'라고 했지요. 그 중에서 부정사는 명사, 형용사, 부사 이렇게 세 가지로 변화시켜 사용한다는 것도 언급했습니다. 우리말로 예를 들어 볼까요? '꾸준히 공부하다는 어렵다.'라는 문장은 틀린 문장이지요. 한 문장에 서술어 두 개가 있으니까요. 자, 이 문장을 올바르게 바꾸면 '꾸준히 공부하는 것은 어렵다.'가 되겠죠? 이렇게 '공부하다'라는 동사의 어미를 바꿔서 동사가 아닌 다른 품사로 바꿔 쓰는 것이 부정사입니다. 부정사는 총 세 가지로 활용할 수 있는데요. 먼저 '공부하다'라는 동사를 '공부하기', '공부하는 것'으로 바꾸면 명사처럼 사용이 가능합니다. '공부할', '공부하는' 정도로 바꾸면 형용사처럼 쓸 수 있죠. '공부해서', '공부하기에', '공부하러'처럼 활용하면 부사로 사용할 수 있답니다. 우리말은 어미의 변화가 아주 다양해서 이렇게 여러 가지 모양으로 변하지만 영어는 이 모든 것을 동사원형 앞에 to를 붙이는 것으로 해결합니다. 우리가 너무 잘 알고 있는 'to + 동사원형'이죠. 그리고 이렇게 품사를 바꾸어 활용하면 문장에서 그 품사가 할 수 있는 기능을 하게 되는 것입니다.

■ 부정사의 명사적 용법

부정사는 '~하기', '~하는 것' 정도의 의미를 가진 명사로 활용할 수 있습니다. 당연히 문장 속에서 명사가 담당하는 주어, 목적어, 보어의 역할을 할 수 있습니다. 이것을 부정사의 '명사적 용법'이라고 합니다.

01 To remember phone numbers is difficult.
　　　주어 역할
　▶ '기억하다'라는 의미의 동사 remember 앞에 to를 붙여 '기억하기', '기억하는 것', '기억한다는 것'이라는 의미의 명사로 바꾸어 문장의 주어로 썼습니다. 부정사구가 주어로 쓰이면 앞에서 배운 것처럼 셀 수 있는 것이 아니여서 단수 취급합니다.

02 Our plan is to turn the house into a luxury hotel.
　　　　　　보어 역할　　　　　　　　　　　　　　　　　　　　*trun A into B A를 B로 바꾸다, 변화시키다
　▶ '바꾸다'라는 의미의 동사 turn 앞에 to를 붙여서 '바꾸기'라는 명사로 변화시켰습니다. 그리고 문장의 보어로 사용하고 있습니다.

---

01 전화번호를 기억하는 것은 어렵다.　02 우리 계획은 그 집을 고급 호텔로 바꾸는 것이다.

03 The tourists wanted to feed a pigeon with crisps.
　　　　　　　　　　목적어 역할

*feed A with B A에게 B를 주다, 먹이다

▶ '먹이를 주다'라는 의미의 동사 feed 앞에 to를 붙여서 '먹이를 주기'라는 명사로 바꾸어 이 문장의 목적어로 사용하고 있습니다.

■ **부정사의 형용사적 용법**

부정사는 '~할', '~하는', '~하려는', '~할 수 있는' 정도의 의미를 지닌 형용사가 하는 역할을 할 수 있습니다. 명사를 수식할 수도 있고, 보어로 사용할 수도 있답니다. 예문을 통해 살펴보도록 하겠습니다.

04 This is the only way to make you smile.
　　　　　　　　　　형용사 역할로 way 수식

▶ '만들다'라는 의미의 동사 make에 to를 붙여 '만들', '만드려는', '만드는', '만들 수 있는'이라는 의미를 갖는 형용사로 바꾸어 앞에 있는 '유일한 방법'이라는 명사를 수식하고 있습니다.

05 He is not the kind of guy to steal his friend's girlfriend.
　　　　　　　　　　　　　　형용사 역할로 guy 수식

▶ '훔치다'라는 의미의 동사 steal 앞에 to를 붙여서 '훔칠'이라는 형용사를 만들었고 앞에 있는 명사 guy를 수식하고 있습니다.

06 I am to visit Seoul next year.
　　　　형용사 용법

▶ 이 문장에 be동사가 쓰였으므로 뒤에 나오는 to visit은 명사 아니면 형용사 역할을 하고 있는 것입니다. 그런데 to visit이 명사가 되어 보어로 쓰였다면 주어와 동일한 관계가 성립되어야 하는데 그렇지는 않습니다. 이 문장에서처럼 to부정사가 보어의 역할을 하지만 주어와 동일한 관계를 가지지 않는다면 형용사적 용법으로 분류합니다. to visit을 will visit이나 can visit 정도의 의미로 생각하면 됩니다.

■ **부정사의 부사적 용법**

부정사는 명사, 형용사 역할 이외에 부사의 역할을 할 수 있습니다. 이를 부정사의 '부사적 용법'이라고 부릅니다. 부정사가 문장에서 동사나 형용사 또는 다른 부사를 수식하는 역할을 하는 것입니다. '목적', '결과', '이유', '조건', '판단의 근거' 등의 해석에 근거해서 부사적 용법을 분류합니다. 예문을 통해 부정사가 부사 역할을 하는 것을 살펴봅시다.

07 He has to get up early to read a newspaper.
　　　　　　　　　　　　동사 get up을 수식하는 부사역할

▶ 동사 read에 to를 붙여 부정사를 만들어 동사 get up을 수식하는 부사의 역할을 하고 있습니다. 'in order to동사원형'에서 in order가 생략된 형태라고 생각해도 됩니다. '~하기 위해', '~하려고', '~하러' 정도로 해석할 수 있습니다.

08 I am so happy to see you again.

형용사 happy를 수식하는 부사 역할

▶ to see가 형용사 happy를 수식하는 부사 역할을 하고 있네요. 이처럼 부정사가 형용사를 수식할 때는 형용사 뒤에 옵니다. '~하기에 …하다' 또는 '~해서 …하다'의 방식으로 해석하면 됩니다.

09 The runner didn't run fast enough to win.

'~할 만큼 충분히 …하다'

▶ to win이 앞에 있는 부사 enough를 수식하고 있는 부사 역할을 하고 있습니다. '형용사＋enough to 동사원형'의 형태로 쓰면 '~할 만큼 충분히 …하다' 정도로 해석하면 됩니다.

❷ 동명사의 활용

동명사는 동사 뒤에 -ing를 붙여서 만듭니다. 현재분사와 모양이 같아서 헷갈리기 쉽습니다. 동명사는 명사이고 현재분사는 형용사이니 그 기능은 완전히 다르답니다. 어쨌든 동명사는 명사의 기능을 하는 말입니다. 명사의 기능을 하니 당연히 주어, 목적어, 보어로 쓸 수 있습니다.

그런데 동명사와 부정사의 명사적 용법의 경우에는 문법적 기능이 헷갈릴 수 있지요. 둘 다 명사로 쓸 수 있다는 점은 똑같지만 그 내용은 조금 다른데 이게 좀 어렵습니다. 왜냐하면 동명사 의미와 딱 어울리는 우리말이 없거든요. 예를 들어 '달리다'라는 동사를 부정사로 바꾸면 '달리는 것', '달릴', '달리는', '달려서', '달리기에' 정도가 되는 거구요, 동명사로 바꾸면 '달리기' 정도가 되는 거예요. '살다'라는 말을 부정사로 바꾸면 '사는 것', '살', '살려는', '살 수 있는', '살려', '살기에', '살아서' 정도가 되는 거구요. 동명사로 바꾸면 '삶' 정도가 되는 겁니다. 우리말에서 '달리기'나 '삶'은 명사이지 동명사는 아니거든요. 그런데 영어는 이름만 명사로 쓰고 동작이 들어있는 것은 동명사로 쓴답니다. 따라서, 동명사는 '동작을 명사로 나타낸 것'임을 명확하게 알고 있어야 합니다.

10 Eating too fast is not good for digestion.

주어 역할

* digestion 명 소화

▶ 동사 eat에 -ing를 붙여서 동명사가 되었고 문장에서 주어 역할을 하고 있습니다. 부정사와 마찬가지로 동명사도 셀 수 없으므로 단수 취급을 합니다.

11 I don't mind opening the window.

목적어 역할

▶ 동사 open에 -ing를 붙여서 동명사를 만들었고 opening은 동사 mind의 목적어 역할을 하고 있습니다. 동사의 목적어 자리에 '열다'라는 동작이 필요한데 동사를 그대로 쓸 수는 없으니 동명사를 만든 것입니다. 그래서 문장의 목적어로 쓸 수 있게 된 것입니다.

---

03 여행객들이 비둘기에게 감자칩을 주고 싶어 했다.   04 이것이 너를 웃게 만들 수 있는 유일한 방법이다.   05 그는 친구의 애인을 뺏을 그런 사람은 아니다.   06 나는 내년에 서울을 방문할 거다.   07 그는 신문을 읽기 위해 일찍 일어나야 한다.   08 나는 너를 다시 만나 너무 기쁘다.   09 그 달리기 선수는 승리할 만큼 충분히 빨리 달리지 않았다.   10 너무 빠르게 먹는 것은 소화에 좋지 않다.   11 저는 창문을 열어도 괜찮습니다.

12 Please stop complaining about what others do.
목적어 역할

* complain ⑧ 불평하다, 불만을 이야기하다

▶ 동사 stop 뒤에 목적어가 필요한데 동사인 complain을 쓸 수는 없기 때문에 -ing를 붙여서 동명사를 만들어 명사의 기능을 할 수 있도록 하여 목적어로 쓴 것입니다.

13 What she is interested in is going on a diet.
보어 역할

* go on a diet 다이어트하다

▶ 동사 go에 -ing를 붙인 동명사 going이 be동사의 보어로 쓰였습니다. 동명사가 명사의 기능을 하니 당연히 보어로 쓸 수 있습니다. 이 문장에서 주어 자리에 쓰인 말은 관계사에서 배웠던 what이 이끄는 절입니다. 즉, what she is interested in이 이 문장의 주어입니다.

(3) 부정사, 동명사의 동사적 특징

어미를 변화시켜서 다른 품사로 바꿔 쓰기 위해 활용하는 것이 부정사와 동명사라는 것을 이제 확실히 알 겠죠. 부정사와 동명사는 모두 동사에서 만들어진 것이죠. 당연히 동사적 성격이 남아있습니다. 그래서 부 정사나 동명사도 자신의 주어를 가질 수 있고 목적어도 가질 수 있습니다. 이를 문장의 주어, 목적어와 구 별해서 '부정사, 동명사의 의미상의 주어, 목적어' 또는 '내용상의 주어, 목적어'라고 부릅니다. 그리고 동작 의 때를 나타내는 시제를 가지고 있으며 능동과 수동의 모양 또한 가지고 있습니다. 그럼 하나씩 살펴보기 로 하겠습니다.

❶ 부정사, 동명사의 주어

부정사나 동명사도 동작의 의미를 내포하고 있기 때문에 그 동작의 주체가 있습니다. 즉, 자기만의 주어가 있다는 거죠. 그런데 그 주어가 문장의 주어와 동일하다면 굳이 표기할 필요가 없기 때문에 생략합니다. 그 런데 만약 문장의 주어와 부정사나 동명사의 주어가 다르다면 생략해서는 안 됩니다. 당연히 표기해야 합 니다. 부정사는 세 가지 형태로 주어를 표시합니다.

첫째, 부정사 바로 앞에 목적어를 쓰는 방법입니다. 문장의 모양은 '주어 + 동사 + 목적어 + to 동사원형'이 됩니다. 소위 5형식이라고 부르는 문장이죠. 만약 목적어가 없다면 문장의 주어와 부정사의 주어가 동일한 경우이지만 문장의 주어와 부정사의 주어가 다를 때는 부정사 앞에 목적격으로 부정사의 주어를 표시할 수 있습니다.

둘째, 'It is + 형용사 + to 동사원형 …'의 형태로 되어 있는 문장 즉, 가주어를 사용한 문장에서 to 동사원 형의 주어를 표시할 경우에는 to 동사원형 앞에 목적격을 써야 하는데 이 경우에는 바로 목적격을 쓰지 않 고 'for + 목적격'의 형태로 씁니다. 'It is + 형용사'까지 완전한 문장이 종결되었기 때문에 명사를 바로 쓰 지 못하고 전치사를 먼저 쓰고 명사를 연결해야 하는 것입니다. 그래서 가주어가 쓰인 문장이 아니더라 도 'be + 형용사 + to 동사원형'의 모양에서 부정사의 주어가 문장의 주어와 달라 표기하려고 할 경우에는 'for + 목적격'을 부정사 앞에 씁니다. 이때 전치사 for는 '～에게'라는 의미로 쓰입니다.

셋째, 'It is + 형용사 + to동사원형 …'의 형태로 되어 있는 문장에서 형용사 자리에 사람의 성격 등을 나타내는 형용사가 오면 'for + 목적격' 대신 'of + 목적격'을 사용합니다. 왜냐하면 사람의 성격을 나타내는 형용사는 전치사 for과 어울리지 않기 때문입니다. 이 경우 쓰이는 형용사는 뒤에 나오는 목적어의 성격을 나타내는 형용사이므로 '~에게 어떠하다'가 아니라 '~의 (성격이) 어떠하다'라는 의미가 되도록 전치사 for가 아닌 of를 쓰는 것이랍니다.

동명사의 주어는 소유격으로 표현합니다. 당연히 동명사 앞에 표시합니다. 동명사는 부정사 보다는 명사적 성격이 훨씬 강한 말이기 때문에 소유격으로 동명사의 주어를 표기하는 것인데 동명사 앞에 전치사가 있는 경우에는 동명사의 의미상의 주어를 목적격으로 나타내기도 합니다.

	목적격	S + V + O + to 동사원형
부정사의 의미상 주어	for 목적격	It is 형용사 + for O + to 동사원형 완전한 문장 + for O + to 동사원형
	of 목적격	It is 형용사 + of O + to 동사원형
동명사의 의미상 주어	소유격으로 표현하는 것이 원칙	전치사 뒤에는 목적격을 사용하기도 함

14 I want you to fall in love with him.
_{you가 to부정사의 의미상 주어}
* fall in love with ~와 사랑에 빠지다

▶ you가 없다고 생각해보세요. 내가 그와 사랑에 빠지면 좋겠다는 의미가 되죠. 그런데 부정사 앞에 목적격 you를 쓰면 내가 아니라 네가 사랑에 빠지면 좋겠다는 의미가 됩니다. 이처럼 소위 5형식 문장의 경우 부정사 앞에 목적격을 써서 부정사의 의미상의 주어를 표시합니다.

15 This milk is too hot for a baby to drink.
_{baby가 to부정사의 의미상 주어}

▶ This milk is too hot to drink.라고 쓰면 특정인에 대한 언급없이 보통 사람이면 마시기에 뜨겁다는 말이 되는데 to drink 앞에 주어를 따로 표기한 거죠. 그런데 to부정사의 주어로 a baby만 쓰면 안 됩니다. This milk is too hot.이 완전한 문장이므로 전치사 for를 쓰고 명사를 써야 합니다. 그래서 for a baby를 to부정사 앞에 쓴 것입니다.

16 It's difficult to study English. / It's difficult for me to study English.
_{me가 to부정사의 의미상 주어}

▶ 가주어와 진주어가 있는 문장입니다. 첫 번째 문장의 경우는 보통 일반인들에게 영어 공부는 어렵다는 것이죠. 그런데 두 번째 문장의 경우 나에게는 영어 공부가 어렵다는 표현입니다. 따라서 to부정사 앞에 me만 쓰면 안됩니다. It's difficult.가 완전한 문장이므로 전치사 for을 쓰고 me를 쓰는 것입니다. 이때 전치사 for는 '~에게는'이라는 의미를 지니고 있으므로 나에게는 어렵다는 말이 만들어지는 거죠.

---

12 다른 사람들이 한 것에 대한 불평은 그만 하세요.   **13** 그녀가 관심을 가지고 있는 것은 다이어트하는 것이다.   **14** 나는 네가 그와 사랑에 빠지면 좋겠다.   **15** 이 우유는 아기가 마시기엔 너무 뜨겁다.   **16** 영어를 공부하는 것은 어렵다. / 내가 영어를 공부하는 것은 어렵다.

17 It was rude of your friend not to shake hands.

your friend가 to부정사의 의미상 주어

▶ 부정사 앞에 의미상의 주어로 'for + 목적격'이 아닌 'of + 목적격'이 왔네요. for는 '~에게는'이라는 뜻을 지녔는데 이 문장에서 for을 쓰게 되면 '네 친구에게는 무례한 것'이라는 이상한 의미가 됩니다. 형용사 rude는 사람의 성격을 나타내는 말이지요. 그래서 your friend 앞에 전치사 of를 쓴 것입니다. It is 다음에 사람의 성격을 나타내는 형용사가 오면 'of + 목적격'을 써야 합니다.

18 I insist on him(his) going there.

him(his)가 동명사의 의미상 주어

▶ him이나 his가 없으면 내가 가는 것을 내가 주장하는 의미가 되지만, 동명사 going 앞에 him이나 his를 쓰면 그가 가는 것을 내가 주장하는 의미가 됩니다. 동명사의 의미상의 주어는 기본적으로 소유격을 씁니다. 그런데 이 문장에서처럼 전치사의 목적어로 동명사가 쓰일 경우에는 목적격을 쓸 수도 있답니다.

19 I have no doubt of her keeping her promise.

her가 동명사의 의미상 주어　　　　　　　* have no doubt of ~에 대해 의심하지 않다

▶ 동명사 keeping 앞에 소유격 her가 의미상 주어로 쓰였습니다. 약속을 지키는 주체가 문장의 주어인 내가 아니라 그녀이기 때문에 동명사 앞에 의미상의 주어를 쓴 것입니다.

❷ 부정사와 동명사의 목적어

부정사나 동명사로 사용된 동사가 타동사라면 당연히 그 동작의 대상이 있겠지요. 이런 경우에는 부정사나 동명사가 목적어를 취하게 됩니다. 전치사로 연결하지 않고 부정사나 동명사 바로 뒤에 목적어를 쓰면 됩니다.

20 I want you to put this key in your bag.

부정사의 목적어

▶ 이 문장의 목적어는 you입니다. 그런데 부정사인 to put도 타동사로서 목적어를 가질 수 있지요. to put의 목적어에 해당되는 말이 this key입니다. 이처럼 준동사는 자신의 목적어를 취할 수 있습니다.

21 I ask you to bring another umbrella for me.

부정사의 목적어

▶ 이 문장의 목적어는 you입니다. 부정사 to bring도 타동사로서 자신의 목적어를 가질 수 있습니다. another umbrella가 바로 그 목적어입니다.

22 Stop making up an excuse for being late.

동명사의 목적어　　　　　　* make up 만들어내다, (거짓으로) 꾸며내다　excuse ⑲ 변명

▶ 동명사로 쓰인 동사가 타동사라면 자신의 목적어를 가질 수 있습니다. 이 문장의 동사는 stop이고 목적어로 동명사 making up이 왔지요. 그런데 동명사 making up은 타동사로서 자신의 목적어를 취할 수 있습니다. an excuse가 목적어입니다.

❸ 부정사, 동명사의 시제와 태

부정사와 동명사는 동사의 기능을 하기 때문에 동작의 때를 나타내는 시제의 변화도 발생합니다. 하지만 자신만의 절대시제를 가지지는 못하고, 문장의 정동사와 비교해서 때를 나타내는 상대시제만을 갖게 됩니다. Part 5에서 배운 적이 있습니다. 먼저 부정사의 시제를 보죠. 문장의 정동사와 같거나 나중의 일이면 'to동사원형'의 모양을 쓰는데 이를 '단순부정사'라고 합니다. 문장의 정동사보다 더 과거의 일이면 'to have + -ed'의 모양을 쓰는데 이를 '완료부정사'라고 합니다. 각각의 수동의 형태도 잘 확인해두세요.

부정사의 시제	능동	수동
단순부정사	to do	to be -ed
완료부정사	to have -ed	to have been -ed

23 Mary seems to be rich.
　　　　　단순 부정사

24 Mary seems to have been rich.
　　　　　완료 부정사

25 Mary seemed to be rich.
　　　　　단순 부정사

26 Mary seemed to have been rich.
　　　　　완료 부정사

▶ 23, 24번 문장은 Mary를 지금 보는 거죠. 25, 26번 문장은 Mary를 예전에 본 것이고요. 23, 25번 문장은 단순부정사를 써서 정동사와 같은 때를 나타내고 있네요. 24, 26번 문장은 완료부정사를 써서 정동사보다 더 과거임을 나타냅니다. 정리하면 23번 문장은 지금 Mary를 보는데 지금 부자인 것처럼 보이는 겁니다. 24번 문장은 지금 Mary를 보는데 지금이 아니라 예전엔 부자였던 것으로 보이는 거죠. 25번 문장은 예전에 Mary를 봤는데 그때 부자로 보였던 거예요. 26번 문장은 예전에 Mary를 봤는데 더 옛날에는 부자였던 것으로 그때 보였던 거죠.

17 네 친구가 악수를 하지 않는 것은 무례했다.　18 나는 그가 거기에 갈 것을 주장한다.　19 나는 그녀가 약속을 지킬 것에 대해 조금의 의심도 없다.　20 나는 네가 이 열쇠를 네 가방에 넣기를 원한다.　21 나는 네가 나를 위해 우산 하나를 더 가져와주기를 부탁한다. 22 늦은 것에 대해 변명하는 것을 그만둬라.　23 Mary는 부자처럼 보인다.　24 Mary는 부자였던 것처럼 보인다.　25 Mary는 부자처럼 보였다.　26 Mary는 부자였던 것처럼 보였다.

이제 동명사의 시제를 보죠. 정동사와 같거나 나중의 일이면 '동사원형 + -ing'의 모양을 쓰는데 이를 '단순 동명사'라고 하지요. 그리고 정동사보다 더 과거의 일이면 'having + -ed'의 모양을 쓰는데 이를 '완료동명사'라고 합니다. 역시, 각각의 수동의 형태도 잘 익혀두기 바랍니다.

동명사의 시제	능동	수동
단순동명사	-ing	being -ed
완료동명사	having -ed	having been -ed

27 I am sure of his being honest.
　　　　　　　　　단순 동명사

28 I am sure of his having been honest.
　　　　　　　　　완료 동명사

▶ 27번 문장은 그 사람이 지금 정직하다고 지금 확신하는 거죠. 두 번째 문장은 그 사람이 옛날에 정직했었다고 지금 확신하는 것입니다.

부정사와 동명사는 동작을 나타내는 동사의 기능을 하기 때문에 그 동작을 직접한 것인지 아니면 당한 것인지, 즉, 능동인지 수동인지 구별해서 표현해야 합니다.

29 I wanted the project to be finished by this morning.
　　　　　　　　　　　　부정사의 수동태

▶ 프로젝트가 끝내는 게 아니라 프로젝트를 끝내는 거죠. 프로젝트 입장에서는 끝냄을 당하는 것이므로 부정사를 수동형으로 써야 합니다. to부정사의 수동형은 'to be -ed'의 모양으로 나타내므로 to be finished가 왔네요.

30 There is a lot of work to be done.
　　　　　　　　　　　부정사의 수동태

▶ 많은 일들이 하는 게 아니라 이루어지는 거죠. 즉, 능동이 아니라 수동형을 써야 하지요. 그래서 to do의 수동형인 to be done으로 표현하였습니다.

31 I'm annoyed at having been made a fool of.　　　　　　　　　　　* make a fool of ~를 놀리다, 조롱하다
　　　　　　동명사의 수동태

▶ '내가 놀림을 당했던 것에 화가 나는 것을 표현할 때' 지금 짜증이 났지만 과거에 놀림을 당한 것이므로 완료동명사의 수동형을 써야 합니다. 그래서 making a fool of가 아니라 수동과 완료가 결합된 having been made a fool of를 쓴 것입니다.

❹ 부정사, 동명사의 주의할 용법

■ 가주어와 가목적어

부정사의 내용이 너무 길어 전달하려고 하는 서술어의 내용이 잘 전달되지 않거나 또는 서술어의 내용을 먼저 강조하여 전달하고 싶을 경우, it을 이용한 가주어를 사용해 먼저 문장을 완성하고 뒤에 부정사의 내

용을 표현합니다. 5형식 문장에서도 목적어 자리에 부정사가 올 경우 가목적어 it을 쓰고 진목적어는 문장 뒤에 쓰게 됩니다. 가주어의 경우 꼭 사용해야 하는 것은 아니지만 가목적어의 경우는 반드시 사용해야 한다는 차이가 있습니다. 왜냐하면 5형식의 목적어 자리에는 부정사를 사용할 수 없기 때문입니다.

32 It is exciting to travel around the world.
가주어 / 진주어

▶ To travel around the world is exciting.이라고 써도 되는데 그러면 '흥분된다, 신난다'라는 느낌보다는 세계 여행에 초점을 맞춘 문장이 됩니다. 그래서 exciting의 의미를 더 강하게 전달하고자 가주어 it을 사용하여 표현한 문장입니다.

33 It is great for you to graduate from university in U.S.A.
가주어 / 진주어

▶ 미국에 있는 대학을 졸업한다는 것을 주어로 쓰려고 하니 길어서 '대단한 일'이라는 느낌이 잘 전달되지 않습니다. 그래서 great이라는 말을 먼저 오게 하려고 가주어 it을 사용했습니다.

34 You will find it interesting to make friends from other countries.
가목적어 / 진목적어

▶ 5형식 문형에서는 목적어 자리에 부정사를 쓸 수 없으므로 이를 대신할 가목적어 it을 써야 합니다. 즉, You will find to make friends from other countries interesting.은 쓸 수 없는 문장입니다. 반드시 가목적어 it을 쓰고 목적격 보어까지 쓰고 그 뒤에 부정사구가 와야 합니다. 그래서 가목적어 it 목적격 보어 intersting을 쓰고 그 뒤에 부정사구가 온 문장입니다.

■ 부정사와 동명사의 부정

준동사의 부정은 준동사 앞에 not 또는 never를 붙여 표현합니다. 그러므로 부정사의 부정은 'not to 동사 원형', 'not to have + -ed'의 모양을 가지게 되고 동명사의 부정은 'not -ing', 'not having + -ed'의 모양이 됩니다.

35 It is common not to understand the lectures.
부정사의 부정   * lecture 명 강의

▶ 부정사의 부정은 부정사 앞에 not를 씁니다. to not understand로 쓰지 않도록 주의해야 합니다.

36 I regret not having my laptop today.
동명사의 부정

▶ 동명사의 부정은 동명사 앞에 not을 붙입니다. having not으로 잘못 쓰기 쉬우니 주의해야 합니다.

---

27 나는 그가 정직하다고 확신한다. 28 나는 그가 정직했다고 확신한다. 29 나는 오늘 아침까지 이 프로젝트가 끝나기를 원했다. 30 해야 될 많은 일들이 있다. 31 나는 놀림을 당했던 것에 대해 화가 난다. 32 전 세계를 여행하는 것은 신나는 일이다. 33 네가 미국에 있는 대학교를 졸업한다니 대단하다. 34 너는 다른 나라 친구들을 사귀는 것이 흥미롭다는 것을 알게 될 것이다. 35 그 강의를 이해 못하는 것은 흔하다. 36 나는 오늘 노트북을 안 가져온 것을 후회한다.

■ 부정사 뒤에 전치사가 오는 경우

'명사 + to 동사원형'에서 부정사가 명사를 수식하는 경우, 부정사에 사용된 동사가 타동사이면 앞의 명사가 동사의 목적어에 해당이 됩니다.

- the problem to solve : 해결할 문제(the problem이 to slove의 목적어)
- a book to read : 읽을 책(a book이 to read의 목적어)

그런데 만약 부정사의 동사가 자동사일 경우에는 부정사 뒤에 전치사가 있어야 앞의 명사를 수식할 수 있게 됩니다.

a chair to sit on : 앉을 의자   a chair to sit (×)
a pen to write with : 쓸 펜   a pen to write (×)
a house to live in : 살 집   a house to live (×)
a friend to talk with : 이야기할 친구   a friend to talk (×)

■ 이루지 못한 소망의 표현

'희망, 기대'를 나타내는 '동사의 과거형 + to have + -ed'의 모양을 사용하면 '과거에 이루지 못한 일에 대한 아쉬움을 나타내는 표현'이 됩니다. 이 형태는 '희망, 기대를 나타내는 동사의 과거완료 + to 동사원형'으로 바꾸어 쓸 수 있습니다. 아래 두 예문을 잘 살펴보세요.

37 I hoped to have visited his house.
= I had hoped to visit his house.

38 I hoped to have drunk with Mr. Choe.
= I had hoped to drink with Mr. Choe.

■ 수동의 의미를 가지는 동명사

주어가 사물일 경우 형태는 능동인데 수동의 의미를 가지는 동명사들이 있습니다. 이런 문장은 수동형으로 표현하면 틀리게 됩니다. 다만 부정사를 이용할 경우는 수동형으로 표현해야 합니다. 결론적으로 동명사는 능동의 모양으로, 부정사는 수동의 모양으로 써야 한다는 것을 꼭 기억해야 합니다.

사물 주어 + need / want / require / deserve + -ing (○)
사물 주어 + need / want / require / deserve + to be -ed (○)
사물 주어 + need / want / require / deserve + being -ed (×)

39 The house needs painting. (○)

→ The house needs to be painted. (○)

→ The house needs being painted. (×)

40 The car requires repairing. (○)

→ The car requires to be repaired. (○)

→ The car requires being repaired. (×)

다음 괄호 안에 적절한 것을 고르시오.

01 My brother advised me [quit / to quit] this job and find a new job.

02 In an effort [to save / saving] money, departments are purchasing new computers.

03 She was not aware of her husband having [fired / been fired].

04 You will find it easy [increasing / to increase] customer satisfaction.

05 It was mean [of her / to her] to make a joke about the disabled.

06 It usually takes a week for the visa [to be approved / to approve].

---

37 나는 그의 집을 방문해보고 싶었다. (그러나 그러지 못했다.) 38 나는 최 씨와 한 잔 하고 싶었다. (그러나 그러지 못했다.) 39 그 집은 페인트 칠을 할 필요가 있다. 40 그 차는 수리할 필요가 있다.

CHAPTER 01 부정사와 동명사 **217**

(4) 부정사와 동명사의 차이

❶ 부정사와 동명사의 일반적 차이

부정사와 동명사는 두 가지 큰 차이점이 있습니다.

첫째, 대체적으로 부정사는 아직 동사의 성질이 많이 남아 있지만, 동명사는 명사의 성질이 많이 남아 있습니다. 그래서 둘 다 동사의 목적어로는 쓸 수 있지만 전치사의 목적어로는 명사의 성질이 강한 동명사만 사용할 수 있습니다. 참고로 명사의 성질이 있는 동명사와 일반명사를 비교해보면 동명사는 일반명사와 달리 동사의 성격이 있기 때문에 일반명사처럼 형용사의 수식을 받을 수 없습니다. 그래서 동명사는 부사로 수식해야 합니다. 그리고 일반명사는 목적어를 가질 수 없지만 동명사는 목적어를 가질 수 있다는 큰 차이가 있습니다.

둘째, 부정사가 현재를 기반으로 미래를 지향하는 표현을 나타낸다면 동명사는 과거를 기반으로 현재를 지향하는 표현을 나타냅니다. 부정사가 오느냐 동명사가 오느냐에 따라 뜻이 달라지는 동사도 바로 이런 차이 때문에 생겨나는건데요. 엄밀하게 얘기하면 부정사가 오는냐 동명사가 오느냐에 따라서 뜻이 달라지는 게 아니라 부정사와 동명사 자체가 뜻이 다른 겁니다. 잘 생각해보세요. 부정사 뒤에 나오는 일은 미래의 일이고 앞으로 하려고 하는 일입니다. 그래서 부정사는 will 또는 can의 의미를 지니고 있답니다. will이라는 조동사가 시간상으로는 미래, 내용상으로는 의지를 지니고 있는 말이잖아요. 따라서 부정사가 쓰이면 미래의 일을 주로 나타내게 됩니다. 다음에 나오는 내용들은 부정사를 will이라고 생각하면 쉽게 이해할 수 있습니다. 물론, 동명사는 과거의 의미를 내포하고 있다는 것에 주의해야 합니다.

- stop to-do : ~하려고 멈추다 (미래에 할 일)
- stop -ing : ~하던 것을 그만두다 (과거에 한 일)

- forget to-do : ~할 것을 잊다 (미래에 할 일)
- forget -ing : ~한 것을 잊어버리다 (과거에 한 일)

- remember to-do : ~할 것을 기억하다 (미래에 할 일)
- remmeber -ing : ~한 것을 기억하다(과거에 한 일)

- regret to-do : 유감스럽지만 ~하겠다 (미래에 할 일)
- regret -ing : ~한 것을 후회하다 (과거에 한 일)

- try to-do : ~하려고 노력하다, 애쓰다
- try -ing : ~을 시도하다, 시험 삼아 해보다

다음 문장들의 의미를 비교해보세요.

41 She stopped to tie her shoelaces.

42 She stopped tying her shoelaces.

43 I forgot to send a letter to my friend.

44 I forgot sending a letter to my friend.

45 He remembered to take his bag on the table.

46 He remembered taking his bag on the table.

47 I regret to announce his retirement.

48 I regret quitting the job.

49 I tried to write a paper on my own.

50 I tried sending her flowers.

---

41 그녀는 신발 끈을 묶기 위해 멈추었다. (멈추고 묶을 겁니다.) 42 그녀는 신발 끈을 묶는 것을 멈추었다. (묶던 것을 멈추는 겁니다.)
43 나는 친구에게 편지 부치는 것을 잊어버렸다. (깜빡 하고 안 한거구요.) 44 나는 친구에게 편지 부친 것을 잊어버렸다. (한 일이 기억이 안 나는 겁니다.) 45 그는 탁자 위에 있는 가방을 가져가야 하는 것을 기억했다. (할 일을 잘 기억하고 있는 겁니다.) 46 그는 탁자 위에 있는 가방을 가져간 것을 기억했다. (한 일을 잊지 않고 있는 겁니다.) 47 나는 유감스럽게도 그의 은퇴를 알리겠다. (마음에 안 들지만 하는 겁니다.) 48 나는 직장을 그만 둔 것을 후회한다. (이미 한 일이 마음에 안 드는 겁니다.) 49 나는 직접 과제를 작성하려 애썼다. (해보려고 애쓰는 겁니다.) 50 나는 시험 삼아 그녀에게 꽃을 보내 보았다. (한 번 그렇게 해본 겁니다.)

❷ 목적어로 쓰이는 부정사와 동명사

대부분의 동사는 목적어 자리에 명사 역할을 할 수 있는 부정사와 동명사 모두를 쓸 수 있습니다. 대신 그 느낌이 조금씩 달라지죠. 그런데 특정한 동사들은 목적어 자리에 부정사나 동명사 중 하나만 선택해서 써야 합니다. 잘 살펴봅시다.

■ 부정사만을 목적어로 취하는 동사

목적어 자리에 동명사는 올 수 없고 부정사만 써야 하는 동사들이 있어요. 왜 그럴까요? 부정사는 어떤 의미를 가지고 있다고 했죠? 맞습니다. 미래 또는 의지를 나타내는 조동사 will의 의미를 지니고 있다고 했었죠. 그래서 동사 뒤에 목적어에 해당되는 내용이 앞으로 할 일 이외에는 올 수 없을 경우, 과거의 의미를 가지는 말들이 올 수 없을 경우에는 목적어 자리에 부정사만 오게 되는 겁니다. 예를 들어 '원하다'라는 동사 want는 앞으로 '~하기를 원할' 수는 있어도 과거에 '~하기를 원할' 수는 없죠. 이처럼 want, wish, hope 같은 동사 뒤에는 목적어로 부정사만 올 수 있습니다.

부정사만을 목적어로 취하는 동사
afford, agree, aim, ask, decide, desire, determine, expect, hesitate, hope, learn, manage, offer, plan, promise, refuse, seek, tend, want, wish ...

51 I decided to go to Hawaii for my holidays.

▶ decide는 앞으로 '~하기로 결심하다'라는 의미를 가지고 있는 동사여서 목적어로 부정사만 사용됩니다.

52 I expected to hang out with friends after work.   * hang out 시간을 보내다

▶ expect는 앞으로 '~을 기대하다, ~할 것을 예상하다'의 의미를 가지는 동사이므로 목적어로 부정사만 사용됩니다.

53 I promise to send you our new brochure as soon as possible.

▶ promise는 앞으로 '~하기로 다짐하다, 약속하다'라는 의미를 지닌 동사이므로 목적어로 부정사만 사용합니다.

■ 동명사만을 목적어로 취하는 동사

부정사와 달리 동명사는 시간상으로 과거를 나타내는 경우가 많습니다. 그래서 과거에 해오던 동작이 목적어로 쓰이는 동사나 과거의 경험이나 결과에 기반해서 현재를 결정하는 내용의 동사들은 목적어로 동명사만 취합니다. 주로 '끝내다, 그만두다'라는 뜻을 가진 동사들이나 호불호를 나타내는 동사들의 목적어로 동명사가 옵니다.

abandon, admit, appreciate, avoid, consider, delay, deny, discontinue, dislike, end up, enjoy, finish, give up, help(꺼리다), mind, postpone, practice, quit, recall, recommend, stand ...

54 I will never give up learning to drive.

> ▶ give up이라는 동사는 '그만두다, 포기하다'라는 뜻을 지니고 있어 뒤에 목적어가 과거에 해오던 동작을 나타내는 것이 올 수밖에 없으므로 동명사가 옵니다.

55 I avoid trying to drive through the center of town during rush hour.

> ▶ avoid라는 동사는 '～을 싫어서 하지 않는다, 회피하다'라는 뜻을 지니고 있는데 이렇게 호불호를 나타내는 동사들은 대부분 동명사를 목적어로 취합니다.

56 She finished practicing the dance in the middle of night.

> ▶ finish는 여태까지 해오던 것을 '그만두다'라는 의미를 가진 동사로 목적어로 동명사만 옵니다. 아직 하지도 않은 미래의 일을 그만 둘 수는 없으므로 to부정사는 목적어 자리에 올 수 없습니다.

■ 부정사, 동명사 모두를 목적어로 취하는 동사

많은 동사들은 부정사와 동명사 모두를 목적어 쓸 수 있습니다. 동사의 종류에 따라서 목적어로 부정사가 오는 경우와 동명사가 오는 경우의 의미 차이가 확실하게 생길 수도 있고, 그 차이가 거의 없을 수도 있습니다. 물론, 부정사의 경우 명사보다는 동사의 느낌이 더 있고 미래의 감각이 좀 더 있는 반면에 동명사의 경우는 과거의 일이거나 또는 그 일을 압축적으로 나타내는 명사의 느낌이 더 난다는 것을 잘 알아두세요.

begin, continue, hate, intend, like, love, prefer, start ...

57 The music will continue to play[playing] until you turn it off.   * turn off 끄다

> ▶ continue는 부정사와 동명사 둘 다 목적어를 취할 수 있습니다. 부정사를 쓰면 '계속 ～할 거예요' 정도의 느낌이 나고 동명사를 쓰면 명사의 느낌이 더 강해져서 '～을 계속해요'의 느낌이 되는데 사실 그 의미 차이가 거의 느껴지진 않습니다.

58 My father hates to wear[wearing] a tie to work.

> ▶ hate은 부정사와 동명사 둘 다 목적어로 취할 수 있습니다. 목적어로 부정사를 쓰면 '～하기를 싫어한다' 정도의 느낌이 되구요, 동명사를 쓰면 '～을 싫어한다' 정도의 느낌이 됩니다. 사실 의미의 차이가 거의 없지요.

---

51 나는 휴가 때 하와이로 가기로 했다.　52 나는 일을 마치고 친구들과 시간을 보낼 것으로 기대했었다.　53 나는 최대한 빨리 새로 나온 브로셔를 네게 보낼 것을 약속한다.　54 나는 운전을 배우는 것을 절대 포기하지 않을 것이다.　55 나는 출퇴근 시간에 도심을 통과해 운전하는 것을 피한다.　56 그녀는 춤 연습하는 것을 한밤중에 끝냈다.　57 당신이 끌 때까지 음악은 계속 나올 것이다.
58 아버지께서는 넥타이를 매고 출근하는 것을 싫어하신다.

(5) 부정사와 동명사의 관용적 표현

부정사나 동명사와 함께 자주 쓰이는 표현들 중 교과서에 많이 등장하는 표현들을 정리했습니다. 잘 익혀서 부정사와 동명사의 자리를 틀리게 쓰지 않도록 합시다.

■ 부정사의 관용적 표현

의문사(what, how, when, where ...)＋to do	의문사(무엇을, 어떻게, 언제, 어디서 …) ～할지
too ~ to do	너무 ～해서 …할 수 없다
be the last 사람/사물 to do	결코 ～하지 않는 사람/사물이다
enough to do	～하기에 충분한
in order to do	～하기 위해서
be ready to do	～할 준비가 되어 있다
be willing to do	기꺼이 ～하다
be about to do	막 ～하려고 하다
be apt to do / likely to do	～하는 경향이 있다
be supposed to do	～하기로 되어있다
it takes 시간＋for＋사람＋to do	사람이 ～하는데 시간이 걸리다
can afford to do	～할 여유가 있다
in an effort to do	～하기 위한 노력으로
have no choice but to do	～하지 않을 수 없다
go as far as to do	심지어 ～까지 하다

59 He will be willing to introduce her to his friends.
기꺼이 ～하다

▶ be willing to do는 '기꺼이 ～하다'라는 의미를 지닌 표현입니다.

60 It takes about 20 minutes for me to finish my homework.
내가 ～하는데 약 20분이 걸리다

▶ 'it takes 시간＋for＋사람＋to do'은 '사람이 ～하는데 시간이 걸리다'라는 의미를 지닌 표현입니다.

61 I wouldn't go as far as to say that you're a liar.
심지어 ～까지 하다

▶ go as far as to do는 '심지어 ～까지 하다'라는 의미를 지닌 표현입니다.

■ 동명사의 관용적 표현

be busy -ing	~하느라 바쁘다
spend + 시간 + -ing	~하는데 시간을 보내다
look forward to -ing	~하기를 학수고대하다
cannot help -ing	~하지 않을 수 없다
be used to -ing	~하는데 익숙하다
object to -ing	~하는데 반대하다
keep + 명사 + from -ing	…을 ~못하게 하다
keep on -ing	계속해서 ~하다
feel like -ing	~하고 싶다
go -ing	~하러 가다
There is no -ing	~하는 것은 불가능하다
be worth -ing / be worthy of -ing	~할 가치가 있다
It is no use -ing / no good -ing	~해봤자 소용없다
come near -ing	하마터면 ~할 뻔하다
in -ing	~하는데 있어서
by -ing	~함으로써
on -ing	~하자마자
need -ing	~할 필요가 있다(자체로 수동의 의미)
want -ing	~할 필요가 있다(자체로 수동의 의미)

62 I spent half my time marking **exam papers**.
~하는데 시간을 보내다
▶ 'spend 시간 -ing'는 '~하는데 시간을 보내다'라는 표현입니다. half my time은 '내 시간의 절반'이라는 의미입니다.

63 Smartphone is definitely worth having.
~할 가치가 있다
▶ 'be worth -ing'은 '~할 가치가 있다'는 의미로 'be worthy of -ing'도 같은 뜻입니다.

59 그는 기꺼이 그녀를 그의 친구들에게 소개시킬 것이다. 60 내가 나의 숙제를 끝마치는데 약 20분이 걸린다. 61 나는 심지어 네가 거짓말쟁이라고까지는 말하지 않겠다. 62 나는 시간의 절반을 시험지 마킹하는 데 썼다. 63 스마트폰은 명백히 가질만한 가치가 있다.

64 It's no use taking him to the Louvre. He isn't interested in art.

▶ It is no use -ing는 '~해봤자 소용없다'라는 의미입니다.

65 I am not used to driving in Seoul.

▶ be used to -ing은 '~하는데 익숙하다'라는 표현입니다. be used to do는 '~하는데 이용되다'라는 뜻으로 두 표현은 헷갈리기 쉽습니다. be used to -ing에서 used는 형용사로 '익숙한'이라는 뜻이지만, be used to do에서 used는 '사용하다, 이용하다'라는 뜻의 동사 use의 수동형입니다.

---

64 그를 루브르에 데리고 가봐야 소용없다. 그는 미술에 관심이 없다.　65 나는 서울에서 운전하는데 익숙하지 않다.

 **Basic Test 02**

다음 괄호 안에 적절한 것을 고르시오.

01 Please, stop [working / to work] so much. You're going to make yourself ill.

02 I often forget [getting / to get] up and go to work in the morning.

03 Allow the other person to finish [to speak / speaking] before you take your turn.

04 I don't remember [leaving / to leave] the party. I have no memory of it at all.

05 I promise [to speak / speaking] to my boss about your complaint.

06 I avoid [to take / taking] the car whenever possible, especially in big cities.

CHAPTER 02

분사
Participle

준동사에는 부정사, 동명사, 분사 세 가지가 있다고 배웠죠. 부정사는 명사, 형용사, 부사로 활용이 되고 동명사는 명사의 기능을 한다고 했습니다. 이번 Chapter에서는 형용사로 쓰이는 분사와 분사구문이라는 이름으로 불리는 부사로 쓰이는 분사에 대해 알아보도록 하겠습니다. 부정사나 동명사에 비해서 분사는 그 내용이 비교적 이해하기 쉬운 편이라 어렵지 않게 공부할 수 있을 것입니다.

(1) 분사의 종류

분사에는 두 가지가 있어요. 동사원형에 -ing를 붙인 '현재분사'가 있고 또 하나는 동사원형에 -ed를 붙여 사용하는 '과거분사'가 있습니다. -ing는 진행중인 동작이나 능동의 역할을 하기 때문에 현재분사는 '~하는', '~하고 있는' 정도로 해석하면 됩니다. -ed는 완료나 수동의 의미를 지니고 있어 과거분사는 '~한', '~된', '~되어진' 정도의 의미로 해석하면 됩니다.

	형태	역할	해석
현재분사	동사원형 + -ing	진행 / 능동	~하는, ~하고 있는
과거분사	동사원형 + -ed	완료 / 수동	~한, ~된, ~당한, ~받은

(2) 분사의 역할

동사의 모양을 변화시켜 다른 품사로 활용하는 말을 준동사라고 했었죠. 분사는 동사원형에 -ing 또는 -ed를 붙여 '형용사'로 쓰는 말입니다. 당연히 문법적으로 형용사가 하는 역할을 합니다. 형용사가 하는 역할, 혹시 기억하나요? 네, 맞습니다. 명사를 수식하거나 보어로 쓰이는 것이죠. 분사도 이와 똑같은 기능을 합니다.

❶ 명사를 수식하는 분사

현재분사나 과거분사 모두 명사를 수식하는 데 사용이 됩니다. 일반적으로 현재분사와 과거분사가 한 단어의 명사를 수식할 때는 명사 앞에 놓이지만, 현재분사나 과거분사를 수식하는 말이 있어 길어지면 즉, 구나 절이 되면 명사 뒤로 갑니다. 이것도 일반 형용사와 같은 역할로 이미 배운 내용입니다.

01 Take a look at the singing birds.
  명사 birds를 수식하는 현재분사   * take a look at ~을 잘 보다, 주의해서 보다
  ▶ 동사 sing에 -ing를 붙여서 '노래하고 있는'이라는 현재분사가 되어 뒤에 있는 명사 birds를 수식하는 형용사 역할을 하고 있습니다.

02 A rolling stone gathers no moss.
  명사 stone을 수식하는 현재분사   * moss 명 이끼
  ▶ 동사 roll은 '구르다'라는 뜻을 지니고 있지요. -ing를 붙여 '구르는, 구르고 있는'이라는 의미의 현재분사가 되어 뒤에 있는 명사 stone을 수식하는 형용사 역할을 하고 있습니다.

03 Trained staff will be able to solve the problems.
  명사 staff를 수식하는 과거분사
  ▶ train은 '훈련시키다'라는 뜻을 지닌 타동사입니다. -ed를 붙여서 '훈련받은'이라는 수동의 의미를 가진 과거분사가 되어 뒤에 있는 명사 staff를 수식하고 있습니다.

04 I have seen before that girl talking to Mr. Choe.
  명사 girl을 수식하는 현재분사
  ▶ talking은 현재분사로 '말하고 있는'이라는 뜻이죠. '말하고 있는 소녀'는 talking girl이라고 표현하면 되지만 '최 씨와 이야기하고 있는'이라는 '구'가 되었습니다. 그래서 talking이 girl 뒤에서 수식하고 있는 것입니다.

05 Betty injured in the accident was taken to the hospital.
  명사 Betty를 수식하는 과거분사
  ▶ injure는 '부상입히다'라는 뜻의 타동사로 -ed를 붙여 '부상당한'이라는 의미의 과거분사가 되었는데 injured 뒤에 in the accident가 결합된 구이므로 뒤에서 Betty를 수식하고 있습니다.

06 The door connecting the two rooms is open.
  명사 door를 수식하는 현재분사
  ▶ '연결하다'라는 의미의 동사 connect에 -ing를 붙여서 현재분사가 되었는데 connect의 목적어에 해당하는 two rooms가 있네요. 그래서 구가 된 connecting the two rooms가 the door를 뒤에서 수식하고 있습니다.

---

01 노래하는 새들을 봐. 02 구르는 돌은 이끼가 끼지 않는다. 03 훈련받은 직원은 그 문제들을 해결할 수 있을 것이다. 04 나는 예전에 최 씨와 이야기하고 있는 소녀를 본 적이 있다. 05 사고로 부상당한 Betty는 병원으로 옮겨졌다. 06 두 방을 연결하는 문이 열려있다.

07 Most of the goods made in China are not good.
　　　　　　　　　　명사 goods를 수식하는 과거분사

> ▶ made in China는 goods를 뒤에서 수식하고 있습니다. 형용사가 구나 절이 되면 명사 뒤에서 명사를 수식한다는 것을 기억해두세요.

❷ 보어로 쓰이는 분사

현재분사와 과거분사 모두 일반 형용사처럼 주격 보어와 목적격 보어로 사용될 수 있습니다. 물론 이 경우에도 현재분사는 능동과 진행의 의미를, 과거분사는 수동과 완료의 의미를 가집니다.

08 The students' test results were pleasing.
　　　　　　　　　　　　　주격 보어로 쓰인 현재분사

> ▶ 현재분사 pleasing이 주격 보어로 쓰였네요. 시험 결과가 기분을 좋게 만드는 것이니 능동의 의미가 담긴 현재분사가 왔습니다.

09 Squash is much more demanding than any other sport.
　　　　　　　　　　　　주격 보어로 쓰인 현재분사

*much more 훨씬 더　demanding ⑱ 힘든, 어려운

> ▶ 현재분사 demanding이 주격 보어로 쓰이고 있습니다. squash와 demand의 관계가 능동이어서 주격 보어로 현재분사가 왔습니다.

10 Mr. Choe felt a little annoyed not to book musical tickets.
　　　　　　　주격 보어로 쓰인 과거분사

*book ⑧ 예약하다

> ▶ annoy는 '짜증나게 하다, 화나게 하다'라는 의미의 동사로 -ed를 붙여 과거분사가 수동의 의미인 주격 보어로 쓰이고 있습니다.

11 My manager remained unmarried.
　　　　　　　　주격 보어로 쓰인 과거분사

> ▶ remain은 상태의 유지를 나타내는 동사로 주격 보어가 필요하여 수동의 의미를 가진 과거분사 unmarried가 주격 보어로 사용되었습니다.

12 I saw somebody stealing something big.
　　　　　　목적격 보어로 쓰인 현재분사

> ▶ 지각동사 see의 목적격 보어 자리에 '훔치다'라는 동사 steal에 -ing를 붙인 현재분사 stealing이 쓰였네요. 목적어 somebody가 훔치는 것이므로 능동의 의미를 지닌 현재분사를 쓴 것입니다. 이처럼 분사는 목적격 보어로도 사용할 수 있습니다.

13 I watched the horse jumping the fence.
　　　　　　목적격 보어로 쓰인 현재분사

> ▶ 지각동사 watch의 목적격 보어 자리에 동사 jump의 현재분사인 jumping이 왔습니다. 목적어인 the horse가 뛰어넘는 것이므로 능동인 현재분사가 목적격 보어로 사용되었습니다.

14 The police found the body buried in the garden.

목적격 보어로 쓰인 과거분사

* the body 시체 bury ⑧ 묻다, 매장하다

▶ 목적어 the body가 묻는 게 아니라 묻혀 있는 것이니 목적어와 목적격 보어의 관계는 수동이 됩니다. 따라서 동사 bury에 수동의 의미를 가진 -ed를 붙인 과거분사 buried가 목적격 보어로 사용되었습니다.

15 I love having my shoulders massaged.

목적격 보어로 쓰인 과거분사

▶ 이 문장의 목적어는 동명사인 having입니다. 그런데 동명사는 자신의 목적어를 가질 수 있어 have를 동사로 보면 my shoulders가 목적어가 되고 그 뒤에 나오는 massaged는 목적격 보어가 되는 것입니다. 어깨가 마사지를 하는 것이 아니라 받는 것이므로 수동의 의미를 가진 과거분사 massaged가 온 것입니다.

❸ 감정 표현의 타동사

감정을 표현하는 동사들이 분사로 사용될 경우 우리말과 그 쓰임이 달라 주의해야 합니다. 감정을 표현하는 동사들을 쓸 때 우리말은 사람만 주어로 사용하지 사물을 주어로 사용하지 않거든요. 하지만 영어는 사람과 사물을 가리지 않고 주어로 사용합니다. 그런데 이 감정을 표현하는 동사들은 모두 타동사여서 사물이 사람에게 감정을 유발시키는 내용이 되는 것이 일반적입니다. 그래서 우리말처럼 해석하다 보면 잘못 표현하게 되는 경우가 많습니다. 예를 들어 surprise의 뜻은 '놀라다'가 아니라 '놀라게 하다'입니다. 즉, 사건이 사람을 놀라게 하는 거죠. 이 점에 주의해야 합니다. '감정을 표현하는 동사는 타동사'라는 점을 잘 생각해서 능동, 수동의 관계를 정확히 따지는 게 매우 중요하답니다. 따라서 감정을 표현하는 타동사들의 정확한 의미를 잘 알아두어야 합니다.

감정 표현의 동사	의미	감정 표현의 동사	의미
surprise	놀라게 하다	concern	걱정스럽게 하다
startle	놀라게 하다	threaten	위태롭게 하다
scare	겁먹게 하다	astonish	깜짝 놀라게 하다
embarrass	당황스럽게 하다	amaze	놀라게 하다
impress	깊은 인상을 주다	frighten	겁먹게 하다
anger	화나게 하다	confuse	혼란스럽게 하다
bother	귀찮게 하다	touch	감동시키다
upset	속상하게 하다	move	감동시키다
disappoint	실망시키다	annoy	귀찮게 하다
frustrate	좌절감을 주다	disturb	불안하게 만들다

07 중국에서 만들어진 대부분의 제품들은 좋지가 않다.   08 학생들의 시험 결과가 즐겁게 했다.   09 스쿼시는 다른 스포츠보다 훨씬 더 힘들다.   10 최 씨는 뮤지컬 공연을 예매하지 못한 것에 약간 화가 났다.   11 내 직장 상사는 독신이었다.   12 나는 누군가가 큰 물건을 훔치는 것을 봤다.   13 나는 말이 담장을 뛰어넘는 것을 봤다.   14 경찰은 시체가 정원에 묻혀있는 것을 발견했다.   15 나는 나의 어깨를 안마해 주는 것을 좋아한다.

please	기쁘게 하다	depress	우울하게 만들다
satisfy	만족시키다	excite	흥분시키다
interest	흥미를 끌다	thrill	열광시키다

16 The nightlife of Seoul is so exciting.

▶ excite는 '흥분시키다'라는 의미의 타동사입니다. 그래서 nightlife가 (사람들을) 흥미진진하게 만드는 것이기에 현재분사를 써야 합니다.

17 I was excited to see the first snow of the year.

▶ 내가 흥분시킨 것이 아니라 흥분했다는 의미입니다. 즉, 첫눈을 보고 내가 흥분을 유발당한 것이므로 수동으로 표현해야 합니다.

18 The cartoons on this web-site are quite interesting.

▶ 주어가 사물인 the cartoons입니다. 만화가 흥미를 유발하는 거죠. 그래서 사람이 흥미를 가지게 되는 것이므로 능동의 현재분사 interesting이 올바릅니다.

19 I'm greatly interested in Japanese animation.

▶ 18번 문장과 달리 이 문장은 내가 흥미를 유발시키는 것이 아니라 내게서 흥미가 일어나는 것이니 수동의 의미를 지닌 과거분사인 interested가 올바릅니다.

20 The high score on her test was satisfying.

▶ satisfy는 '만족시키다'라는 타동사로 쓰였는데 시험 성적이 사람을 만족시키는 것이므로 능동으로 표현하는 것이 올바릅니다.

21 Satisfied with the result, she smiled tenderly.

▶ Satisfied with the result는 결과에 사람이 만족되는 의미의 분사구문인데 satisfied의 주어는 뒤에 나오는 she이므로 satisfied를 쓰는 게 올바릅니다.

(3) 분사구문

'분사구문'이라는 말 자체가 너무 어렵습니다. 문법적으로 정의하면 분사를 이용해서 부사절을 부사구로 만든 문장인데요. 우리말로 생각하면 쉽습니다. '내가 길을 걸어갈 때, 나는 그녀를 만났다.'라는 문장을 '길을 걷다가, 나는 그녀를 만났다.'라고 좀 더 간단하게 표현할 수 있지요. 즉, '내가 길을 걸을 때'라는 절을 대신하여 '길을 걷다가'라는 구로 바꾸어 표현하는 것입니다. 바로 이것이 분사구문입니다. 분사구문은 '접속사 + 주어 + 동사'로 되어 있던 부사절을 접속사와 주어를 생략하고 동사를 분사로 바꾸어 부사구로 표현하는 것입니다. 그래서 분사구문을 분사의 부사적 용법이라고 하는 것도 이렇게 부사구로 쓰이기 때문입니다.

이때 접속사는 별로 중요하지 않아 생략한 거죠. 그런데 접속사를 남겨두고 싶으면 남겨두어도 됩니다. 즉, 접속사는 써도 되고 생략해도 되는 거죠. 그래서 영어 지문을 보면 '접속사＋분사'의 형태로 된 문장도 심심치 않게 보게 됩니다. 주어가 없다고 틀린 문장이라고 생각하기 쉬우니 조심해야 합니다. 주어는 주절의 주어와 비교해서 같을 때는 생략하고 다를 때는 생략하면 안 됩니다. 같다는 걸 전제로 생략하는 것이므로 만약 주절의 주어와 분사구문의 주어가 다르다면 절대 생략해서는 안 됩니다.

22 As I finished my work, I went for studying English.

→ Finishing my work, I went for studying English.

▶ 첫 번째 문장의 부사절에서 접속사 as를 생략하고 주절의 주어 I와 동일한 주어를 생략하고 동사는 분사로 바꾸어 분사구문으로 만들었네요. 그래서 '내가 일을 마쳤기 때문에'라는 표현이 '일을 마쳐서' 정도의 의미로 표현한 분사구가 되었습니다.

23 When I took a shower, I heard someone crying.

→ Taking a shower, I heard someone crying.

▶ 첫 번째 문장의 부사절에서 접속사 when을 생략하고 주절의 주어 I와 동일한 주어도 생략하고 동사를 분사로 바꾸어 분사구문을 만들었네요. '내가 샤워할 때'라는 의미의 부사절이 '샤워할 때'라는 의미의 부사구가 되었습니다.

24 While I was exercising, I injured my legs.

→ Exercising, I injured my legs.

▶ 첫 번째 문장의 부사절에서 접속사 while을 생략하고 주절의 주어 I와 동일한 주어도 생략하고 동사를 분사로 바꾸어 분사구문을 만들었네요. '내가 운동을 하는 동안'이라는 의미의 부사절이 '운동하다가'라는 의미의 부사구로 바뀐 것입니다.

25 Because I was tired, I went home early.

→ Tired, I went home early.

▶ 첫 번째 문장의 부사절에서 접속사 Because를 생략하고 주절의 주어 I와 동일한 주어도 생략하고 수동의 의미를 나타내는 분사 tired를 사용하여 분사구문을 만들었네요. '내가 피곤했기 때문에'라는 표현의 부사절이 '피곤해서'라는 의미의 부사구가 되었습니다.

분사구문이 수동이 되면 being ＋ -ed 또는 having been ＋ -ed의 모양이 만들어집니다. 그런데 being이나 having been 없이 -ed의 모양만 있어도 수동이라는 것을 알 수 있으므로, being이나 having been은 생략하고 -ed의 모양으로 수동을 표현하는 것이 일반적입니다. 분사구문이 -ed 모양으로 시작하면 being ＋ -ed이나 having been ＋ -ed에서 being이나 having been이 생략된 수동의 분사구문이라는 것을 이해할 수 있어야 합니다.

---

16 서울의 밤 문화는 너무 흥미진진하다.　17 나는 첫눈을 보고 흥분했다.　18 이 웹사이트 만화들이 매우 흥미롭다.　19 나는 일본 만화영화에 관심이 많다.　20 그녀의 높은 시험 점수가 만족스러웠다.　21 결과에 만족해서 그녀가 부드럽게 웃었다.　22 일을 마쳐서 나는 영어 공부하러 갔다.　23 샤워할 때 나는 누군가가 우는 소리를 들었다.　24 운동하다가 나는 다리를 다쳤다.　25 피곤해서 나는 집에 일찍 들어갔다.

26 If it is built by the end of this month, the apartment will be perfect.

→ Built by the end of this month, the apartment will be perfect.

▶ 첫 번째 문장의 부사절에서 접속사를 생략하고 주어 it도 주절의 the apartment와 동일하므로 생략하고 분사구문을 만들면 'Being built ~'의 모양이 되는데요. built만 있어도 수동의 내용인 것을 알 수 있으므로 Being을 생략합니다. 그래서 built로 시작하는 분사구문을 보고 주절의 주어인 the apartment가 짓는 것이 아니라 지어지는 것임을 생각할 수 있어야 합니다.

(4) 주의할 분사구문

❶ 분사구문의 주어

앞에서도 언급했던 것처럼 분사구문의 주어가 주절의 주어와 동일하면 생략하지만 다르다면 분사구문에 주어를 반드시 표기해야 합니다. 이것은 시험문제로도 자주 활용되는 문법 사항입니다.

27 Being sunny, we went out. (×)

→ It being sunny, we went out. (○)

▶ 만약 이 문장에서 주어 it을 표기하지 않으면 분사구문의 주어가 주절의 주어와 동일한 we가 됩니다. 그러면 분사구문으로 바뀌기 전에는 we are sunny라는 이상한 문장이 되겠죠. 이처럼 주절의 주어와 분사구문의 주어가 다를 경우 분사 앞에 반드시 주어를 표기해야 합니다.

28 Seeing from the moon, the earth looks like a ball. (×)

→ Seen from the moon, the earth looks like a ball. (○)

▶ 첫 번째 문장을 그대로 두면 seeing의 주어가 지구가 되죠. 그러면 지구가 달에서 지구를 보는 이상한 문장이 됩니다. 그러므로 이를 수동으로 바꿔서 지구가 보는 게 아니라 지구가 보이는 것으로 만들어야 합니다. 이럴 때 수동의 형태를 활용해야 합니다. 일단, 분사구문을 만들기 이전 문장은 If it is seen from the moon, the earth looks like a ball.입니다. 이 문장에서 접속사를 생략하고 주어를 생략하면 Being seen from the moon,이 되는데 여기서 being은 생략할 수 있다고 했죠. 그래서 분사구문을 만들면 Seen from the moon의 형태가 되어야 합니다.

❷ 완료분사구문

정동사의 시제와 비교해서 부정사와 동명사가 먼저 일어난 일이면 완료부정사나 완료동명사를 사용한다고 배웠습니다. 분사구문도 마찬가지입니다. had + -ed의 모양을 분사구문으로 만들었으니 완료분사구문은 having + -ed의 모양이 되구요. 수동이라면 having been + -ed의 모양이 됩니다.

29 As Mr. Choe had finished the job, he wanted to go home.

→ Having finished the job, Mr. Choe wanted to go home.
　　완료 분사구문 (주절 동작보다 더 과거를 나타냄)

▶ 최 씨가 일을 끝낸 것은 집으로 가고 싶어했던 것보다 먼저 일어난 일이죠. 그래서 동사를 had finished를 사용했구요. 이를 분사구문으로 고치니 having finished의 모양이 됩니다. 분사구문에 having + -ed 모양이 나오면 주절의 동작보다 더 과거의 일이라는 것을 알 수 있습니다.

30 Having lost my credit card, I paid cash for the computer.

완료 분사구문 (주절 동작보다 더 과거를 나타냄)

   ▶ 컴퓨터를 구매하려 현금을 지불했던 것보다 신용카드를 잃어버린 것이 더 먼저 일어난 일이므로 분사구문에 having lost가 쓰였네요. 분사구문을 만들기 전 원래 부사절은 As I had lost my credit card입니다.

31 Having been offered a higher salary, I took the job.

완료 분사구문 (주절 동작보다 더 과거를 나타냄)

   ▶ 더 높은 월급을 제안 받은 것이 그 직업을 택한 것보다 더 과거이고 제안을 받은 것이므로 수동의 표현이 되어야 합니다. 따라서 분사구문에 Having been offered의 모양이 왔네요. 이 분사구문이 만들어지기 전 부사절은 After I had been offered a higher salary입니다.

❸ with + 명사 + -ing / -ed

'~한 채로, ~한 상태로'라는 의미를 나타내려고 할 때, 완전한 문장 뒤에 'with + 목적어 + 과거분사 / 현재분사'로 나타낼 수 있는데 이때 분사 앞의 명사인 목적어와 분사의 관계가 '능동이면 -ing, 수동이면 -ed'를 사용합니다.

32 Betty was sitting with her legs crossed.

~한 채로

   ▶ with her legs crossed는 '그녀의 다리를 꼰 채로, 그녀의 다리를 꼰 상태로'라고 해석하면 되는데, her legs와 cross의 관계를 보면 다리가 꼬는 게 아니라 꼬여진 거죠. 그래서 수동의 의미를 지닌 과거분사 crossed를 사용하는 것입니다.

33 Tom was lying on the bed with his eyes closed.

~한 채로

   ▶ with his eyes closed는 '눈을 감은 채로'라는 의미로 his eyes와 close의 관계를 보면 눈이 감은 게 아니라 눈이 감긴 거죠. 그래서 수동의 의미를 지닌 closed가 사용된 것입니다.

34 I walked toward her with my heart beating.

~한 채로

   ▶ '두근거리는 상태로, 두근거리는 채로'라는 의미로 with my heart beating이 쓰였네요. 그리고 my heart와 beat의 관계를 보면 심장은 내가 뛰게 하는 게 아니라 심장 스스로 뛰는 것입니다. 그러므로 능동의 의미를 지닌 현재분사 beating을 쓴 것입니다.

---

26 이달 말에 지어지면 아파트는 완벽해질 것이다.   27 날씨가 화창해서 우리는 외출을 했다.   28 달에서 보면 지구가 공처럼 보인다.   29 일을 다 끝마쳐서 최 씨는 집에 가고 싶어했다.   30 신용카드를 잃어버려서 현금을 주고 컴퓨터를 샀다.   31 더 높은 월급을 제안 받고 난 후 나는 그 직업을 택했다.   32 Betty는 다리를 꼰 채로 앉아 있었다.   33 Tom은 눈을 감은 채로 침대에 누워 있었다.   34 심장이 두근거리는 채로 나는 그녀에게 걸어갔다.

❹ 무인칭 독립분사구문

분사구문의 의미상 주어가 일반인일 경우 주절의 주어와 일치하지 않더라도 생략할 수 있는데 이를 '무인칭 독립분사구문'이라고 합니다. 관용적 표현으로 전치사 기능을 하는 것과 접속사 기능을 하는 것으로 나누어 볼 수 있습니다. 이들이 사용된 문장은 군이 주절의 주어와 맞추어 해석하려고 할 필요가 없습니다. 전치사 기능을 하는 것들은 뒤에 명사가 오구요, 접속사 기능을 하는 것들은 당연히 뒤에 주어와 동사가 있는 문장이 오겠죠. 문법적으로 분류하자면 이렇지만 단어나 숙어처럼 의미만 알면 해석에 큰 문제는 없답니다.

전치사 기능을 하는 분사	concerning ~ : ~에 관하여, ~와 관련하여 judging from ~ : ~으로 판단해보면 excepting ~ : ~을 제외하고 including ~ : ~을 포함하여
접속사 기능을 하는 분사	supposing / suppose (that) ~ : 만약 ~라면 providing / provided (that) ~ : 만약 ~라면 seeing (that) ~ : ~을 고려해보면
전치사, 접속사 기능을 모두 하는 분사	considering (that) ~ : ~을 고려해보면 given (that) ~ : ~을 고려해보면

❺ 분사구문의 부정

분사구문의 부정은 분사 앞에 부정어를 씁니다. 따라서 not -ing, not having -ed의 모양이 되겠지요. having not -ed가 아니라 not having -ed가 올바른 모양입니다.

35 Not having learned English, I can't read English. (○)

Having not learned English, I can't read English. (×)

▶ 분사구문의 부정은 분사 앞에 not을 붙입니다. 따라서 분사구문 having learned English를 부정하려면 having 앞에 not을 쓰면 됩니다.

36 Not having met Mr. Choe this week, I would like to see him. (○)

Having not met Mr. Choe this week, I would like to see him. (×)

▶ 분사구문 having met Mr. Choe this week를 부정하려면 having 앞에 not을 쓰면 됩니다. 동사의 완료형의 부정은 have와 -ed 사이에 not이 들어가는데 동사의 완료형 부정과 분사구문의 완료형 부정을 혼동해서는 안 됩니다.

---

35 나는 영어를 배우지 못해서, 영어를 읽을 수 없다.　36 나는 이번 주에 최 씨를 만나지 못해서, 그가 보고 싶다.

 **Basic Test 03**

다음 괄호 안에 적절한 것을 고르시오.

01 This is a castle [building / built] about 300 years ago.

02 He overheard his mom [talking / talked] with his sister.

03 Hearing the news, they were so [surprising / surprised].

04 A long stay in hospital can be very [boring / bored].

05 The book that is about Japanese culture is very [interested / interesting].

06 An [increasing / increased] emphasis on the value of time is changing consumer's behavior.

07 The challenge in front of us is [excited / exciting] as well as difficult.

08 [Hearing / Heard] strange sounds outside, I felt uneasy.

09 We were worried about the traffic [leaving / being left] the parking lot.

10 [Considering / Considered] her lack of education, she's been very successful in life.

다음 우리말에 알맞게 제시된 어구를 배열하시오.

01 자신이 무엇을 성취하고 싶은지에 대한 확신이 없다면, 다른 사람의 목표를 추구하는 덫에 빠지기 쉬울 수 있다, 그리고 이것은 현명한 결정을 내리고 인생에서 원하는 것을 성취하려는 노력을 방해할 수 있다. (of / to accomplish, / interfere with / it can be easy / the trap / of / the goals of others, / what you want / which / If you / can / to make / to fall into / smart decisions / and / accomplish / in life / are unsure / your effort / what you want / pursuing)

------

02 우리는 계속해서 앞으로 나아가고, 새로운 문들을 열고, 새로운 일들을 한다, 왜냐하면 우리는 호기심이 많고 호기심은 우리를 계속해서 새로운 길로 안내하기 때문이다. (new doors, / keep / opening / and / leading / new things, / us / we're / because / curious / curiosity / keeps / doing / moving forward, / down / and / we / new paths)

------

03 인간에게서 시각이 매우 고도로 발달되어 있어서 다른 감각들로부터 받은 메시지들은 종종 무시된다, 만약 그것들이 보이는 것과 충돌한다면. (what / is / developed / are / in humans / is seen / if / that / messages / the sense of sight / other senses / so highly / often ignored / they / conflict with / received from)

------

04 당신이 욕실 체중계에 올라설 때, 체중계는 단지 얼마만큼의 양력(위로 상승하는 힘)을 당신에게 가해야 하는지를 측정한다. 당신이 지구 중심으로 내려가는 것을 막기 위해. (the earth's center / you / the scale / just / upward force / when / stand on / toward / must exert / on you / in order / to keep / you / it / from / how much / moving downward / a bathroom scale, / measures)

------

05 미래의 직업을 결정함에 있어서, 가장 좋은 성적을 받아 온 분야에 집중해도 소용없다, 그것들에 흥미가 없다면. (on / it is / have achieved / on those areas / use / you / in deciding / are interested / your future career, / no / your best scores, / unless / in which / you / in them / concentrating)

------

06 자존감이 낮은 사람들은 대개 부정적인 경험을 깊이 생각한다, 반면에 (자존감이) 높은 사람들은 긍정적인 기억을 상기하고 즐기면서 그들의 시간을 보낸다. (of self-respect / usually / negative experiences / people / spend / in recalling / and / enjoying / with a low level / people / while / with a high level / their time / positive memories / think over)

----

07 모든 성인은 일주일에 적어도 5일은 적당한 신체 활동을 30분간 해야 한다, 활력과 건강을 유지하기 위해서, 국민 건강 지침에 따르면. (should / according to / so as to / of moderate physical activity / at least / remain / engage in / active and healthy, / half an hour / per week / national health guidelines / every adult / five days)

----

08 세계화는 지구상의 모든 사람들의 삶에 영향을 미쳐왔다, 그리고 세계화는 국제 관계뿐만 아니라 일상생활까지도 바꾼다. (everyday life / the lives / everyone / has touched / altering / of / international relations / but / globalization / on the planet, / not just)

----

09 지금은 19세기의 대표적 시인으로 여겨지지만, Emily Dickinson은 문학계에 알려져 있지 않았다, 그녀의 생전에는. (now / the literary world / of the nineteenth century, / was unknown / during / considered / Emily Dickinson / to / her lifetime / a major poet)

----

10 서로 간의 연락망을 구축하고 의사소통하는 능력을 가져서, 젊은 사람들은 구매 결정을 내릴 때 마케팅 메시지보다 서로의 의견에 더 의존한다. (their ability / with / to network / marketing messages / purchase decisions / each other, / making / rely on / more than / opinions / each other's / and / when / young people / communicate with)

01 (A), (B), (C)의 각 네모 안에서 어법에 맞는 표현으로 가장 적절한 것은?

A company holds interviews in order that it can find the best person for the job. The manager will be very delighted if that person turns out to be you — because then he or she can stop (A) to interview / interviewing and get back to work. So try (B) to have / having confidence in yourself. If you are sure that the manager wants to hire you, you'll have a positive attitude (C) while / during the interview, and your attitude might influence the manager to feel good about you.

	(A)	(B)	(C)
①	to interview	to have	while
②	to interview	having	during
③	interviewing	to have	during
④	interviewing	having	during
⑤	interviewing	to have	while

02 (A), (B), (C)의 각 네모 안에서 어법에 맞는 표현으로 가장 적절한 것은?

Bob and George were dining together in a restaurant. Bob ordered the food. George, who wasn't accustomed to (A) eat / eating out, said nothing. When the food arrived, George copied everything his friend did. When Bob took rice, George also took it. Bob ate a shrimp, so (B) was / did George. Finally, Bob took a toothpick, and his friend did the same. Later Bob asked his friend how he (C) enjoyed / had enjoyed the meal. George answered, "Everything was perfect except that I had the last bit. It tasted like bamboo. "

	(A)	(B)	(C)
①	eat	was	enjoyed
②	eat	did	enjoyed
③	eating	was	had enjoyed
④	eating	did	had enjoyed
⑤	eating	was	enjoyed

03 (A), (B), (C)의 각 네모 안에서 어법에 맞는 표현으로 가장 적절한 것은?

But reading these books is usually (A) boring / bored . You have to write up, not down. Children are the (B) most / more attentive, curious, sensitive readers on earth. They accept, almost without question, anything you present them with, as long as it is presented honestly, fearlessly and clearly. Some writers for children deliberately avoid using words they think a child doesn't know. This bores the reader. Children love words that give (C) them / themselves a hard time, if they are in a story that absorbs their attention.

	(A)	(B)	(C)
①	boring	most	them
②	boring	most	themselves
③	boring	more	them
④	bored	more	themselves
⑤	bored	most	them

04 다음 글의 밑줄 친 부분 중, 어법상 틀린 것은?

As Gandhi ① got on a train one day, one of his shoes slipped off and landed on the track. He ② was unable to regain it as the train was moving. To the amazement of his companions, Gandhi calmly ③ took off his other shoe and threw it back along the track to land close to the first. ④ Asking a fellow passenger why he did so, Gandhi smiled. "The poor man who finds the shoe ⑤ lying on the track," he replied, "will now have a pair he can use."

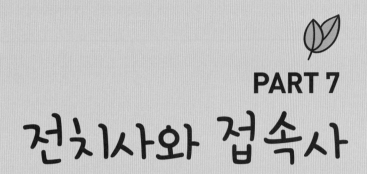

PART 7
전치사와 접속사

전치사
Preposition

CHAPTER 01 전치사
CHAPTER 02 접속사

우리말은 조사가 발달되어 있습니다. 따라서 체언이나 부사, 어미 등에 조사가 붙어서 말의 뜻을 약간씩 바꾸기도 하고 다른 말과의 관계를 설정하기도 합니다. 영어는 이런 역할을 전치사가 담당해요. 우리말은 학교라는 명사 뒤에 조사를 붙여 '학교에', '학교로', '학교와' 같은 다양한 말을 만들 듯이 영어는 in the school, of the school, to the school처럼 전치사를 활용하여 다양한 말을 만듭니다. 따라서 이 전치사의 쓰임에 대해 잘 알아야 합니다.

그런데 전치사를 다른 단어처럼 무작정 뜻을 외울 수는 없어요. 설령 그렇게 하더라도 실제로 영어를 읽거나 말할 때 활용하기도 어렵구요. 우리말의 '에', '로', '의' 이런 조사의 뜻을 외울 수 있겠어요? 그래서 전치사가 어떤 의미로 쓰이는지는 다양한 예문을 통해 익혀야 합니다. 지금부터 그렇게 학습하도록 합시다. 억지로 전치사의 뜻을 외우려고 하지 말고 그 전치사의 의미가 무엇인지 그 '이미지'를 기억하려고 해보세요.
그리고 보다 더 효과적인 학습이 되도록 반대되는 의미를 지닌 전치사들을 묶어서 설명하도록 하겠습니다. 예문을 통해 전치사의 쓰임을 잘 익혀봅시다.

(1) 주요 전치사

❶ on & off & away

■ on

전치사 on은 첫 번째로 '접촉'의 의미를 가집니다. 보통 우리가 '위에'라고 외우지만 사실 그게 붙어있다는 의미거든요. 그리고 꼭 위쪽이 아니어도 됩니다. 붙어있을 때 전치사 on을 씁니다. 두 번째로 on은 '계속'의 의미를 가집니다. 그래서 Go on!이라고 하면 '계속 해!'라는 말이 됩니다. 대부분 이럴 경우 on 앞에는 동사가 오지요. 이 경우에 on은 전치사가 아니라 부사로 쓰인 경우들도 많답니다. 굳이 구별할 필요는 없습니다. 모두 전치사라고 생각해도 됩니다. 앞으로 다른 전치사의 설명에서도 부사에 해당하는 내용이 나오는데요. 따로 구분하지 않고 전치사라고 하겠습니다. 대신 그 의미는 정확하게 기억해야 합니다. on은 '접촉'과 '계속'의 의미를 가집니다.

on

1. (표면과의) 접촉, 붙어있는 것
2. 계속, 연속, 진행중

01 Some pictures are on the wall.
'접촉'의 의미

▶ on이 그림과 벽이 붙어있음을 나타냅니다.

02 He spoke on without a break.
'계속'의 의미

▶ on이 '계속'의 의미로 쓰이고 있습니다.

■ off

on과 반대되는 의미를 가진 전치사가 off입니다. 접촉이 아니라 '분리'의 의미를 가집니다. 떨어져 있는 거죠. 그리고 계속이 아니라 '중단, 단절'의 의미를 가집니다. 그래서 on and on은 '계속해서'라는 의미가 되는데, off and on은 하다 말았다 하다 말았다 하게 되니 '가끔, 이따금'의 의미가 됩니다.

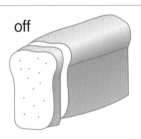

off

1. 분리, 이탈, 탈착 (상태)
2. 중단, 단절, 불연속

03 The train went off the rails.
'분리, 이탈'의 의미

▶ off가 '분리'의 의미로 쓰여 철로에서 벗어났음을 나타내고 있습니다.

04 The kids are off school for a week.
'이탈'의 의미

▶ off가 '이탈'의 의미로 쓰였는데 학교에서 이탈하는 것은 '학교를 가지 않는다'는 의미가 됩니다.

01 그림 몇 장이 벽에 걸려 있다.　02 그는 쉬지 않고 계속 말했다.　03 기차가 철로를 벗어났다.　04 아이들이 일주일 동안 학교를 가지 않는다.

■ away

away는 '분리'의 의미를 지니는데 움직임이 있어요. 즉, off가 고정된 상태에서의 멀리 떨어져 있는 '분리,
단절'에 느낌이라면, away는 움직이면서 '분리되어 멀리 떠나가는, 사라지는' 느낌이 있답니다. off가 '상태'
라면 away는 '동작'에 가깝습니다. 그래서 away는 '분리, 이탈, 사라짐'의 의미를 가집니다.

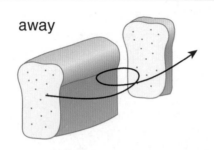

away

1. 분리, 이탈, 이동 (동작)
2. 사라짐

05 The thief ran away in the dark.
　　　　　　'달아나다'의 의미
▶ '달리다'는 뜻을 지닌 동사 run에 away를 붙여 달려서 멀리 사라지는 즉 '달아나다, 사라지다' 정도의 의미로 쓰였습
니다.

06 The snow soon melted away.
　　　　　　　　'사라지다'의 의미
▶ '녹다'는 뜻을 지닌 동사 melt에 away를 붙여서 '녹아 사라지다'라는 의미로 쓰였습니다.

❷ to & from

■ to

전치사 to는 우리말의 '~로' 정도의 의미를 지니고 있지요. 어딘가로 가려고 방향을 정하고 출발해서 이동하고 도착하는 것까지를 나타내는 전치사가 바로 to입니다. 그 과정 전체를 나타낼 수도 있고 일부분만 나타낼 수도 있어요. 그런데 구체적으로 보이는 사람, 사물의 움직임은 물론이고 사람의 마음이나 감정, 주의 등이 어딘가를 향하는 것도 to를 사용할 수 있답니다.

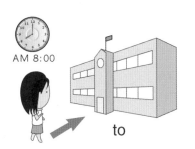

1. 방향 + 이동 + 도착
2. (주의, 관심)의 방향

07 I gave a ring to Jessica at dinner that evening.
동작의 '방향과 이동'을 나타냄
▶ '방향과 이동'을 나타내는 전치사 to가 쓰여 '주다'라는 동작의 방향이 Jessica에게로 가는 것을 표현하고 있습니다.

08 If you had listened to me, this would not have happened.
사람의 주의, 관심이 향하는 '방향'을 나타냄
▶ 무엇을 들으려면 주의가 한 방향으로 가야 합니다. 이처럼 사람의 '주의, 관심이 향하는 방향'을 전치사 to로 나타낼 수 있습니다.

---

05 도둑이 어둠 속에서 달아났다.　**06** 눈이 곧 녹아 없어졌다.　**07** 나는 그날 저녁 식사 때 Jessica에게 반지를 줬다.　**08** 네가 내 말을 들었더라면, 이런 일은 일어나지 않았을 거다.

■ from

from은 to와 반대라고 이해하면 됩니다. 예를 들어 학교로 향해 가는 것이 to라면 학교에서 나오는 것이 from이랍니다. to를 거꾸로 돌리면 from이라고 생각하면 됩니다. 우리말의 '~에서', '~로부터'의 의미를 지니고 있습니다. 그래서 '출발점, 출신, 출처'를 나타내는 말이 되구요. 이것을 사람의 생각과 연결하면 생각의 출발점이라는 의미로 '판단의 근거' 등에도 쓸 수 있습니다.

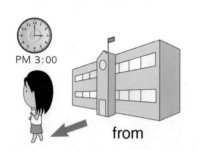

1. 출발점
2. 출신, 출처
3. 판단의 근거

09 The school is only a hundred meters from my apartment.
'출발점'을 나타냄
▶ 거리가 100미터인데 그 출발점이 나의 아파트이므로 전치사 from을 사용하였습니다. from은 '출발점'을 나타냅니다.

10 This jam is made from apples and sugar.
'출신, 출처'를 나타냄
▶ 잼의 재료는 잼을 만드는 출발점이겠죠. 이 잼이 어디서 왔는지 즉, 이 잼의 '출신, 출처'를 나타내기 위해 전치사 from을 사용하였습니다.

11 From his accent, you can infer his nationality.
'판단의 근거'를 나타냄   * accent ⑲ 억양, 어투   infer ⑧ 추론하다
▶ 그의 억양이 그의 국적을 추론하는 출발점이 되므로 '판단의 근거'를 나타내는 전치사 from을 쓴 것입니다.

❸ in & out

■ in

전치사 in은 '안'을 나타내는 말이죠. 일반적으로 '공간의 내부'를 나타낼 때 in을 사용합니다. 그런데 '시간의 내부'를 나타낼 때 in을 사용할 수 있습니다. 뿐만 아니라 구체적 공간이 아닌 것도 공간화하여 '안'의 개념으로 생각할 수 있는데 이 경우에도 in을 사용하지요. '시간, 공간, 경험의 내부'를 나타낸다고 하면 좀 더 이해하기 편할 것입니다. 즉, 공간의 내부를 나타내는 의미는 알고 있을테니 거기에 전치사 in은 시간에도 쓰고 경험 등의 추상적 공간에도 쓸 수 있다고 알아둡시다.

in

1. 안(으로), 내부(로) - 공간
2. ~할 때 – 시간
3. ~에서 - 경험

12 He was brought here in an ambulance.
'공간 내부'를 의미
◑ 앰뷸런스에 실려 오는 건 앰뷸런스라는 공간 안에 담겨 오는 것이므로 전치사 in으로 표현합니다.

13 The tip is included in the bill.
'공간화한 내부'를 의미
◑ 구체적인 공간으로 보이지 않더라도 공간화하여 그 내부에 어떤 것을 포함시킬 때 전치사 in을 쓸 수 있습니다. 계산을 공간화하여 그 안에 팁이 들어가 있는 것으로 표현하려 in을 사용하였습니다.

14 Did you see anything special in your journey?
'추상적 공간'을 의미
◑ 여행이라는 경험을 '공간'처럼 나타내려 전치사 in을 사용했습니다. 이처럼 전치사 in은 구체적 공간에만 쓰는 게 아니라 추상적 공간에도 사용된다는 것을 기억하세요.

---

09 학교가 나의 아파트에서 겨우 100미터 거리에 있다. 10 이 잼은 사과와 설탕으로 만들어진다. 11 그의 억양으로 너는 그의 국적을 추론할 수 있다. 12 그는 앰뷸런스로 여기에 왔다. 13 팁이 계산에 포함되어 있다. 14 너는 여행에서 뭐 특별한 것 좀 봤니?

■ out

out은 전치사 in의 의미와는 반대라고 생각하면 이해하기가 쉽습니다. out은 흔히 공간의 바깥을 나타내는데 사용됩니다. 뿐만 아니라 시간의 바깥이라는 의미가 담긴 표현에도 쓸 수 있습니다. 정해진 시간의 밖은 어디일까요? 그렇죠. 끝난 것입니다. 그래서 '끝, 마지막, 끝까지, 마지막까지'를 나타내는데도 out이 쓰입니다.

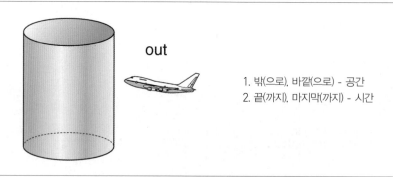

out

1. 밖(으로), 바깥(으로) - 공간
2. 끝(까지), 마지막(까지) - 시간

15 Let's eat out tonight.
'바깥'을 의미

▶ '먹다'라는 의미의 동사 eat에 out이 함께 쓰이면 밖으로 나가서 먹거나 밖에서 먹는 즉 '외식하다'라는 의미가 됩니다. 외식에서 '외'는 바깥을 의미합니다.

16 The house burned out.
'끝까지, 마지막까지'를 의미

▶ out은 '끝까지, 마지막까지'라는 의미를 지니고 있는데 '타다'라는 뜻을 지닌 동사 burn과 함께 쓰여 '다 타버리다'라는 의미가 되었습니다.

❹ into & out of & through

■ into

into는 in과 to를 합친 전치사입니다. 방향을 잡고 출발하고 이동하다가 '안으로' 들어가는 전치사가 바로 into입니다. 이 경우의 '안'이라는 의미가 장소를 나타내는 공간뿐만 아니라 '시간이나 경험'의 공간을 모두 나타낸다고 생각하면 됩니다. 그런데 into는 하나 더 중요하게 기억할 것이 있어요. 바로 '변화', '변화의 결과'를 나타내는 into입니다. 어딘가로 들어가서 성질이 변해버렸다고 생각하면 됩니다.

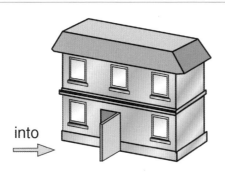

1. 안으로 (공간, 시간, 경험)
2. 변화(의 결과)

17 The waiter poured some wine into each glass.
　　　　　　　　　　　　　　'공간 안'을 의미
　　▶ 구체적인 공간 안으로 들어가는 것을 표현하는 전치사 into인데, 와인잔 내부로 와인이 들어가는 것이므로 into를 사용한 것입니다.

18 The factory makes water into ice.
　　　　　　　　　　　'변화'를 의미
　　▶ 전치사 into는 변화를 나타낼 수 있는데, 물이 얼음으로 변하는 것을 표현하기 위해 into를 사용했습니다. 자칫하면 '얼음 속으로'라는 이상한 해석을 할 수 있으니 조심해야 합니다.

19 He had grown into a handsome young man.
　　　　　　　　'변화의 결과'를 의미
　　▶ 전치사 into는 '변화의 결과'를 나타낼 수 있는데 '자라다'라는 의미의 동사 grow에 into를 붙여서 '자라서 ~가 되었다'라는 표현이 되었습니다.

---

15 오늘 밤에 외식하자.　　16 그 집이 다 타버렸다.　　17 웨이터가 와인을 각각 잔에 따랐다.　　18 그 공장은 물을 얼음으로 만든다.
19 그는 자라서 잘생긴 젊은이가 되었다.

■ out of

out of는 into의 반대되는 의미를 지니고 있습니다. 밖에서 안으로 들어가는 게 아니라 안에서 밖으로 나
오는 거죠. from과 out의 의미를 합쳐 놓은 느낌이 담겨 있습니다. 공간, 시간, 추상적 공간 모두에 사용합
니다. 그리고 out의 의미에는 '끝'과 '마지막'의 의미도 지니고 있는데 out of 가 되면 뒤에 '마지막의 대상에
해당하는 말'이 오게 됩니다.

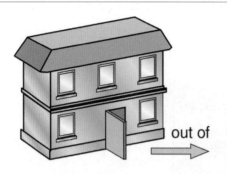

1. 안에서 밖으로
2. 밖으로
3. 끝까지, 마지막까지

20 She ran out of the house screaming.
　　　　　'밖으로'를 의미

▶ out of는 공간 내부에서 밖으로 나가는 것을 나타냅니다. 그래서 house 앞에 out of가 쓰여 '집 밖으로'라는 의미가 되
었습니다.

21 He was kicked out of school.
　　　　　　'밖으로'를 의미

▶ out of school은 '학교 밖으로'라는 의미이고, kick이 수동으로 쓰여 '걷어차였다'는 의미가 되는데 학교 밖으로 걷어차
였다는 것은 '쫓겨나다'를 나타냅니다.

22 That copying machine is out of paper.
　　　　　　　　　'끝, 마지막'을 의미

▶ out of가 '끝, 마지막'의 의미로 쓰이면 뒤에 나오는 말이 그 대상이 됩니다. 따라서 out of paper는 '종이가 다 떨어졌
다'는 의미가 됩니다.

■ through

through는 '통과'를 나타내는 전치사입니다. into가 안으로 들어가기만 하는 것이라면 through는 들어가서 밖으로 나오는 것까지를 나타냅니다. 그래서 다 통과했으니 '끝'을 나타내는 표현으로도 쓸 수 있습니다. 어떤 과정을 전부 다 마치고 나온 것을 나타내니까요. '통과', '끝' 이외의 의미로는 '수단, 경유'가 있습니다. '~을 통과하는' 대상이 시간이나 경험이라고 생각해보세요. 그러면 '시간이나 경험을 통해서'라는 것은 결국 그것의 '수단, 경유'의 의미가 되는 것입니다.

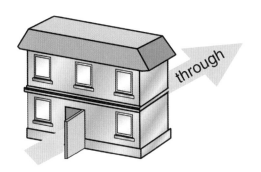

1. 통과
2. 끝
3. ~을 통해 (수단, 경유)

23 The Han River flows through Seoul.
'통과'를 의미
▶ 전치사 through의 일반적인 의미인 '통과'를 나타내고 있습니다.

24 We go to school Monday through Friday.
'통과'를 의미
▶ 월요일에 시작해서 금요일로 끝나는 일정의 '통과'를 전치사 through로 표현하고 있습니다.

25 He got a job through the influence of Mr. Kim.
'수단'을 의미
▶ 전치사 through가 '~을 통하여'라는 의미로 쓰였는데 '수단'을 나타냅니다.

---

20 그녀는 비명을 지르며 집 밖으로 달려나갔다.   21 그는 학교에서 쫓겨났다.   22 저 복사기는 종이가 다 떨어졌다.   23 한강이 서울을 통과해 흐른다.   24 우리는 월요일부터 금요일까지 학교에 간다.   25 그는 김 씨의 영향력으로 일자리를 얻었다.

❺ around & about

■ around

round는 둥근 것인데 round 앞에 붙은 a-는 '~로' 정도의 의미를 지닙니다. 따라서 around는 둥글게 돌아가는 '원'의 이미지가 있답니다. 그래서 around는 주변을 '빙 둘러가는' 느낌이 드는 전치사입니다. '주변'과 '원의 움직임' 두 가지 이미지를 가지고 있는 것이죠.

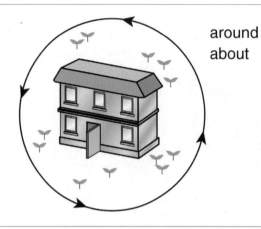

around
about

1. 주변
2. 움직임 (원의 운동성)

26 The rumor is going around the office.
'주변'을 의미

▶ go는 '가다'라는 의미의 동작을 나타내는데 around가 결합하여 원의 방향으로 움직이는 느낌을 표현하고 있습니다.

27 I prepare for the exam all the year around.
'움직임'을 의미

▶ the year 뒤에 around가 붙어서 '일 년을 한 바퀴 다 돌아가는'의 느낌이 듭니다. 그래서 '일 년 내내'라고 해석합니다.

■ about

about도 주변을 나타내지만, around와 달리 특정한 방향성이 없습니다. 따라서 특정한 방향성이 없으므로 불특정한 주변을 나타냅니다. 그리고 그 의미가 확장되면 주변 생활이나 주변 상황 등을 나타낼 수도 있습니다. 그리고 딱 떨어지는 정확함이 아니라 '약', '대략'을 나타내는 의미로도 사용됩니다. 또한 주변 상황을 나타낼 때 쓰이기 때문에 '~에 관해, ~에 대해'라는 의미도 포함하고 있습니다.

---

1. 주변
2. 약, 대략, ~정도
3. ~에 관해, ~에 대해

---

28 Some people gathered about the table.
        '주변'을 의미

▶ 전치사 about은 '주변'을 나타내는데 the table 앞에 전치사 about을 사용하여 '테이블 주변으로'라는 표현을 하고 있습니다.

29 The book has about 200 pages.
        '대략'을 의미

▶ 이 문장에 쓰인 about는 정확하게 딱 떨어지는 숫자 200이 아니라 200 주변을 나타내는 말입니다. 따라서 '약 200페이지'로 해석합니다.

30 She wrote a book about cooking with spices.
        '~에 관한'을 의미

▶ about가 '주변'을 나타내는 전치사이므로 그 주변의 내용을 포괄하는 '~에 관한, ~에 대한'이라는 의미로 쓰이기도 합니다.

---

26 그 소문이 사무실 주변에 돌고 있다   27 나는 일 년 내내 그 시험을 준비한다.   28 몇몇 사람들이 테이블 주변에 모였다.   29 그 책은 약 200페이지 정도 된다.   30 그녀는 향신료 요리에 관한 책을 썼다.

❻ for & against

■ for

전치사 for는 워낙 다양한 의미로 쓰이기 때문에 문장에서 정확한 의미를 파악하기가 쉽지 않답니다. 크게 네 가지로 그 의미를 묶어서 정리해 보겠습니다. 우선 for의 첫 번째 의미는 우리말 '~로'에 해당합니다. '어딘가를 향해서'라는 의미이죠. to와 비슷한 의미이지만 차이점은 단지 방향성만 나타내는 to와 달리 for는 어느 정도의 목적성을 가지고 있다는 겁니다. to가 우리말로 '~로 간다'에 가깝다면 for는 우리말로 '~를 간다'에 가까워요. 어쨌든 for는 to보다는 확실한 목적이 있는 '~로'라고 생각해 두세요. 두 번째는 '교환'입니다. 여자 친구에게 줄 장미꽃 한 다발을 만 원 주고 샀다고 가정해 볼게요. 장미꽃을 사기 위한 목적으로 만 원과 맞바꾼 것이지요. 이때 for는 '목적'에서 조금 더 확장된 의미인 '교환'이나 '대가'를 뜻합니다. 그래서 '명사 + for + 명사'가 오면 앞의 명사가 뒤로 가는, 그래서 결국 서로 바뀌는 교환의 의미를 가집니다. 세 번째 for의 의미는 '찬성'인데요. '~을 향해' 가는데 좋아서 가는 거예요. 그래서 '찬성, 지지'의 의미를 가집니다. 마지막으로 뒤에 특정 기간이 오면 '~동안'을 나타내는 의미로도 쓰입니다.

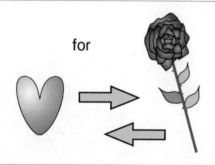

for

1. ~로 (향해 목적이 있는) 출발, 이동
2. 교환, 대가
3. 찬성, 지지
4. ~동안 (시간)

31 The plane took off for Jeju Island.
'~로 향해'를 나타냄

* take off 이륙하다

▶ 전치사 for의 가장 기본적인 의미는 '~로'의 의미를 지니는 '방향'입니다. 비행기가 이륙했고 가는 방향이 제주도이므로 전치사 for를 쓰고 있습니다.

32 Tom bought a bunch of flowers for 10,000 won.
'교환'을 나타냄

▶ 앞서 설명했듯이 전치사 for는 '교환'의 의미가 있는데 꽃다발과 만 원을 교환한 것입니다.

33 We exchanged our old car for a new convertible.
'교환'을 나타냄

* exchange ⑧ 바꾸다, 교환하다   convertible ⑲ 지붕을 열고 닫을 수 있는 자동차

▶ 이 문장에 쓰인 전치사 for도 '교환'의 의미를 담고 있습니다. 오래된 차를 새 컨버터블로 바꾸었다는 의미입니다.

34 Who is for the proposal and who's against it?
  '찬성, 지지'를 나타냄
  ▶ 전치사 for는 '찬성, 지지'의 의미를 지닙니다. 뒤에 나오는 전치사 against는 for의 반대 의미인 '반대, 반발, 저항'을 나타냅니다.

35 I have taught students English for 10 years.
  '~동안'을 나타냄
  ▶ 전치사 for 뒤에 10 years라는 특정 기간을 나타내는 말이 왔네요. 이때 for는 '~동안'이라는 의미입니다.

■ against

34번 예문을 통해 보았듯이 against는 for와 반대되는 의미로 쓰이는 전치사입니다. for가 찬성하고 지지해서 가는 거라면 against는 '반대하고 저항'하며 가는 것이라고 할 수 있습니다. 나에게로 오는 힘에 맞서서 반대로 나아가는 이미지를 가지고 있어요. 그래서 against는 첫 번째로 '반발(력)과 밀어내는 힘'의 의미를 가지고, 두 번째로 '반대, 저항'의 의미를 가진다고 할 수 있습니다

against

1. 반발(력), 밀어내는 힘
2. 반대, 저항

36 The child leaned against his mother and fell asleep.
  '반발력'을 나타냄
  ▶ 동사 lean은 '기울다'는 의미를 지니고 있는데 뒤에 '반발'의 의미를 지닌 전치사 against가 와서 넘어지지 않는 것을 표현하고 있습니다.

37 The salmon swam against the current.
  '반대'를 나타냄
  ▶ 전치사 against는 '반대, 저항'의 의미를 지니고 있는데 뒤에 온 the current를 거스르는 것을 표현하고 있습니다.

---

31 비행기가 제주도를 향해 이륙했다. 　32 Tom은 만 원을 주고 꽃다발을 샀다. 　33 우리는 오래된 차를 새 컨버터블로 바꾸었다. 　34 누가 그 제안에 찬성하고 누가 반대하나? 　35 나는 10년 동안 학생들에게 영어를 가르쳐 왔다. 　36 아이가 엄마에게 기대서 잠이 들었다. 　37 연어가 물을 거슬러 헤엄쳤다.

❼ at ⅋ by ⅋ of

■ at

전치사 at의 의미는 단순합니다. 사격이나 양궁 등의 과녁을 생각하면 됩니다. 그 과녁의 목표 지점인 한 가운데가 바로 전치사 at입니다. 그렇게 딱 하나의 포인트만을 찍어 가리킬 때 사용하는 전치사가 at이라고 생각하면 됩니다.

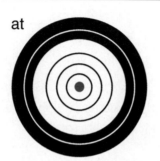

at

1. 과녁, 목표
2. (한 가지만을) 찍어서

38 The campaign is specifically aimed at young customers.
　　　　　　　　　　　　　　　　　　'목표'를 의미

▶ aim은 '목표로 두다, 겨냥하다, 겨누다'라는 뜻을 가지는 동사인데 뒤에 그 목표점을 찍어 가리키는 전치사 at을 사용하여 '~을 겨누다'라는 의미가 됩니다.

■ by

by의 첫 번째 의미로는 위치상 '옆'을 나타냅니다. 이것은 가장 일반적인 by의 의미입니다. 두 번째 의미는 '~에 의해'라고 해석하는 것으로 이것은 '수단, 재료, 행위(자)' 등을 나타냅니다. 그런데 '~에 의해'보다 우리말의 '~(하는 것)으로'라고 해석해보세요. 이 해석이 더 쉽게 이해되는 경우들이 많을 것입니다. 마지막으로 숫자 앞에 쓰게 되면 옆에 가져다 놓고 비교하는 양이 되는데 그래서 '~만큼'이라는 의미를 가집니다.

39 He kept walking and passed by me.
　　　　　　　　　　　　　　　'옆'을 나타냄

▶ 가장 일반적인 의미인 위치를 나타내는 전치사 by를 써서 '옆에' 있는 것을 나타내고 있습니다.

40 Make the sauce by boiling the cream together in a pan.

'수단'을 나타냄

▶ 전치사 by 뒤에 '수단, 재료, 행위(자)'를 나타내는 말이 오면 '~(하는 것)으로' 정도로 해석합니다. 이 문장에서 by boiling은 '끓이는 것으로, 끓여서'로 해석하면 됩니다.

41 Violent crime has increased by 10 percent since last year.

'~만큼'을 나타냄

▶ 전치사 by 뒤에 숫자나 수치를 나타내는 표현이 오면 by는 '~만큼'이라는 의미가 됩니다.

■ of

전치사 of는 '소유' 또는 '부분'을 나타내는 것으로 알고 있는데 다른 의미로 쓰이는 경우가 더 많아요. 우선 of의 첫 번째 의미로는 '대상'을 기억해두세요. 특히, 모양이 '동사 + of'이거나 'be + 형용사 + of'에서 of 뒤에 오는 것은 예외없이 대상이라고 생각하면 됩니다. 이 경우 of를 '~의'라고 해석하면 안 됩니다. 대상을 나타내므로 '~을/를'이라고 해석합니다. 두 번째는 '소유, 소속'을 나타내는 of입니다. 그리고 세 번째로 기억할 의미가 '부분'인데요. 사실 '소유'와 '부분'은 둘 다 'A of B' 모양일 때 'B의 A'라고 해석이 됩니다. 거의 같은 의미라고 생각해도 됩니다. 단 '부분'을 나타내는 경우 '분리가 불가능한 부분'이라고 생각하면 됩니다.

42 The song reminds me of our wedding night.

'대상'을 나타냄

▶ '나에게 생각나게 했다'라는 표현 뒤에 전치사 of가 왔네요. 이때 of는 '~의'라고 해석하면 안됩니다. 왜냐하면 대상을 나타내는 의미로 쓰인 of이기 때문입니다. 그래서 '~을/를'이라고 해석합니다.

43 The sleeves of this shirt are too long.

'부분'을 나타냄

▶ 전치사 of가 'B의 A'라고 해석하는 '부분'을 나타내는 것으로 쓰였습니다. 이때 부분은 그 물건에서 없어서는 안 되는 부분이 됩니다. 부수적인 게 아니라 꼭 필요한 본질의 일부분입니다.

---

38 그 캠페인은 특히 젊은 고객들을 겨누고 있다. 39 그는 계속 걸어서 내 옆을 지나쳤다. 40 팬에서 크림을 같이 끓여서 소스를 만드세요. 41 폭력적인 범죄가 작년 이후 10퍼센트 만큼 늘었다. 42 그 노래는 내게 우리가 결혼하던 날 밤을 떠올리게 했다. 43 이 셔츠의 소매가 너무 길다.

❽ over & across

■ over

over의 첫 번째 의미는 간단합니다. 반원 모양의 화살표를 그려보세요. 그것이 over의 의미를 나타낸다고
볼 수 있습니다. 즉, 훌쩍 넘어가는 이미지인데 반드시 반원 전체를 나타낼 필요는 없습니다. 앞부분만 나
타낼 수도 있고, 뒷부분만 나타낼 수도 있습니다. 경우에 따라 반원의 한 점을 나타내기도 하죠. 우리말로
는 '~을 넘어', '~너머', '~위에', '~위로' 정도로 해석됩니다. 두 번째로는 '끝, 마지막'이라는 의미도 있어
요. 이 의미는 game over를 생각하면 쉽게 기억할 수 있습니다.

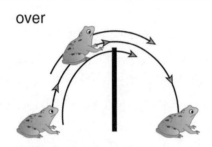

over

1. ~을 넘어, ~너머, ~위에, ~위로
2. 끝, 마지막

---

44 He put his hands over his face.
　　　　　　　　　'~위로'를 나타냄
　▶ 전치사 over가 '~위로'라는 의미로 쓰였습니다.

45 I looked down as we flew over the mountain.
　　　　　　　　　　　　　　　'~넘어'를 나타냄
　▶ 산을 '넘어'가고 있는 표현을 위해 전치사 over를 사용하였습니다.

■ across

across는 cross가 되게 만드는 것입니다. 수직으로 내려와 있는 선을 cross하려면 수평으로 가로질러야 하잖아요. 그 '가로지르는' 것이 바로 across의 첫 번째 의미입니다. 그리고 이렇게 가로지르면 수직으로 내려와 있는 선과 가운데 지점에서 연결되고 만나게 되죠. 그래서 두 번째 across의 의미로 '연결, 이어짐, 만남'이 만들어집니다.

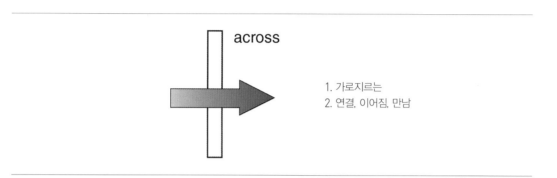

across

1. 가로지르는
2. 연결, 이어짐, 만남

46 There is a bridge across the river.
　　　　　　　　　　　'가로지르는'을 의미
　　▶ 강을 일직선이라고 생각해보세요. 일직선을 cross되게 가로지르는 선으로 다리를 생각할 수 있으므로 전치사 across를 사용하고 있습니다.

47 We flew across the Pacific.
　　　　　　'가로지르는'을 의미
　　▶ '태평양을 횡단하다'에서 '횡단하다'는 '가로지르다'라는 의미로 전치사 across를 사용하고 있습니다.

---

44 그는 손을 얼굴 위로 가져 갔다.　　45 우리가 산을 넘어 날아갈 때 나는 아래를 내려다보았다.　　46 강을 가로지르는 다리가 있다.
47 우리가 태평양을 횡단하여 비행했다.

❾ before ⅋ after

■ before

before는 순서나 위치상 '앞'을 나타내는 전치사입니다.

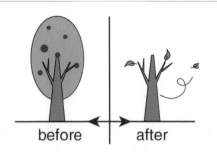

(순서·위치상으로) 앞에

48 Refreshments will be served before the ceremony.
　　　　　　　　　　　　　순서상 '앞'을 나타냄

* refreshment 몡 다과, 음료, 간단한 식사

▶ ceremony 앞에 전치사 before을 써서 다과가 제공되는 것이 시간상 앞에 있을 것임을 표현하고 있습니다.

49 Mr. Kim put his family before his career.
　　　　　　　　　　　　순서상 '앞'을 나타냄

▶ 직업 앞에 전치사 before를 써서 가족에 우선 순위를 둔다는 것을 표현하고 있습니다.

50 A corrupt diplomat will stand before the court.
　　　　　　　　　　　　　위치상 '앞'을 나타냄

▶ 재판을 받기 위해 법정 앞에 선다고 할 때 court 앞에 전치사 before를 사용합니다. 이때 before는 위치상으로 앞을 나타냅니다.

■ after

after는 순서나 위치상 '뒤'를 나타내는 전치사입니다.

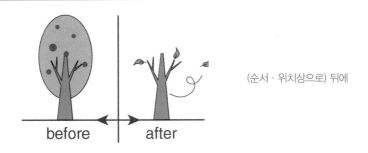

(순서 · 위치상으로) 뒤에

51 The day after tomorrow is Saturday.
_{순서상 '뒤'를 나타냄}
◑ 전치사 after를 사용해서 내일의 다음 날인 '모레' 즉, the day after tomorrow를 표현하고 있습니다.

52 Mr. Choe was asked many questions after his lecture.
_{순서상 '뒤'를 나타냄}
◑ 그의 강의 앞에 전치사 after를 붙여 많은 질문을 받은 것이 강의 뒤에 발생한 일임을 나타내고 있습니다.

53 I will take this pill 30 minutes after lunch.
_{순서상 '뒤'를 나타냄}
◑ 점심식사 앞에 전치사 after를 써서 약을 복용하는 것이 점심식사 뒤임을 나타내고 있습니다.

---

48 행사 전에 다과가 제공될 것이다.   49 김 씨는 일보다 가족을 우선에 둔다.   50 부패한 외교관은 법정 앞에 설 것이다.   51 모레는 토요일이다.   52 최 씨가 그의 강의를 마치고 난 뒤에 많은 질문을 받았다.   53 나는 점심식사 후 30분에 이 약을 복용할 것이다.

⑩ up & down

▪ up

up은 위치나 장소에서 '위쪽'을 나타냅니다. 그런데 up은 단지 위치나 장소를 나타내는데 쓰는 것 말고도 그 용도가 다양해요. 사람과 함께 쓰면 그 사람의 '지위, 신분'의 상승을 나타낼 수도 있고 사람의 '감정' 상태의 상승을 나타내기도 합니다. 소위 '업됐다'라는 표현을 생각해보면 쉽게 이해되겠죠. 또한 up은 기계에도 사용하는데 이 경우에는 기계의 성능이나 상태가 '올라감'을 나타냅니다. 그리고 동사를 강조할 때 up을 사용합니다. Hurry up!이 이것에 해당합니다. 이 경우 up은 '위로'라는 의미가 아니라 동사의 의미를 강조하는 역할을 한답니다.

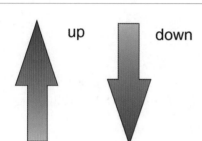

1. (위치, 장소의) 위, 아래
2. (사람의 지위, 신분/감정의) 상승, 하락
3. (기계, 사물의 성능/상태의) 상승, 하락
4. 동사 강조

54 She went up the stairs.
'위로'라는 의미
▶ 동사 go에는 '가다'라는 움직임만 있는데 여기에 전치사 up이 더해서 '위로' 가는 동작의 표현이 됩니다.

55 She turned the volume up.
'위로'라는 의미
▶ 볼륨이 위로 가는 것이므로 '올린다'는 의미입니다.

56 The stream has dried up.
동사를 강조
▶ 전치사 up은 동사 dry를 강조하는 강조의 up입니다. 그냥 마르는 정도가 아니라 up을 써서 '싹 말라버렸다'는 느낌을 줍니다.

▪ down

down은 up의 반대 의미를 지녔지요. 위치나 장소에서 '아래'를 나타내고 사람의 '지위, 신분, 감정'의 하락을 표현할 때, 그리고 기계의 성능이나 상태가 '내려가는 것'을 표현할 때도 사용한답니다.

57 The tears ran down her face.
　　　'아래'를 의미
> 전치사 down을 사용하여 위치가 아래로 이동하는 것을 나타내고 있습니다.

58 The system was down all morning.
　　　'고장나다'를 의미
> 기계의 성능을 나타낼 때 전치사 down을 사용할 수 있습니다. 전치사 down이 기계와 함께 쓰이면 기계 성능이 하락하는 것이므로 흔히 '고장나다'라는 의미로 쓰입니다.

⑪ along & with

■ along

along은 '함께, 같이' 어울리고 다니는 것을 나타내는 말입니다. 서로 공동의 자취, 흔적을 남긴다고 생각해도 됩니다. 그리고 같이 다니는 것을 시간으로 나타내면 '계속, 쭉, 앞으로' 등의 의미도 가지게 됩니다.

along

1. 함께, 같이, 공존
2. 계속, 쭉, 앞으로

59 The river runs along the valley.
　　　'함께'를 의미
> 계곡을 따라 흐른다는 표현을 하기 위해 '함께'라는 의미를 지닌 along을 사용하였습니다.

60 The dog ran along the road.
　　　'함께'를 의미
> 길을 따라 달린다는 표현을 하기 위해 '함께'라는 의미를 지닌 along을 사용하였습니다.

61 I know all along.
　　　'계속, 쭉'을 의미
> 이 문장에 쓰인 along은 '계속, 쭉'의 의미를 지니고 있습니다.

---

54 그녀가 계단을 올라갔다.　55 그녀가 볼륨을 높였다.　56 시냇물이 싹 말라버렸다.　57 눈물이 그녀의 얼굴에 흘러내렸다.　58 시스템이 오전 내내 고장이었다.　59 그 강은 계곡을 따라 흐른다.　60 그 개는 길을 따라 달렸다.　61 나는 내내 안다.

■ with

with도 along과 마찬가지로 '함께, 같이' 존재하는 의미를 지니고 있지만 along이 자취, 흔적이 강조되는 느낌이라면 with는 공존 그 자체가 강조되는 느낌입니다. 가장 많이 쓰이는 의미는 '~와 함께, ~와 같이' 입니다. 다음으로는 with가 '재료나 수단'을 나타내기도 합니다. 마지막으로 좋은 감정의 대상을 전치사 with로 나타내기도 합니다. 주로 기쁘고, 즐거울 때 씁니다.

with

1. 함께, 같이, 공존
2. 재료, 수단
3. 감정의 대상

62 "Where's Simon?" "He's with Dad."
'~와 함께'를 나타냄
▶ 전치사 with가 '~와 함께'라는 의미로 쓰였습니다.

63 My shoes are covered with mud.
'재료'를 나타냄
▶ 전치사 with가 '재료'를 나타내는 의미로 쓰였습니다.

64 He cut the rope with a knife.
'수단'을 나타냄
▶ 전치사 with가 '수단'을 나타내는 의미로 쓰였습니다.

65 I paid with my credit card.
'수단'을 나타냄
▶ 전치사 with가 '수단'을 나타내는 의미로 쓰였습니다.

66 He is satisfied with the gift.
'좋은 감정의 대상'을 나타냄
▶ 전치사 with가 '좋은 감정의 대상'을 나타내는 의미로 쓰였습니다.

(2) 주의할 전치사

❶ by와 until의 차이

by는 '~까지 늦지 않게'라는 뜻을 가지고 있고, until은 '~까지 계속해서'라는 의미를 가지고 있습니다. 그래서 마감 시간까지 제출하거나 마쳐야 하는 submit, finish 같은 동사는 완료의 뜻을 지니고 있기 때문에 전치사 by를 사용하고, 특정 시간까지 계속해서 앉아 있거나 (약속을) 연기하는 sit, postpone 같은 동사는 지속의 뜻을 지니고 있기에 전치사 until을 사용합니다. 한마디로 by는 '동작의 완료'를 나타내고, until은 '상태의 지속'을 나타냅니다. 참고로 until은 전치사와 접속사 둘 다 사용됩니다.

by - 전치사	~까지 (늦지 않게) + 한 번만
until - 전치사 - 접속사	~까지 (계속해서) + 여러 번, 반복해서 unitl + 완전한 문장(~할 때까지)

67 I am going to pay him back by Friday.
'동작의 완료'를 나타냄
> 금요일까지 돈을 갚는 동작을 완료해야 합니다. 그러므로 '동작의 완료'를 나타내는 전치사 by가 사용되었습니다. '동작의 완료'는 한 번으로 끝나는 동작이라고 생각하면 됩니다.

68 We sat there until the end of the show.
'~까지 계속해서'라는 의미
> 쇼가 끝날 때까지 계속해서 하는 동작을 나타내고 있습니다. 이처럼 '~까지 계속해서, 여러 번, 반복해서' 하는 동작은 전치사 until과 함께 씁니다.

69 Don't go out until you've combed your hair.
접속사로 쓰인 until
> 이 문장에 쓰인 until은 전치사가 아니라 접속사로 쓰였습니다. 그래서 until 뒤에 주어와 동사가 있는 완전한 문장인 절이 왔습니다.

---

62 "Simon은 어디 있니?" "그는 아빠와 있어." 63 내 신발은 흙이 묻어 있다. 64 그는 칼로 로프를 잘랐다. 65 나는 신용카드로 지불했다. 66 그는 그 선물에 만족해한다. 67 나는 금요일까지 그에게 돈을 갚을 것이다. 68 쇼가 끝날 때까지, 우리는 거기에 앉아 있었다. 69 머리를 빗을 때까지 외출하지 마라.

❷ for와 during의 차이

둘 다 '~동안'이라고 해석이 되지만, 차이가 있다면 for 뒤에는 '숫자를 포함하는 기간'이 오고, during 뒤에는 '특정 기간'을 나타내는 명사가 옵니다. until과 마찬가지로, for도 전치사와 접속사로 모두 쓰입니다. during과 while은 의미가 같지만 while은 접속사라는 것도 알아두세요.

during - 전치사	during + (특정 기간을 나타내는) 일반명사 (~동안)
for - 전치사 - 접속사	for + 숫자를 포함하는 기간 (~동안) for + 완전한 문장(왜냐하면 ~)

70 I just want to sit down for five minutes.
숫자를 포함한 기간 앞에 쓰는 for
  ▶ 숫자를 포함한 기간을 나타내는 five minutes 앞에 '~동안'의 의미를 지닌 전치사 for가 사용되었습니다. 특정 기간을 하나의 덩어리로 나타내는 during과 달리 for는 하나하나 숫자로 세는 기간을 나타냅니다. 그래서 뒤에 숫자로 나타나는 기간이 있을 때는 전치사 for가 옵니다.

71 Nobody does any work during the festival.
특정 기간을 나타내는 일반명사 앞에 쓰는 during
  ▶ the festival은 숫자 단위로 세는 기간이 아닙니다. '축제'라는 일반명사를 하나의 단위처럼 사용하고 있습니다. 이런 경우 '~동안'의 의미로 전치사 during을 사용합니다.

❸ between과 among의 차이

between은 '둘 사이'를 나타내는 전치사입니다. 즉, between은 '양자간'을 나타내고 among은 '다자간'을 나타냅니다.

72 I expect this to be confidential between you and me.   * confidential ⑱ 비밀의
'양자간'을 나타냄
  ▶ 비밀을 유지할 사람이 너와 나 둘이므로 '양자간'을 나타낼 때는 전치사 between을 사용합니다.

73 The news of the invasion spreads panic among the citizens.
'다자간'을 나타냄   * invasion ⑲ 침입, 침략   spread ⑧ 퍼뜨리다, 확산시키다
  ▶ the citizens는 셋 이상 즉, '다자간'을 나타내는 것이므로 이런 경우에는 전치사 among을 사용합니다.

---

70 나는 5분 동안 앉아 있고 싶다.   71 아무도 축제 기간 동안 일을 하지 않는다.   72 나는 이것을 너와 나 사이에 비밀로 했으면 한다.   73 침략 소식이 시민들 사이에 공포심을 퍼뜨린다.

 Basic Test 01

다음 괄호 안에 적절한 것을 고르시오.

01 Korean children are most exposed to "death by traffic accidents" [among / between] OECD countries.

02 Mr. Choe commutes daily [between / among] Ilsan and Noryangjin.

03 Watching TV keeps us from feeling down [while / during] high-stress periods.

04 I think that Korean economy has been getting worse [for / during] the last 10 years.

05 The library will remain open [by / until] 9 o'clock on Saturdays.

06 It doesn't matter if you can't get here [until / by] 8 o'clock.

CHAPTER 02

접속사
Conjunction

CHAPTER 01 전치사
CHAPTER 02 접속사

전치사는 뒤에 명사가 오고 접속사는 뒤에 주어와 동사가 있는 문장 즉, 절이 온다는 것은 이제 다 알겠죠? 그런데 이 전치사와 접속사 중에 용법이 헷갈려서 시험에 자주 출제되는 것들이 있어요. 이번 Chapter에서는 이런 용법들에 대해 알아보도록 하겠습니다.

(1) 전치사와 접속사의 구별

❶ despite vs although, though

despite은 전치사이므로 뒤에 명사가 오고 although, though는 접속사이므로 뒤에 주어와 동사가 있는 문장이 와야 합니다. 그런데 의미가 비슷해서 혼동하기 쉽습니다. 그래서 despite과 although의 쓰임을 구별하는 문제가 각종 시험에 자주 출제됩니다. 또한 in spite of와의 착각을 유도하기 위해 despite 뒤에 of를 붙여 'despite of ~'라는 틀린 모양을 등장시키는 문제도 자주 출제됩니다.

despite + N despite of + N (×)	vs	Althouth(Though) + S + V

❷ during vs while

during은 전치사이므로 뒤에 명사가 오고, while은 접속사이므로 뒤에 주어와 동사가 있는 문장이 옵니다. 그런데 while의 경우 '주어 + be동사'가 생략되고 뒤에 바로 -ing가 오는 모양도 있으므로 주의해야 합니다. 어쨌든 while 뒤에 명사가 오는 경우는 없다는 것을 꼭 기억해두세요.

during + N	vs	while + S + V while + -ing while + N (×)

❸ because of vs because

because of와 because의 쓰임을 헷갈려 하는 학생들이 의외로 많답니다. because of는 전치사이고, because는 접속사입니다. 따라서 because of 뒤에는 명사가 오고, because 뒤에는 주어와 동사가 있는 문장이 와야 합니다.

because of + N	vs	because + S + V

(2) 등위접속사의 주의할 용법

단어와 단어, 구와 구, 절과 절을 한쪽에 종속되지 않게 나란히 연결시키는 말을 '등위접속사'라고 합니다. and, but, or 등이 가장 대표적인 등위접속사입니다. 그리고 이유를 나타내는 for, 결과를 나타내는 so, 부정문을 만드는 nor 등도 있습니다. 사실 접속사는 그 뜻을 제대로 해석하면 되는데 가끔은 그 용법이 별난 것들이 있습니다. 이런 용법들은 주의를 기울여 이해하면 큰 어려움은 없을 것입니다. 등위접속사의 특별한 용법을 살펴보겠습니다.

❶ 명령문 + and + S + V : ~해라, 그러면…

접속사 and는 보통 '그리고'라는 의미로 앞에 나오는 단어, 구, 문장을 뒤에 나오는 말들과 연결시키는 기능을 합니다. 그런데 and가 명령문 뒤에 오면 '그러면', '그렇게 하면'이라는 의미가 됩니다.

01 Take this pill everyday, and you will recover.
　　　　　　　　　　　　　그러면, 그렇게 하면
* pill ⑲ 알약
▶ 동사원형으로 시작하는 명령문 뒤에 쓰인 and는 '그러면', '그렇게 하면'이라고 해석합니다.

02 Follow this route, and you will get to your destination.
　　　　　　　　　그러면, 그렇게 하면
* get to ~에 도달하다, 이르다　destination ⑲ 목적지, 목표
▶ 동사원형으로 시작하는 명령문 뒤에 이어지는 and는 '그러면', '그렇게 하면'이라고 해석합니다.

---

01 이 약을 매일 복용해라. 그러면 너는 회복될 것이다.　02 이 길을 따라가라. 그러면 너의 목적지에 도착할 것이다.

❷ 명령문＋or＋S＋V : ～해라, 그렇지 않으면…

명령문 다음에 접속사 or가 오면 '그렇지 않으면'이라는 의미가 됩니다.

03 Carry your camera with you, or you will miss the critical moment.
그렇지 않으면
* critical ⑱ 결정적인

▶ 동사원형으로 시작하는 명령문 뒤에 접속사 or이 왔습니다. 이때 or는 '그렇지 않으면'이라고 해석합니다.

04 Try to work out everyday, or you will lose your health.
그렇지 않으면
* work out 운동하다

▶ 동사원형으로 시작하는 명령문 뒤에 접속사 or가 왔습니다. 이때 or는 '그렇지 않으면'이라고 해석합니다.

❸ nor

nor는 부사이지만 접속사로도 쓰입니다. 앞의 문장이 부정문일 때 뒷문장을 이어주는 접속사로 nor를 쓸 수 있는데요. 그렇게 하면 또 하나의 부정문이 만들어집니다. nor가 '～ 또한 아니다'라는 의미를 가지거든 요. 즉, 'and ～ not ～ either'의 의미가 되는 것입니다. 주의할 것은 nor 다음에 이어지는 문장은 주어와 동 사가 도치된다는 점과 nor는 부정어에 해당되므로 다른 부정어를 겹쳐 쓸 수 없다는 것입니다.

05 He didn't eat anything, nor did he drink.
～ 또한 아니다

▶ 부정문 뒤에 접속사 nor를 사용하여 뒷문장을 연결하고 있습니다. nor는 '～또한 아니다'라는 뜻이므로 nor 뒤의 문장 은 and he did not drink, either의 의미가 됩니다. 그리고 주의해야 할 것은 nor를 이용하면 뒤에 이어지는 문장은 주어 와 동사가 도치되어 did he drink가 되었습니다.

06 He does not like cake, nor does he like chocolate.
～ 또한 아니다

▶ 부정문 뒤에 접속사 nor를 사용하여 뒷문장이 이어졌네요. nor 뒤의 문장은 부정의 의미를 가지므로 and he does not like chocolate, either의 의미가 되는 겁니다. 그리고 nor를 쓰면 뒤에는 주어와 동사가 도치되어 does he like chocolate가 되었습니다.

(3) 명사절을 이끄는 종속접속사

명사절을 만드는 접속사는 자기가 데리고 있는 문장을 문장의 일부분으로 만들어 문장에서 활용합니다. 이런 종류의 접속사를 등위접속사의 상대개념으로 '종속접속사'라고 합니다. 사실 명사절을 이끄는 접속사는 '명사의 종류와 역할'에서 이미 배운 내용입니다. 따라서 여기서는 간단하게만 다시 확인하도록 하겠습니다.

❶ that

명사절을 이끄는 접속사 that은 특별한 뜻을 가지고 있지 않습니다. '~하다' 정도의 문장을 '~하는 것'이라는 명사로 바꿔주는 역할을 합니다. 그래서 이렇게 사용하는 접속사 that은 특별한 뜻이 없는 비어 있는 접속사라고 해서 '공접속사'라고 부르기도 합니다. 명사절이므로 문장에서는 주어, 목적어, 보어로 사용됩니다. 그리고 목적어나 보어로 사용되는 that절에서는 that을 생략할 수 있습니다. 그러므로 문장의 모양이 'S + V + S + V'로 구성되어 있다면 목적어절 또는 보어절을 이끄는 접속사 that이 생략된 것으로 보면 됩니다.

07 That he is honest is true.
~라는 것
▶ '그가 정직하다.'라는 의미의 문장 he is honest 앞에 접속사 that을 붙여 '그가 정직하다는 것' 정도의 명사절을 만들어 문장에서 주어로 활용하고 있습니다.

08 I know (that) he is honest.
~라는 것
▶ '그가 정직하다는 것'이라는 명사절 that he is honest를 문장의 목적어로 활용하고 있네요. 이렇게 명사절이 문장의 목적어로 쓰이면 명사절을 이끄는 접속사 that은 생략해도 됩니다. 그래서 접속사 that이 생략되면 I know he is 즉 '주어 + 동사 + 주어 + 동사'의 모양이 남게 됩니다.

09 The truth is (that) he is honest.
~라는 것
▶ 명사절 that he is honest를 문장의 보어로 활용하고 있네요. 주격 보어가 명사가 되면 주어와 똑같은 말이 되죠. 즉 'the truth = he is honest'의 관계가 성립합니다. 그리고 보어로 쓰인 명사절에서 접속사 that은 생략할 수 있습니다.

10 I heard the fact that he was honest.
~라는 것
▶ 명사가 나란히 있을 경우 두 명사는 서로 동일한 내용이 된다는 것은 '명사의 종류와 역할'에서 이미 공부했던 내용으로 이 문장에서 the fact와 that he was honest는 서로 동격의 관계입니다.

---

03 카메라를 가지고 다녀라, 그렇지 않으면 너는 결정적 순간을 놓칠 것이다. 04 매일 운동하려고 노력해라, 그렇지 않으면 너는 건강을 잃을 것이다. 05 그는 뭔가를 먹지도 않았고 또한 마시지도 않았다. 06 그는 케이크를 좋아하지 않고 초콜릿도 또한 좋아하지 않는다. 07 그가 정직하다는 것은 사실이다. 08 나는 그가 정직하다는 것을 알고 있다. 09 사실은 그가 정직하다는 것이다. 10 나는 그가 정직했다는 사실을 들었다.

❷ if

우리가 흔히 보게 되는 if는 부사절을 이끄는 접속사입니다. '만약 ~라면'이라는 뜻을 가지고 있습니다. 그런데 if는 명사절을 이끄는 접속사로도 사용이 됩니다. 이 경우에는 뜻이 '만약 ~라면'이 아니라 '~인지 아닌지'가 됩니다. 이때 뒤에 or not을 붙여 쓰기도 하는데 생략해도 됩니다. 그리고 if가 이끄는 명사절은 주어 자리에는 쓰지 않고 목적어 자리에서만 활용합니다.

11 She asked me if I could help her (or not).

　　　　　　~인지 아닌지
> ▶ ask의 직접목적어 자리에 if가 이끄는 명사절이 왔습니다. if가 명사절을 만들어 문장의 일부분인 목적어로 쓰이고 있고, 이때 if를 종속접속사라고 하고 그 뜻은 '~인지 아닌지'입니다.

12 We will have to decide if we can afford it (or not).

　　　　　　　　　　　　~인지 아닌지　　　　　　　　　* afford ⑧ (시간적, 경제적) 여유가 되다, 형편이 되다
> ▶ decide는 '~을 판단하다, 결정하다'라는 뜻을 가진 타동사입니다. 뒤에 목적어가 필요하여 목적어 자리에 '~인지 아닌지'라는 뜻의 if가 이끄는 명사절이 왔습니다.

❸ whether

명사절을 이끄는 접속사 whether는 '~인지 아닌지' 의 뜻을 가집니다. 뒤에 or not을 붙여 쓰기도 하는데 생략해도 무방합니다. whether절은 주어, 목적어, 보어로 모두 사용합니다. 또한 접속사 whether는 부사절을 이끌기도 하는데 if와 달리 부사절로 쓰더라도 뜻이 달라지지는 않습니다.

13 Whether people know his fame (or not) is not important.

　　　~인지 아닌지
> ▶ 접속사 whether가 이끄는 명사절이 주어 자리에 사용되었습니다. '사람들이 그의 명성을 아는지 모르는지는'로 해석합니다.

14 I won't tell you whether Betty loves you (or not).

　　　　　　　　　　~인지 아닌지
> ▶ tell이 '~에게 ~을 말하다'라는 4형식 동사로 쓰였습니다. 그래서 직접목적어 자리에 whether가 이끄는 명사절이 사용되었습니다.

15 The point is whether you pass the exam (or not).

　　　　　　　~인지 아닌지
> ▶ whether가 이끄는 명사절이 be동사의 보어로 쓰였습니다.

(4) 부사절을 이끄는 종속접속사

부사절을 이끄는 접속사는 두 가지를 알고 있으면 됩니다. 하나는 뒤에 주어와 동사가 있는 문장이 오는데 문장에서 부사로 사용한다는 것입니다. 또 하나는 해당 접속사의 정확한 뜻입니다. '접속사'라고 부르니까 거창해 보이지만 사실 우리말에서는 부사어 정도로 쓰는 것들입니다. 그러므로 '첫째, 이거 접속사야, 둘째, 이거 뜻이 이거야' 정도만 기억하면 부사절을 만드는 접속사를 학습하는 데 큰 어려움은 없을 거예요.

❶ 시간과 관련된 접속사

while S + V	~ (하는) 동안에, ~ (하는) 반면에
when S + V	~할 때
as S + V	~할 때, ~ 때문에, ~함에 따라, (비록) ~라 하더라도

16 While I'm out, be careful of the wolf.
~(하는) 동안에
* be careful of ~을 조심하다, 주의하다

▶ while이 '~(하는) 동안에'라는 의미로 쓰인 종속접속사입니다. 접속사이므로 뒤에 주어와 동사가 있는 문장이 왔고 이 문장을 부사로 만들고 있습니다. 또한 'A가 ~하는 동안에 B는 ~한다'가 되면 A와 B 두 문장의 관계가 서로 반대가 되어 while이 '~(하는) 반면에'라는 의미로 쓰이는 경우도 있습니다. 그리고 while 뒤에 '주어 + be동사'가 생략되어 'While -ing'의 모양이 나타나기도 합니다. 이때 -ing가 동명사로 보여서 while을 전치사로 착각하기 쉬운데 while은 전치사로는 쓰지 않고 오직 접속사로만 쓴다는 것을 잘 기억해두세요.

17 When some people are sad, they lose their appetites.
~할 때
* appetite 몡 식욕

▶ when은 시간을 나타내는 접속사로 '~할 때'라는 의미로 쓰입니다. 참고로 시간과 조건의 부사절에서는 미래의 내용을 현재시제로 표현하는 것도 다시 한 번 기억해둡시다.

18 Daisy slipped as she was getting off the bus.
~할 때

▶ as는 여러 가지 뜻으로 쓰이는 접속사인데 이 문장에서는 '~할 때'라는 시간을 나타내는 접속사로 쓰였습니다.

---

11 그녀는 나에게 도와줄 수 있는지 물어보았다. 12 우리는 그것을 살 여유가 있는지를 결정해야 할 것이다. 13 사람들이 그의 명성을 아는지 모르는지는 중요하지 않다. 14 나는 Betty가 너를 사랑하는지 아닌지 말하지 않겠다. 15 중요한 것은 네가 시험에 통과하는지 아닌지이다. 16 내가 없는 동안에 늑대를 조심해라. 17 몇몇 사람들은 슬플 때 식욕을 잃는다. 18 Daisy는 버스에서 내릴 때 미끄러졌다.

after S + V	~하고 나서, ~한 뒤에
before S + V	~하기 전에

19 I am going to go home after I am done with my work.
~하고 나서, ~한 뒤에

▶ after은 접속사와 전치사 둘 다 사용됩니다. 이 문장에서는 after 뒤에 주어와 동사가 있는 문장이 왔으므로 '~하고 나서, ~한 뒤에'라는 의미의 접속사로 사용되었습니다.

20 It was not long before Mr. Choe came here.

▶ before는 접속사로도 쓸 수 있고 전치사로도 쓸 수 있습니다. 이 문장에서는 before 뒤에 주어와 동사가 있는 문장이 왔으므로 '~하기 전에'라는 의미의 접속사로 쓰였습니다. 'it was not long before ~'는 '~하는데 얼마 걸리지 않았다'라는 의미인데 '얼마 지나지 않아'라고 의역하면 자연스럽습니다.

until S + V	~할 때까지
since S + V	~ 때문에, ~ 이후로

21 It's not over until the fat lady sings.
~할 때까지

▶ until은 접속사와 전치사로 모두 쓰이는데, 이 문장에서는 until 뒤에 주어와 동사가 있는 문장이 왔으니 접속사로 쓰였습니다. 뜻은 전치사와 마찬가지로 '~할 때까지'입니다.

22 It is not until we lose our health that we realize the importance of health.
~하고 나서야 …하다

▶ 이 문장에서 강조되는 내용인 not until we lose our health가 It is와 that 사이에 놓였습니다. 건강을 잃기 전까지는 건강의 중요성을 깨닫지 못한다는 표현입니다. not until은 '~하고 나서야 …하다'라고 해석하면 자연스럽습니다.

23 It has been 20 years since we graduated from high school.
~이후로

▶ since는 '~ 때문에'라는 이유를 나타내거나 '~ 이후로'라는 시간을 나타내는 접속사로 쓰입니다. '~ 이후로'라는 의미의 접속사로 쓰일 경우에는 이 문장처럼 주절의 동사에 완료시제가 쓰이는 경우가 많습니다.

as long as S + V	~하는 한, ~하기만 하면
as soon as S + V	~하자마자
by the time S + V	~할 때쯤

24 You won't want for anything as long as I live.
~하는 한, ~하기만 한다면

▶ 접속사 as long as '~하는 한', '~하기만 한다면'이라는 의미를 지니고 있으므로 as long as I live는 '내가 살아 있는 한'이라고 해석합니다. so long as로도 쓸 수 있습니다.

25 We will let you know as soon as we make a decision.
_{~하자마자}

* make a decision 결정하다

▶ as soon as는 '~하자마자'라는 뜻을 가지는 접속사로 시간의 부사절을 이끌고 있습니다. 미래의 일이지만 make a decision이라는 현재시제를 사용하여 미래를 표현하고 있습니다. 그리고 주절의 동사 let은 목적격 보어 자리에 동사원형이 와야 하므로 know를 쓰고 있습니다.

26 I will be a civil servant by the time I am thirty years old.
_{~할때쯤}

* civil servant 공무원

▶ by the time은 '~할 때쯤'이라는 뜻을 가지는 접속사로 부사절을 이끌고 있는데 when과 의미가 비슷하다고 생각하면 됩니다.

❷ 원인 / 이유

because S + V	~ 때문에
so S + V	그러므로, 그러니
therefore S + V	그러므로, 그러니
for S + V	~ 때문에
as S + V	~할 때, ~ 때문에, ~함에 따라, (비록) ~라 하더라도
now that S + V	~이므로, ~이기 때문에

27 I have to go home now because I have a lot of homework.
_{~때문에 (= as, since)}

▶ because of는 전치사이지만 because는 접속사입니다. 그래서 뒤에 주어와 동사가 있는 문장 I have a lot of homework가 왔습니다. because 뒤에 오는 문장이 전체 문장의 원인에 해당됩니다. because 대신 as나 since를 써도 같은 뜻이 됩니다.

28 I have a lot of homework, so I have to go home now.
_{그러므로}

▶ 27번 문장과 같은 내용인데 사용된 접속사가 so로 바뀌었네요. so와 because의 차이점은 because는 뒤에 원인에 해당하는 문장이 오지만 so는 뒤에 결과에 해당하는 문장이 오게 됩니다.

29 I don't buy CD's, for I have an mp3 Player.
_{~ 때문에}

▶ for는 전치사와 접속사로 모두 쓰이는데 이 문장의 경우 for 다음에 주어와 동사가 있는 문장이 왔으므로 '~ 때문에'라는 의미의 접속사로 쓰였습니다.

₁₉ 나는 일을 끝마치고 나서 집으로 갈 것이다.　₂₀ 얼마 지나지 않아 최 씨가 여기에 왔다.　₂₁ 그 살찐 여자가 노래할 때까지 그것은 끝나지 않는다.　₂₂ 건강을 잃고 나서야 우리는 건강의 중요성을 깨닫는다.　₂₃ 우리가 고등학교를 졸업한 이후로 20년이 되었다. ₂₄ 내가 살아 있는 한 네가 필요한 것이 없도록 하겠다.　₂₅ 우리는 결정을 내리자마자 너에게 알려주겠다.　₂₆ 내가 서른 살이 될 때쯤 나는 공무원이 되어 있겠다.　₂₇ 숙제가 많기 때문에 지금 집에 가야 한다.　₂₈ 숙제가 많아서 지금 집에 가야 한다.　₂₉ 나는 CD를 사지 않는다. 나는 mp3 플레이어를 가지고 있기 때문이다.

30 Now that you mention it, I do understand now.
~이므로, ~이기 때문에

▶ now that은 '~이므로, ~이기 때문에'라는 의미를 지닌 이유나 원인을 나타내는 접속사입니다. 자주 접하지 않아 접속사인 것을 모르는 학생들이 많답니다.

31 As I had no money, I couldn't buy anything.
~ 때문에

▶ as는 여러 가지 상황을 표현할 수 있는 접속사인데 이 문장에서는 '~ 때문에'라는 이유, 원인을 나타내는 접속사로 사용되었습니다.

❸ 목적, 결과

so that S + V	~하기 위해서
in order that S + V	~하기 위해서
so 형용사 that S + V	매우 ~하다, 그래서 …이다

32 Mr. Kim works very hard so that he can make money.
~하기 위해서

▶ so that은 '~하기 위해서'라는 목적을 나타내는 접속사입니다. 따라서 so that he can make money는 '그가 돈을 벌기 위해서'라는 의미가 됩니다.

33 Mr. Kim works hard in order that he can buy an iPad.
~하기 위해서

▶ in order that은 '~하기 위해서'라는 목적을 나타내는 접속사입니다. 접속사이므로 뒤에 주어와 동사가 있는 문장인 he could buy an iPad가 왔습니다.

34 The old lady was so weak that she couldn't stand up.
매우 ~하다, 그래서 …이다

▶ 목적을 나타내는 접속사 so that은 두 단어가 붙어 있었는데 결과를 나타내는 접속사는 두 단어가 떨어져 있습니다. 그래서 so 뒤에 형용사가 오고 그 다음에 접속사 that이 옵니다. 'so 형용사'를 '매우 ~하다'라고 해석하고 that을 '그래서'라고 해석합니다.

(5) 주의할 접속사

❶ 특별한 as

■ 형용사＋as＋S＋V

35 Tired as my father was, he continued to work. (= Though my father was tired)

비록 ~라 할지라도

▶ though나 although는 '비록 ~라 할지라도'라는 의미를 지닌 접속사이죠. 그런데 접속사 as가 though나 although 와 같은 뜻으로 쓰이기도 합니다. 이럴 경우 형용사가 제일 앞에 나오고 그 다음에 'as + 주어 + 동사'가 옵니다. 원래 'Though(Although)＋S＋V＋형용사'의 어순에서 형용사를 강조하기 위해 문두로 보낼 경우에는 형용사 다음에는 though나 although 대신에 as를 씁니다. 따라서 Tired as my father was의 원래 모습은 Though my father was tired 입니다.

❷ even if / even though

학생들이 많이 헷갈려 하는 접속사입니다. 이 둘은 쓰임이 조금 다른데 같다고 생각하는 경우가 많습니다. even if는 '(아니지만) 비록 ~라 하더라도'라는 의미로 조건절을 이끄는 접속사이고, even though는 '비록 ~이긴 하지만'이라는 의미를 지닌 접속사입니다. 예문으로 이 둘의 쓰임을 살펴보세요.

36 Even if I have plenty of money, I won't buy an expensive bag.

(아니지만) 비록 ~라 하더라도

▶ Even if가 이끄는 문장은 '돈이 많다 하더라도'의 의미로 실제 돈이 많이 있지 않다는 것을 나타내는 가정법의 조건절에 해당합니다.

37 Even though I have plenty of money, I won't buy an expensivey bag.

비록 ~이긴 하지만

▶ even though가 이끄는 문장은 '비록 돈이 많긴 하지만'이라는 의미로 실제로 돈이 많다는 것을 나타냅니다.

❸ in case

38 I'll make an extra cake in case he brings his children too.

~할 경우에 대비해서

▶ in case는 '~할 경우에 대비해서'라는 의미를 지닌 접속사입니다. 따라서 뒤에 주어와 동사가 있는 문장이 옵니다. 그런데 in case와 헷갈리기 쉬운 것이 in case of입니다. in case of는 전치사이므로 뒤에 명사가 오게 됩니다.

❹ once

39 Once it is decided, it should never be changed.

일단 ~하고 나면

▶ once는 부사로 쓰이면 '한 번, 옛날에' 등의 의미를 가집니다. 그런데 once가 접속사로도 쓰입니다. 접속사로 쓰이면 '일단 ~하고 나면'이라는 의미를 지닙니다. 물론 이 경우에는 뒤에 주어와 동사가 있는 문장, 즉 절이 와야 합니다.

---

30 네가 말해주니, 나는 이제야 이해가 간다.　31 돈이 없었기 때문에 아무것도 살 수가 없었다.　32 돈을 벌기 위해서 김 씨는 매우 열심히 일한다.　33 김 씨는 아이패드를 사기 위해서 열심히 일한다.　34 노파는 너무 약해서 서 있지도 못했다.　35 아버지께서는 피곤해하셨지만 계속해서 일을 하셨다.　36 비록 내가 돈이 많다 하더라도 나는 비싼 가방은 사지 않을 것이다.　37 비록 내가 돈이 많긴 하지만, 나는 비싼 가방은 사지 않을 것이다.　38 그가 그의 아이들도 데리고 올 경우에 대비해서 나는 케이크를 좀 더 만들 거다. 39 일단 결정이 되면 절대 바꿀 수 없다.

❺ 전치사 뒤에 쓸 수 있는 접속사

전치사 뒤에는 원칙적으로 접속사를 쓸 수 없으나 두 가지 예외가 있습니다. 'in that ~'과 'except that ~' 인데요, 그 중 'in that ~'의 경우 관계사와의 쓰임과 관련한 혼동을 유도하는 문제가 잘 나오니 유의해야 합니다.

in that + S + V	～라는 점에서
except that + S + V	～을 제외하고

40 I think he is the best teacher in that he makes his students study hard.
~라는 점에서

▶ 'in that ~'은 '～라는 점에서'라는 뜻을 가진 접속사입니다. 원래는 in the fact that에서 the fact가 생략된 형태입니다. 전치사 뒤에 관계대명사가 오지 못한다는 사실과의 혼동을 유도해서 in that을 써야 할 자리에 in which를 쓰고 잘못된 곳을 고르는 문제가 출제되기도 하니 잘 기억해 두어야 합니다.

41 He does not smile except that he is with his baby.
~을 제외하고

▶ 'except that ~'은 전치사로 쓰이는 except의 의미인 '～을 제외하고'와 동일한 의미를 지닙니다. 접속사이므로 뒤에 주어와 동사가 있는 문장이 와야 합니다.

---

40 내 생각엔 자기 학생들이 열심히 공부하게 만든다는 점에서 그가 최고의 선생님이다.　41 아기와 함께 있을 때를 제외하고 그는 웃지 않는다.

다음 괄호 안에 적절한 것을 고르시오.

01 The problem is [that / whether] they don't have enough money to buy the house.

02 You will have a tender turkey [in case / unless] you overcook it.

03 [Although / Despite] slavery ended, African Americans did not get equality.

04 Dohee is so attractive [when / that] he can't keep away from her.

다음 우리말에 알맞게 제시된 어구를 배열하시오.

01 나는 '신제품 부서'에서 일했는데 그 부서는 아주 비밀스러워서 회사에 있는 어느 누구도 우리가 무슨 일을 하는지 알지 못했다. (nobody else / what we did / in the "new products department" / it / so / was / in the company / knew / I worked / secret / and / that)

---

02 시험이 끝났으므로, 너는 자신이 얼마나 잘했는지 알고 싶을 것이다, 그리고 시험의 골치 아픈 다음 단계가 시작된다, 즉 (결과를) 기다리는 것이다. (you / the exam / are eager / you did, / and / of the exam / begins / — waiting / is over, / how well / the next stressful part / now that / to find out)

---

03 그가 도착하자마자 그의 아내는 그에게 질문 세례를 퍼붓기 시작했다. (his wife started / than / he / to shower / arrived / with questions / him / had no sooner)

---

04 당신 자신을 기쁘게 하기 위해 체중을 줄이려고 애쓰고 있는 것이 아니면 동기 부여 수준을 높게 유지하는 것은 어려워질 것이다. (going to / to lose weight / it's / you are trying / high / to keep / to please yourself, / be tough / unless / your motivation level)

---

05 아마도 편협한 사람들은 자신의 방식에 아주 완고하여 그들은 자신들의 제한된 인생관에 부합하지 않을지도 모르는 무엇이든 무시하는 것을 더 쉽다고 생각한다. (Perhaps / are so set / to ignore / in their ways / that / find / easier / they / might not conform / to their limited view of life / intolerant people / it / anything / that)

---

06 종들이 너무나도 전례 없는 속도로 죽어가고 있어서 절반 이상이 우리 생전에 사라질 수도 있다. (unprecedented rate / more than half / within our lifetime / at such an / that / may disappear / species are dying)

----

07 만약 우리가 높은 자신감이 있다면 우리는 더 높은 목표를 세울 것이고, 실패를 덜 두려워할 것이고, 어려움에 맞닥뜨릴 때 더 오래 버틸 것이다. (when / a high sense / persist longer / we will set / be less / and / supposing / we encounter difficulties / we have / of self-confidence, / higher goals, / afraid of failure,)

----

08 우리가 새로운 아이디어나 기술을 습득하자마자 또 다른 것이 나타나서 우리가 배웠던 것을 대체하거나 향상시켰다. (or technique / than / and / what / we had learned / had we learned / another one / a new idea / replaced or enhanced / no sooner / came along)

----

09 어떠한 독해 방법이 이용된다 하더라도, 실생활의 읽기 자료가 당신의 독해 기술을 향상시키는 최상의 방법이다. (reading method / real-life reading material / whatever / the best way / your reading skills / is employed, / is / to improve)

----

10 당신이 어디를 가든, 당신의 조상이 누구였든, 당신이 어느 학교 또는 어느 대학을 다녔든, 또는 누가 당신을 돕든, 당신의 가장 좋은 기회는 당신 안에 있다. (in yourself / wherever you go, / whatever / or whoever helps you, / you attended, / whoever / is / your ancestors were, / school or college / your best opportunity)

01 다음 글의 밑줄 친 부분 중, 어법상 틀린 것은?

Thank you for your Invitation to the summer session at Wilson College. I think that your program is a fine one. Unfortunately, I will be in Europe ① for that session on my first vacation in ten years. Consequently, I will not be able to attend. If you ② had sent the invitation card a little early, I could have arranged the schedule but it was ③ too late for me to arrange it again when I got your invitation card. So, I ④ am returning the card you sent with your letter. Your conferences ⑤ have always been worthwhile, and I am sure that this one will be no exception.

02 (A), (B), (C)의 각 네모 안에서 어법에 맞는 표현으로 가장 적절한 것은?

One important factor in loneliness is a person's sociable contacts. We meet with various people for our life and (A) depend on them / depend them on for different reasons. For instance, our families give us emotional support, our parents and teachers give us guidance, and our friends share similar interests and activities. However, (B) a number of / the number of social contacts we have is not the only reason for loneliness. It is more important how many social contacts we think we should have. In other words, (C) despite / though lonely people may have many social contacts, they sometimes feel they should have more. They question their own popularity.

	(A)	(B)	(C)
①	depend on them	a number of	despite
②	depend on them	the number of	despite
③	depend on them	the number of	though
④	depend them on	the number of	though
⑤	depend them on	a number of	though

03 (A), (B), (C)의 각 네모 안에서 어법에 맞는 표현으로 가장 적절한 것은?

On October 30, Mr. Dave arrived home from work to find his apartment had been robbed. The thieves took away nearly all of Mr. Dave's belongings. The robbery was reported by Mr. Dave's neighbor, who found Mr. Dave (A) unnconsciously / unconscious in his doorway. He was so shocked by the robbery (B) what / that he fainted. His neighbor immediately called an ambulance and then the police. Mr. Dave is offering a reward of $25,000 for any information (C) leading / led to the arrest of the thieves.

	(A)		(B)		(C)
①	unnconsciously	········	that	········	leading
②	unnconsciously	········	that	········	led
③	unnconsciously	········	what	········	leading
④	unnconscious	········	what	········	led
⑤	unnconscious	········	that	········	leading

04 다음 글의 밑줄 친 부분 중, 어법상 틀린 것은?

Used since 500 B.C., rosemary is native to the Mediterranean area, ① where it grows wild. But it is now cultivated throughout Europe and the United States. Early on, this mint-family member ② was used to cure the ailments of the nervous system. Rosemary's green needle-shaped leaves are highly aromatic and ③ their flavor hints of both lemon and pine. This herb is available in whole-leaf form, fresh and dried, as well as powdered. Rosemary essence is used both to flavor food ④ or to scent cosmetics. In addition, rosemary ⑤ can be used as a seasoning in a variety of dishes including fruit salads, soups, vegetables, meat, fish and egg dishes, stuffings, and dressings.

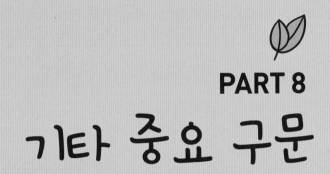

PART 8
기타 중요 구문

비교
Comparison

(1) 원급을 이용한 비교

형용사, 부사의 원급을 이용해서 비교를 할 때는 [A as + 형용사/부사 + as B]의 형태를 이용하는데 'A는 B만큼 ~하다'라는 의미를 가집니다. 'A는 B만큼 ~하지 못하다'라는 말이 될 때는 [not as/so + 형용사/부사 + as]의 형태로 사용합니다. 앞부분 as 자리는 부정문의 경우 as 대신 so를 써도 됩니다. 또한 주어 자리에 부정어가 있을 경우는 as ~ as 대신 반드시 so ~ as의 형태를 사용해야 합니다. 그리고 만약 as와 as 사이에 형용사와 명사를 함께 사용할 경우에는 [as + 형용사 + a/an + 명사 + as]의 순서로 써야 합니다. 일반적인 어순과 다르니 주의해야 합니다. as many / as much를 이용해서 앞에 나온 명사와 동일한 수 또는 양을 가리키는 표현도 있는데 해석은 '그만큼'이라고 하면 됩니다.

원급 비교 표현	의미
A as 형용사/부사 as B	A는 B만큼 ~하다
A not so/as 형용사/부사 as B	A는 B만큼 ~하지 못하다
A[부정주어] so 형용사/부사 as B	B만큼 ~한 A는 없다
A as 형용사 + a/an + 명사 as B	A는 B만큼 ~한 명사이다
as many / as much	그만큼

01 You are as tall as I am.

→ You are as tall as me.

as ~ as 비교

▶ as ~ as 비교 구문의 경우 첫 번째 as를 없는 것으로 생각하고 다음 as 앞까지 해석하세요. 거기까지가 완전한 문장이라고 생각하면 됩니다. 그 다음 as와 뒤에 나오는 말을 합쳐서 '~만큼', 또는 '~처럼'이라고 해석해보세요. 윗문장의 경우 '너는 크다. 나만큼' 이렇게요. 그리고 윗문장의 경우 as 다음에 I am이라고 쓰거나 me라고 써야 합니다. I라고 쓰지 않도록 주의하세요.

02 Betty is not as(so) brave as Chris.

_{as(so) ~ as 비교}

▶ as ~ as 비교 구문에서 부정문의 경우는 as ~ as 대신 so ~ as를 사용해도 됩니다. 'Betty는 용감하지 않다. Chris만큼'이라고 해석하면 됩니다.

03 No teacher in the institute is so diligent as Mr. Choe.

_{부정어}　　　　　　　　　　_{as(so) ~ as 비교}　　　　　　　　* institute 명 학원

▶ as ~ as 비교 구문에서 부정문의 경우 주로 so ~ as의 형태를 쓰지만 as ~ as를 쓴다고 틀린 것은 아닙니다. 하지만 주어가 부정어일 경우 as ~ as를 사용할 수 없고 반드시 so ~ as를 사용해야 합니다.

04 Wicked is as interesting a musical as Rebecca.

_{as + 형용사 + a/an + 명사}

Wicked is as an interesting musical as Rebecca. (×)

▶ 보통 형용사가 명사를 수식할 경우 'a/an + 형용사 + 명사'의 어순을 취합니다. 그런데 as ~ as 구문에서는 그 순서가 바뀝니다. 그래서 'as + 형용사 + a/an + 명사'의 어순이 됩니다. 틀리기 쉬우니 조심해야 합니다.

05 Betty bought five books, and Chris did as many, too.

_{앞과 같은 수를 나타냄}

▶ as many나 as much는 같은 수나 양을 나타내는 표현입니다. 그래서 이 문장의 as many는 앞의 다섯 권과 같은 수를 나타냅니다.

(2) 비교급을 이용한 비교

형용사, 부사의 원급에 -er을 붙이거나 'more + 형용사/부사'의 형태로 비교급을 만드는데 1, 2음절의 단어일 경우 주로 어미에 -er을 붙이고 3음절 이상의 단어일 경우 more을 단어 앞에 붙입니다. 단, 2음절이라도 어미가 -ful, -able, -al, -ant, -ous로 끝나면 앞에 more을 붙이게 됩니다. 형태상으로 주의할 것이 하나 있다면 '형용사 + ly'의 형태로 이루어진 부사의 경우는 부사가 되기 전인 형용사일 때 -er을 붙여 비교급을 만들더라도 부사가 되면 비교급을 만들 때 -er을 이용하지 않고 'more + 부사'의 형태를 이용해야 합니다.

비교급을 이용한 비교 표현	의미
A 형용사/부사 + -er than B	A가 B보다 더 ~하다
A more 형용사/부사 than B	A가 B보다 더 ~하다
A less 형용사/부사 than B	A가 B보다 덜 ~하다

■ **주의해야 할 비교급**

useful – more useful, famous – more famous, diligent – more diligent

kind – kinder, kindly – more kindly, easy – easier, easily – more easily

---

01 너는 나만큼 크다.　　02 Betty는 Chris만큼 용감하지 않다.　　03 그 학원에는 최 씨만큼 부지런한 강사는 없다.　　04 Wicked는 Rebecca만큼이나 흥미로운 뮤지컬이다.　　05 Betty가 다섯 권의 책을 샀고 Chris도 그만큼 샀다.

06 He always goes home earlier than others (do).
비교급 비교

▶ 1, 2음절의 형용사는 뒤에 -er을 붙여서 비교급을 만듭니다. 그래서 early의 비교급은 earlier가 되고 뒤에 than을 붙여 '~보다'라는 비교 문장을 완성합니다.

07 She is more positive than I.
비교급 비교

▶ positive는 3음절의 형용사이므로 앞에 more을 붙여서 비교급 표현을 만듭니다.

08 Riding is less dangerous than driving.
비교급 비교

▶ 더 크고 많은 것을 표현하는 비교급에는 more을 쓰지만 더 작고 적은 것을 표현하는 비교급에는 less를 씁니다. 우리 말의 '덜' 정도에 해당되는 말입니다.

09 Smartphones are more useful than 2G phones.
비교급 비교

▶ useful은 2음절 형용사이지만 뒤에 -er을 붙이지 않고 앞에 more이나 less를 이용해서 비교급을 만듭니다. 어미가 -ful, -able, -al, -ant, -ous로 끝나는 형용사들은 이렇게 비교급을 만듭니다.

10 You should play the guitar more slowly.
비교급 비교

▶ 형용사 slow는 비교급을 만들 때 뒤에 -er을 붙입니다. 하지만 형용사 slow에 -ly가 붙어 '천천히'라는 부사가 되면 -er 을 붙이지 않고 more slowly의 형태로 비교급을 표현합니다. 형용사 뒤에 -ly를 붙여 만든 부사들은 이렇게 비교급을 만 듭니다.

(3) 최상급을 이용한 비교

1, 2음절의 형용사, 부사는 [the 형용사/부사 + -est] 또는 3음절 이상의 형용사, 부사는 [the most + 형용 사/부사]로 최상급을 나타냅니다. 항상 앞에 정관사인 the를 붙여 사용한다는 것에 유의합니다. 그리고 '~ 번째로 어떠하다'라는 표현은 서수를 이용하여 [the 서수 최상급]으로 나타냅니다.

11 You are the most beautiful woman in the world.
최상급 비교

▶ beautiful은 3음절이므로 -est를 붙이지 않고 the most를 이용해서 '가장 ~하다'라는 의미의 최상급을 만듭니다. 최 상급을 표현할 때는 앞에 정관사 the를 사용한다는 것을 꼭 기억해야 합니다.

12 I am the fastest runner among us.
최상급 비교

▶ fast는 1음절이므로 -est를 붙여 최상급을 만듭니다. 그리고 최상급 표현에는 앞에 정관사 the를 사용합니다.

13 The best way to be perfect is to practice a lot.
최상급 비교
> ▶ 형용사 good의 최상급은 best입니다. 최상급은 앞에 당연히 정관사 the를 함께 사용해야 합니다.

14 Busan is the second largest city in Korea.
서수를 이용한 최상급
> ▶ '~번째로 어떠하다'라는 표현을 만들 때는 'the 서수 최상급'의 형태로 나타냅니다. 그래서 '두 번째로 크다'라는 것을 the second largest라고 표현했습니다.

15 Betty is the fourth tallest girl in her class.
서수를 이용한 최상급
> ▶ '네 번째로 크다'라는 것을 'the 서수 최상급' 형태인 the fourth tallest로 표현했습니다.

(4) 원급/비교급을 이용한 최상급 표현

'as ~ as 구문'과 'more ~ than 구문'을 이용해서 최상급의 내용을 지닌 표현을 할 수 있습니다. 이런 표현들을 무작정 외우려고 하지 말고 차분하게 해석해 보면 왜 최상급의 의미를 담고 있는지를 어렵지 않게 알 수 있습니다. 예문을 통해 익혀봅시다.

---

as ~ as any (other) + 단수명사

= 부정주어 + so ~ as

= 비교급 + than any other + 단수명사

= 비교급 + than all the other + 복수명사

= 비교급 + than anyone/anything else

---

16 Mr. Choe is the most intelligent teacher in his institute.

→ Mr. Choe is as intelligent as any (other) teacher in his institute.

→ No teacher in his institute is so intelligent as Mr. Choe

→ Mr. Choe is more intelligent than any other teacher in his institute.

→ Mr. Choe is more intelligent than all the other teachers in his institute.

→ Mr. Choe is more intelligent than anyone else in his institute.

---

06 그는 항상 다른 사람들보다 집에 일찍 간다.　07 그녀가 나보다 더 긍정적이다.　08 자전거 타기가 운전보다 덜 위험하다.　09 스마트폰이 2G 폰보다 더 유용하다.　10 너는 기타를 더 천천히 연주해야 한다.　11 너는 세상에서 가장 아름다운 여자이다.　12 내가 우리 중에 가장 빨리 달리는 사람이다.　13 완벽해지는 가장 좋은 방법은 많이 연습하는 것이다.　14 부산이 한국에서 두 번째로 큰 도시이다.　15 Betty는 반에서 네 번째로 큰 소녀이다.　16 최 씨는 그의 학원에서 가장 똑똑한 강사이다.

(5) 원급, 비교급, 최상급의 강조

원급을 강조하는 말은 very를 사용하면 됩니다. 그러면 '매우 ~한, 대단히 ~한' 정도의 의미가 됩니다. 그래서 '강조'의 표현이 되는 것입니다. 비교급은 even, still, much, far, a lot 등을 비교급 앞에 붙이면 됩니다. 해석은 '훨씬' 정도로 하면 됩니다. 따라서 비교급이 '더 ~하다'라는 의미이므로 '훨씬 더 ~하다'라고 해석하면 되는 것이죠. very는 비교급을 강조할 때는 사용하지 못합니다. 그래서 시험에 자주 출제되므로 잘 기억해야 합니다. 그리고 the very, by far 등은 최상급을 강조하는 표현으로 사용됩니다.

원급 강조	very
비교급 강조	even, still, much, far, a lot …
최상급 강조	the very, by far …

17 My car is even more expensive than his.
　　　　　비교급 강조
　▶ even이 비교급인 more expensive를 강조하여 '훨씬 더 비싼'의 의미가 됩니다.

18 She looks much happier than I thought she would.
　　　　　　　비교급 강조
　▶ much가 비교급인 happier를 강조하여 '훨씬 더 행복해'라는 의미가 됩니다.

19 This customer is the very most important person of our restaurant.
　　　　　　　　　　　최상급 강조
　▶ very가 최상급인 the most important를 강조하여 '정말 최고로 중요한 사람'이라는 의미가 됩니다.

(6) 주의할 비교 구문

❶ The 비교급 ~, the 비교급 …

'~하면 할수록 더욱 …하다'라는 의미를 가지며 'the 비교급 + S + V, the 비교급 + S + V' 순서로 쓰입니다. 최상급 앞에만 정관사 the를 붙일 수 있다고 알고 있는데 이 구문은 비교급에 정관사 the가 쓰이기 때문에 유의해야 합니다. 비교급 자리에는 형용사나 부사의 비교급이 모두 올 수 있습니다.

20 The more I expect him to do well, the more I get disappointed in him.
　　　　The 비교급　　　　　　　　　　　the 비교급　　　　　　　* disappointed ⑱ 실망한
　▶ 'The 비교급 ~ , the 비교급…' 구문이 쓰였습니다. '~하면 할수록 더욱 …하다'의 의미를 가집니다. 따라서 '기대를 더 많이 하면 할수록 더 많이 실망한다'라는 의미로 해석하면 됩니다.

21 The more it gets hard, the more we want to break.
　　　The 비교급　　　　　　　　　the 비교급
> ► 'The 비교급 ～, the 비교급 …' 구문이 쓰였으므로 '더 단단해질수록, 더 부수고 싶어진다'라는 의미로 해석하면 됩니다.

22 The smaller a bag is, the easier it is to carry.
　　　The 비교급　　　　　　　the 비교급
> ► 형용사 small과 easy의 비교급을 활용한 'The 비교급 ～, the 비교급 …' 구문입니다. '더 작을수록 더 용이하다'로 해석하면 됩니다.

23 The more chocolate I eat, the more quickly I gain weight.
　　　The 비교급　　목적어 도치　　　　the 비교급　　부사 도치
　　　　　　　　　　　　　　　　　　　　　* gain weight 살이 찌다 / lose weight 살이 빠지다
> ► 'The 비교급 ～, the 비교급 …' 구문에서 주어와 동사 뒤에 있던 목적어(chocolate)와 부사(quickly)가 도치되어 주어와 동사 앞으로 위치한 문장입니다.

❷ 라틴어 비교급

라틴어에서 파생된 다음과 같은 단어들은 비교급을 표현할 때 than 대신 to를 사용합니다.

---

prefer, prior, superior, inferior, junior, senior ...

---

24 I prefer drinking coffee to drinking tea.
　　　　　　　　　　　　　　～보다 좋은
> ► prefer는 비교급을 표현할 때 비교 대상 앞에 than 대신에 to를 써야 합니다. than drinking tea라고 쓰지 않아야 합니다.

25 I didn't get any messages prior to the meeting.
　　　　　　　　　　　　　　　　　～보다 먼저
> ► prior은 '～보다 먼저, ～보다 앞서' 정도의 의미를 가지고 있는데 비교 대상 앞에 than이 아닌 to를 써야 합니다. 'prior to ～'로 붙여서 암기하는 게 좋습니다

---

17 나의 자동차가 그의 것보다 훨씬 더 비싸다. 　18 내가 생각했던 것보다 그녀는 훨씬 더 행복해 보인다. 　19 이 손님은 우리 레스토랑의 가장 중요한 사람이다. 　20 그가 잘할 것이라고 더 기대하면 할수록 나는 그에게 더 실망한다. 　21 그것이 단단해질수록 우리는 더 부수고 싶어진다. 　22 작은 가방일수록 들고 다니기가 더 용이하다. 　23 나는 초콜릿을 더 많이 먹을수록 몸무게가 더 빨리 늘어난다. 　24 나는 차 마시는 것보다 커피 마시는 것을 더 좋아한다. 　25 나는 그 회의 전에 아무런 메시지도 받지 못했다.

26 This book is superior to that film.
~보다 우위의

*superior ⑱ ~보다 우위의, ~보다 뛰어난

▶ superior와 inferior도 비교 대상 앞에 than 대신 to를 사용하는 말입니다. 비교급에서 to를 쓰는 단어들은 prefer을 제외하곤 모두 철자가 -or로 끝나는 특징이 있습니다.

27 My sister is three years junior to his sister.
~보다 어린

▶ junior와 senior도 라틴어에서 온 말로 비교 대상 앞에 than 대신 to를 사용합니다.

정답 및 해설 p. 34

 **Basic Test 01**

다음 괄호 안에 적절한 것을 고르시오.

01 The [happy / happier] a person is, the [long / longer] he or she lives.

02 [Earlier / Prior] to the ceremony, we have a rehearsal.

03 The temperature here is higher than [that / those] of outdoors.

04 It's not as complicated [as / than] it seems at first glance.

05 This sport is superior [than / to] baseball because more people can take part in it.

06 The [more / most] he was praised, the [more / most] enthusiastic he became.

07 He likes to work intensively with frequent breaks rather than [sits / to sit] at his desk hour after hour.

---

26 이 책이 저 영화보다 낫다.   **27** 나의 여동생이 그의 여동생보다 세 살 어리다.

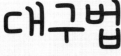
대구법
Parallelism

(1) 접속사가 연결하는 말

접속사가 연결하는 어구는 서로 동등한 격을 갖추고 있어야 합니다. 즉, 같은 품사끼리 연결되어야 하고 구는 구와, 절은 절과 연결되어야 합니다. 이를 '대구법'이라고 합니다. 병치법, 병렬법 모두 대구법을 다르게 일컫는 말입니다. 원리는 중복되는 모양을 생략하는 겁니다. 예문을 통해 설명하겠습니다.

접속사의 연결 형태
단어 + 접속사 + 단어
구 + 접속사 + 구
절 + 접속사 + 절
└→ 대구 ←┘

❶ 단어 + 접속사 + 단어

01 Mr. Choe likes coffee and beer.

▶ coffee와 beer가 접속사 and로 연결되어 있습니다. 당연히 명사와 명사, 즉, 동등한 격의 품사가 연결되어 있는 것으로 원래는 Mr. Choe likes coffee and Mr. Choe likes beer.라는 문장인데 굳이 Mr. Choe likes를 반복해 쓸 필요가 없어서 뒷문장의 반복 부분을 생략한 것입니다.

02 He looks smart and intelligent.

▶ He looks smart and he looks intelligent.에서 공통의 부분인 he looks를 생략한 문장으로, 동등한 격인 형용사 smart와 intelligent가 연결된 것입니다.

---

01 최 씨는 커피와 맥주를 좋아한다. **02** 그는 영리하고 똑똑해 보인다.

03 This house is small but beautiful.

    ▶ This house is small but this house is beautiful.에서 공통 부분인 this house is를 생략하고 접속사 but으로 연결된 문장입니다. 접속사 but으로 연결된 단어들의 품사는 같은 격인 형용사입니다.

❷ **구 + 접속사 + 구**

접속사가 연결하는 말이 구일 때는 구와 연결되어야 합니다. 접속사로 연결된 구와 구는 단어와 단어가 연결되는 것과 같이 불필요하게 반복되는 내용을 생략한 형태입니다.

04 Mr. Choe mostly travels in the summer and in the winter.

    ▶ 부사구인 in the summer와 in the winter가 접속사 and로 연결되었습니다.

05 I don't like riding a bike or driving a car.

    ▶ 구인 riding a bike와 driving a car는 둘 다 like의 목적어로 접속사 or로 연결되어 있습니다.

❸ **절 + 접속사 + 절**

단어는 단어와 연결되고 구는 구와 연결되는 것처럼 절은 절과 연결됩니다.

06 I want to tell you what he did and how he felt.

    ▶ tell의 직접목적어 자리에 두 개의 절이 온 겁니다. I want to tell you what he did and (I want to tell you) how he felt.에서 괄호에 해당되는 부분을 두 번 쓰면 더 어색하겠죠. 그래서 공통된 부분을 생략한 문장입니다.

07 I think you must be kidding or you are crazy.

    ▶ think의 목적어 자리에 두 개의 절이 왔습니다. 바로 그 두 개의 절인 you must be kidding과 you are crazy가 접속사 or로 연결되어 있습니다.

(2) 상관접속사

두 가지의 연관된 말들을 이어주는 접속사를 '상관접속사'라고 합니다. 이런 상관접속사도 당연히 문법적으로 동등한 격의 말들을 연결해야 합니다. 앞서 학습한 등위접속사(and, but, or)와 마찬가지로 동일한 내용을 반복하지 않게 하는 기능을 합니다. 상관접속사의 종류와 의미를 잘 파악하고 예문을 통해 익혀봅시다.

상관접속사	의미
both A and B	A, B 둘 다
not A but B	A가 아니라 B
not only A but (also) B (= B as well as A)	A뿐만 아니라 B도
either A or B	A나 B 둘 중 하나
neither A nor B	A도 B도 둘 다 아니다

08 The plan has both merits and demerits.
  both A and B : A, B 둘 다
  * merit 몡 장점, 이점 demerit 몡 단점, 불리한 점
  ▶ both A and B의 A와 B에는 연결되는 말이 문법적으로 동등한 것이 와야 합니다. 그래서 명사 merits와 명사 demerits가 연결되었습니다.

09 My Goal is not to earn big money but to teach English to students.
  not A but B : A가 아니라 B
  ▶ not A but B의 A와 B에 문법적으로 동등한 'to earn ∼'과 'to teach ∼'가 연결되었습니다.

10 This shirt is not purple but violet.
  not A but B : A가 아니라 B
  ▶ not A but B의 A와 B에 문법적으로 동등한 명사 purple과 violet이 연결되어 있습니다.

11 Not only you but (also) I have to go there.
  not only A but (also) B : A뿐만 아니라 B도
  ▶ not only A but also B의 A와 B에 문법적으로 동등한 인칭대명사 you와 I가 연결되었습니다.

12 She not only studied English but (also) worked part-time.
  not only A but [also] B : A 뿐만 아니라 B도
  ▶ not only A but also B의 A와 B에 문법적으로 동등한 '동사＋목적어' 형태인 studied English와 worked part-time이 연결되었습니다.

---

03 이 집은 작지만 아름답다.　04 최 씨는 주로 여름과 겨울에 여행을 간다.　05 나는 자전거를 타거나 운전하는 것을 좋아하지 않는다.　06 나는 그가 무엇을 했는지 어떻게 느꼈는지 너에게 말하고 싶다.　07 내 생각에 너는 틀림없이 농담을 하고 있거나 혹은 미쳤다.　08 그 계획은 장점과 단점 둘 다 가지고 있다.　09 나의 목표는 큰 돈을 버는 것이 아니라 학생들에게 영어를 가르치는 것이다.　10 이 셔츠는 자주색이 아니라 보라색이다.　11 너뿐만 아니라 나도 거기에 가야 한다.　12 그녀는 영어공부뿐만 아니라 시간제 일도 했다.

13 Mr. Choe should either take this pill or see a doctor.

either A or B : A나 B 둘 중 하나

▶ either A or B의 A와 B에 문법적으로 동등한 '동사＋목적어' 형태인 take this pill과 see a doctor가 연결되어 있습니다.

14 My bag is neither too big nor too small.

neither A nor B : A도 B도 둘 다 아니다

▶ neither A nor B의 A와 B에 문법적으로 동등한 too big과 too small이 연결되어 있습니다.

(3) 비교구문의 대구

접속사가 연결하는 어구는 문법적으로 동등한 것이 연결되어야 하는 것처럼 두 가지를 서로 비교할 때, 비교하는 대상도 문법적으로 동등한 것이 되어야 합니다.

15 The climate of Tokyo is milder than Seoul. (×)

→ The climate of Tokyo is milder than the climate of Seoul. (×)

→ The climate of Tokyo is milder than that of Seoul. (○)

▶ 첫 번째 문장이 틀린 것은 도쿄의 날씨를 서울의 날씨가 아닌 서울과 비교했기 때문입니다. 우리말은 '서울 보다'라고 해도 되지만 영어는 이렇게 쓰면 틀립니다. 두 번째 문장을 보면 the climate of Seoul이라고 썼기 때문에 이상이 없어 보입니다. 하지만 the climate라는 명사를 두 번 사용했기 때문에 반복을 피해 대명사를 써야 합니다. 보통은 대명사 it을 사용하지만 뒤에 of Seoul이 수식하고 있으므로 it 대신 that을 사용합니다. 그래서 세 번째 문장처럼 that of Seoul을 사용해야 올바른 표현이 된답니다.

16 Your grade is as high as I. (×)

→ Your grade is as high as my grade. (×)

→ Your grade is as high as mine. (○)

▶ 첫 번째 문장은 비교 대상이 너의 성적과 나를 비교하고 있는 틀린 문장입니다. 두 번째 문장처럼 I를 my grade로 바꾸어 비교 대상을 너의 성적과 나의 성적으로 만들었지만 명사 grade를 반복해서 쓰고 있습니다. 따라서 대명사를 써야 하는데 소유격 my와 명사 grade를 한 번에 나타낼 수 있는 소유대명사 mine을 쓴 세 번째 문장은 올바른 표현이 됩니다.

---

13 최 씨는 이 약을 먹거나 아니면 병원에 가야 한다.　14 내 가방은 너무 크지도 작지도 않다.　15 도쿄의 날씨가 서울의 날씨보다 온화하다.　16 너의 점수가 나의 점수만큼 높다.

도치
Inversion

강조하고 싶은 말이 있을 때, 여러 가지 방법을 이용하게 되는데 그 중에서 아주 많이 쓰는 방법 중 하나가 바로 '도치'입니다. 도치의 기본은 어순의 변화를 통해 강조하고 싶은 말을 먼저 하는 것입니다. 중요한 말을, 하고 싶은 말을 먼저 해버리는 거죠. 그런데 이렇게 어순에 변화를 주면 영어는 문제가 생깁니다. 고정된 어순에 변화를 주었으니 도치되었음을 나타내는 변화의 흔적이 남게 됩니다. 강조하고 싶은 말의 다음 문장은 '의문문 어순'을 취하게 됩니다. 사실 이러한 원리는 앞으로 나간 말과 의미 단위를 형성하는 말이 따라 나가는 것이지만 이렇게 이해하려면 괜히 어렵습니다. 앞으로 나간 말 뒤가 '의문문 어순'을 이룬다고 쉽게 생각하세요.

(1) 부사구 도치

부사구가 문장 앞으로 갔다고 해서 무조건 문장의 순서가 바뀌는 것은 아닙니다. 장소를 나타내는 부사나 부사구가 앞으로 갔을 때만 따라 나오는 어순에 변화가 생깁니다. '~에'라는 장소를 나타내는 말이 없으면 '있다', '존재하다' 등의 의미를 가진 동사가 불완전하기 때문입니다. 두 말은 서로 붙어 있는 말이기 때문입니다. 좀 어렵죠. 그래서 '장소를 나타내는 부사'가 문장의 앞에 오면 뒤에 오는 말이 의문문 어순으로 변한다고 생각해도 됩니다. 어차피 많이 보고 읽고 써서 익숙해져야 합니다. '이해 후 암기'가 좋은 학습이지만 이해의 과정이 너무 어려울 때는 암기하고 예문을 통해 이해하는 것도 괜찮습니다.

01 In the pool are swimming my dogs
장소 부사(구) + 동사 + 주어

▶ My dogs are swimming in the pool.이라는 문장에서 장소를 나타내는 부사구 in the pool을 강조하기 위해 앞으로 보낸 것입니다. 그래서 부사구 뒤가 의문문 어순인 즉, '동사 + 주어'의 형태가 됩니다.

---

01 수영장에서 내 강아지들이 수영하고 있다.

02 Here are some cars of mine.

here + 동사 + 주어

▶ Some cars of mine are here.라는 문장에서 장소를 나타내는 부사 here를 강조하기 위해 앞으로 보냈기 때문에 뒤가 의문문 어순인 '동사 + 주어'의 형태가 되었습니다.

03 There comes the bus that we are waiting for.

There + 동사 + 주어

▶ The bus that we are waiting for comes there.이라는 문장에서 장소를 나타내는 부사 there를 강조하기 위해 앞으로 보내 뒤에 오는 문장은 '동사 + 주어' 형태인 의문문 어순으로 변했습니다.

(2) 보어 도치

'보어'는 원래 상태 동사와 붙어있는 말입니다. 상태 동사에 대해 **Part 5**에서 배웠죠. be동사라고 생각하면 됩니다. be동사가 불완전해서 뒤에 상태를 나타내는 말이 이어지는 것이므로 be동사와 보어를 떼어놓을 수는 없겠죠. 그래서 보어가 앞으로 나가면 바로 뒤에 be동사가 이어지는 겁니다. 보어가 도치되면 뒤가 '의문문 어순'이 된다고 생각해도 됩니다.

04 So great was his astonishment that he could hardly speak.

보어 + 동사 + 주어   * astonishment 圓 (깜짝) 놀람   hardly 거의 ∼아니다

▶ 원래 문장인 His astonishment was so great that he could hardly speak.에서 보어인 so great를 강조하기 위해 앞으로 보낸 문장입니다. 이때 be동사가 So great에 바로 이어져 was his astonishment가 됩니다. 그래서 의문문 어순인 'be동사 + 주어'의 모양이 된 것으로 생각해도 됩니다.

05 So tired did you look that I couldn't ask you to help me.

보어 + 동사 + 주어

▶ 원래 문장인 You looked so tired that I couldn't ask you to help me.에서 보어인 so tired를 강조하기 위해 앞으로 보낸 문장입니다. 그랬더니 뒷모양이 좀 특이해졌죠? 왜냐하면 도치가 되면 뒤에는 의문문 어순이 되는데 'You looked ∼'를 의문문으로 바꾸면 look은 일반동사이므로 'Are you ∼'가 아니라 'Do you ∼'가 되야 합니다. 그리고 과거형인 looked가 쓰였으므로 'Did you ∼'가 되야 합니다. 그래서 So tired did you look의 형태가 된 것입니다.

06 So successful has the concept been that Mr. Choe has opened three cafes here.

보어 + 동사 + 주어

▶ 원래 문장인 The concept has been so successful that Mr. Choe has opened three cafes here.에서 so successful을 강조하기 위해 앞으로 보낸 문장입니다. 따라서 so successful 이후에는 의문문 어순이 됩니다. 뒤에 현재완료가 쓰인 the concept has been의 의문문 어순인 has the concept been의 형태가 됩니다.

(3) 부정어 도치

부정어가 많지만 그 중에 익숙한 not을 생각해 봅시다. not은 원래 be동사나 조동사와 결합하는 겁니다. 그래서 be not은 줄여서 한 단어처럼 쓰기도 하죠. isn't, aren't, don't, can't처럼 말입니다. 그리고 완료시제와 함께 쓰일 때는 have와 결합하여 have not을 줄여서 haven't로 쓰기도 합니다. 그런데 부정어가 앞으로 나가면 결합해 있던 be동사나 조동사, 또는 have, had 등이 함께 따라 나가 부정어 뒤에 붙게 됩니다. 물론, 이것을 의문문 어순이라고 생각해도 됩니다. 자, 그러면 부정어 도치를 예문을 통해 살펴보겠습니다.

부정어 도치	Not only Not until Only when Only after Little / Hardly Seldom / Never	+	be동사＋S 조동사＋S＋동사원형 have(had)＋S＋-ed

07 Not until the following the end of the month was Tom able to get a salary.

Not until + be동사 + S

▶ 원래 문장인 Tom was not able to get a salary until the following the end of the month.에서 '이번 달 말까지는 안 된다'라는 말을 강조하려고 Not until the following the end of the month가 문장의 앞에 왔으므로 그 뒤에는 'be동사＋주어' 형태인 'was Tom ~'의 의문문 어순이 되었습니다.

08 Little did I think that I should never meet Mr. Choe again.

Little + 조동사 + 주어 + 동사원형

▶ 부정어 little을 강조하기 위해 앞에 왔기 때문에 뒤가 의문문 어순이 되었습니다. think는 일반동사이므로 'did I think ~'의 의문문 어순이 된 것입니다.

09 Hardly had we drunk coffee when my boss called us again.

Hardly + have + 주어 + -ed

▶ 부정어 hardly를 강조하기 위해 문장의 앞에 왔고 이로 인해 뒤에는 의문문 어순이 이어지는데 동사 형태가 과거완료이므로 had we drunk coffee라는 의문문 어순이 됩니다. 이렇게 완료시제가 와도 완료의 의문문 모양을 잘 만들어주면 됩니다.

---

02 여기에 내 차 몇 대가 있다.   03 저기 오는 것은 우리가 기다리던 버스이다.   04 그는 너무 놀라서 거의 말을 할 수가 없었다. 05 네가 너무 피곤해보여서 나는 너에게 도와달라고 할 수가 없었다.   06 그 발상은 매우 성공적이어서 최 씨는 여기에 카페 세 개를 열었다.   07 Tom은 이번 달 말이 되어서야 월급을 받을 수 있었다.   08 내가 최 씨를 다시 만나지 못할 거라고 생각도 하지 못했다. 09 우리가 커피를 마시자마자 사장님이 우리를 다시 불렀다.

CHAPTER 04

시험에 잘 나오는 기타 용법

자신이 말하려고 하는 내용 중 특정 부분을 더 강조해서 말하고 싶을 때가 있습니다. 말로 하는 거라면 가장 쉽게는 크게 말하는 방법도 있을 거구요. 글로 쓰는 거라면 크게 쓰는 방법도 있을 겁니다. 그 중에서 독해 지문에서 흔히 볼 수 있는 강조 표현 몇 가지를 살펴보도록 하겠습니다.

(1) 강조

❶ It is 강조 that

'그게 ~이었다 −가 …한 게'라는 모양으로 강조하고 싶은 내용을 먼저 말하는 방법입니다. 내용이 없는 주어 it을 이용해서 강조하고 싶은 말을 보어로 사용한다는 점에서 가주어 it을 사용한 구문과 일맥상통합니다. 기억해야 할 'It is 강조 that' 구문의 한 가지 특징은 'It, is, that'을 빼면 완전한 문장이 된다는 점입니다. 이것이 관계대명사 that이 사용된 문장과의 차이입니다.

■ 주어, 목적어, 부사 강조

01번 문장을 'It is 강조 that'을 이용해서 강조해보도록 하겠습니다. 해석할 때 강조의 느낌이 좀 나게 하면 더 좋습니다.

01 Mr. Choe did the shopping in the department store yesterday.

[주어 강조]

02 It was Mr. Choe that did the shopping in the department store yesterday.
주어 강조

▶ Mr. Choe를 강조하기 위해 'It is ~ that' 사이에 넣고 나머지 문장을 뒤에 썼습니다. 원래 문장의 동사가 과거였으므로 It is가 아니라 It was로 써야 한다는 것에 유의해야 합니다.

[목적어 강조]

03 It was the shopping that Mr. Choe did in the department store yesterday.
　　　　 목적어 강조

▶ 목적어 the shopping을 강조하려고 'It was ~ that' 사이에 두었습니다. 해석할 때 목적어부터 먼저 하면 해석하기도 편하고 강조의 느낌도 잘 살아납니다.

[장소 부사 강조]

04 It was in the department store that Mr. Choe did the shopping yesterday.
　　　　　 장소 부사구 강조

▶ in the department를 강조한 것입니다. 강조의 느낌을 잘 살리려면 '백화점이었다.'를 먼저 해석하면 됩니다. 그러면 왜 이 문장이 강조구문인지 쉽게 이해할 수 있습니다.

[시간 부사 강조]

05 It was yesterday that Mr. Choe did the shopping in the department store.
　　　　 시간 부사 강조

▶ 시간을 강조하는 것도 마찬가지입니다. 다른 문장들과 마찬가지로 'It was ~ that' 사이에 먼저 시간을 넣고 나머지 문장을 that 뒤에 이어 쓰면 됩니다. 해석도 시간을 먼저 합니다.

■ 의문사 강조

의문사를 강조할 때도 'It is 강조 that'의 형태를 사용할 수 있습니다. 대신 의문문의 어순에 맞추어야 하므로 일반적인 문장과는 어순이 좀 다르게 느껴질 수 있습니다. 물론 '의문사 is it that ~'의 형태로 외워도 되지만 왜 그렇게 되는지 이해하는 것이 중요합니다 해석할 때는 의문사 앞에 '도대체' 정도를 붙여서 하면 강조의 느낌을 살릴 수 있습니다.

06 Who was it that did this?
　　　 의문사 강조

▶ Who did this?라는 문장에서 의문사 Who를 강조한 형태라고 생각해봅시다. 우선 It was who that did this.라는 문장이 있다고 생각해보세요. 이를 의문문 어순에 맞게 바꾸려면 먼저 의문사 who가 제일 앞으로 가야 하고 뒤에 나오는 it was는 순서를 바꾸어야 하니 'Who was it that ~'의 형태가 옵니다. 그 다음 남은 문장에 오겠죠? 그래서 위 문장과 같은 형태가 남게 되었습니다. '도대체 누가 이걸 한 거야?'로 해석을 하면 강조의 느낌을 살릴 수 있습니다.

---

01 최 씨는 어제 백화점에서 쇼핑을 했다.　02 최 씨였다. 어제 백화점에서 쇼핑을 한 것은.　03 쇼핑이었다. 어제 최 씨가 백화점에서 한 것은.　04 백화점이었다. 최 씨가 어제 쇼핑한 곳은.　05 어제였다. 최 씨가 백화점에서 쇼핑을 한 것은.　06 (도대체) 누가 이걸 한 거야?

07 When was it that the accident took place?
　의문사강조

　▶ The accident took place when.이라는 문장이 있다고 생각해보세요. (물론 이런 문장은 없지만요.) 거기서 when을 'It is 강조 that' 구문으로 강조했다고 생각해 보세요. 그리고 '도대체' 정도를 붙여서 해석하면 이 문장이 의미가 잘 다가옵니다.

08 Where was it that you proposed to her?
　의문사강조

　▶ 어떤 의문사가 와도 앞서 학습한 방식으로 이해하면 됩니다. You proposed to her where.에서 where가 앞으로 나가고 의문문 어순에 맞게 was it that을 쓴 다음 나머지 문장을 쓰면 됩니다.

09 Why was it that Mr. Choe turned down the offer?
　의문사강조　　　　　　　　　　　　　　　　　　　　　　　*turn down 거절하다　offer ⑲ 제의, 제안

　▶ 의문사 why가 앞으로 나가고 의문문 어순에 맞게 was it that을 쓴 다음 나머지 문장을 쓰면 됩니다. 어떤가요? 원리를 이해하는 것이 중요한 이유를 알겠죠. 원리를 잘 이해하고 나면 이렇게 적용만 하면 됩니다.

❷ do를 이용한 동사 강조

'It is 강조 that' 구문을 사용할 수 없는 경우가 있습니다. 동사를 강조할 때는 이 구문을 사용할 수 없습니다. 동사를 강조하기 위해 'It was 동사 that'이라고 쓰면 한 문장에 동사 두 개가 있는 이상한 문장이 만들어집니다. 그래서 동사를 강조할 때는 'It is 강조 that' 구문을 사용하지 않고 동사 앞에 강조의 의미를 가지는 조동사 do를 씁니다. 해석할 때는 '진짜', '정말' 등을 붙이면 강조의 느낌을 잘 살릴 수 있습니다.

10 I do love to drive a car.
　동사강조

　▶ do 없이 I love to drive a car.라고 해도 말이 되지만 동사 앞에 do를 붙임으로써 '좋아한다'라는 의미가 훨씬 더 강조됩니다. 그래서 우리말로는 '정말 좋아한다', '진짜 좋아한다' 정도로 해석하면 됩니다.

11 I do want to drink beer all night.
　동사강조

　▶ do가 없어도 완전한 문장입니다. 그런데 동사 want 앞에 do를 붙여서 '정말 원한다'는 느낌을 전달하게 됩니다. 이처럼 동사를 강조할 때는 조동사 do를 동사 앞에 씁니다.

❸ 의문사 강조

앞서 'It is 강조 that' 구문의 형태를 이용해서 의문사를 강조하는 것을 배웠습니다. 이 방법 말고도 의문사를 강조할 수 있는 또 다른 방법이 있습니다. 바로 in the world나 on earth 같은 표현을 사용하는 것입니다. 우리말로는 '도대체', '세상에' 정도로 해석하여 강조의 어감을 전달하면 됩니다.

12 What in the world[on earth] are you talking about?
　　　　　의문사 강조
　▶ What are you talking about?로도 완전한 의미가 전달이 됩니다. 여기에 '도대체', '세상에' 정도의 의미인 in the world나 on earth를 사용하여 의문사를 강조하는 느낌을 전달하고 있습니다.

13 How many times in the world[on earth] do I have to tell you?
　　　　　　　　　의문사 강조
　▶ How many times do I have to tell you?로도 완전한 문장이지만 의문사를 강조하기 위해 in the world나 on earth를 사용하였습니다.

❹ the very + 명사

명사를 강조하는 방법으로는 명사 앞에 **the very**를 붙입니다. 우리말로는 '바로 그 ~' 정도의 의미를 갖게 됩니다.

14 This is the very teacher that I am looking for.
　　　　　명사 강조
　　　　　　　　　　　　　　　　　　　　　　　　　　　　　　　　　　　* look for ~을 찾다
　▶ This is the teacher that I am looking for.로도 완전한 문장입니다. 여기서 명사 teacher 앞에 the very를 사용하여 '이 분이 그 선생님이다'가 '이 분이 바로 그 선생님이다'라는 강조의 느낌이 전달됩니다.

15 This is the very class that I want for a long time.
　　　　　명사 강조
　▶ 명사 class 앞에 the very를 붙여서 '바로 그 수업'이라는 강조의 표현이 됩니다. 강조의 표현을 문법 사항으로 외우려고 하기 보다는 이렇게 해석을 통해 그 느낌을 이해하는 것이 훨씬 중요합니다.

---

07 도대체 언제 사고가 일어난 거야? **08** 도대체 어디서 그녀에게 청혼했니? **09** 도대체 왜 최 씨가 그 제안을 거절한 거니? **10** 나는 자동차 운전을 정말 좋아한다. **11** 나는 밤새도록 맥주를 정말 마시고 싶다. **12** 도대체 너는 무슨 말을 하는 거니? **13** 도대체 내가 너한테 몇 번이나 얘기해야 하니? **14** 이 분이 내가 찾고 있던 바로 그 선생님이다. **15** 이 수업은 내가 오랫동안 원하던 바로 그 수업이다.

(2) 생략

❶ 접속사 that의 생략

접속사 that은 문법적으로 자기가 데리고 있는 말을 명사로 바꾸어주는 기능만 가지고 있을 뿐 어떤 뜻을 가지고 있지는 않습니다. 그래서 목적어 자리에 오거나 보어 자리에 오면 생략해도 무방합니다. 의미 전달에 방해가 되지 않으니까요. 단, 주어 자리에 오는 명사절을 만드는 접속사 that은 생략할 수 없습니다. 왜냐하면 접속사가 생략되면 접속사 뒤에 나오는 주어와 동사를 문장의 진짜 주어와 동사로 잘못 이해할 수 있기 때문입니다. 그래서 목적어 자리와 보어 자리에 오는 접속사 that은 생략할 수 있지만 주어 자리에 쓰인 접속사 that은 생략할 수 없는 것입니다.

16 People say (that) Mr. Choe teaches English well.
    접속사 that 생략

> ▶ say의 목적어 자리에 명사절이 왔습니다. 특별한 의미는 없으면서 명사의 기능만 가지면 되므로 접속사 that이 사용되었습니다. 주어와 동사 뒤에 나오는 내용이라 말을 잘못 알아들을 여지도 없어 접속사 that은 생략해도 무방합니다.

17 The fact is (that) Tom still wants to make her his girlfriend.
    접속사 that 생략

> ▶ the fact is 다음에 주격 보어에 해당하는 명사절이 왔습니다. 이때 사용된 접속사 that은 어떤 의미를 가지지 않는 명사절을 이끄는 기능만 합니다. 의미가 헷갈릴 가능성이 없으므로 생략해도 무방합니다. 그리고 보니 생략된 that 앞에는 대부분 '주어＋동사'가 있으므로 이런 경우에는 '주어＋동사＋주어＋동사'의 형태가 되는데 이런 문장은 틀린 문장이 아니라는 것을 알아야 합니다.

❷ 분사구문에서의 현재분사 생략

분사구문의 모양이 수동이 되면 'being -ed,' 또는 'having been -ed'가 됩니다. 이때 굳이 being, having been을 쓰지 않아도 수동의 의미를 전달하는데 문제가 없습니다. 그래서 being, having been을 생략하게 됩니다. 그러면 결국 남는 모양은 -ed만 남게 됩니다. 이 경우 과거동사와 착각하지 않도록 주의해야 합니다. 이미 분사구문을 다룰 때 공부한 내용이기도 합니다.

18 (Being) Recommended to drink beer, Mr. Choe gently refused to do it.
    분사구문에서 being 생략   * recommend ⑧ 추천하다, 제안하다   refuse to ~하기를 거부하다, 거절하다

> ▶ 부사절 When he was recommended to drink beer를 분사구문으로 전환하려면 접속사 when을 생략하고, 주절의 주어와 동일한 주어 he를 생략하고 동사 was를 -ing의 형태로 바꿔주면 됩니다. 그래서 Being recommended to drink beer의 형태가 되는데 굳이 being을 쓰지 않아도 수동의 의미가 전달이 되므로 생략합니다. 그래서 Recommended ~의 형태로 문장이 시작됩니다.

19 The project (having been) completed successfully, we all were excited.

분사구문에서 having been 생략

*complete ⑧ 완성하다, 마치다

▶ 부사절인 When the project had been completed successfully를 분사구문으로 만들려면 우선 접속사 when을 생략합니다. 주어인 the project는 주절의 주어 we와 다르므로 생략할 수 없고 반드시 표기해야 합니다. 동사를 -ing 모양으로 바꿉니다. 그러면 분사구문인 The project having been completed successfully가 되는데 having been을 남겨놓지 않아도 수동의 의미를 전달할 수 있으므로 having been을 생략하고 completed만 남게 됩니다.

❸ 대부정사

앞에 나온 명사를 대신 받는 말을 대명사라고 하죠. 동사를 대신 받는 말은 '대동사'라고 합니다. 그러면 '대부정사'는 뭘까요? 네, 맞습니다. 부정사를 대신 받는 말입니다. 앞에 나온 'to 동사원형'의 모양이 뒤에서 다시 쓰일 때 똑같은 말을 반복할 필요가 없으므로 동사원형을 생략하고 to의 모양만 남기게 되는데 이를 '대부정사'라고 합니다.

20 You can go home now if you want to (go home).

대부정사

▶ 주절에 쓰인 go home을 if절에서 굳이 반복해서 사용할 필요가 없어 go home을 생략하면 to만 남는데 이를 대부정사로 합니다.

21 I told her not to throw away the toy box, but she wanted to (throw away the toy box).

대부정사

*throw away 내다 버리다

▶ 앞문장의 throw away the toy box를 반복 사용할 필요가 없어 뒷문장에는 이를 생략하고 to만 남겼습니다.

(3) 어순에 주의할 말들

❶ 간접의문문

동사의 주어, 목적어, 보어 자리에 의문사(who, how, what, when, where)로 시작하는 명사절이 올 경우, 그 어순은 일반적인 의문문의 어순을 취하지 않고 '의문사 + 주어 + 동사'의 어순을 취합니다. 이를 '간접의문문'이라고 합니다. 어렵게 생각할 것 없습니다. 실제로 물어보는 말이면 진짜 의문문의 어순을 취할 텐데 의문사가 사용되고 있을 뿐 진짜로 물어보는 말이 아니므로 의문사 뒤에 일반적인 평서문 어순이 이어진다고 생각하면 됩니다.

16 사람들은 최 씨가 영어를 잘 가르친다고 말한다. 17 사실은 Tom이 여전히 그녀를 자신의 여자친구로 만들고 싶어 한다는 것이다. 18 맥주를 마시라고 제안받았을 때 최 씨는 정중하게 거절하였다. 19 그 프로젝트가 성공적으로 마쳐졌을 때 우리 모두는 흥분했다. 20 네가 집에 가고 싶으면 가도 된다. 21 나는 그녀에게 그 장난감 상자를 버리지 말라고 말했지만 그녀는 버리길 원했다.

22 I want to know when he will leave for Seoul.
　　　　　　　간접의문문
<small>* leave for ~를 향해 떠나다</small>

▶ want to know의 목적어 자리에 의문사 when이 이끄는 절이 왔습니다. 이때 목적어 자리에 사용된 의문사는 실제로 물어보는 말은 아니므로 '의문사＋주어＋동사'의 어순을 취하며 물음표도 붙이지 않습니다. 바로 간접의문문입니다. 의문사 when을 의식하여 when will he leave for Seoul?로 쓰지 않도록 유의해야 합니다.

23 Do you know what it looks like?
　　　　　　　간접의문문

▶ know의 목적어 자리에 의문사 what이 이끄는 절이 왔습니다. 간접의문문으로 '의문사＋주어＋동사'의 어순을 사용합니다. 따라서 what does it look like?의 형태를 쓰지 않도록 합니다.

24 What do you think prevented him from attending the party?
　　　간접의문문

▶ think, believe, guess, suppose, imagine, expect 등의 동사가 쓰이면 의문사를 문장의 앞으로 보내야 합니다. 그래서 'What do you think ~'의 어순으로 바뀌게 됩니다. 자칫하면 Do you think what prevented him from attending the party? 라고 쓰기 쉽습니다. 조심해야 합니다. 'What do you think ~'를 하나의 표현으로 익혀두는 것도 좋습니다.

❷ how / however ＋형용사/부사＋S＋V

직접적으로 수식하는 말과 수식을 받는 말은 서로 떼어 놓을 수 없습니다. '얼마나'라는 뜻으로 쓰이는 의문부사 how가 형용사나 부사 앞에 쓰일 때, 그리고 '비록 ~라 하더라도'라는 의미로 쓰이는 however는 수식하는 형용사, 부사와 떨어져 사용할 수 없기 때문에 'how/however ＋형용사/부사'가 먼저 나오고 그 다음에 '주어＋동사'가 오게 됩니다.

25 I want to know how old the child is.
　　　　　　　　　how＋형용사＋주어＋동사

▶ 일반적인 어순을 생각한다면 의문사 how 뒤에 문장이 이어지므로 how the child is old의 형태를 생각하기 쉽습니다. 하지만 how가 old를 수식하여 하나의 표현처럼 쓰이고 있으므로 이들은 떼어 놓아서는 안 됩니다. 그래서 how old를 먼저 쓰고 그 다음에 나머지 문장을 씁니다.

26 However dangerous the mission is, I want to participate in it.
　　however＋형용사＋주어＋동사
<small>* mission 옝 임무　participate in ~에 참가하다, 참여하다</small>

▶ however는 수식하는 형용사나 부사와는 떨어져 사용할 수 없지요. 따라서 however와 dangerous는 서로 붙어 있는 말이라고 생각하면 됩니다. 그래서 However the mission is dangerous라고 쓰면 틀립니다. However dangerous를 붙여 써서 '아무리 위험하더라도'라는 의미가 됩니다.

❸ So + V + S / Neither + V + S

앞에 나온 말을 받아서 '~도 그렇다'라고 할 때 'So + V + S'라는 표현을 씁니다. 부정문의 경우, 즉 '~도 그렇지 않다'라는 표현은 'Neither + V + S'를 사용합니다. 이때 앞에 나온 동사에 따라 be동사와 조동사를 구별해서 써야 하고 시제의 쓰임에도 유의해야 합니다.

	어순	의미
긍정 동의	So + V + S	~도 그렇다 (= S + V , too)
부정 동의	Neither + V + S	~도 그렇지 않다. (=S + not + V ~, either)

27 A : I am an English teacher.

B : So am I.
So + 주어 + 동사

▶ A의 말을 받아서 B는 I am an English teacher, too.라고 해도 되겠지만 A가 사용한 말들의 반복 사용을 피하고 간단하게 '나도 그래.'라는 표현으로 So am I.를 썼습니다.

28 A : I got up early this morning.

B : So did I.
So + 주어 + 동사

▶ I got up early this morning, too.라고 해도 되겠지만 너무 반복이 되므로 So did I.로 표현합니다. So 뒤에는 조동사 do를 사용하는데 과거의 일이므로 시제에 맞게 did를 사용하는 것에 유의해야 합니다.

29 A : I don't have any money.

B : Neither do I.
Neither + 주어 + 동사

▶ A의 말이 부정문임에 주의해야 합니다. B는 I don't have any money, either.라고 해도 되겠지만 너무 반복이 되므로 간단한 표현을 합니다. 이럴 때는 so 대신 neither를 사용합니다. 동사의 종류와 시제에 주의하여 Neither do I.로 표현합니다.

30 A : I won't get back to the school.

B : Neither will I.
Neither + 주어 + 동사

* get bact to 돌아가다

▶ A의 말이 부정문임에 주의해야 합니다. B는 I won't get back to the school, either.라고 해도 되겠지만 너무 반복이 되므로 동사의 종류와 시제에 주의하여 Neither will I.로 표현합니다.

---

22 나는 그가 언제 서울로 떠나는지 알고 싶다. 23 너는 그것이 어떻게 생겼는지 아니? 24 네가 생각하기에 왜 그가 파티에 참석하지 않았니? 25 나는 그 아이가 몇 살인지 알고 싶다. 26 그 임무가 아무리 위험하더라도, 나는 꼭 참여하고 싶다. 27 A : 나는 영어 선생님이다. B : 나도 그렇다. (나도 영어 선생님이다.) 28 A : 나는 오늘 아침에 일찍 일어났다. B : 나도 그렇다. (나도 일찍 일어났다.) 29 A : 나는 돈이 하나도 없다. B : 나도 그렇다. (나도 돈이 하나도 없다.) 30 A : 나는 학교로 돌아가지 않을 거다. B : 나도 그렇다. (나도 학교로 돌아가지 않을 거다.)

❹ so / such

so와 such는 잘못 사용하는 경우가 의외로 많습니다. 이번 기회에 정확한 쓰임을 제대로 알아둡시다. so는 부사로서 형용사나 부사를 수식하고, such는 형용사로서 명사를 수식합니다. 특히 명사와 함께 '매우 ~한 명사'의 의미를 만들 때 주의해야 합니다. 그리고 so는 단독으로 명사를 수식할 수 없다는 것을 기억해두어야 합니다.

표현 방법	의미
so + 형용사 + 관사 + 명사 such + a/an + 형용사 + 명사	매우 ~한 명사
so + 형용사/부사 + that S + V such + a/an + 형용사 + 명사 that S+V	매우 ~하다 그래서 매우 ~한 명사이다 그래서

- such a beautiful night (○)
- so beautiful a night (○)
- so beautiful nights (×)

위의 예처럼 '매우 아름다운 밤'이라는 표현을 만들 때 such를 사용하는 경우와 so를 사용하는 경우 어순에 차이가 생기는 것에 주의하고 'so + 형용사 + 복수명사'도 틀린 표현임을 기억해두세요.

31 Jessica was so nervous that she had trouble completing the work.
형용사를 수식하는 so
▶ so는 부사여서 뒤에 나오는 형용사 nervous를 수식합니다. 이 자리에 such를 쓰면 틀립니다.

32 She thinks a number of people will fail to read such a difficult book.
such + a + 형용사 + 명사   * fail to ~을 못하다
▶ 'such + a + 형용사 + 명사'의 어순을 이용해서 '매우 ~한 명사'라는 표현을 만들 수 있습니다. 만약 이 자리에 so를 쓰면 틀립니다. so는 명사를 수식하는 말이 아닙니다. so를 쓰려면 so difficult a book으로 표현해야 합니다.

❺ -thing / -body + 형용사

형용사가 something, anything, anybody, somebody처럼 '-thing / -body'로 끝나는 명사를 수식하는 경우, 형용사는 명사 뒤에서 수식합니다..

33 I'll give you something special.
something + 형용사
▶ '특별한 것'이라는 말을 일반적인 어순처럼 special something으로 쓰면 틀립니다. '-thing'으로 끝나는 명사는 something special처럼 형용사가 뒤에서 수식해야 합니다.

34 He seems to be somebody important.
somebody + 형용사

> ▶ '-body'로 끝나는 명사는 형용사가 뒤에서 수식을 합니다. 따라서 somebody important로 써야 합니다.

❻ enough

enough는 형용사와 부사로 사용이 되는데 형용사로 사용이 될 경우 다른 형용사처럼 명사 앞에서 명사를 수식합니다. 그런데 enough가 부사로 사용이 될 경우 다른 부사들처럼 '부사 + 형용사'의 어순을 취하지 않고 '형용사 + enough'의 형태를 취한다는 것에 유의해야 합니다. 그래서 '형용사 + enough to 동사원형'의 형태로 쓰입니다.

품사	어순	의미
형용사로 쓰이는 enough	enough(형용사) + 명사	충분한 ~
부사로 쓰이는 enough	형용사/부사 + enough(부사) to 동사원형	~할만큼 충분히 ~한

35 There's enough room for eight people to sit at the table.
enough(형용사) + 명사

> ▶ enough가 '충분한'이라는 의미의 형용사로 쓰일 경우 다른 형용사처럼 명사 앞에 와서 뒤에 나오는 명사를 수식합니다. enough room은 '충분한 공간'이라는 의미입니다.

36 My younger brother is tall enough to reach the shelf.
형용사 + enough(부사) to 동사원형

> ▶ enough가 '충분히'라는 의미의 부사로 쓰이면 문장에서는 형용사나 부사의 뒤에 쓰여 앞의 형용사나 부사를 수식하게 됩니다. 그래서 tall enough는 '충분히 큰'이라는 의미이며 '형용사/부사 + enough(부사) to 동사원형'의 형태로 쓰입니다.

---

31 Jessica는 매우 초조해서 일을 마치는데 어려움이 있었다.　32 그녀는 많은 사람들이 그런 어려운 책을 읽을 수 없을 거라고 생각한다.　33 내가 너에게 특별한 걸 줄 것이다.　34 그는 중요한 사람처럼 보인다.　35 테이블에 여덟 명의 사람이 앉을 충분한 공간이 있다.　36 내 동생은 그 선반에 닿을 만큼 충분히 크다.

❼ '횟수, 정도, 부정'을 나타내는 부사의 위치

어떤 일의 횟수나 정도, 부정을 나타내는 부사의 경우, be동사의 뒤, 일반동사의 앞에 오며, 조동사와 be동사가 결합될 경우에는 그 사이에 놓이게 됩니다. be + -ed, have + -ed의 경우 그 사이에 옵니다.

구분	어휘	위치
횟수	always, often, usually, sometimes, ever, frequently	1. be동사 + 부사 2. 부사 + 일반동사 3. 조동사 + 부사 + be동사 4 be + 부사 + -ed, have + 부사 + -ed
정도	almost, nearly, wholly	
부정	never, hardly, rarely, seldom	

37 He isn't sometimes home until late afternoon.
　　　　　　　be동사 뒤에 쓰인 부사

▶ sometimes는 횟수를 나타내는 부사(빈도부사)로 be동사의 뒤, 일반동사의 앞에 위치합니다. 그래서 이 문장에서는 be동사 뒤에 위치했습니다.

38 He seldom participates in the extracurricular club activity.
　　　일반동사 앞에 쓰인 부사　　　　　　　　　　　　　　　*seldom 거의 ~아니다　extracurricular ⑧ 과외의

▶ seldom은 부정을 나타내는 부사로 be동사의 뒤, 일반동사의 앞에 위치합니다. 그래서 이 문장에서 일반동사 participate 앞에 위치했습니다.

39 She always takes her baby to the park after dinner.
　　　일반동사 앞에 쓰인 부사　　　　　　　　　　　　　　　　　*take A to B A를 B로 데리고 가다

▶ always는 횟수를 나타내는 부사로 일반동사 take 앞에 왔습니다.

(4) 기타 헷갈리기 쉬운 용법

❶ already / still / yet

already는 '이미, 벌써'라는 의미를 가지며 긍정문에서 사용합니다. 의문문에서는 '벌써 다 했어?' 정도의 의미로 놀라움이나 긍정적 기대를 나타낼 때 쓰입니다.

still은 긍정문이나 의문문에서 쓰일 때는 '아직'이라는 의미로 쓰이며 부정적인 어감을 가지는데 놓이는 위치가 빈도부사와 같습니다. 부정문에서 쓰일 때는 '아직 안 했다'라는 의미가 되는데 yet과 유사하지만 not 앞에 위치한다는 게 다릅니다.

yet은 부정문에서 '아직'이라는 의미로 쓰이며 still과 달리 not 뒤에 위치합니다. 의문문에서 쓰이기도 하는데 이 경우는 '벌써, 이미'의 뜻으로 쓰입니다.

	문장	의미 / 위치
already	긍정문	이미, 벌써
	의문문	놀라움 또는 긍정의 기대를 나타냄
still	긍정문, 의문문	아직/be동사와 조동사 뒤, 일반동사 앞에 위치 (안 좋은 행위가 계속됨을 강조할 때 쓰임)
	부정문	아직/not 앞에 위치
yet	부정문	아직/not 뒤에 위치
	의문문	벌써, 이미

40 I already finished writing my term paper.
　　이미, 벌써

　　* term paper 기말 보고서

　▶ already가 긍정문에서 '이미, 벌써'의 의미로 쓰이고 있으며 일반동사 앞에 놓였습니다.

41 When I came back at midnight, she still hadn't finished it.
　　　　　　　　　　　　　　아직

→ When I came back at midnight, she hadn't finished it yet.
　　　　　　　　　　　　　　　　　　　　아직

　▶ '아직'이라는 의미로 still과 yet은 부정문에 쓰이지만 그 위치가 다릅니다. still은 not 앞에 오고 yet은 not 뒤에 옵니다.

❷ most / most of / almost / mostly

most는 '대부분'이라는 뜻을 가지는 형용사로 명사 앞에 씁니다. 그런데 most 뒤에 '소유격 + 명사'가 오거나 'the + 명사' 또는 '대명사'가 올 경우에는 most를 쓸 수 없고 most of를 사용해야 합니다. almost는 most와 모양은 비슷하지만 품사도 뜻도 다릅니다. most는 형용사로 명사를 수식하지만 almost는 부사로 형용사를 수식하며 '거의'라는 뜻으로 쓰입니다. mostly는 형용사를 꾸미는 almost와 달리 동사를 꾸미는 부사로만 쓰이며 '주로, 대체로'라는 뜻을 가지고 있습니다.

	품사	형태 / 의미
most	형용사로 명사 수식	most + 명사/대부분의 명사
most of	형용사로 명사 수식	most of + 소유격 + 명사 most of + the + 명사 most of + 대명사
almost	부사로 형용사 수식	almost + 형용사 + 명사/거의 ~한 명사
mostly	부사로 동사 수식	주로, 대체로

---

37 그는 가끔씩 오후 늦게까지 집에 오지 않는다.　**38** 그는 거의 과외활동에 참여하지 않는다.　**39** 그녀는 항상 저녁식사 후에 아기를 데리고 공원에 간다.　**40** 나는 이미 기말 보고서 작성을 끝냈다.　**41** 내가 자정에 돌아왔을 때 그녀는 아직 그것을 끝내지 못한 상태였다.

42 Most students at the university have an inadequate knowledge of English.
대부분

*inadequate ⑱ 부적절한, 불충분한

▶ most 뒤에 명사 students가 와서 '대부분의 학생'이라는 말이 되었습니다.

43 It was afternoon, and most of the shops were shut.
대부분

▶ most the shops라고 쓰면 틀립니다. 명사 앞에 정관사 the가 있을 경우 most of the shops라고 써야 올바릅니다.

44 Almost all the students belonged to the club.
거의

*belong to ~에 속하다, ~의 것이다.

▶ almost는 형용사가 아니라 부사입니다. 그래서 직접 명사를 수식할 수 없습니다. 부사 almost가 형용사 all을 수식하여 '거의 모든'이라는 의미가 됩니다..

45 Mostly Mr. Choe participated in the project.
주로, 대체로

▶ mostly는 동사를 수식하는 부사로 쓰이며 '주로, 대체로'라는 의미로 쓰입니다. mostly가 동사 participate을 수식하고 있습니다.

❸ 기타 주의할 부사들

■ too / also / either / neither

'~또한 그렇다'라는 말은 too와 also가 쓰이는데 놓이는 위치가 다릅니다. too는 문장의 마지막에 오고 also는 be동사와 조동사 뒤, 일반동사 앞에 옵니다.

'~도 그렇지 않다'라는 부정의 내용이 동일함을 나타낼 때는 either을 쓰는데 too처럼 문장의 마지막에 들어갑니다. 또한 not ~ either의 의미를 가지는 neither를 사용할 수도 있습니다.

	부사	위치
긍정문 (~또한 그렇다)	too	문장의 마지막에 위치
	also	be동사와 조동사의 뒤 또는 일반동사 앞에 위치
부정문 (~도 그렇지 않다)	either	문장의 마지막에 위치
	neither	문장의 앞에 위치

■ neither / nor

neither와 nor의 쓰임도 많이 헷갈려 합니다. 가장 중요한 차이는 neither는 부사이지만 접속사로 쓰이지 않습니다. 반면에 nor는 부사이지만 접속사로도 쓴다는 것입니다. 그래서 neither는 문장과 문장을 연결할 수 없지만 nor는 문장과 문장을 연결할 수 있습니다. 그 내용이나 뒤에 오는 문장의 형태는 차이가 없습니다.

neither는 문장 앞에 위치하고 뒤에 문장은 의문문 형태의 도치가 생기고, nor는 부정문이 먼저 나오고 나중에 씁니다. 그런데 nor가 문두에 쓰이면 뒤에 문장은 의문문 형태의 도치가 생깁니다.

neither	nor
1. 부사이지 접속사가 아닙니다. 2. 문장의 앞에 위치합니다. 3. 뒤에 의문문 형태의 도치가 생깁니다.	1. 부사이며 접속사로도 쓰입니다. 2. 앞에 부정문이 먼저 나옵니다. 3. 문두에 쓰이면 뒤에 의문문 형태의 도치가 생깁니다.

■ very / much

very는 형용사와 부사의 원급을 수식하지만 much는 비교급을 수식합니다. 그래서 very fast / much faster의 형태가 올바른 모양입니다. 또한 very는 현재분사를 수식하지만 much는 과거분사를 수식합니다. 그래서 very interesting / much interested의 형태가 올바릅니다.

very	much
1. 형용사/부사의 원급 수식 2. 현재분사 수식 3. the very 최상급	1. 형용사/부사의 비교급 수식 2. 과거분사 수식

■ 형태에 유의할 부사

다음 단어들은 하나의 단어가 형용사, 부사로 모두 쓰이는 경우입니다. 그런데 그 단어 뒤에 -ly가 붙어서 다시 다른 뜻의 부사가 만들어집니다. 각각의 의미를 잘 알고 있어야 합니다.

단어	의미		단어	의미
hard	형 단단한, 어려운, 열심인	부 열심히	hardly	부 거의 ~하지 않다
near	형 가까운	부 가까이에	nearly	부 거의
late	형 늦은	부 늦게	lately	부 최근에
high	형 높은	부 높이	highly	부 매우, 아주
short	형 짧은, 부족한	부 짧게	shortly	부 곧바로, 즉시

42 그 대학교 대부분의 학생들이 영어에 대한 지식이 부족하다.   43 오후였다. 그리고 대부분의 가게는 문을 닫았다.   44 거의 모든 학생들이 그 클럽에 소속되어 있었다.   45 주로 최 씨가 그 프로젝트에 참가했다.

다음 우리말에 알맞게 제시된 어구를 배열하시오

01 양부모로서 아이를 기르는 것은 숭고하다, 친부모가 되는 것만큼. (as / than / being birth parents / noble / adoptive parents / raising a child / no less / is)

----

02 과학에서 중요한 것은 새로운 사실을 얻는 것보다 그것을 생각해내는 새로운 방법을 발견하는 것이다. (new ways / is / to obtain / new facts / as / in science / to discover / the important thing / not so much / of thinking about them)

----

03 여러 언어를 말할 수 있는 사람은 더 가치 있지 않다, 한 언어로 들을 수 있는 사람보다. (a person / is / who can speak / not / than / a person / more valuable / who can listen / in one / many languages)

----

04 Helen Keller는 듣지도 보지도 못했다, 하지만 그녀는 미국 전역을 다녔다, 연설을 하고 시각 장애인들을 위해 기금을 모으면서. (Helen Keller / raising funds / nor see / she traveled / neither hear / giving speeches / and / could / but / for the blind / all over America,)

----

05 사람들은 건강을 해친 다음에야 비로소 건강의 고마움을 깨닫는다. (the blessing of health / people / it is / lose their health / that / they realize / not until)

----

06 10분 이상 전화 통화를 하고 나서야 그녀는 마침내 그 공연이 취소된 것을 이해했다. (was canceled / for / talking on the phone / 10 minutes / did / finally understand / only after / she / more than / the performance)

07 애완동물은 친구가 되어줄 뿐만 아니라, 또한 그것을 먹이고, 운동시키고, 목욕시켜야 한다, 그래서 주인들은 애완동물에게 자기가 필요하다고 느낀다. (be fed, / feel needed / does a pet / exercised, / company, / provide / but / has to / and cleaned; / by their pets / not only / it / owners)

08 지난 세기가 전환될 무렵이 되어서야 영화가 그 영향력을 행사하기 시작했다, 오늘날 우리에게 익숙한 대중문화에. (as / motion pictures / that / of the last century / not until / the turn / began to exert / their influence / it was / we know it today / on mass culture)

09 아침 운동은 실제 운동하는 동안 당신이 열량을 소모하는 것을 도와줄 뿐만 아니라, 당신이 (운동을) 끝낸 후에도 신진대사를 활발히 유지하게 한다. (keeps / you're finished / during the actual workout, / but / exercise / you / burn calories / does morning / your metabolism / after / high / help / not only)

10 피아니스트가 공연을 마치자마자 청중은 그에게 큰 박수를 보냈다. (than / had the pianist / the audience / finished / him / gave / no sooner / a big hand / his performance)

01 다음 밑줄 친 부분 중에서 어법상 틀린 것은?

Some students prefer taping lectures ① <u>than</u> taking notes. Tapes can sometimes be useful for language learning ② <u>because</u> you can replay a part that was missed for the first time. However, in most scientific or academic lectures, tapes cannot take the place of note-taking. If you tape a lecture, you ③ <u>may be tempted</u> to let your mind ④ <u>wander or sleep</u> during the lecture, thinking, "I don't have to listen now, I can listen later." This habit wastes time and prevents asking questions on points ⑤ <u>that</u> may not be clear.

02 다음 글의 밑줄 친 부분 중, 어법상 틀린 것은?

Life in rural areas has more advantages ① <u>than urban areas</u>. Being less crowded, people have more contact with each other. Crime, while it certainly exists, ② <u>occurs</u> at a ③ <u>much lower</u> rate than in a big city. In addition, unemployment and poverty levels are lower than ④ <u>those</u> of urban areas. In rural area, air pollution is lower, and problems of industrial waste ⑤ <u>are</u> fewer.

03 다음 글의 밑줄 친 부분 중, 어법상 틀린 것은?

Research results indicate that pressure ① associated with college entrance exams affects the development and self-identity of teenagers and ② cause mental disorders. There are many reasons ③ why Korean teenagers suffer from such pressure. In Korean society, a college education comes before anything, and parents are excessively passionate about their children's education. Young people naturally become very ④ sensitive in the adolescent period, so pressure to do well on college entrance exams ⑤ is a very big burden to the students.

04 다음 글의 밑줄 친 부분 중, 어법상 틀린 것은?

When a patient has a fever, doctors prescribe aspirin to lower it. Little ① they have imagined, however, that the fever has ② its remarkable benefits. Recently, scientists discovered that the body ③ needs a moderate fever to fight off viruses. Not only ④ does a higher fever stimulate the activity of white blood cells to kill and absorb viruses more easily, a fever also stops the growth of bacteria, which, ⑤ unlike white blood cells, become inactive in the heat and begin to die off.

Never give up!

Slow and steady wins
the race!

Remember Your Dream!

공부하느라 힘드시죠?
으라차차^^ 소리 한번 지르세요.
언제나 여러분의 성공을 기원할게요. *^^*

− 공부책 잘 만드는 쏠티북스가 −

www.saltybooks.com

Never give up!

Carpe diem!

미치도록 친절한 고등영문법

정답 및 해설

쏠티북스

미치도록
친절한
고등영문법

정답 및 해설

PART 2
명사와 대명사

본문 p. 051

Basic Test 01

01 furniture　02 information　03 much
04 Keeping　05 That　06 responsibility　07 if
08 that　09 that

01 **해석** 아무도 가구 옮기는 것을 좋아하지 않는다.
해설 furniture는 셀 수 없는 명사이므로 복수형을 사용할 수 없습니다.
어휘 furniture 몡 가구

02 **해석** 그 사이트에 시험에 관한 귀중한 정보가 있다.
해설 information은 셀 수 없는 명사이므로 복수형을 사용할 수 없습니다.
어휘 valuable 혱 귀중한

03 **해석** 내 생각에 너는 짐이 너무 많다.
해설 luggage는 셀 수 없는 명사이므로 양을 나타내는 형용사를 사용해야 합니다.
어휘 luggage 몡 짐

04 **해석** 최대한 눈을 맞추는 것이 매우 중요한 요소이다.
해설 주어 자리에 쓸 수 있는 말은 명사이므로 명사 역할을 하는 동명사 Keeping이 알맞습니다.
어휘 factor 몡 요소

05 **해석** 그가 정직하다는 것은 사실이 아니다.
해설 주어 자리에 사용할 명사절이 필요하며 괄호 뒤에 he is honest라는 완전한 문장이 왔으므로 접속사 That이 알맞습니다.

06 **해석** 나는 그것에 대한 책임을 받아들이기로 결정했다.
해설 accept라는 동사 뒤에는 '무엇을'에 해당하는 목적어가 필요합니다. 그러므로 형용사가 아니라 명사가 와야 합니다.

어휘 make a decision 결정하다
responsible 혱 책임감 있는
responsibility 몡 책임감

07 **해석** 내가 궁금한 건 그가 집에 있는지이다.
해설 wonder의 목적어 자리인데 내용상 뒤에 '~인지 아닌지'가 필요하므로 접속사 if가 알맞습니다.

08 **해석** 그는 내가 매 순간이 중요하다는 사실을 깨닫게 했다.
해설 realize의 목적어에 해당하는 말이 필요한데 괄호 뒤로 완전한 문장이 왔으므로 관계사가 아니라 접속사 that이 필요합니다.

09 **해석** 그녀가 다시 건강을 회복할 거라는 희망이 없다.
해설 hope 뒤에 나오는 내용이 명사 hope와 같은 내용이므로 동격의 접속사 that이 필요합니다.

본문 p. 059

Basic Test 02

01 them　02 one　03 that　04 the others
05 the other　06 others　07 myself

01 **해석** 아이를 위해서 장난감을 고를 때는 조심스럽게 살펴보라.
해설 앞에 나온 복수 명사 toys를 받고 있습니다. 대명사도 복수형 them이 올바릅니다.
어휘 choose 동 선택하다
inspect 동 살펴보다

02 **해석** 이 재킷이 저한테는 많이 작네요. 더 큰 건 없나요?
해설 앞에 나온 명사 jacket을 받고 있습니다. 하지만 명사만 같을 뿐 물건은 다른 것을 의미하므로 이런 경우에는 one이 알맞습니다.

03 **해석** 한 국가의 경제를 다른 국가의 경제와 비교할 때는 많은 다른 방법들이 있다.
해설 앞에 나온 명사 economy를 받고 있습니다. 하지만 economy를 가리키는 대명사를 of another가 수식하고 있습니다. 이럴 때는 it 대신 that을 사용합니다. 그리고 economy가 단수이니 those가 아닌 that이 알맞습니다.

어휘 compare A with B A와 B를 비교하다

04 **해석** 그 상인은 세 개의 가게를 가지고 있다. 그 중 하나는 서울에 있고 나머지는 전부 부산에 있다.

해설 셋 중에서 첫 번째 하나는 one으로 나타내고 남은 둘은 '나머지 전부'에 해당되므로 the others를 사용합니다.

05 **해석** 네 가지 제안 중에서 세 가지는 받아들여졌지만 나머지 하나는 거부당했다.

해설 네 가지 중 셋을 제외한 나머지 하나라는 말이 어울리므로 정관사 the를 사용한 the other가 적절합니다.

어휘 proposal 몡 제안

turn down 거절하다, 거부하다

06 **해석** 어떤 문화에서는 사람들이 허리를 굽혀 절하고 또 다른 문화에서는 악수를 한다.

해설 앞에 나오는 명사 cultures를 대신 받아야 합니다. cultures가 복수형이므로 others를 써야 합니다. 그리고 나머지 모든 문화가 악수를 하는 것은 아니므로 정관사를 붙이지 않습니다.

어휘 bow 통 (허리를 굽혀) 절하다

07 **해석** 내가 힘들게라도 영어로 의사소통할 수 있어서 기쁘다.

해설 make의 목적어가 주어인 I와 동일인입니다. 당연히 목적어 자리에는 재귀대명사를 사용해야 합니다.

어휘 manage to 힘들게 ~하다

make oneself understood 자기 생각을 남에게 이해시키다

 Practice Test Ⓐ 본문 p. 060

01 **정답** Reading speed is important, but being able to think straight about what you read is far more valuable.

해설 '올바르게 생각할 수 있는 것'이라는 말을 동명사를 이용해서 주어로 만듭니다. 그리고 '당신이 읽는 것'이라는 말을 관계대명사 중 명사절을 만드는 what을 이용하여 표현합니다.

어휘 straight 혱 똑바른, 올바른 혱 똑바로, 곧장

02 **정답** To improve your reading proficiency, learning to consider the subject of the reading material and make guesses about the context is essential.

해설 '~하기 위하여'라는 목적을 나타내는 부사적 용법의 부정사구를 만듭니다. '배우는 것'이라는 주어를 동명사 learning을 이용하고 그 목적어로 부정사구 to consider를 이용하여 나타냅니다.

어휘 proficiency 몡 숙달, 능숙

material 몡 자료, 재료

guess 몡 추측, 짐작

03 **정답** That vegetarians have trouble getting adequate protein is one of the biggest misconceptions.

해설 명사절을 이끄는 접속사 that을 이용해서 주어 부분을 만듭니다. 그리고 that절의 동사로 is를 사용합니다. '~하는데 어려움을 겪다'는 have trouble -ing로 나타냅니다.

어휘 vegetarian 몡 채식주의자

adequate 혱 충분한

misconception 몡 오해

04 **정답** What lies behind us and what lies before us are tiny matters compared with what lies within us.

해설 what이 이끄는 명사절 두 개를 주어로 쓰며 주어가 둘이므로 문장의 동사는 복수형인 are를 사용합니다. 그리고 '~와 비교하여'라는 뜻을 가진

compared with를 matters 뒤에 놓습니다.

05 정답 What distinguishes humans from animals is that the former make tools and, as civilization progresses, these tools gradually turn into machines.
해설 'A와 B를 구별하다'라는 표현인 distinguish A from B 앞에 관계사 what을 놓아 주어를 만들고 동사는 is를 씁니다. 그리고 보어절을 이끄는 접속사 that을 써서 나머지 문장을 배열합니다.
어휘 civilization 몡 문명
progress 몡 진보

06 정답 Don't forget your promise to get back home early in the evening.
해설 '~한 것을 잊다'라는 표현인 'forget -ing' 앞에 Don't를 붙여 부정명령문을 만듭니다. 그리고 your promise의 목적어 자리에 부정사를 이용해서 to get back home을 놓습니다.

07 정답 For more than a century, psychoanalysts have wondered if dreams are a reflection of upcoming realities.
해설 have wondered의 목적어 자리에 '~인지 (아닌지)'라는 명사절을 이끌 수 있는 접속사 if를 이용해서 문장을 만듭니다.
어휘 psychoanalyst 몡 정신분석가
reflection 몡 반영

08 정답 All men wear the same team shirt but half wear a yellow vest over theirs.
해설 그들의 옷인 their shirts를 소유대명사 theirs로 받아 문장 배열을 합니다.

09 정답 There are times when we agree to do something simply because a loved one asks.
해설 '~하기로 동의하다'라는 표현은 agree to를 이용합니다. 그리고 '사랑하는 사람'은 a loved one으로 표현합니다.

10 정답 Guests are encouraged to avail themselves of the full range of hotel facilities.
해설 '권장되다'는 수동의 표현인 be encouraged를 쓰고 '이용하다'라는 표현은 avail oneself of를 사용합니다.
어휘 facility 몡 시설

 Practice Test B 본문 p. 062

01 ④ **02** ① **03** ② **04** ④

01 해석 친절함과 사교성은 사람들 사이에서 매우 높이 평가되는 특성이다. 이런 특성들이야말로 인생에서 "앞서 나가기" 위해 꼭 필요한 것이다. 수줍어하거나 말이 없는 사람들은 종종 불친절한 사람으로 오해를 받는다. 또한 중요하게 여겨지는 것이 바로 의상이나 헤어스타일, 그리고 생활 방식과 같은 면에서 사람들이 자신을 어떻게 표현하느냐 하는 것이다. 그리고 외모의 외적인 변화는 종종 내적인 변화를 반영하는 것으로 여겨진다. 예를 들어, 새롭고도 색다른 헤어스타일은 한 사람이 자기 자신에 대해 좋게 느끼고 있음을 보여주는 표시가 될 수도 있다.
해설 ① 명사 qualities를 수식하는 분사가 와야 하며, '매우 높이 평가되는'이라는 말이므로 수동의 모양인 respected는 올바릅니다.
② 주어는 앞에 있는 관계대명사 that이 가리키는 말인 some of the qualities이므로 복수동사 are가 알맞습니다.
③ '사람들이 오해를 받는' 것이므로 수동태인 are mistaken이 알맞습니다.
④ 의문사절인 How people ~ lifestyle이 주어인데 의문사절은 단수 취급하므로 동사는 단수형인 is로 바꿔야 합니다.
⑤ 앞에 있는 명사 appearance가 주어가 아니라 outward changes가 주어이므로 복수동사 are가 올바릅니다.
어휘 sociable 혱 사교적인, 붙임성 있는
quality 몡 자질, 특성
appearance 몡 외모, 모습

02 해석 상황이 좋지 않을 때는 그저 기다려라. 태양은 나올 것이다. 태양은 언제나 나온다. 상황이 아무리 불리하게 보인다 하더라도 어떤 상황에서건 가능성을 보아라. 상황이 아무리 불리하게 보인다 하더라도 모두 그렇게 나쁜 것은 아니다. 희망은 있다. 가능성이 있다. 모든 불리한 것에는 그에 상응하는 유리한 점이 있을 수도 있고, 보통은 있다는 아주 대단한 진리가 있다. 가장 어두운 구름 뒤에도 태양은 빛나는 법이다. 가장 어려운 상황에서도 그 자체로는 좋은 어떤 가치가 항상 존재한다.

해설 (A) 'though + S + V + 형용사/부사'의 부사절에서 '형용사/부사'가 앞으로 이동한 경우에는 접속사 though가 as로 바뀝니다.

(B) to every ~ advantage까지가 완전한 문장이므로 접속사 that이 와야 합니다. that 이하가 앞에 있는 truth와 동격을 이루고 있습니다.

(C) 선행사인 value를 수식하는 '주격 관계대명사가 필요한 자리이므로 관계사 that이 와야 합니다. 앞에 선행사가 있으므로 선행사를 포함하는 관계사 what은 답이 될 수 없습니다.

어휘 possibility 명 가능성, 가능함

situation 명 상황

disadvantage 명 불리, 단점

corresponding 형 상응하는

in oneself 그 자체로

03 해석 대학에서 공부하면서 아르바이트를 하는 것은 많은 이점을 가지고 있다. 아르바이트를 하는 것은 젊은 학생들에게 책임감과 돈을 다루는 법을 가르친다. 만일 학생들이 자신의 전공 분야의 아르바이트를 할 수 있다면 그들은 귀중한 경험을 얻을 것이고 그들의 지식을 즉각 사용하게 될 것이다. 그들이 벌 수 있는 여러분의 돈은 수업료를 지불하고 대학 활동을 즐기는 데 유용할 것이다. 또한 그들은 자신의 학업에 보탬이 됐다는 자기 만족감을 가질 것이다.

해설 ① while -ing는 '~하는 동안'이라는 뜻입니다.

② 복수명사인 students를 받고 있으므로 its가 아니라 their로 바뀌어야 합니다.

③ 접속사 and를 사이에 두고 동명사구(gaining~)와 동명사구(putting~)가 대구를 이루고 있습니다.

④ 전치사 for 뒤로 meeting ~와 enjoying ~이 대구를 이루고 있습니다.

⑤ 자신들의 교육에 기여한 것은 더 과거의 일이고 전치사 of 뒤에 써야 하므로 완료동명사인 having contributed는 올바릅니다.

어휘 tuition fees 수업료

satisfaction 명 만족

contribute 동 기여하다, 이바지하다

04 해석 뇌가 균형, 위치, 그리고 움직임에 대해 신체로부터 다른 메시지를 받을 때 당신은 멀미를 하게 된다. 아마도 당신의 뇌는 당신의 신체가 하고 있는 특이한 움직임에 대해 혼란을 느낄지도 모른다. 의사들도 왜 어떤 사람들은 다른 사람들보다 더 쉽게 멀미를 하는지 모른다. 또한 어떤 사람들은 자동차나 비행기에서 아주 쉽게 멀미를 한다. 그러나 그들은 하루 종일 물 위의 배에서 흔들리고도 멀미를 하지 않을 수도 있다. 멀미를 예방하기 위해 무엇을 할 수 있을까? 멀미를 피하기 위한 더 대중적이고도 인정된 방법들은 다음과 같다.

해설 (A) confuse는 '혼란스럽게 하다'라는 뜻을 지닌 타동사입니다. 그러므로 이 문장에서는 두뇌가 혼란스러움을 당하는 내용에 해당되므로, 수동의 과거분사가 올바릅니다.

(B) other people을 줄여 쓰는 말이 와야 하므로 복수형인 others가 알맞습니다.

(C) 문장의 주어가 복수명사인 ways이므로 동사도 복수형인 are가 알맞습니다.

어휘 physician 명 의사

bounce 동 흔들거리다, 튀다

prevent 동 막다, 예방하다

PART 3
명사와 함께 쓰이는 말

 **Basic Test 01**

본문 p. 076

01 powerful **02** comfortable **03** impossible
04 living **05** asleep

01 해석 그 팀이 아주 강력한 브랜드를 구축하려 노력하고 있는 중이다.
해설 뒤에 있는 명사 brand를 수식할 말이 필요한데 명사를 수식하는 말은 형용사이므로 powerful이 적절합니다.
어휘 try to ~하려고 애쓰다

02 해석 당신은 편안하게 느껴지는 집을 살 필요가 있다.
해설 우리말 해석으로는 부사인 comfortably가 적절한 것처럼 느껴질 수도 있습니다. 여기서 feel은 '~한 상태로 느껴지다'라는 뜻의 불완전자동사로 보어가 필요합니다. 따라서 보어로 쓸 수 있는 형용사 comfortable이 적절합니다.
어휘 purchase 동 구입하다 명 구입
comfortable 형 편안한, 쾌적한

03 해석 나의 아버지께서는 내가 그 장학금을 타는 게 불가능하다고 생각하신다.
해설 목적격 보어로는 형용사인 impossible이 적절합니다.
어휘 scholarship 명 장학금

04 해석 게는 코코넛을 먹고, 물고기는 살아있는 산호를 먹고, 쥐는 모든 나무 꼭대기에서 산다.
해설 '살아있는 산호'라는 의미가 되도록 명사 coral을 수식할 말이 필요합니다. 그런데 alive는 '살아 있다'라는 뜻으로 쓰는, 즉 서술적 용법으로만 사용하는 형용사이므로 이 문장에서 사용할 수 없습니다. 따라서 coral을 수식하는 형용사로는 living이 적절합니다.
어휘 coral 명 산호

05 해석 내가 앉아서 그냥 쉬고 싶으면, 텔레비전을 켜고 빨리 잠든다.
해설 이 문장에서 fall은 불완전자동사로 '~한 상태로 (빠르게) 변하다'라는 의미로 사용되어 뒤에 보어가 필요합니다. 보어로 쓸 수 있는 형용사로는 asleep이 적절합니다. sleeping은 명사를 수식하는 형용사로 보어 자리에 올 수 없습니다.

 **Basic Test 02**

본문 p. 083

01 a little **02** were **03** much **04** a little, makes
05 game **06** few, little **07** a number of students

01 해석 학생들이 시험을 대비하는 데 많은 시간을 쓴다고 들었다.
해설 time은 셀 수 없는 명사이므로 a little을 써야 합니다. time이 단수형인 것을 확인하면 쉽게 답을 고를 수 있습니다.
어휘 spend 시간 -ing ~하느라 (시간)을 쓰다

02 해석 인형집을 만드는 데 쓰인 모든 재료는 버려진 폐품이다.
해설 주어가 all of the materials입니다. 셀 수 있는 명사의 복수형이 쓰였으니 동사도 복수형을 사용해야 합니다.
어휘 discard 동 버리다, 폐기하다
scrap 명 조각, 폐품

03 해석 기름진 음식을 많이 먹는 것은 너무 많은 에너지를 포함하는 식단으로 이어진다.
해설 energy는 셀 수 없는 명사이므로 much를 사용해서 수식합니다.
어휘 fatty 형 기름이 많은, 뚱뚱한

04 해석 나는 생선 위에 약간의 레몬주스가 맛을 더 좋게 만든다고 생각한다.
해설 lemon juice는 셀 수 없는 명사이므로 a little로 수식해야 하고, 단수 취급합니다. 따라서 동사도 단수형인 makes를 써야 합니다.

05 해석 전 세계인들이 커다란 관심을 가지고 각각의 경기를 본다.
해설 each 다음에는 단수명사가 와야 합니다. 따라서 game이 알맞습니다.

06 해석 난민들은 소지품도 거의 없고, 곧 고향으로 돌아간다는 희망도 거의 없다.
해설 possession은 셀 수 있는 명사이므로 few가 알맞고, hope는 셀 수 없는 명사이므로 little을 써야 합니다.
어휘 refugee 명 난민, 망명자
possession 명 소지품, 소유물

07 해석 많은 수의 학생들이 편안했던 고등학교 시절로 돌아가고 싶어 한다.
해설 동사의 복수형인 wish를 통해 주어는 복수형이 와야 한다는 것을 알 수 있습니다. 따라서 a number of students가 적절합니다.

Basic Test 03   본문 p. 089

01 whom 02 which 03 who 04 whom
05 which 06 who

01 해석 간디는 많은 이들이 존경하는 사람이다.
해설 관계대명사 뒤의 문장을 보면 respect 다음에 누구를 존경하는지에 대한 목적어가 없습니다. 따라서 목적격 관계대명사 whom이 적절합니다.

02 해석 서울을 관통하여 흐르는 그 강은 한강이라고 불린다.
해설 선행사가 사물인 강입니다. 따라서 관계대명사 which를 사용해야 합니다.

03 해석 내 전화를 받았던 네 비서는 너무 예의가 없었다.
해설 선행사가 사람이므로 관계대명사 who를 사용해야 합니다.
어휘 secretary 명 비서

04 해석 최 씨는 내가 항상 존경하던 사람이다.
해설 선행사가 사람이고 관계대명사 뒷문장에 look up to의 목적어가 없으므로 목적격 관계대명사 whom을 사용해야 합니다.
어휘 look up to ~을 존경하다

05 해석 내 생각에 인터넷으로 방문해볼 만한 사이트가 여기 몇 개가 있다.
해설 관계대명사 뒤에 나오는 문장에서 I think는 관용적으로 쓰는 삽입절이라 생략이 가능합니다. 따라서 관계대명사 뒤의 문장은 주어가 없는 불완전한 문장이므로 관계대명사가 필요한데 선행사가 사물이므로 주격 관계대명사 which를 사용해야 합니다.

06 해석 성공은 대체로 그것(성공)을 찾기에는 너무 바쁜 사람들에게 온다.
해설 선행사 those는 사람들을 일컫는 말입니다. 따라서 관계대명사는 who를 사용합니다. those who ~, people who ~ 등은 '~하는 사람들'이라는 의미로 관용적인 표현처럼 알아두어야 합니다.
어휘 look for ~을 찾다

Basic Test 04   본문 p. 092

01 which 02 for which 03 whom 04 which
05 which 06 What

01 해석 비가 많이 내려서, 우리는 실내에 있었다.
해설 두 문장을 연결하려면 접속사나 관계사를 이용해야 합니다. 따라서 괄호 안에는 앞 문장 전체를 받는 관계대명사 which를 써야 합니다. it을 쓰려면 접속사 and를 사용하여 and it으로 써야 합니다.
어휘 indoors 부 실내에서

02 해석 그것이 그들이 찾던 그 정보이다.
해설 '전치사 + 관계대명사'를 사용할 때는 관계대명사 that을 사용할 수 없습니다. 따라서 for which가 알맞습니다. for는 관계대명사 뒤에 있는 문장의 look for에서 전치사 for가 앞으로 온 것입니다.

03 해석 세 명의 지원자가 있었는데, 유능해 보이는 사람이 없었다.

해설 앞에 있는 three applicants를 받는 관계대명사가 와야 합니다. 전치사 of 뒤이므로 목적격이 와야 하고 선행사 three applicants가 사람이므로 whom을 써야 합니다.

어휘 applicant 명 지원자

competent 형 유능한

04 해석 그는 러시아어를 배울 필요가 있다. 그것이 여행에 꼭 필요하다.

해설 앞에 문장의 Russian을 선행사로 받고 있습니다. 여기서 Russian은 러시아 사람이 아니라 러시아어를 의미하므로 관계대명사 which를 써야 합니다.

어휘 requirement 명 필요, 필요조건

05 해석 내 이웃은 개가 세 마리 있는데 전부 다 공격적이다.

해설 앞 문장의 선행사 three dogs를 받을 관계대명사가 필요한데 전치사 뒤에 관계대명사 that은 올 수가 없으므로 which를 써야 합니다.

어휘 aggressive 형 공격적인

06 해석 아름다운 것이 언제나 좋은 것은 아니다.

해설 괄호 뒤에 주어 없이 is beautiful이라는 불완전한 문장이 왔으므로 괄호에는 관계대명사가 필요합니다. 그런데 that을 쓰려면 앞에 수식할 선행사가 필요한데 선행사가 없습니다. 따라서 괄호에는 선행사를 포함한 관계대명사 What을 써야 합니다. What is beautiful은 명사절로 전체 문장의 주어 역할을 합니다.

Basic Test 05   본문 p. 099

01 where 02 when 03 when 04 why 05 where
06 Whoever 07 wherever 08 however

01 해석 여기가 우리가 그들을 만나기로 한 곳인가?

해설 관계대명사와 관계부사 중에 하나를 고르는 문제입니다. 괄호 뒤에 주어, 동사, 목적어가 모두 있는

완전한 문장이 왔으므로 관계부사인 where를 사용해야 합니다. 관계대명사를 쓰려면 뒤에 불완전한 문장이 와야 합니다.

어휘 be supposed to ~하기로 되어 있다

02 해석 7월과 8월은 대부분의 사람들이 휴가를 가는 달이다.

해설 괄호 뒤에 완전한 문장이 왔으므로 관계부사 when을 써야 합니다. when 이하의 문장은 선행사 the months를 수식하는 관계부사절입니다.

03 해석 안전벨트가 목숨을 구하는 경우가 많이 있다.

해설 괄호 뒤에 완전한 문장이 왔으므로 관계부사 when을 써야 합니다.

어휘 occasion 명 경우, 때

04 해석 내가 살이 찌는 이유는 요리하는 중에 늘 맛을 보기 때문이다.

해설 괄호 뒤에 이어지는 I get fat은 '주어 + 동사 + 보어'로 이루어진 완전한 문장입니다. 이 문장에서 get은 불완전자동사로 뒤에 형용사 보어가 온 것입니다. 괄호 뒤에 완전한 문장이 왔으니 관계대명사가 아니라 관계부사인 why를 써야 합니다.

05 해석 내가 교육받았던 그 학교가 몇 해 전에 문을 닫았다.

해설 괄호 뒤에 완전한 문장인 I was educated가 왔죠. 따라서 관계부사 where를 써야 합니다.

06 해석 참여할 수 있는 사람은 누구든지 계약을 갱신할 기회를 가질 수 있다.

해설 조동사 can 앞까지가 이 문장의 전체 주어입니다. 따라서 괄호에는 명사절을 만들어 문장의 주어로 쓰일 수 있도록 하는 복합관계대명사 Whoever를 써야 합니다. 관계대명사 who는 명사를 수식하는 형용사절을 이끌기 때문에 선행사가 필요하므로 이 문장에는 쓰일 수 없습니다.

어휘 eligible 형 ~할 수 있는, ~을 가질 수 있는

renew 동 갱신하다, 연장하다

contract 명 계약, 계약서

07 해석 당신은 어디를 가더라도 영어를 말하는 사람을 항상 만날 것이다.

해설 괄호 뒤에 나오는 문장이 you go로 완전한 문장입니다. 이때 go는 완전자동사로 쓰였습니다. 따라서 괄호에는 복합관계부사 wherever를 써야 합니다.

08 해석 아무리 오래 걸리더라도 나는 롤스로이스를 살 거다.

해설 내용상 '아무리 오래 걸리더라도'라는 의미가 되도록 괄호에는 however를 써야 합니다. 또한 괄호 뒤에 문장을 보면 long이라는 형용사가 주어, 동사보다 먼저 왔으므로 이것으로도 however를 써야 한다는 것을 알 수 있습니다.

 Practice Test Ⓐ　　본문 p. 100

01 정답 To feel the love of people whom we love is a fire that feeds our life.

해설 주어 자리에 '사랑을 느끼는 것'에 해당하는 to feel the love를 쓰고 뒤에 '우리가 사랑하는 사람'은 people whom we love를 쓰고 동사 is 다음에는 '우리의 삶에 연료를 공급해주는 불'에 해당하는 a fire that feeds our life를 배치합니다.

02 정답 Only those who dare to fail greatly can ever achieve greatly.

해설 주어 자리에 '사람들만이'에 해당하는 말은 only와 관계대명사 those who를 이용하여 표현합니다. 다음에 '크게 실패할 용기가 있는'에 해당하는 표현을 dare to fail greatly라고 씁니다. 그리고 조동사 can을 쓴 뒤 '언제라도 크게 이룰'에 해당하는 ever achieve greatly를 씁니다.

03 정답 Brainstorming is a useful way to let ideas which you didn't know you had come to the surface.

해설 '~하게 하는 방법'이라는 말은 'way to 동사원형'으로 표현하고 '생각을 표면에 나오도록 하게 한다'는 말은 사역동사를 이용해서 let ideas come to the surface로 표현하되 ideas를 수식하는 말인 '당신이 가지고 있는지 몰랐던'은 관계대명사 which를 이용하여 나타냅니다.

어휘 brainstorming 몡 브레인스토밍(무엇에 대해 여러 사람들이 동시에 자유롭게 자기 생각을 제시하는 방법)

04 정답 Ultimately, the only power to which man should aspire is that which he exercises over himself.

해설 '유일한 위력'인 the only power를 주어 자리에 놓고 '인간이 열망해야 할'이라는 말인 which man should aspire to로 주어를 수식합니다. 여기서 to는 which 앞으로 이동시킵니다. 그리고 '자신에게 행사하는 위력'이라는 말에서 주어 자리에서 쓰인 '위력'을 대명사 that으로 표현하는데 대명사를 that으로 사용하는 이유는 뒤에서 수식하는 말이 있기 때문입니다. 바로 그 that을 수식하는 말인 '자신에게 행사하는'은 which he exercises over himself로 관계대명사 which를 이용하여 표현합니다.

어휘 aspire 동 열망하다

05 정답 Much of your e-mail comes from complete strangers who don't know you and who just want to sell you something you probably don't really want.

해설 '당신의 이메일 중 많은 것은 낯선 이들에게서 온다'를 기본 구조로 활용합니다. 그리고 '낯선 이들'을 수식하는 말을 관계대명사 who를 이용해서 뒤에 연결합니다. '당신이 아마도 별로 원하지 않는 무언가를'은 something 뒤에 관계사절로 연결하는데 목적격 관계사이므로 생략해도 무방합니다.

06 정답 Fear is that little darkroom where negatives are developed.

해설 '두려움은 ~이다'를 기본 표현으로 하는 'Fear is ~'으로 구성하되, 그 '조그만 암실'은 보어로 씁니다. 조그만 암실을 수식하는 관계사절을 사용하는데 암실은 장소를 나타내는 말이므로 관계부사 where를 이용해서 수식합니다.

어휘 darkroom 명 암실
negative 명 부정 형 부정적인

07 정답 A single reason why you can do something is worth 100 reasons why you can't.
해설 '한 가지 이유'를 주어로 하여 이유를 수식하는 표현은 관계부사 why를 이용해서 만들고 '당신이 할 수 없는 이유'라는 말도 역시 관계부사 why를 이용해서 구성하면 됩니다.

08 정답 When an actor plays a scene exactly the way a director orders, it isn't acting.
해설 When으로 시작하는 부사절을 만들되 '감독이 지시하는 방식'에서 방식이라는 명사 the way를 관계부사 how가 생략된 문장이 뒤에서 수식하도록 합니다.

09 정답 The time will come when you will doubt everything you stand for, but you must push forward and never stop.
해설 '때가 올 것이다'라는 문장을 먼저 쓰고, 모든 것인 everything을 '당신이 옹호하는'이라는 you stand for가 수식하는 문장을 만듭니다. 목적격 관계사가 everything과 you 사이에는 들어가는데 목적격 관계사는 생략 가능합니다. 나머지는 but을 이용하여 문장을 완성합니다.

10 정답 Last summer I visited Broadway, where the curtain goes up more than 10,000 times in a year.
해설 작년 여름에 브로드웨이를 방문했다는 것을 쓰고, 브로드웨이를 where로 설명하는 문장을 구성합니다. '만 번 이상'은 more than 10,000 times라고 씁니다.

Practice Test Ⓑ 　　　　본문 p. 102

01 ④　**02** ①　**03** ④　**04** ③

01 해석 우리 사회에서 뚱뚱한 사람의 수가 증가하고 있다. 밝혀진 바에 의하면 부모의 사랑이 결핍된 사람들은 본인 스스로 만족감을 느끼기 위해 음식을 많이 먹는다고 한다. 자신의 성적에 대해 지나치게 걱정하는 여자아이는 후식과 간식을 많이 먹음으로써 기분 전환을 하는 경향이 있다. 항상 외로움을 느끼는 남자아이는 보통 남자아이들보다 체중이 더 많이 나갈 가능성이 높다. 심지어 두려움이나 지루함을 자주 느끼는 성인조차, 먹는 것이 자신을 편안하게 느끼도록 만들어서 음식에 의지하게 만든다는 것을 알게 될 수도 있다.
해설 (A) 문맥상 '뚱뚱한 사람의 수'라는 의미가 되어야 합니다. '~의 수'라는 뜻은 'the number of ~'이므로 the가 알맞습니다.
(B) food는 셀 수 없는 명사이므로 much를 사용해야 합니다.
(C) 앞에 나오는 선행사가 사람이므로 사람을 나타내는 관계대명사 who를 사용해야 합니다.
어휘 parental 형 부모의
satisfaction 명 만족, 만족감
be likely to ~하기 쉽다, ~할 것 같다
weigh 동 무게가 ~이다
comfortable 형 편안한

02 해석 사람들은 매일 쓰레기를 버리고 그것에 대해서 결코 생각하지 않는다. 그러나 너무 많은 쓰레기는 큰 문제가 되어왔다. 우리는 그 쓰레기를 둘 장소가 점점 없어지고 있다. 이제 과학자들은 쓰레기를 잘 이용할 방법을 발견했다. 국가의 어떤 지역에서는 쓰레기가 수거되어 특수 처리 공장으로 보내어진다. 그 처리 공장에서 기계들이 쓰레기에서 유리와 금속을 제거한다. 이 물질은 판매된다. 그리고는, 남아있는 쓰레기는 작은 조각들로 잘려서 거대한 용광로 속에 넣어지며 그곳에서 그것은 연료로 태워진다. 불타는 쓰레기는 물이 증기가 될 때까지 물을 데우며, 그 증기 에너지는 기계들이 전기를 생산하도록 작동시킨다. 마

침내, 그 처리 공장에서 생산된 전기는 공장이나 전력 회사에 판매된다.

해설 ① trash는 셀 수 없는 명사이므로 셀 수 없는 명사를 수식하는 much로 바꾸어야 합니다.

② good 다음에 쓰인 use는 동사가 아니라 명사이므로 명사를 수식하는 형용사인 good을 사용한 올바른 표현입니다.

③ 남아 있는 쓰레기가 용광로 속에 넣어지는 것이므로 수동의 모양을 쓴 것으로 올바른 표현입니다. put은 현재형, 과거형, 과거분사형이 모두 put이라는 점을 알아두세요.

④ 뒤에 이어지는 문장 it is burned as fuel은 완전한 문장이므로 관계부사 where가 쓰인 올바른 표현입니다.

⑤ '전기가 생산되는' 것이므로, 수동의 표현이 되어야 합니다. 그래서 주어인 electricity를 수식하는 자리에 과거분사 produced를 이용해서 수동의 의미로 주어를 수식하고 있는 올바른 표현입니다.

어휘 trash ⑲ 쓰레기

run out of 다 써버리다, 고갈시키다

make use of ~을 사용하다, 활용하다

processing plants 처리 시설

cut up into pieces 조각으로 만들다

furnace ⑲ 용광로

03 **해석** 우리의 후각은 오늘날 여러 가지 목적으로 이용되고 있다. 냄새가 특별한 결과를 가져오는 한 가지 분야는 마케팅이다. 한동안 제조업체들은 가정용품을 더 많이 팔기 위해 우리의 후각을 이용해 왔다. 그들은 수백만 달러를 들여서 적절한 향을 찾아왔는데, 향기가 소비자들이 브랜드를 인식하는 방식에 영향을 미친다고 생각하기 때문이다. 한 조사에서 세제를 선택할 때 무엇이 가장 중요한 요인인지 사람들에게 질문을 했을 때 향기가 높은 평가를 받았다.

해설 (A) 괄호 뒤에 주어, 동사, 목적어가 있는 완전한 문장이 왔으므로 관계대명사가 아니라 관계부사 where를 사용해야 합니다.

(B) the way와 관계부사 how는 동시에 사용할 수 없습니다. 둘 중 하나는 생략해야 하는데 앞에 the way가 있으므로 how를 생략하고 써야 합니다.

(C) 문맥상 사람들이 물어보는 게 아니라 사람들에게 물어보는 것입니다. 즉, 사람들이 질문을 받는 것이므로 수동태를 사용해야 합니다. 따라서 were asked가 올바릅니다.

어휘 achieve ⑧ 성취하다, 이루다

manufacturer ⑲ 생산자, 제조업자

take advantage of 이용하다, 활용하다

household goods 가정용품, 가사용품

perceive ⑧ 인지하다, 받아들이다

survey ⑲ 연구, 조사

detergent ⑲ 세제

04 **해석** 내가 아는 모든 총회 참가자들은 "근무를 끝내는 시간"으로 마지막 날 저녁 연회를 기대한다. 재미없는 연설과 논의는 끝났고 이제 몸과 영혼이 뭔가 다시 기운나게 하는 것을 열망한다. 그 "뭔가 다시 기운나게 하는 것"에는 사교의 시간과 기억할 만한 요리와 훌륭한 연사를 포함한다. 훌륭한 연회 연사에 대한 나의 정의는 듣기 쉽고 재치 있고 그리고 매우 현명한 사람이다. 청중들의 눈은 그들이 당신의 이야기를 얼마나 즐겼는지를 당신에게 말하고 있었다. 당신은 '스트레스에 대처하기'라는 주제를 가지고 있었지만 그것을 직접적으로 드러내지 않았다. Ray, 너무나 즐거운 저녁을 갖게 해서 고맙다. 나는 우리가 다시 만나기를 희망한다.

해설 ① 주어인 every convention-goer는 3인칭 단수이므로 3인칭 단수동사를 사용한 올바른 표현입니다.

② 연설과 논의가 현재 끝난 상태여서 '완료' 시제를 사용한 올바른 표현입니다.

③ 선행사 one은 사람이므로 관계대명사 which가 아니라 who를 써야 합니다.

④ 의문사절이 목적어로 쓰인 간접의문문은 어순이 '의문사＋주어＋동사'가 됩니다. 따라서 밑줄 친 부분은 올바른 표현입니다.

⑤ 밑줄 친 it은 앞에 언급된 a theme을 나타내는 단수명사로 올바른 표현입니다.

어휘 convention ⑲ 총회, 집회

look forward to ~을 기대하다, 고대하다

banquet ⑲ 연회

lifeless 휑 재미없는, 생기 없는

argument 똉 논의, 논쟁

gasp for ~을 갈망하다, 바라다

refreshing 휑 다시 기운나게 하는

fellowship 똉 유대감, 동료애

memorable 휑 기억할 만한

cuisine 똉 요리

theme 똉 주제

cope with 대처하다

paths cross again 길이 겹치다, 다시 만나다

PART 4
동사의 종류와 시제

Basic Test 01   본문 p. 115

01 graduated from **02** await **03** marry
04 from getting **05** with

01 해석 나의 삼촌은 하버드 대학을 졸업했다.
해설 '졸업하다'라는 의미의 동사 graduate는 자동사입니다. 그래서 전치사 from을 쓰고 명사를 연결합니다.

02 해석 우리는 여기서 그를 기다려야 한다.
해설 wait과 await 모두 '기다리다'라는 뜻을 가진 동사들입니다. 그런데 wait는 자동사이고 await는 타동사입니다. 뒤에 목적어 him이 이어지므로 타동사인 await을 써야 합니다. 만약 wait를 쓰고 싶으면 뒤에 전치사 for를 붙여 wait for라고 해야 올바른 표현이 됩니다.

03 해석 내 소원은 너와 결혼하는 거다.
해설 marry는 타동사입니다. '~와 결혼하다'라는 의미로 인해 전치사 with와 함께 쓰는 것으로 착각해서는 안 됩니다.

04 해석 그는 영어 실력이 부족해서 그 일을 얻지 못했다.
해설 '사람이 ~하는 것을 못하게 하다'라는 표현은 'prevent 사람 from -ing'로 나타냅니다. 따라서 from getting이 알맞습니다.

05 해석 학교는 학생들에게 교과서를 제공할 계획을 가지고 있다.
해설 '~에게 ...을 제공하다'라는 표현은 'provide 사람 with 사물'의 형태로 씁니다. 따라서 with가 알맞습니다.

01 sad　02 good　03 happy　04 quiet

01 해석 그녀가 작별 인사를 했을 때 그는 슬퍼보였다.
해설 연결동사 look 뒤에는 형용사가 와야 하므로 sad를 써야 합니다.

02 해석 어제 내가 먹은 햄버거는 맛이 너무 좋았다.
해설 taste가 '~한 상태의 맛이 나다'라는 연결동사로 쓰이고 있어 뒤에 형용사 good을 써야 합니다.

03 해석 나는 지금 전혀 행복하지 않다.
해설 감각동사 feel 뒤에는 형용사가 와야 하므로 happy가 알맞습니다.

04 해석 너는 조용히 해야 한다.
해설 keep은 상태의 유지를 나타내는 동사입니다. 따라서 뒤에 형용사 quiet가 와야 합니다.
어휘 be supposed to ~하기로 되어 있다

01 entering　02 appear　03 taken　04 do
05 to bring　06 to visit

01 해석 나는 한 신사가 회의실로 들어가는 것을 보았다.
해설 지각동사 saw의 목적어인 a gentleman이 회의실로 들어가는 '능동'의 표현이므로 목적어의 동작을 나타내는 자리에는 동사원형 enter나 현재분사 entering을 사용해야 합니다.
어휘 conference 몡 회의, 협의

02 해석 이 크림이 네 피부를 더 부드러워 보이게 해줄 것이다.
해설 사역동사 make의 목적어로 your skin이 왔습니다. 목적어의 동작 자리에는 동사원형이 와야 하므로 appear가 알맞습니다. 피부가 '보이는' 것이므로 수동형인 appeared가 알맞다고 생각할 수 있으나 appear은 자동사여서 수동형을 쓸 수 없습니다.

03 해석 Steve는 치아 두 개를 뽑으러 갈 것이다.
해설 사역동사 have가 쓰였습니다. 그런데 뒤에 나오는 목적어 '치아'와 '뽑다'의 관계가 수동입니다. 따라서 목적어의 동작 자리에는 과거분사를 써야 합니다. 따라서 take의 과거분사인 taken이 올바릅니다.

04 해석 어떤 부모들은 아이들이 자기들이 좋아하는 걸 하도록 내버려둔다.
해설 사역동사 let의 목적어인 their children과 그들이 하는 동작의 관계가 능동입니다. 따라서 동사원형인 do를 쓰는 것이 올바릅니다.

05 해석 그 대학은 학생들이 강의실에 먹을 것을 가지고 들어가는 것을 허용하지 않는다.
해설 allow라는 동사는 목적어의 동작에 해당되는 자리에 '~할 것을 허용하다, 허락하다'의 의미로 미래를 나타내는 'to 동사원형'이 와야 합니다.

06 해석 우리는 여러분이 우리의 홈페이지를 방문할 것을 권한다.
해설 encourage는 '~하도록 권하다, 격려하다'라는 의미를 지닌 동사입니다. 그래서 목적어가 하는 행동이 항상 앞으로 할 일을 나타내므로 목적어의 동작은 미래를 나타내는 'to 동사원형'이 와야 합니다.

01 goes　02 wrote　03 died　04 did he return
05 ate

01 해석 한 달에 한 번 그는 미용실에 머리를 자르러 간다.
해설 한 달에 한 번 규칙적으로 간다는 것이므로 규칙적인 습관을 나타내는 현재시제를 씁니다.
어휘 hairdresser 몡 미용실, 미용사

02 해석 내 친구가 몇 년 전에 재미있는 이야기를 썼다.
해설 a few years ago는 '몇 년 전'이라는 뜻으로 과거를 나타내는 부사구입니다. 이렇게 명확한 과거를 나타내는 부사구가 오면 당연히 과거시제를 씁니다.

03 해석 나의 아버지께서 2년 전에 돌아가셨다.

해설 two years ago라는 과거를 나타내는 부사구가 있으므로 과거시제 died가 알맞습니다. 형용사 dead를 사용해서 나타내고 싶으면 was dead라고 써야 합니다.

04 해석 그는 언제 집으로 돌아갔니?

해설 did he return을 쓰면 과거시제가 되고 has he returned를 쓰면 현재완료가 됩니다. 그런데 when은 특정 시점을 나타내는 말이므로 현재완료와는 어울리지 않고 과거시제를 사용해야 합니다.

05 해석 나는 어렸을 때 사탕을 많이 먹었다.

해설 when I was a child는 명확한 과거를 나타내는 말이므로 과거시제를 써야 합니다.

Basic Test 05
본문 p. 146

01 have known　**02** have been married
03 have contracted　**04** come　**05** hasn't chosen

01 해석 Tom과 Mary는 고등학교 이후로 서로를 알고 지낸다.

해설 since they were in high school을 통해 서로를 아는 관계가 계속 되었음을 알 수 있습니다. 이럴 경우에는 완료시제를 사용합니다.

02 해석 나의 부모님은 40년 동안 결혼 생활을 해오고 계신다.

해설 for 40 years라는 기간을 나타내는 말이 있습니다. '~ 동안 계속 해왔다'는 의미의 완료시제에 어울리는 부사구입니다.

03 해석 지금까지 우리는 판촉 활동을 위해 10개의 회사와 계약해왔다.

해설 so far라는 '지금까지, 여태까지'라는 의미로 '~해왔다'라는 동작의 지속을 나타내는 완료시제에 어울리는 부사구입니다.

어휘 so far 지금까지, 여태까지
contract ⑧ 계약하다

---

promotion ⑲ 홍보, 판촉 활동

04 해석 내 얼굴이 갈색으로 보이는 이유는 내가 막 필리핀에서 돌아왔기 때문이다.

해설 just는 '지금 막'이라는 의미입니다. 그래서 '지금 막 ~한 상태이다'라는 완료시제에 어울리는 부사입니다. 그리고 완료시제는 have + -ed를 사용하는데 come은 과거분사도 모양이 come이기 때문에 come이 알맞습니다.

05 해석 그녀는 일주일 뒤에 결혼할 예정인데, 아직 드레스를 고르지 못했다.

해설 '아직'이라는 의미의 yet은 '~한 상태이다'라는 현재완료와 함께 쓰이는 부사입니다. 그래서 hasn't chosen을 써야 합니다. 완료시제에서 부정어는 have 다음에 not을 씁니다.

Basic Test 06
본문 p. 150

01 had seen　**02** had bought　**03** should
04 must　**05** have been born

01 해석 Jim은 일요일에 가게에서 Jessica를 봤다고 말했다.

해설 Jim이 말한 것보다 Jessica를 본 것이 더 먼저입니다. 그래서 said보다 더 과거임을 나타내기 위해서 과거완료인 had seen을 쓰는 게 올바릅니다.

02 해석 나는 그 전날 샀던 휴대전화를 잃어버렸다.

해설 휴대전화를 잃어버린 것보다 구입한 것이 더 먼저 일어난 일입니다. 그러므로 더 과거임을 나타내기 위해 과거완료인 had + -ed의 모양을 사용해야 합니다.

03 해석 선물 고맙다, 하지만 너는 이러지 않았어야 했는데.

해설 선물 고맙다고 했으므로 '~하지 말았어야 한다'라는 의미의 shoud not have + -ed가 알맞습니다. must not have + -ed는 '틀림없이 과거에 그러지 않았다'는 의미이므로 문맥이 이상해집니다.

04 해석 빈 상자가 없다. 그가 틀림없이 다 내다버렸을 거다.

해설 빈 상자가 없다고 했는데 should를 쓰면 should have +-ed가 되어 '내다버렸어야 한다'는 의미가 되어 앞뒤의 문맥이 맞지 않게 됩니다. '내다버렸음에 틀림없다'라는 의미가 되도록 must have +-ed가 되어야 하므로 must가 알맞습니다.

05 해석 셰익스피어는 1564년에 태어난 것으로 믿어진다.

해설 앞에 나오는 동사 is believed는 현재 그렇게 믿어진다는 것이므로 뒤에 to be born을 쓰면 셰익스피어가 태어난 것이 현재와 같은 때가 되어버립니다. 따라서 셰익스피어가 태어난 것은 더 과거를 나타내는 완료부정사인 to have been born을 사용해야 합니다.

Basic Test 07　　　　본문 p. 155

01 was looking　02 keep　03 will go
04 have completed　05 begins　06 will come

01 해석 가게 점원이 내가 뭐 특별한 것을 찾고 있는지 물었다.

해설 주절의 동사 ask가 과거이므로 종속절의 동사도 당연히 과거 또는 과거완료의 모양이어야 합니다. 그러므로 was looking을 써야 합니다.

02 해석 나의 선생님이 학생들은 교실에서 조용히 해야 한다고 제안하셨다.

해설 주절에 동사 suggest가 쓰였는데 주절에 suggest 같은 '주장, 명령, 요구, 제안'의 동사가 오면 종속절인 that절에는 'should + 동사원형'이 옵니다. 이때 should는 생략할 수 있답니다. 따라서 조동사 should가 생략되면 동사원형 keep이 남게 됩니다.

03 해석 나는 그녀가 내일 부산에서 열리는 회의에 갈 것인지 궁금하다.

해설 이 문장에 있는 if절은 '궁금하다'라는 뜻의 wonder의 목적어로 쓰이고 있는 것이므로 명사절입

니다. if절이 미래의 내용을 나타내고 있으므로 미래 시제인 will go가 알맞습니다.

04 해석 당신은 그 프로젝트를 마친 후에 본사로 옮겨갈 것이다.

해설 접속사 after는 시간을 나타내는 부사절입니다. 따라서 시간을 나타내는 부사절에서는 미래의 일이라 하더라도 현재시제로 나타냅니다. 마찬가지로 미래완료의 내용은 현재완료로 나타내므로 have completed가 알맞습니다.

어휘 complete 동 완성하다, 끝내다
transfer 동 옮기다, 전송하다

05 해석 시험이 시작될 때쯤, 나는 모든 것을 다 잊어버렸을 거다.

해설 by the time은 '~할 때쯤'이라는 뜻으로 쓰이는 접속사입니다. 시간을 나타내지요. 시간을 나타내는 부사절에서는 미래의 일이라 하더라도 현재시제로 씁니다. 따라서 begins가 알맞습니다.

06 해석 나는 그 책이 언제쯤 나올지 모른다.

해설 이 문장에 쓰인 when은 시간을 나타내는 부사절이 아닙니다. know의 목적어로 쓰이고 있는 명사절입니다. 이 경우에는 미래의 일이면 미래시제로 써야 합니다. 그래서 will come이 알맞습니다.

Practice Test Ⓐ　　　　본문 p. 156

01 정답 Some birds, such as ostriches and penguins, have lost their ability to fly, so their body structure is specialized for running or swimming today.

해설 주어는 some birds로 하고 such as ~를 이용하여 some birds를 수식합니다. 동사는 현재완료인 have lost로 쓰고 그 다음에 목적어 their ability를 부정사로 수식합니다. 그리고 나머지 문장은 수동태로 완성합니다.

어휘 ostrich 명 타조
structure 명 구조

02 정답 They had put plaster on the wall for fire-resistance, and it prevented the building from collapsing when there was a fire.

해설 앞 문장은 뒷문장보다 앞서 발생한 것이므로 과거완료인 had put을 써야 합니다. put은 현재형, 과거형, 과거분사형 모두 put이라는 것에 주의합니다. 뒷문장은 '~가 …하지 못하게 하다'라는 prevent A from -ing를 이용하면서 마지막에 때를 나타내는 부사절을 붙입니다.

어휘 plaster 명 회반죽, 석고
fire-resistance 내화(耐火), 불에 타지 않고 잘 견딤
collapse 동 붕괴하다, 무너지다

03 정답 The marathoner was out of breath when he reached the finish line because he had been running for more than two hours.

해설 첫 문장의 동사는 과거형을 이용한 '숨이 찼다'라는 의미의 was out of breath를 쓰고 '결승선에 이르렀을 때'는 when절로 표현합니다. 그리고 because를 이용한 절에는 '두 시간 이상 동안'의 기간을 나타내는 표현과 '달리고 있었다'는 과거진행을 합친 had been running이라는 과거완료진행의 형태를 써서 문장을 완성합니다.

04 정답 When he returned to his country after a twenty-year absence, he realized that everything had changed completely.

해설 때를 나타내는 부사절에는 과거동사를 이용해서 문장을 완성하고, 주절에는 realize를 과거동사로 쓰고 그 이하 that절에는 더 과거의 내용을 표현하여 change를 과거완료로 나타내는 문장을 완성합니다.

어휘 absence 명 부재, 없음

05 정답 The relationships people share with siblings are often the longest-lasting ones they will ever have experienced.

해설 목적격 관계대명사가 생략된 문장이 주어인 the relationships를 수식하고 be동사는 are를 사용합니다. 그리고 the relationships를 대명사 ones로 받아 다시 한 번 목적격 관계대명사가 생략된 문장이 ones

를 수식하되 시제는 will ever have experienced라는 미래완료 형태를 이용하여 문장을 완성합니다.

어휘 sibling 명 형제자매

06 정답 I love the man that can smile in trouble, that can gather strength from distress, and that can grow brave by reflection.

해설 I love the man으로 문장의 기본을 구성하고 관계대명사 that을 이용하여 명사절 세 개가 the man을 수식하도록 합니다. 이때 마지막 that절에 grow라는 연결동사 뒤에 형용사 brave를 활용하여 전체 문장을 완성합니다.

어휘 distress 명 괴로움, 고통

07 정답 You know your children are growing up when they stop asking you where they came from and refuse to tell you where they're going.

해설 첫 번째 문장은 현재진행형 are growing up을 사용하여 완성하고 이어지는 when절 문장에서 '~하는 것을 그만두다'라는 의미의 stop -ing를 활용하고 특히 '의문사 + 주어 + 동사'의 어순인 간접의문문의 형태로 그리고 and를 이용하여 같은 방법으로 문장을 완성합니다.

08 정답 In order to change an existing paradigm, don't struggle to change it. Instead, create a new model and make the old one obsolete.

해설 '~하기 위하여'라는 의미의 in order to를 이용해서 먼저 부사구를 만들고 don't를 활용하여 '~하지 말라'는 부정명령문을 완성합니다. 그리고 마지막에 'make + 목적어 + 형용사'의 모양으로 '~을 …한 상태로 만들다'라는 의미의 5형식 문형으로 문장을 완성합니다.

어휘 paradigm 명 패러다임, 전형적인 예
obsolete 형 쓸모없는, 한물간

09 정답 A foolish man thinks himself wise, but a wise man considers himself foolish.

해설 'think + 목적어 + 형용사'와 'consider + 목적어 + 형용사'를 이용해서 문장을 구성하되, 목적어는

주어 자신을 의미하는 재귀대명사를 활용합니다.

10 정답 The moment you blame anyone for anything, your relationships and your personal power deteriorate.

해설 첫 문장은 the moment를 '주어＋동사'가 있는 완전한 문장이 수식하도록 하고, 다음 문장은 자동사 deteriorate를 이용해서 완성합니다.

어휘 deteriorate 통 악화되다, 더 나빠지다

 Practice Test ⓑ   본문 p. 158

01 ② **02** ③ **03** ② **04** ⑤

01 해석 만일 당신이 위험을 감지하거나 느낀다면, 그 느낌에 의지해 빠르게 행동해라. 만일 당신이 가게를 나설 때, 당신 차 근처에서 의심스러운 사람을 본다면, 혼자 차에 다가가지 마라. 다시 가게 안으로 돌아가라. 누군가에게 당신과 차까지 같이 가 달라고 부탁해라. 만일 당신이 살고 있는 아파트의 복도에 있는 사람이 의심스러우면, 문에 열쇠를 넣지 마라. 관리실로 가서 그 사람에 대해서 물어보라.

해설 (A) approach는 타동사이므로 전치사 to와 함께 쓸 수 없습니다.

(B) accompany는 타동사로 전치사 with와 함께 쓸 수 없습니다.

(C) 뒤에 완전한 문장(you live)이 왔으므로 관계부사 where를 써야 합니다.

어휘 act on ～에 따라 행동하다
be suspicious of ～을 의심하다
approach 통 다가가다, 접근하다
accompany 통 동행하다, 동반하다

02 해석 Mary는 매우 게으른 소녀였다. 그녀는 공부하는 것을 좋아하지 않았다. 하지만 그녀의 아버지는 공부가 그녀에게 아주 중요하다는 것을 알고 있었다. 회사 경비원인 그녀의 아버지는 자기가 열심히 공부하지 않아서 보수가 적은 일을 한다고 생각했다. 그래서 그는 그녀에게 열심히 공부할 것을 권했지만 그녀는

말을 듣지 않았다. 아버지는 많은 책을 사 주었으나, 그녀는 읽으려고 하지 않았다. 그는 또한 그녀를 데리고 몇 군데의 교육 기관도 갔지만 그녀는 공부를 하려고 하지 않았다. 그녀는 그저 TV를 보고 친구들과 게임을 했다. 결국, 아버지는 한숨을 쉬며 말했다. "아, 그녀가 공부하게 하려고 내가 할 수 있는 모든 방법을 다 써봤지만, 공부하게 할 수가 없구나. 어쩌면 좋을까?"

해설 (A) 주절의 동사 thought가 과거이므로, 종속절의 동사도 과거나 과거완료가 되어야 합니다. 따라서 had를 써야 합니다.

(B) encourage는 목적어의 동작 자리에 항상 'to 동사원형'이 오는 동사입니다. 그래서 to study가 적절합니다.

(C) as though는 '마치 ～처럼'이라는 뜻이고 even though는 '비록 ～라 하더라도'라는 의미의 접속사입니다. 흐름상 even though가 올바릅니다.

어휘 low paying job 봉급이 적은 일
institute 명 기관, 연구소, 단체
sigh 통 한숨을 내쉬다

03 해석 우리 사업이 최근에 잘 되고 있고, 많은 단골들이 주문을 넉넉히 해주고 있지만 이런 상황도 우리를 만족시키고 있지는 않다는 것을 당신이 알아주셨으면 합니다. 우리는 당신과 관련해서 마음이 불편합니다. 석 달 전까지만 해도, 우리 모든 고객들 중에 글자 그대로 당신이 최고 중 한 분이셨습니다. 틀림없이 당신은 우리와의 거래를 중단하기로 결정한 상태입니다. 만약 당신이 현재 우리의 입장이라면 당혹스럽거나 실망하지 않겠습니까? 우리는 지난달에 회사 부지를 확장하고 직원과 재고 물품을 추가해서 당신에게 예전보다 훨씬 더 좋은 서비스를 제공할 수 있게 되었습니다. 그리고 당신이 올 봄에 우리가 제공할 완벽하고 현대적인 가전제품 라인들을 제공할 고객 중 한 분이 시기를 바랍니다. 우리가 당신으로부터 곧 소식을 듣게 해주시기 바랍니다.

해설 ① 인간의 감정과 관련된 동사인 disturb은 주어가 사람이면 -ed형을 쓰는 올바른 표현입니다.

② three months ago라는 특정 과거를 나타내는 부사구가 있으므로 동사는 과거형을 사용하므로 are(현

재)를 were(과거)로 고쳐야 합니다.

③ decide는 목적어 자리에 부정사가 와야 하므로 to discontinue는 올바른 표현입니다.

④ 분사구문인 Having expanded ~ and (having) added에서 having이 생략된 올바른 표현으로 having 뒤로 expanded ~ and added가 연결되어 있는 것입니다.

⑤ 사역동사 let은 목적어의 동작 자리(목적격 보어)에 동사원형이 와야 하므로 hear는 올바른 표현입니다.

어휘 generous ⑱ 관대한, 관용을 베푸는

state of affairs 상황, 상태

disturbed ⑱ 불행한, 불안한, 불편한

apparently ⑭ 틀림없이, 명확히, 듣자하니

patronage ⑲ 후원, 지원

premises ⑲ 부지, 구내

stock ⑲ 재고

household appliances 가전제품

04 **해석** Denver로 서둘러 떠나기 전에 약속 일정을 확인하지 않은데 대해 변명의 여지가 없습니다. 아무리 비상호출이었다고 하더라도 말입니다. 당신을 만나 점심을 먹으면서 Matson 프로젝트에 관한 당신의 최근 연구 결과에 대해 토론하기를 6주 동안이나 기대해놓고서 심지어 제가 참석하지 못할 것을 알리는 것조차 잊어버려 마음이 참 안 좋습니다. 제가 돌아와서 다음 주에 전화 드리겠습니다. 그리고 당신이 편하실 때 샌프란시스코에서 우리가 만날 수 있겠지요. 부디 제 사과를 받아 주시기 바랍니다.

해설 (A) '~하기를 기대하다, 고대하다'라는 의미를 지니고 있는 look forward to 뒤에는 부정사가 아닌 동명사가 와야 합니다. 그러므로 meeting이 올바른 표현입니다.

(B) 동사 inform 뒤에는 알리는 대상이 목적어로 먼저 오고 그 다음에 전치사 of와 알리는 내용이 뒤에 옵니다. 'inform + 사람 + of + 내용'의 형태를 취합니다. 그래서 전치사 of가 와야 합니다.

(C) 시간과 조건을 나타내는 부사절에서는 미래의 일이라 하더라도 미래시제 대신 현재시제를 사용합니다. 이 문장의 when절은 시간을 나타내는 부사절이

므로 동사의 현재형 return을 써야 합니다.

어휘 excuse ⑲ 변명

appointment ⑲ 약속

emergency call 비상호출

dash off 급히 떠나다

latest ⑱ 최신의, 최근의

inform A of B A에게 B를 알리다

absence ⑲ 없음, 부재, 결석

convenience ⑲ 편의, 편리

apology ⑲ 사과

PART 5
동사의 활용

Basic Test 01
본문 p. 172

01 cause 02 used to 03 would 04 cannot
05 used to 06 must 07 must not

01 **해석** 지진이 틀림없이 재산 피해를 일으킬 것이다.
해설 조동사 will 뒤에 오는 동사는 동사원형을 써야
하므로 cause가 적절합니다.
어휘 earthquake 몧 지진
property 몧 재산

02 **해석** 나의 아버지는 일요일마다 박물관에 가곤 하셨
다, 그러나 지금은 안 가신다.
해설 과거에는 그랬는데 지금은 그렇지 않다는 의미
가 되도록 used to를 쓰면 됩니다. should를 쓰면 일
요일마다 박물관에 가야 한다는 말이 되어 뒤에 지금
은 아니다는 말과 어울리지 않습니다.

03 **해석** 남자들은 여자들보다 더 자신의 키를 바꾸고 싶
어한다
해설 '~하고 싶어하다'라는 표현은 'would like to ~'
로 나타냅니다.
어휘 height 몧 키, 높이

04 **해석** 그는 한국인 일리가 없다. 그는 완벽한 영어를
구사한다.
해설 그가 완벽한 영어를 구사하므로 한국인 일리가
없다는 표현이 되려면 cannot이 알맞습니다. must
not은 '~여서는 안 된다'라는 말이 되므로 문맥에 맞
지 않습니다.

05 **해석** 나의 아버지께서는 예전에는 하루에 담배 한 갑
씩을 피셨지만 2년 전에 끊으셨다.
해설 과거에 그랬는데 지금은 그렇지 않다는 내용이
되어야 하므로 used to를 사용하는 것이 올바릅니다.
어휘 packet 몧 작은 상자, 포장용 갑

06 **해석** 너는 더 이상 어리지 않으니 네 미래에 대해 생
각해야 한다.
해설 문맥상 생각해야 한다는 말이 어울리므로 must
를 써야 합니다. will을 쓰면 네 미래에 대해 생각할
것이라는 말이 되어 문맥상 어색하게 됩니다.
어휘 now that ~이므로, ~이니까
no longer 더 이상 ~ 아니다

07 **해석** 지금 저 얼음은 위험할 정도로 얇다. 너는 오늘
스케이트 타러가서는 안 된다.
해설 문맥상 '~해서는 안 된다'는 강한 금지의 표현인
must not을 써야 합니다. don't have to는 '~할 필요
없다'는 의미로 문맥에 맞지 않습니다.
어휘 thin 혱 얇은

Basic Test 02
본문 p. 173

01 have paid 02 must 03 must 04 shouldn't
05 could

01 **해석** 그 남자 상태가 점점 나빠지고 있다. 내가 더 많
은 관심을 기울였어야 했는데….
해설 과거에 관심을 기울이지 않은데 대한 후회의 표
현으로 should have paid가 적당합니다. should be
paid를 쓰면 그 사람에게로 더 많은 관심을 내가 받아
야 한다는 이상한 내용이 됩니다.

02 **해석** 최 씨는 영어를 잘한다. 그는 영어 공부를 열심
히 했음에 틀림없다.
해설 문맥상 영어 공부를 열심히 했음에 틀림없다는
의미가 되려면 must have studied가 알맞습니다.
should have studied는 영어 공부를 열심히 했어야
했다는 의미가 되므로 문맥상 어울리지 않습니다.

03 **해석** Stewart는 아직 나타나지 않았다. 그는 늦어졌
음에 틀림없다.
해설 Stewart가 아직까지 약속 장소에 오지 않은 것
이므로 늦어지는 것이 틀림없다는 표현이 되도록
must가 알맞습니다. should를 쓰면 늦어졌어야 했다
는 의미가 되어 문맥에 맞지 않게 됩니다.

어휘 show up 나타나다, 등장하다

04 해석 Tom은 끔찍할 정도로 남 말하기 좋아하는 사람이다. Julia가 그에게 말하지 말았어야 했다.
해설 남의 이야기하는 것을 좋아하는 사람이라는 앞 문장과 어울리는 내용이 되려면 말하지 말았어야 했다는 것이 되어야 하므로 shouldn't가 알맞습니다.
어휘 gossip 명 소문, 험담, 남 얘기하기 좋아하는 사람

05 해석 그렇게 창밖으로 병을 던졌을 때 너는 누군가를 다치게 할 수도 있었다.
해설 누군가를 다치게 할 수도 있었다는 의미가 되려면 could have hurt somebody라고 써야 합니다. needn't have hurt somebody라고 쓰면 누군가를 다치게 할 필요가 없다는 말이 되므로 내용상 어울리지 않습니다.

Basic Test 03   본문 p. 180

01 arrived   02 was damaged, was parked
03 called   04 are filled, are put   05 were posted
06 is spent

01 해석 몇 명의 경찰관들이 그 장소에 도착했다.
해설 '도착하다'라는 뜻의 동사 arrive는 자동사이므로 수동태를 쓸 수 없습니다. 그리고 뒤에 전치사 in 또는 at과 함께 씁니다.

02 해석 자동차가 거리에 주차되어 있는 동안 손상을 입었다.
해설 자동차가 손상을 당한 것이므로 첫 번째 괄호에는 수동형 was damaged가 알맞습니다. 자동차가 주차한 게 아니라 주차된 것이므로 두 번째 괄호에도 수동형인 was parked가 알맞습니다.

03 해석 고기를 먹지 않는 사람들은 채식주의자라고 불린다.
해설 채식주의자라고 불리는 것이므로 수동형인 called가 알맞습니다.

어휘 those who ~하는 사람들, ~인 사람들
vegetarian 명 채식주의자

04 해석 라벨이 붙기 전에 병들이 채워진다.
해설 병이 채우는 게 아니라 병이 채워지는 것이므로 첫 번째 괄호에는 수동형인 are filled가 쓰여야 합니다. 그리고 라벨이 붙이는 게 아니라 라벨이 붙여지는 것이므로 두 번째 괄호에는 수동형인 are put을 써야 합니다.

05 해석 연주회 티켓이 일주일 이전에 너에게 부쳐졌다.
해설 연주회 티켓이 붙이는 게 아니라 부쳐지는 것이므로 수동형인 were posted가 알맞습니다.

06 해석 일요일에는 대부분의 시간이 내가 좋아하는 잡지를 읽는데 쓰인다.
해설 시간이 쓰는 게 아니라 시간이 쓰여지는 것이므로 수동형이 is spent가 알맞습니다. 'spend 시간 -ing'는 '~하는데 …의 시간을 쓰다'라는 표현이 됩니다. 이 형태에서 spend의 목적어인 시간이 주어로 쓰인 수동태 문장입니다.

Basic Test 04   본문 p. 189

01 of by   02 to speak   03 at   04 for

01 해석 그녀의 장애가 있는 아들은 Mary에 의해 보살펴진다.
해설 take care of라는 구동사를 수동태로 바꿀 때는 세 단어 모두를 사용해야 합니다. 한 단어라도 빠지면 올바른 문장이 아닙니다. 따라서 was taken care of 까지 쓰고 그 다음에 'by + 행위자'를 씁니다.
어휘 handicapped 형 장애가 있는

02 해석 Peter가 다른 사람에 대해 나쁘게 말하는 것을 들어본 적이 없다.
해설 능동태 문장에서는 지각동사 hear의 목적어가 오고 이 목적어의 동작 자리에는 동사원형이 쓰입니다. 하지만 수동태로 바뀌면 다시 to를 사용해야 합니다. 따라서 to speak가 알맞습니다.

어휘 speak ill of ~에 대해 나쁘게 말하다, 험담하다

03 **해석** 내 손바닥이 점쟁이에 의해서 잘 보여졌다.
해설 직역하니 좀 어색하네요. 이럴 때는 '내 손바닥을 점쟁이가 매우 조심스럽게 봤다.'라고 의역하면 자연스럽습니다. '~을 보다'라는 동사 'look at ~'을 수동태로 바꾼 것이므로 at가 정답입니다. 'look for ~'는 '~을 찾다'라는 의미입니다.
어휘 palm **명** 손바닥
fortuneteller **명** 점쟁이

04 **해석** 그 이탈리아 식당은 최상의 요리로 유명하다.
해설 '~으로 유명하다'라는 말을 쓸 때는 전치사 as 또는 for를 쓰는데, '지위, 신분'을 나타낼 때는 as를 쓰고, '구체적 행위나 특징'을 나타낼 때는 for를 씁니다. 따라서 이 문장에는 for가 알맞습니다.
어휘 cuisine **명** 요리

Basic Test 05   본문 p. 194

01 apply   **02** had applied   **03** hadn't fallen
04 had thought   **05** speak

01 **해석** 만약 그가 일자리에 관한 정보를 받는다면 그는 그 회사에 지원할 텐데.
해설 if절의 동사는 were informed로 가정법 과거를 나타내고 있으므로 주절도 가정법 과거인 '조동사의 과거 + 동사원형'으로 표현해야 합니다. 따라서 apply가 적절합니다.
어휘 job opening 구인, 일자리
apply for ~에 지원하다

02 **해석** 만약 네가 그 자리에 지원했었더라면, 일자리를 구할 수 있었을 텐데.
해설 주절에서 가정법 과거완료를 사용하고 있으므로 조건절도 가정법 과거완료를 써야 합니다. 따라서 had applied가 적절합니다.

03 **해석** 만약 그가 운전 중에 졸지 않았더라면 그는 차를 박살내지는 않았을 텐데.

해설 주절에서 가정법 과거완료가 쓰였으므로, 조건절도 가정법 과거완료를 써야 합니다. 따라서 hadn't fallen이 적절합니다.
어휘 crash **동** 충돌하다, 박살내다

04 **해석** 만약 Peter가 두 번 생각했더라면, 그렇게 어리석은 실수를 하지는 않았을 텐데.
해설 주절에 가정법 과거완료가 쓰였으므로 조건절에도 가정법 과거완료를 써야 합니다. 따라서 had thought가 적절합니다.

05 **해석** 만약 내가 영어를 열심히 공부했더라면, 지금 영어를 유창하게 말할 수 있을 텐데.
해설 조건절에서 가정법 과거완료를 사용하고 있네요. 따라서 주절에도 가정법 과거완료가 사용되어야 하지만 주절에 now라는 부사가 있어 지금의 이야기임을 나타내고 있습니다. 따라서 이 경우에는 주절에 가정법 과거완료가 아닌 가정법 과거를 써야 하므로 speak가 적절합니다.
어휘 fluently **부** 유창하게

Basic Test 06   본문 p. 199

01 Had   **02** hadn't been   **03** could have taken

01 **해석** 내가 좋은 친구가 있었더라면, 그런 어리석은 실수를 하지는 않았을 텐데.
해설 이 문장의 조건절은 If I had had a good friend에서 if를 생략한 모양입니다. 그러면 주어와 조동사가 도치되므로 Had I had a good friend가 되어야 합니다. 따라서 Had가 적절합니다.
어휘 silly **형** 어리석은, 바보같은

02 **해석** 내가 어제 인터뷰에 늦지 않았다라면 좋았을 텐데.
해설 I wish 가정법은 상대시제가 적용됩니다. '좋았을 텐데'라는 생각은 지금 하지만 인터뷰에 늦은 건 어제입니다. 따라서 가정법 과거완료를 써야 하므로 hadn't been이 적절합니다.

03 해석 내가 카메라를 가지고 왔더라면 그날 멋진 사진을 찍을 수 있었을 텐데.

해설 조건절은 If I had brought my camera에서 if 를 생략하여 주어와 조동사 had가 도치된 가정법 과거완료입니다. 주절도 명확한 과거를 나타내는 부사구 on that day가 쓰였으므로 가정법 과거완료를 써야 합니다. 따라서 could have taken이 적절합니다.

 Practice Test Ⓐ 본문 p. 200

01 정답 The clause "Think different" is grammatically inaccurate; "different" should have been "differently." But Steve Jobs insisted on "different," as well as the expression "Think big."

해설 'differently가 되었어야 한다'를 '조동사＋have ＋-ed'를 이용해서 should have been "differently" 로 표현합니다. 그리고 'different를 고집했다'는 insisted on "different"를 쓰고, '마찬가지로'는 as well as를 이용해 문장을 완성합니다.

어휘 clause 몡 절(節)
inaccurate 혱 부정확한

02 정답 Readers of the magazine cannot have failed to notice the eye-catching advertisement in the last issue.

해설 '못했을 리가 없다'는 '조동사＋have ＋-ed'를 이용하여 cannot have failed로 표현합니다. 그리고 fail의 목적어 자리에 to notice를 써서 문장을 완성합니다.

어휘 eye-catching 눈길을 사로잡는
advertisement 몡 광고

03 정답 There were many volunteers at the disaster and they cannot be praised too highly.

해설 '아무리 ~해도 지나치지 않다'를 cannot ~ too 를 이용하여 표현하되 칭찬받는 것이므로 수동형으로 문장을 완성합니다.

어휘 volunteer 몡 자원봉사자

disaster 몡 재난

04 정답 Many teenagers are being placed at risk of motorcycle accidents by insufficient safety education and practices.

해설 '~에 놓여 있다'를 현재진행형의 수동태인 are being placed로 표현하여 문장을 완성합니다.

어휘 insufficient 혱 불충분한

05 정답 By the time they graduate from high school, today's students will have been exposed to more information than their grandparents were in a lifetime.

해설 '~에 노출되어온 셈일 것이다'라는 말을 미래완료의 수동태인 will have been exposed to로 표현합니다. 그리고 '그들의 조부모가 평생 그랬던 정보보다'는 their grandparents were (exposed to ~)의 모양으로 exposed to가 생략된 형태로 하여 문장을 완성합니다.

어휘 lifetime 몡 평생, 일생

06 정답 Tsunamis are often preceded by the retreat of water away from the shoreline, which lures unsuspecting beachgoers onto the exposed sea floor just before the tsunami arrives.

해설 '종종 쓰나미에 앞서'라는 말을 수동태를 활용해서 Tsunamis are often preceded by로 표현하고, 앞에 나온 문장을 관계대명사 which로 받아서 뒷문장을 구성하여 전체 문장을 완성합니다.

어휘 shoreline 몡 해안선
lure 동 유인하다, 유혹하다
unsuspecting 혱 이상한 낌새를 못 채는
beachgoer 몡 해수욕하는 사람

07 정답 If children were taught how to utilize their talents and do things well from an early age, fewer would fall into patterns of depression when they are older.

해설 가정법 문장으로 if절에서는 아이들이 배우는 것이므로 수동형인 were taught를 쓰고 '어떻게 활용하고'는 how to utilize로 표현합니다. 그리고 주절은 '더 적은 수'라는 fewer를 주어로 활용하고 if절에 맞추어 가정법 과거인 would fall into를 동사로 활용하여 나머지 문장을 완성합니다.

어휘 depression ⑲ 우울증

08 **정답** If officials had made the right decision when the cracks were first found in the building, the collapse might have been prevented, or at least managed better.

해설 if절은 had made the right decision을 이용하고 주절에는 might have been prevented을 활용하여 가정법 과거완료 문장을 완성합니다.

어휘 official ⑲ 공무원

crack ⑲ 균열, 금

09 **정답** Should you find yourself in a chronically leaking boat, energy devoted to changing vessels is likely to be more productive than energy devoted to patching leaks

해설 가정법 문장인데 제시된 어구에 if가 없다는 점에 유의해야 합니다. 즉, 가정법의 조건절은 If you should find yourself in에서 if를 생략하여 주어와 조동사가 도치된 Should you find yourself in의 형태로 문장을 만들고, 주절에서 주어인 energy를 수식하는 과거분사 devoted to를 이용해서 문장을 완성합니다.

어휘 chronically ⑨ 고질적으로

leak ⑧ 새다 ⑲ 누설, 유출

10 **정답** Use your eyes as if you would be stricken blind tomorrow; hear the music of voices, the song of a bird, as if you would be stricken deaf tomorrow.

해설 동사원형으로 시작하는 명령문을 만들되 '마치 ~처럼'이라는 표현을 as if를 활용하여 전체 문장을 완성합니다.

 Practice Test Ⓑ　　본문 p. 202

　01 ②　**02** ②　**03** ⑤　**04** ④

01 **해석** 대부분 우리는 무언가 기대에 못 미치면 남을 탓하는 경향이 있다. 당신의 자동차가 고장이 나면 정비사가 잘못 수리했음에 틀림없다고 생각한다. 무엇인가 없어지면 틀림없이 다른 사람이 그것을 치웠을 거라고 생각한다. 이러한 태도는 우리 문화에서 아주 흔한 것이 되었다. 비록 다른 사람들이 당신을 도울 수도 있었다 하더라도 당신은 종종 다른 그들을 탓한다. 당신은 마치 자기 자신의 행동에 전혀 책임이 없는 것처럼 남을 탓한다. 만약 당신이 다른 사람들을 비난하지 않고 칭찬한다면, 더 행복한 삶을 살 것이다.

해설 ① 주어인 many of us는 복수명사이므로 동사도 복수형인 tend가 오는 게 올바릅니다.

② 다른 사람이 그것을 치웠음에 틀림없다고 확신한다는 문장입니다. 다른 사람이 그것을 치운 것은 과거이므로 '조동사＋have＋-ed'의 모양을 이용해서 must have moved로 고쳐야 합니다.

③ '이러한 태도가 현재 우리 문화에서 아주 흔한 상태이다'라는 말이므로 현재완료를 사용하는 것이 알맞습니다.

④ '사람들이 도울 수도 있었다'라는 과거의 일을 추측하고 있으므로 may have helped를 사용한 올바른 표현입니다.

⑤ 'as if＋가정법 과거'가 쓰인 문장이라서 if절의 동사로 were를 사용한 올바른 표현입니다.

어휘 expectation ⑲ 기대

mechanic ⑲ 정비사

02 **해석** Gloucester라는 마을에서 한 재단사가 다음 월요일까지 시장을 위한 매우 특별한 양복 조끼를 만들라는 부탁을 받았다. 토요일 오후에도 아직 그 조끼는 완성되지 않았다. 재단사는 매우 걱정이 되었다. 그러나 그가 월요일 아침에 그의 가게로 돌아왔을 때 그는 양복 조끼가 완성되어 있는 것을 발견했다. 어떻게 된 일이냐고? 두 명의 그의 조수가 가게에 몰래 들어와서는 그를 돕기 위해 일요일 내내 바느질을 한 것이다.

해설 ① 마을이 Gloucester라고 불리는 것이므로 수동형으로 사용한 올바른 표현입니다.

② 재단사가 부탁을 한 것이 아니라 부탁을 받은 것이므로 had asked를 수동의 모양인 had been asked로 바꾸어야 합니다.

③ 감정 표현의 타동사가 사용되었습니다. 주어가 사람이므로 worried는 올바른 표현입니다.

④ 양복 조끼가 완성되어지는 것이므로 수동태인 was finished의 사용은 올바른 표현입니다.

⑤ '돕기 위하여'라는 의미로 부정사의 부사적 용법으로 쓰인 올바른 표현입니다.

어휘 waistcoat 명 양복 조끼

assistant 명 조수

03 해석 우리가 새로운 도시로 이사 간 직후, 아들이 친구들이 그리워 흐느껴 울고 있는 것을 발견했다. "네가 슬프다는 것을 알고 있어. 하지만 네 기분을 좋게 만들기 위해 네가 할 수 있는 한 가지 일을 생각해 낼 수 없겠니?"라고 나는 말했다. 그는 잠시 생각하더니 나에게 자기가 가장 좋아하던 친구에게 장거리 전화를 해도 되겠느냐고 물었다. 그 전화는 고작 5분 동안이었지만 아들의 기분은 바로 좋아졌다. 그 다음해, 우리가 다시 이사를 갔을 때, 아이는 외로움을 느끼기 전에 친구 한 명에게 전화를 했다.

해설 ① 아들이 흐느끼고 있으므로 능동의 의미를 지닌 현재분사 sobbing은 올바른 표현입니다.

② 지각동사 feel 다음의 보어 자리에는 형용사가 오므로 sad는 올바른 표현입니다.

③ 사역동사 make는 목적어의 동작 자리에 동사원형이 오므로 feel은 올바른 표현입니다. 주어와 목적어가 동일한 인물이라 재귀대명사를 사용한 것도 올바릅니다.

④ '물어보다'라는 의미의 동사 ask 뒤에 목적어로 '~인지 아닌지'라는 뜻을 지닌 if절이 사용된 올바른 표현입니다.

⑤ last는 '지속하다'라는 뜻의 자동사이므로 수동태로 쓸 수 없습니다. 따라서 was를 빼고 lasted만 써야 합니다.

어휘 sob 동 흐느끼다

for a while 잠시

04 해석 Bob은 사고가 발생하기 전에 파티에 갔다 왔다. 그는 술을 많이 마셨다. 운전을 하며 집으로 돌아오던 중에 그는 갑자기 차를 제어하지 못하는 바람에 버스 정류소와 충돌하고 난 뒤 벽을 들이받았다. 다행히도 그 곳에는 아무도 서 있지 않았다. 버스 한 대가 1분 전에 와서 열 명의 사람들을 태워갔다. 즉, 만약에 사고가 1분 전에 발생했다면 Bob은 열 명의 사람을 죽였을지도 몰랐다. 물론 Bob이 그렇게 많이 마시지 않았으면 그 사고는 일어나지 않았을 것이다.

해설 ① 'Driving home ~'은 문장 앞에 온 분사구문이며, 주어인 he가 운전을 한 것이므로 능동의 driving이 올바른 표현입니다.

② 주어 nobody는 단수 취급합니다. 따라서 단수동사인 was를 사용한 것은 올바르고 과거진행형의 표현도 내용상 이상이 없습니다.

③ 버스가 1분 전에 와서 열 명을 태워 갔다는 사실이 '더 과거'의 일이므로 과거완료형인 had come의 사용은 올바릅니다.

④ 주절의 동사가 would have killed가 사용된 '가정법 과거완료'입니다. 그러므로 if절의 동사도 가정법 과거완료에 해당하는 had happened로 써야 합니다.

⑤ 과거의 일에 대한 가정이므로 가정법 과거완료를 사용해야 합니다. 따라서 가정법 과거완료 주절에 쓰인 would not have happened는 올바른 표현입니다.

본문 p. 217

Basic Test 01

01 to quit **02** to save **03** been fired
04 to increase **05** of her **06** to be approved

01 해석 나의 형은 내게 이 일을 그만 두고, 새로운 일을 찾으라고 충고했다.

해설 advise의 목적어 자리에 me가 왔고 목적격 보어로는 동사원형이 올 수 없고 준동사인 to부정사가 필요합니다. 따라서 to quit이 알맞습니다.

02 해석 돈을 아끼려는 노력으로, 부서들은 새 컴퓨터를 구매하고 있다.

해설 앞에 있는 명사 effort를 수식하는 형용사의 역할을 할 말이 필요하므로 부정사의 형용사적 용법에 해당하는 to save가 알맞습니다.

어휘 department 명 부서
purchase 동 구매하다, 구입하다

03 해석 그녀는 남편이 해고당했다는 것을 모르고 있었다.

해설 남편이 해고한 게 아니라 해고당한 것이므로 수동형이 필요하며 시제가 완료형이므로 having been fired가 적절합니다.

어휘 be aware of ~을 알다

04 해석 당신은 고객 만족을 높이는 것이 쉽다는 것을 알게 될 것이다.

해설 find 다음에 가목적어 it이 쓰였으므로 목적격 보어 easy 다음에 진목적어가 와야 합니다. 진목적어로는 to부정사 와야 하므로 to increase가 알맞습니다.

05 해석 그녀가 몸이 불편한 사람들에 대한 농담을 던지는 것은 야비했다.

해설 'It is 형용사 ~ to-do' 형태에서 형용사로 '야비

한'이라는 사람의 성격을 나타내는 mean이 쓰였습니다. 이런 경우에는 의미상의 주어는 'of + 목적격'으로 나타냅니다. 따라서 of her가 알맞습니다.

어휘 mean 형 비열한, 야비한
the disabled 몸이 불편한 사람들

06 해석 비자가 승인되는데, 대개 1주일이 소요된다.

해설 비자가 승인하는 것이 아니라 승인되어지는 것이므로, 부정사의 수동형이 필요하여 to be approved가 알맞습니다.

어휘 visa 명 비자, 사증

본문 p. 225

Basic Test 02

01 working **02** to get **03** speaking **04** leaving
05 to speak **06** taking

01 해석 제발 그렇게 많이 일하지 마라. (안 그러면) 너는 아프게 될 것이다.

해설 stop 뒤에 부정사가 오면 '~하려고 멈추다'라는 뜻이 됩니다. 이 문장에 어울리지 않습니다. '~하던 것을 그만두다'라는 말이 되어야 하므로 동명사 working을 써야 합니다.

02 해석 나는 종종 아침에 일어나서 회사에 가는 것을 잊어버린다.

해설 '~할 것을 잊어버리다'라는 의미가 되기 위해 forget 뒤에 부정사가 와야 합니다. 접속사 and를 통해서도 forget to get up and go to work로 부정사가 연결되어야 함을 알 수 있습니다.

03 해석 당신이 말할 차례가 되기 전에 다른 사람의 말이 끝나게 하라. (다른 사람이 말을 끝내고 나서, 당신이 말을 하라.)

해설 하던 것을 끝내는 것이므로 finish 다음에는 하던 일을 나타내는 동명사가 와야 합니다. 따라서 speaking이 알맞습니다. 'allow + 사람 + to-do'의 형태도 잘 알고 있어야 합니다.

04 해석 나는 파티를 떠난 것을 기억하지 못한다. 전혀

기억이 없다.

해설 remember 뒤에 부정사가 오면 '~할 것을 기억하다'라는 의미이고, 동명사가 오면 '~한 것을 기억하다'라는 의미입니다. 이 문장의 내용에 어울리려면 동명사 leaving을 써야 합니다.

05 **해석** 나는 너의 불만에 대해 사장님께 말씀드리려고 한다.

해설 promise는 '~하려고 한다'라는 의미의 동사로 미래의 내용과 잘 어울립니다. 즉, 뒤에 미래를 나타내는 to 부정사가 오면 '~할 의도이다, ~하려고 한다'라는 의미가 됩니다. 따라서 to speak가 알맞습니다.

어휘 complaint ⑲ 불평, 불만

06 **해석** 나는 특히 대도시에서, 가능하면 차를 타는 것을 피한다.

해설 동사 avoid는 과거의 경험에 기반해서 호불호를 말하는 동사이므로 목적어 자리에 동명사가 와야 합니다. 따라서 taking이 알맞습니다.

Basic Test 03

본문 p. 235

01 built 02 talking 03 surprised 04 boring
05 interesting 06 increasing 07 exciting
08 Hearing 09 leaving 10 Considering

01 **해석** 이것은 300년 전에 세워진 성이다.

해설 앞에 있는 명사 castle을 수식하는 분사를 고르는 것인데 성이 짓는 것이 아니라 성이 지어지는 것이므로 수동의 의미를 나타내는 built가 알맞습니다.

02 **해석** 그는 어머니가 여동생과 이야기하고 있는 것을 엿들었다.

해설 his mom과 talk의 관계를 보면 his mom이 직접 이야기하는 것으로 능동의 표현으로 현재분사인 talking이 알맞습니다.

어휘 overhear ⑧ (우연히) 엿듣다, ~너머로 듣다

03 **해석** 그 소식을 듣자마자, 그들은 매우 놀랐다.

해설 감정 표현의 타동사가 be동사의 보어 자리에 왔

는데 주어가 사람이므로 과거분사인 surprised가 알맞습니다. 그들이 놀라게 하는 것이 아니라 놀라는 것입니다.

04 **해석** 병원에 장기간 머무르는 것은 매우 지루할 수 있다.

해설 bore는 인간의 감정을 표현하는 타동사로 '지루하게 하다'라는 의미입니다. 병원에 머무는 것이 지루하게 만드는 것이므로 boring이 알맞습니다.

05 **해석** 일본 문화에 관한 그 책은 매우 재미있다.

해설 interest는 '흥미를 유발하다, 불러일으키다'라는 뜻을 지닌 타동사입니다. 이 문장에서는 책이 흥미를 유발하는 하는 것이므로 interesting을 사용하는 것이 알맞습니다.

06 **해석** 시간의 중요성에 대해서 점점 강조하면서, 소비자의 태도를 바꾸고 있다.

해설 시간의 중요성에 대한 강조가 점점 늘어나고 있다는 것으로 The emphasis is increasing.이라는 의미를 지니고 있으므로 현재분사인 increasing이 알맞습니다.

어휘 emphasis ⑲ 강조

07 **해석** 우리 앞에 놓여 있는 도전이 어려울 뿐만 아니라 흥미롭다.

해설 excite가 이 문장에서 주격 보어로 쓰이고 있습니다. 대표적인 감정 표현의 타동사입니다. 이 문장의 주어가 사물이므로 현재분사인 exciting이 알맞습니다.

08 **해석** 밖에서 이상한 소리를 듣고, 나는 불안해졌다.

해설 괄호가 포함된 문장은 분사구문입니다. 분사구문에 별도의 주어가 없으므로 주절의 주어 I와 동일하다는 것을 알 수 있습니다. 따라서 내가 듣는 것이므로 능동을 나타내는 Hearing이 알맞습니다.

09 **해석** 우리는 주차장을 떠나면서, 교통에 대해서 걱정했다.

해설 괄호 앞까지는 완전한 문장입니다. 그리고 괄호

를 포함한 문장은 분사구문입니다. 괄호 앞에 콤마(,)가 있다고 생각해 보세요. 그러면 분사구문의 주어가 생략된 것으로 주절의 주어 we와 같습니다. 따라서 우리가 주차장을 떠나는 것이므로 능동인 leaving이 알맞습니다.

10 해석 그녀가 교육을 받지 못한 것을 고려하면, 인생에서 매우 성공해왔다.

해설 괄호를 포함하여 her lack of education은 무인칭 독립분사구문입니다. 분사구문의 주어가 일반인이라 생략된 것으로 '~을 고려하면'이라는 의미가 되도록 Considering이 알맞습니다.

 Practice Test Ⓐ   본문 p. 236

01 정답 If you are unsure of what you want to accomplish, it can be easy to fall into the trap of pursuing the goals of others, which can interfere with your effort to make smart decisions and accomplish what you want in life.

해설 먼저 조건절인 if절은 '~에 대한 확신이 없다면'을 'be unsure of ~'로 표현하고 목적어 자리에 관계대명사 what을 이용한 절을 배치합니다. 그리고 가주어 it을 이용해서 이어지는 문장을 만들고 앞 문장의 내용을 받는 관계대명사 which를 활용하여 다음 문장을 만듭니다. 이때 effort는 to 부정사로 수식합니다. 마지막에 accomplish의 목적어 자리에도 관계대명사 what절을 이용하면 됩니다.

어휘 pursue 동 추구하다, 밀고 나가다
interfere 동 간섭하다, 참견하다

02 정답 We keep moving forward, opening new doors, and doing new things, because we're curious and curiosity keeps leading us down new paths.

해설 '계속해서 ~하다'는 표현은 'keep -ing'를 이용합니다. 즉, 'keep moving..., opening..., and doing...'으로 문장을 이어갑니다. 그리고 because를 활용한 절을 만들되 역시 'keep -ing'를 이용해서 문

장을 완성합니다.

어휘 curious 형 호기심이 많은
curiosity 명 호기심
path 명 길, 계획

03 정답 The sense of sight is so highly developed in humans that messages received from other senses are often ignored if they conflict with what is seen.

해설 앞 문장은 '매우 ~하여 …하다'라는 의미를 지닌 'so ~ that...'을 활용하여 완성하되 that절 이하의 주어 messages를 수동의 의미를 가진 분사 received from을 이용해서 수식하고 are often ignored로 동사 부분을 완성합니다. 그리고 if절에서 conflict with의 목적어 자리에 what절을 이용해서 문장을 완성합니다.

어휘 conflict 명 갈등, 충돌 동 상충하다

04 정답 When you stand on a bathroom scale, the scale measures just how much upward force it must exert on you in order to keep you from moving downward toward the earth's center.

해설 When으로 시작하는 부사절을 먼저 완성하고 주절은 'in order to ~'를 이용해서 '~하기 위하여'라는 의미를 만들고 'keep A from -ing'를 활용하여 'A가 ~하지 못하게 하다'라는 의미를 표현해서 전체 문장을 완성합니다.

어휘 scale 명 저울, 규모
measure 동 측정하다
exert 동 (영향력을) 가하다

05 정답 In deciding on your future career, it is no use concentrating on those areas in which you have achieved your best scores, unless you are interested in them.

해설 'in -ing'를 활용하여 '~할 때'라는 부사구를 만듭니다. 그리고 '~해봐야 소용없다'를 'it is no use -ing'를 이용해서 문장을 만들되, '분야'라는 의미의 those areas는 '전치사＋관계대명사'인 in which로 수식하고 마지막에 unless를 이용한 절을 만들어 전

체 문장을 완성합니다.

어휘 career 똉 직업

concentrate 똉 집중하다

be interested in ~에 관심이 있는

06 **정답** People with a low level of self-respect usually think over negative experiences while people with a high level spend their time in recalling and enjoying positive memories.

해설 주어인 people을 전치사구를 이용해서 수식하는 문장을 만듭니다. 이어서 접속사 while을 이용하여 문장을 만들되 'spend + 시간 (in) -ing'를 활용하여 '~하는데 시간을 보내다'라는 의미를 나타내어 완성합니다.

어휘 self-respect 똉 자존감, 자존심

negative 똉 부정적인

positive 똉 긍정적인

07 **정답** Every adult should engage in half an hour of moderate physical activity at least five days per week so as to remain active and healthy, according to national health guidelines.

해설 '~에 참여하다'라는 의미의 'engage in ~'으로 문장의 동사 부분을 작성하고 '~하기 위하여'를 'so as to ~'로 표현합니다. 마지막으로 '~에 따르면'에 해당하는 'according to ~'를 활용하여 문장을 완성합니다.

어휘 half an hour 30분, 반 시간

moderate 똉 적당한

according to ~에 따르면

08 **정답** Globalization has touched the lives of everyone on the planet, altering not just international relations but everyday life.

해설 '영향을 미쳐왔다'를 현재완료인 has touched로 표현하여 주절의 문장을 먼저 완성합니다. 그 다음에 altering을 활용한 분사구문에 'A뿐만 아니라 B도'라는 의미를 지닌 not just A but B 표현을 써서 전체 문장을 완성합니다.

어휘 globalization 똉 세계화

alter 똉 바꾸다

09 **정답** Now considered a major poet of the nineteenth century, Emily Dickinson was unknown to the literary world during her lifetime.

해설 먼저 '여겨지다'라는 수동의 표현인 considered 를 활용한 분사구문을 만들고 주절은 '~에게 알려져 있지 않다'라는 의미의 be unknown to를 활용하여 문장을 완성합니다.

10 **정답** With their ability to network and communicate with each other, young people rely on each other's opinions more than marketing messages when making purchase decisions.

해설 with를 이용한 전치사구를 만드는데 이 전치사구에서 their ability를 수식하는 말은 부정사의 형용사적 용법을 이용합니다. 주절은 비교 구문으로 구성하고 마지막은 when -ing를 활용하여 마무리합니다.

Practice Test B 본문 p. 238

01 ③ 02 ④ 03 ① 04 ④

01 **해석** 회사는 그 일자리에 가장 적합한 사람을 찾아내려고 면접을 본다. 그 사람이 바로 당신인 것으로 드러나면, 면접관은 매우 좋아할 것이다. 왜냐하면 그 사람은 면접 보는 것을 그만두고 다시 자기 일을 할 수 있을 테니까. 그러므로 스스로에 대해 자신감을 가져라. 당신이 면접관이 당신을 고용하고 싶어한다고 확신한다면, 면접 중에 긍정적인 태도를 가질 것이고, 당신의 태도는 면접관이 당신에 대해 좋게 느끼도록 영향을 끼칠 것이다.

해설 (A) 문맥상 '면접을 그만두고 일을 할 수 있다'는 것이므로 '~하던 것을 그만두다'가 되려면 동명사인 interviewing이 알맞습니다. 'stop to 동사원형'은 '~하기 위해 멈추다'라는 의미입니다.

(B) '자신감을 가지기 위해 노력해라'는 내용이므로, to have가 알맞습니다. 'try to do'는 '~하기 위해 노력하다'는 의미이고 'try -ing'는 '시험 삼아 해보다'라

는 의미입니다.

(C) while은 접속사이고, during은 전치사입니다. 접속사 뒤에는 절이 이어지고 전치사 뒤에는 명사가 와야 합니다. 뒤에 명사 the interview가 왔으므로 전치사 during을 써야 합니다.

어휘 delighted 형 기쁜, 즐거운
turn out 드러나다, 밝혀지다
get back to work 하던 일로 다시 돌아가다
confidence 명 자신, 확신
positive 형 긍정적인

02 해석 Bob과 George는 레스토랑에서 함께 식사를 하고 있었다. Bob은 음식을 주문했다. 외식에 익숙하지 않은 George는 아무 말도 하지 않았다. 음식이 나오자 George는 친구가 하는 대로 모든 것을 따라 했다. Bob이 밥을 먹자 George도 그렇게 했다. Bob이 새우를 먹자 George도 그렇게 했다. 마지막으로, Bob이 이쑤시개를 집어 들자, 똑같이 따라 했다. 나중에 Bob이 친구에게 맛있게 먹었는지를 물었다. George가 대답했다. "마지막에 먹은 것만 빼고, 모든 게 아주 훌륭했어. 그건 대나무 맛이 나던데".

해설 (A) 전치사 뒤에는 명사나 동명사가 와야 합니다. be accustomed to에서 to는 부정사가 아니라 전치사이므로 eating이 와야 합니다. 'be accustomed to -ing'는 '~에 익숙하다'는 뜻입니다. 'be accustomed to 동사원형'은 '~에 이용되다'라는 뜻입니다.

(B) 앞 문장에 나온 동사 ate를 반복을 피하여 대신 쓰는 동사를 고르는 문제입니다. 이런 용도의 동사를 대동사라고 하고 do를 사용합니다. ate이 과거이므로 do의 과거형인 did가 와야 합니다.

(C) 주절의 동사 asked 보다 먼저 일어난 동작이므로 더 과거를 나타내는 표현이 와야 합니다. 따라서 과거완료인 had enjoyed가 올바른 표현입니다

어휘 be accustomed to -ing ~에 익숙하다
shrimp 명 새우
toothpick 명 이쑤시개
bamboo 명 대나무

03 해석 하지만 이러한 책들을 읽는 것은 대개 지루하다. 당신은 수준을 높여서 글을 써야지 낮추어 쓰면 안 된다. 아이들은 이 세상에서 가장 주의 깊고, 호기심 많으며, 예민한 독서가들이다. 그것이 정직하게, 두려움 없이, 명확하게 주어지기만 한다면 그들은 당신이 그들에게 제시하는 모든 것을 거의 의심 없이 받아들인다. 어떤 아동 작가들은 자기 생각에 아이들이 모를 것 같은 말들을 의도적으로 사용하지 않는다. (하지만) 이것이 독자들을 지루하게 만든다. 자신들의 관심을 끌어들이는 이야기만 하다면, 아이들은 자신들에게 힘든 말들도 좋아한다.

해설 (A) bore는 감정 표현의 타동사이므로 주어는 책을 읽는 행동입니다. 책을 읽는 행동이 지겹게 만드는 것이므로 능동의 현재분사인 boring이 와야 합니다.

(B) 문맥상 '가장 ~한 독자'라는 뜻인데 최상급으로 표현해야 합니다. 'the most + 형용사'로 최상급을 나타내므로 most가 올바른 표현입니다.

(C) 재귀대명사는 주어와 목적어가 동일할 때 사용하는 거죠. 그런데 주어는 words와 목적어인 them (= children)이 동일한 것이 아니므로 themselves가 아닌 them을 써야 합니다.

어휘 write up[down] 수준을 올려[내려] 쓰다
attentive 형 주의가 깨어있는, 예민한, 집중하는
sensitive 형 민감한, 예민한
as long as ~하는 한, ~하기만 하면
deliberately 부 고의적으로, 의도적으로
absorb 동 흡수하다, 빨아들이다

04 해석 어느 날 간디가 열차에 타는데, 신발 한 짝이 벗겨져 선로 위로 떨어졌다. 열차가 움직이고 있어서 신발을 되찾을 수가 없었다. 간디가 차분하게 다른 쪽 신발을 벗어서 첫 번째 신발 가까이에 떨어지게 던져서 같이 가던 사람들이 깜짝 놀랐다. 왜 그랬는지 동료 승객이 물어보자 간디는 미소를 지었다. "선로에 놓인 신발을 발견한 가난한 사람이 이제 사용할 수 있는 한 켤레를 가지게 될 수 있을 것입니다."라고 간디는 대답했다.

해설 ① '열차에 타다'라는 의미는 get on a train인데 과거시제로 쓰인 올바른 표현입니다.

② 'be unable to ~'는 '~할 수 없다'라는 의미로 뒤에 동사원형이 와야 하므로 올바른 표현입니다.

③ take off는 '벗다'라는 뜻을 지닌 구동사인데 목적어가 take와 off 사이에 와도 되고 take off 뒤에 와도 되므로 올바른 표현입니다. 단, 목적어가 대명사일 경우는 반드시 take와 off 사이에 와야 한다는 점을 꼭 기억해야 합니다.

④ 분사구문으로 asking 앞에 주어가 생략된 것으로 보아 분사구문의 주어와 주절의 주어와 같습니다. 그러면 간디가 동료 승객에게 물어보는 문맥상 이상한 내용이 됩니다. 간디가 물어보는 것이 아니라 질문을 받는 When he was asked by a fellow passenger를 분사구문으로 바꾼 것이므로 Asked by a fellow passenger라고 써야 올바른 표현이 됩니다.

⑤ lie는 '~에 놓여 있다'라는 의미의 자동사인데 lie-lay-lain의 형태로 변화를 하고 능동의 현재분사는 lying입니다. 여기서는 능동의 현재분사로 앞의 명사 the shoe를 수식하는 올바른 표현입니다.

어휘 slip off 미끄러져 벗겨지다

land ⑧ 착륙하다, 떨어지다, 놓이다

to the amazement 놀랍게, 놀랍게도

fellow ⑲ 동료

passenger ⑲ 승객

PART 7
전치사와 접속사

 **Basic Test 01**

본문 p. 267

01 among **02** between **03** during **04** for
05 until **06** by

01 **해석** 한국 아이들은 OECD 국가 중에 '교통 사고로 인한 사망[위험]'에 가장 많이 노출되어 있다.
해설 전치사 뒤로 다수를 나타내는 OECD countries가 왔으므로 셋 이상을 나타내는 전치사 among이 알맞습니다.

02 **해석** 최 씨는 일산과 노량진을 매일매일 통근한다.
해설 일산과 노량진은 둘을 비교한 것입니다. 이처럼 둘 사이를 비교할 때는 전치사 between을 사용합니다.

03 **해석** 극도의 스트레스를 받는 동안, TV를 시청하면 우리의 기분이 나빠지지 않게 한다.
해설 특정 기간을 나타내는 명사(high-stress periods)가 왔으므로 전치사 during이 적절합니다. while은 접속사이므로 바로 명사가 올 수 없습니다.

04 **해석** 나는 한국 경제가 지난 10년 간 악화되고 있다고 생각한다.
해설 숫자를 포함하는 명사(the last ten years)가 왔으므로 전치사 for가 적절합니다. during 뒤에는 특정 기간을 나타내는 명사만 올 수 있습니다.

05 **해석** 도서관은 토요일에 9시까지 열려 있을 것이다.
해설 도서관이 9시까지 열려 있다는 말은 9시까지 계속해서 열려 있다는 것이므로 until을 써야 합니다.

06 **해석** 네가 8시까지 여기에 도착할 수 없어도 상관없다.
해설 8시까지 도착해야 한다는 말에는 완료의 의미가 들어있으므로 완료를 나타내는 by가 알맞습니다.

until이 쓰이면 8시까지 계속해서 도착한다는 어색한 문장이 됩니다.

본문 p. 279

Basic Test 02

01 that 02 unless 03 Although 04 that

01 **해석** 문제는 그들이 그 집을 구입할 충분한 돈이 없다는 것이다.
해설 be동사의 보어로는 명사 역할을 하는 명사절이 올 수 있습니다. that과 whether는 모두 명사절을 이끌 수 있는 접속사입니다. 따라서 둘 다 명사절로 쓰였다면 보어 자리에 올 수 있습니다. 그런데 이 문장에서는 '문제가 ~이다'라는 의미가 되어야 하므로 that이 알맞습니다.

02 **해석** 네가 칠면조를 너무 익히지 않는다면, 부드러운 칠면조를 먹게 될 것이다.
해설 '칠면조를 너무 익히지 않는다면 부드럽게 먹을 수 있다'는 의미가 되어야 합니다. 따라서 '만약 ~ 아니라면'이라는 의미를 지닌 unless가 적절합니다. in case를 사용하면 '칠면조를 너무 익히게 될 경우에 대비해서 부드럽게 먹을 수 있다'라는 어색한 문장이 됩니다.

03 **해석** 노예제도는 끝났지만, 아프리카계 미국인들은 평등을 얻지 못했다.
해설 although는 접속사이고 despite은 전치사입니다. 그런데 뒤에 '노예제도가 끝났다'는 완전한 문장 slavery ended가 왔으므로 접속사 Although가 알맞습니다.
어휘 slavery ⑲ 노예, 노예제도
equality ⑲ 평등

04 **해석** 도희가 너무 매력적이라서 그는 그녀에게서 떠날 수가 없다.
해설 괄호 앞에 '매우 매력적이다'라는 의미의 so attractive가 있습니다. 문맥상 '매우 ~해서 …하다'라는 의미가 되도록 'so ~ that' 표현이 와야 합니다. 따라서 that이 알맞습니다.

어휘 attractive ⑱ 매력적인, 매혹적인
keep away from ~에서 벗어나다, 피하다

Practice Test Ⓐ

본문 p. 280

01 **정답** I worked in the "new products department" and it was so secret that nobody else in the company knew what we did.
해설 '매우 ~해서 …하다'는 표현은 so ~ that을 이용하며, 어느 누구도 알지 못했다는 것은 부정 주어인 nobody else를 활용하여 나타냅니다. 마지막에 knew의 목적어로 what we did를 씁니다.

02 **정답** Now that the exam is over, you are eager to find out how well you did, and the next stressful part of the exam begins — waiting.
해설 '~이므로'라는 의미의 접속사 now that으로 부사절을 만듭니다. 그리고 you를 주어로 be eager to find out을 작성한 다음 목적어에 해당되는 내용을 완성합니다. how는 뒤에 형용사나 부사가 온다는 것에 유의하여 문장을 완성합니다.
어휘 be eager to 매우 ~하고 싶다, ~하려고 노력하다

03 **정답** He had no sooner arrived than his wife started to shower him with questions.
해설 '주어 + had no sooner A than S + V'는 '주어가 A 하자마자 S + V하다'의 의미이므로 이 표현을 활용하여 전체 문장을 완성하되, 'shower + 사람 + with + 사물'로 이루어지는 표현을 잘 활용하여 마무리합니다.

04 **정답** Unless you are trying to lose weight to please yourself, it's going to be tough to keep your motivation level high.
해설 unless는 '만약 ~ 아니라면'이라는 의미를 지닌 접속사입니다. if의 반대 의미를 지니고 있으므로 먼저 unless를 이용해서 부사절을 만듭니다. 'try to 동사원형'을 활용하여 '~하려고 노력하다'를 표현하고

뒷부분은 'keep + 목적어 + 형용사'로 '목적어가 ~한 상태를 유지하다'라는 의미를 표현하여 전체 문장을 완성합니다.

어휘 motivation 명 동기 부여

05 정답 Perhaps intolerant people are so set in their ways that they find it easier to ignore anything that might not conform to their limited view of life.

해설 '매우 ~해서 …하다'라는 의미의 'so ~ that' 문형을 만듭니다. 또한 'find + 목적어 + 형용사'의 형태로 '~하다는 것을 알다'라는 문장을 만들되, 목적어 자리에는 부정사를 쓸 수 없으므로 가목적어인 it을 활용해야 한다는 것에 주의합니다. 그리고 형용사 easier 뒤에 부정사를 사용하고 ignore의 목적어로 anything을 쓰고 그 뒤를 관계사 that을 이용해서 마무리합니다.

어휘 intolerant 형 관용없는, 편협한

06 정답 Species are dying at such an unprecedented rate that more than half may disappear within our lifetime.

해설 '매우 ~한 명사'라는 표현은 'such a/an + 형용사 + 명사'의 형태를 사용하여 문장의 앞부분을 완성합니다. 관사가 such 뒤에 온다는 점을 유의해야 합니다. 문장의 뒷부분에서 '절반 이상'은 more than half로 표현하고 이것을 주어로 문장을 완성합니다.

어휘 species 명 종
unprecedented 형 전례 없는

07 정답 Supposing we have a high sense of self-confidence, we will set higher goals, be less afraid of failure, and persist longer when we encounter difficulties.

해설 supposing을 이용해서 조건의 부사절을 만듭니다. 주절은 동사 세 개가 필요하므로 we will을 공통으로 사용하고 'set ~, be ~, and persist'의 형태로 문장을 만듭니다 그리고 문장의 마지막에 when을 이용해서 때를 나타내는 부사절을 만들어 전체 문장을 완성합니다.

어휘 supposing (that) 만약 ~한다면
persist 동 버티다, 지속되다

08 정답 No sooner had we learned a new idea or technique than another one came along and replaced or enhanced what we had learned.

해설 'no sooner had 주어 -ed than ~'의 형태를 이용하여 '~하자마자 …하다'라는 문장을 만듭니다. no sooner라는 부정어가 문두에 나오면 주어와 동사가 도치된 'had 주어 -ed' 모양이 된다는 점에 주의합니다. 그리고 마지막 부분의 목적어 자리에는 what을 이용한 명사절로 나타내어 전체 문장을 완성합니다.

어휘 enhance 동 향상시키다

09 정답 Whatever reading method is employed, real-life reading material is the best way to improve your reading skills.

해설 '~하더라도'라는 표현은 whatever을 이용하여 나타냅니다. 그리고 뒷부분에는 'to imporve ~'가 the best way를 수식하도록 문장을 구성합니다.

10 정답 Wherever you go, whoever your ancestors were, whatever school or college you attended, or whoever helps you, your best opportunity is in yourself.

해설 '어디를 간다 하더라도'는 wherever를, '누구든지'는 whoever를 이용합니다. whatever을 이용할 때는 you attended 뒤에 올 것 같은 school or college를 whatever 바로 다음에 써야 한다는 것에 주의하여 전체 문장을 완성합니다.

어휘 ancestor 명 조상, 선조
opportunity 명 기회

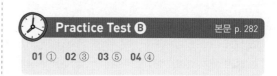

Practice Test B   본문 p. 282

01 ① **02** ③ **03** ⑤ **04** ④

01 해석 Wilson 대학에서 열리는 여름 회의에 초대해 준 것에 대해 감사드립니다. 나는 당신의 프로그램이

좋다고 생각합니다. 유감스럽게도, 나는 그 회의 기간 동안 10년만의 첫 휴가를 보내기 위해 유럽에 있을 것입니다. 따라서 저는 참석할 수 없습니다. 만일 당신이 초대장을 좀 더 일찍 보냈다면 나는 일정을 조정할 수 있었지만 내가 초대장을 받았을 때는 일정을 조정하기에는 너무 늦었습니다. 그래서 나는 당신이 편지와 함께 보냈던 카드를 다시 돌려 드립니다. 당신의 회의는 항상 가치가 있었고 나는 이번 회의 역시 예외가 아닐 것이라고 확신합니다.

해설 ① 전치사 뒤로 특정 기간을 나타내는 명사인 that session이 이어지고 있으므로, 전치사 during이 알맞습니다. for는 뒤에 숫자가 쓰인 기간이 올 때 사용합니다.

② 주절에 could have arranged가 사용된 가정법 과거완료 문장입니다. 따라서 if절의 동사도 가정법 과거완료가 되어야 하므로 had sent는 올바른 표현입니다.

③ 'too + 형용사 + for + 목적어 + to 동사원형' 구문으로 '목적어가 ~하기에는 너무 …하다'라는 의미로 올바른 표현입니다.

④ 현재진행형이 가까운 미래를 나타낼 수 있으므로 현재진행형 am returning은 올바른 표현입니다.

⑤ 과거부터 쭉 당신의 회의는 항상 가치 있었다는 의미이므로 현재완료 have been의 사용은 적절합니다.

어휘 invitation 閏 초대, 초대장
consequently 閏 따라서, 그 결과
arrnage 통 처리하다, 정리하다
conference 명 회의
worthwhile 형 가치 있는, ~할 가치가 있는
exception 명 예외

02 **해석** 외로움에 있어서 한 가지 중요한 요소는 그 사람의 사회적 접촉이다. 우리는 평생 동안 다양한 사람들을 만나게 되고, 다른 이유들로 그들을 의지하며 살아간다. 예를 들어, 우리의 가족은 우리에게 정서적인 지원을 해 주고, 우리의 부모와 선생님들은 우리를 지도해 주고, 우리의 친구들은 비슷한 관심사와 활동들을 함께 해 준다. 그러나 사회적 접촉의 횟수만이 외로움의 유일한 이유는 아니다. 우리가 얼마나 많은 사회적 접촉을 가져야 한다고 생각하는지가 더욱 중요

하다. 다시 말하자면, 외로워하는 사람들은 많은 사회적 접촉을 하고 있는데도 불구하고 때때로 더 많은 사회적 접촉을 해야 한다고 생각한다. 그들은 자신의 인기에 대해 의문을 품는다.

해설 (A) depend on의 on은 전치사로 쓰이고 있어서 목적어 them을 depend와 on 사이에 쓸 수 없습니다. depend on them으로 써야 합니다.

(B) 문맥상 '사회적 접촉의 수'가 어울리므로, '~의 수'라는 뜻으로 명사를 수식하는 the number of가 적절합니다. a number of 는 '많은'이라는 의미입니다.

(C) though는 접속사이고 despite은 전치사입니다. 뒤에 완전한 문장이 왔으므로 접속사 though가 알맞습니다.

어휘 loneliness 명 외로움
guidance 명 지도, 지침
contact 명 접촉
popularity 명 인기

03 **해석** 10월 30일, Dave 씨는 직장에서 집으로 돌아와 그의 아파트가 도난당한 것을 발견했다. 도둑들은 Dave 씨의 재산을 거의 모두 훔쳐 갔다. 그 강도 사건은 Dave 씨의 이웃 사람이 신고했는데 그 사람은 Dave 씨가 출입구에 의식을 잃고 쓰러져 있는 것을 발견했다. 그는 강도를 당한 것에 너무나 충격을 받아서 기절을 했다. 그의 이웃 사람은 즉시 구급차를 부르고 경찰에 연락을 했다. Dave 씨는 범인들을 잡게 해주는 정보에 대해서 25,000달러의 현상금을 제시하고 있다.

해설 (A) 'find + 목적어 + 형용사'의 형태로 이루어진 것으로 '목적어가 ~한 상태이다'라는 의미가 되죠. 동사 find의 목적격 보어 자리에는 형용사가 옵니다. 따라서, unconscious가 알맞습니다.

(B) '매우 ~해서 …하다'는 'so 형용사 that'으로 표현입니다. 이 문장의 앞에 so가 있으므로 접속사 that이 와야 합니다.

(C) 정보가 범인을 잡게 하는 것이므로 능동의 현재분사인 leading이 와야 합니다.

어휘 robbery 명 강도
unconscious 형 의식이 없는
faint 통 실신하다, 기절하다

04 해석 기원전 500년부터 사용되어 오고 있는 로즈메리는 지중해 지역이 원산지이며 그곳에서 야생으로 자란다. 그러나 지금은 유럽과 미국 전역에 재배된다. 일찍이 이 박하과 식물은 신경계 질병을 치료하는 데 사용되었다. 로즈메리의 초록빛 바늘 모양의 잎들은 향이 매우 진하고 그 잎에서 희미하게나마 레몬과 소나무향이 난다. 이 풀은 가루로 만들 뿐만 아니라 전체 잎의 모양을 그대로 유지한 채 신선한 상태나 건조시켜 사용한다. 로즈메리 진액은 음식에 맛을 내고 화장품의 향을 더하는데 사용된다. 게다가, 과일 샐러드, 수프, 야채, 육류, 생선, 달걀요리, 요리 속과 드레싱을 포함하여 다양한 음식에 양념으로 사용될 수 있다.

해설 ① 뒤에 완전한 문장이 왔으므로 관계부사 where를 쓴 올바른 표현입니다. 관계대명사 뒤로는 불완전한 문장이 오지만 관계부사 뒤로는 완전한 문장이 옵니다.

② '치유하기 위해' 박하과 식물이 사용된다는 내용으로 '목적'을 나타내는 'be used to 동사원형'을 쓴 올바른 표현입니다. 'be used to -ing'는 '~에 익숙하다'라는 뜻이랍니다.

③ their가 가리키는 말은 복수명사인 leaves이므로 their를 쓴 것은 올바른 표현입니다.

④ 'A와 B 둘 다'라는 의미의 상관접속사는 'both A and B'로 표현합니다. 따라서 or를 and로 고쳐야 합니다.

⑤ 로즈메리가 이용되는 것이므로 수동형 can be used는 올바른 표현입니다.

어휘 the Mediterranean 명 지중해
cultivate 동 재배하다
ailment 명 질병
nervous system 신경계
scent 명 향기, 냄새
cosmetic 명 화장품
seasoning 명 양념, 향신료

PART 8
기타 중요 구문

 **Basic Test 01**

본문 p. 292

01 happier, longer **02** Prior **03** that **04** as
05 to **06** more, more **07** to sit

01 해석 사람은 행복하면 할수록 더 오래 산다.
해설 '행복하면 할수록, 더 오래 산다'라는 말을 만들려면 'The 비교급 ~, the 비교급 …'으로 표현해야 합니다. 따라서 happier, longer가 알맞습니다.

02 해석 행사에 앞서 리허설이 있다.
해설 '~에 앞서'라는 말은 earlier와 prior 두 가지로 쓸 수 있지만 earlier를 사용하려면 뒤에 than이 와야 합니다. 이 문장은 뒤에 to가 있으므로 Prior가 알맞습니다.
어휘 ceremony 명 행사, 의식, 의례
rehearsal 명 리허설

03 해석 여기 온도는 밖의 온도보다 더 높다.
해설 한 문장에서 temperature를 두 번 반복해서 쓰지 않으려면 괄호에는 that을 사용해야 합니다. 단수이면 that을 쓰고 복수이면 those를 쓰는데 앞에 나온 명사 temperature은 단수이므로 that이 알맞습니다.

04 해석 이것은 처음에 보이는 것처럼 복잡하지 않다.
해설 원급 비교 문장이므로 괄호에는 as가 알맞습니다.
어휘 complicated 형 복잡한
glance 명 힐끗 봄

05 해석 이 스포츠가 야구보다 더 낫다. 왜냐하면 더 많은 사람들이 참가할 수 있기 때문이다.
해설 라틴어에서 파생된 superior는 비교 대상 앞에 than 대신 to를 사용합니다.
어휘 take part in 참가하다, 참여하다

06 해석 그는 칭찬을 받으면 받을수록, 더 열정적이게 되었다.

해설 '~하면 할수록 더 ~하다'라는 의미가 되도록 'The 비교급 ~, the 비교급 …' 구문을 사용해야 합니다. 'The 비교급 ~, the 비교급 …'의 정관사 the로 인해 most를 쓰지 않도록 주의합니다.

어휘 enthusiastic 형 열정적인, 열광하는

07 해석 그는 매시간 책상에 앉아있는 것보다 휴식시간을 자주 가지면서 집중하여 일하는 것을 좋아한다.

해설 비교하는 대상은 문법적인 형태가 같은 모양이어야 합니다. 이 문장에서 비교 대상은 to work와 to sit이므로 괄호에는 to sit이 알맞습니다.

어휘 intensively 부 집중적으로
break 명 휴식시간

 Practice Test Ⓐ 본문 p. 314

01 정답 Raising a child as adoptive parents is no less noble than being birth parents.

해설 '아이를 기르는 것'을 동명사를 이용해 주어로 만듭니다. 다음으로 'no less ~ than …' 구문을 이용하여 '아이를 기르는 것'과 '친부모가 되는 것'을 서로 동등한 격의 어구로 연결하여 문장을 완성합니다.

어휘 adoptive parents 양부모
birth parents 친부모
no less ~ than… … 만큼이나 ~하다

02 정답 The important thing in science is not so much to obtain new facts as to discover new ways of thinking about them.

해설 '과학에서 중요한 것'이라는 표현을 주어로 하여 be동사 다음을 완성할 때 not so much A as B 구문을 이용합니다. 또한 not so much A as B에서 A와 B는 서로 대구를 이루도록 모두 부정사를 이용해서 문장을 완성합니다.

어휘 not so much A as B A라기 보다는 차라리 B 이다

03 정답 A person who can speak many languages is not more valuable than a person who can listen in one.

해설 관계대명사절의 수식을 받는 a person을 주어와 비교되는 대상으로 표현합니다. 그리고 '하나의 언어'를 나타내는 in one language에서 language는 앞서 주어를 수식하는 관계대명사절에서 이미 언급되었으므로 중복되지 않게 생략합니다.

어휘 valuable 형 귀중한, 가치 있는

04 정답 Helen Keller could neither hear nor see but she traveled all over America, giving speeches and raising funds for the blind.

해설 '듣지도 보지도 못했다'라는 것을 neither hear nor see를 이용해서 표현하고 미국 전역을 다녔다는 문장을 만든 다음 '~하면서'에 해당하는 두 가지 즉, 연설하는 것과 기금을 모으는 것을 분사구문으로 나타냅니다.

어휘 neither A nor B A와 B 둘 다 아니다

05 정답 It is not until people lose their health that they realize the blessing of health.

해설 '~하고 나서야 비로소 …하다'라는 표현을 'It is not until ~ that …' 형태로 나타냅니다. 'not until ~' 의 내용을 'it is 강조 that' 구문을 이용하여 강조하는 것으로 It is not until을 먼저 쓰고, 다음에 '사람들이 건강을 잃는다'는 말을 쓰고, that 이하의 나머지 문장을 완성합니다.

어휘 It is not until ~ that … ~하고 나서야 비로소 …하다

06 정답 Only after talking on the phone for more than 10 minutes did she finally understand the performance was canceled.

해설 주어진 어구에 did가 있으므로 도치된 형태의 문장이 사용되어야 한다는 것을 알 수 있습니다. 그러므로 only after 구문을 이용해서 '~하고 난 뒤에'라는 부분을 먼저 작성하고 그 뒤에 의문문 어순으로 나머지 문장들을 완성합니다.

어휘 performance 명 공연

07 정답 Not only does a pet provide company, but it has to be fed, exercised, and cleaned; owners feel needed by their pets.

해설 not only A but also B 구문을 이용하되 not only A 부분을 먼저 씁니다. not only가 문장 제일 앞에 쓰이면 도치구문이 됩니다. 그래서 not only 다음에 의문문 어순으로 '~뿐만 아니라'에 해당하는 내용을 완성하고, 다음에 but (also) 주어＋동사의 문장을 완성합니다. 이때 be fed, exercised, and cleaned의 형태로 수동태가 대구를 이루도록 유의해야 합니다. 그리고 끝부분도 애완동물이 필요로 하는 것이므로 needed by their pets의 형태로 문장을 마무리합니다.

08 정답 It was not until the turn of the last century that motion pictures began to exert their influence on mass culture as we know it today.

해설 '~하고 나서야'에 해당하는 말을 'it is 강조 that'의 형태를 이용해 나타냅니다. 강조 부분에 the turn of the last century를 넣는 것에 주의해야 합니다.

어휘 motion picture 영화
exert 동 (힘, 노력 따위를) 발휘하다

09 정답 Not only does morning exercise help you burn calories during the actual workout, but keeps your metabolism high after you're finished.

해설 not only A but also B 형태에서 not only A 에 해당하는 내용을 문장의 제일 앞에 놓습니다. 당연히 도치 형태의 문장이 됩니다. 그래서 not only 뒤에 does morning exercise help가 오게 합니다. 이어서 help는 사역동사처럼 생각해서 뒤에 목적어 you를 쓰고 목적격 보어 자리에 동사원형 burn을 씁니다. 뒷문장도 목적어를 '어떠한 상태로 유지하다'라는 5형식 동사 keep을 이용해서 'keep＋목적어＋목적격 보어'가 되도록 완성합니다.

어휘 workout 명 운동
metabolism 명 신진대사

10 정답 No sooner had the pianist finished his performance than the audience gave him a big hand.

해설 'No sooner had 주어 -ed ~ than...'은 '~하자마자 … 하다'라는 의미를 지닌 표현입니다. 이 표현을 이용해서 앞부분을 완성하고 뒷부분은 4형식 동사 give를 이용하여 뒤에 간접목적어와 직접목적어가 오도록 문장을 구성합니다.

어휘 give a big hand 큰 박수를 보내다

 Practice Test Ⓑ 본문 p. 316

01 ① **02** ① **03** ② **04** ①

01 해석 어떤 학생들은 필기하는 것보다 강의를 녹음하기를 선호한다. 녹음은 때때로 언어 학습에 유용할 수 있는데, 왜냐하면 처음에 놓쳤던 부분을 다시 재생시킬 수 있기 때문이다. 그러나 대부분의 과학 또는 학술 강연에서 녹음이 노트 필기를 대체할 수 없다. 만일 강의를 녹음할 경우, 여러분의 마음은 "지금은 들을 필요 없어. 나중에 들을 수 있으니까."라고 생각하면서 딴 생각을 하거나 강의 도중 잠을 자고 싶은 유혹에 빠질 수도 있다. 이러한 습관은 시간을 낭비하게 하고 명확하지 않은 점들에 대해 질문을 하지 못하게 한다.

해설 ① prefer는 비교의 대상 앞에 than이 아닌 to를 사용하는 것이 알맞습니다.
② 접속사 because 뒤에는 완전한 문장이 옵니다. 따라서 올바른 표현입니다.
③ 네가 유혹하는 게 아니라 당하는 것이므로 수동태 (be tempted)가 올바른 표현입니다.
④ 사역동사 let의 목적격 보어 자리이므로 동사원형이 와야 하고 같은 격의 말이 이어져야 하므로 wander or sleep는 올바른 표현입니다.
⑤ 선행사 points를 수식하는 주격 관계대명사가 필요한 자리이므로 that은 올바른 표현입니다.

어휘 tape a lecture 강의를 녹음하다
tempt 동 유혹하다
wander 동 돌아다니다, 방황하다

prevent ⑧ 방해하다

02 해석 시골에서의 생활은 도시에서의 생활보다 더 이점이 있다. 덜 밀집되어 있기 때문에 사람들끼리 접촉을 더 많이 하게 된다. 범죄는 분명히 존재하지만, 대도시보다 훨씬 낮은 비율로 범죄가 발생한다. 게다가 실업과 빈곤 수준이 도시 지역보다 낮다. 시골 지역에서 공기 오염이 덜하고, 산업 폐기물의 문제는 더 적다. 해설 ① 비교 구문에서는 비교하는 대상은 서로 동등한 격이라야 합니다. 그러므로 주어와 동일하게 life in urban areas로 표현해야 합니다.

② 현재동사를 쓰는 것이 적절하며 주어가 Crime으로 3인칭 단수이기 때문에 동사를 occurs로 사용한 것은 올바른 표현입니다.

③ much, even, still, far 등을 비교급과 함께 쓰면 비교급을 강조하는 말이므로 올바른 표현입니다.

④ 앞에 나온 명사 levels를 다시 받고 있는 대명사가 필요한 자리입니다. 뒤에 of urban areas라는 수식어구가 있으므로 it이 아닌 that을 써야 하는데 levels가 복수이므로 that의 복수형인 those를 쓴 올바른 표현입니다.

⑤ 주어인 problems는 복수명사이므로 동사의 복수형인 are가 적절합니다.

어휘 have contact with ~와 만나다, 접촉하다

unemployment ⑲ 실업

poverty ⑲ 가난, 빈곤

03 해석 연구 결과에 의하면 대학 입학 시험과 관련된 부담감이 십대들의 발달과 정체성에 영향을 끼치고 있으며 정신질환을 일으킨다고 한다. 한국의 십대들이 그러한 부담으로 고통 받는 여러가지 이유가 있다. 한국 사회에서는 대학 교육을 다른 어떤 것보다 우선시하며, 부모들이 자녀 교육에 지나치게 열정적이다. 젊은이들은 자연히 청소년기에 매우 민감해지며, 그래서 대학 입학 시험을 잘 치러야 한다는 부담감은 학생들에게 매우 커다란 짐이 되는 것이다.

해설 ① 명사 pressure를 뒤에서 수식하고 있으며, '부담감이 대학 입학 시험과 관련된' 것이므로 수동의 과거분사인 associated를 쓴 적절한 표현입니다.

② 밑줄 친 cause의 주어는 pressure이고 동사로 affects ~ and causes ~를 활용하고 있는 문장입니다. 따라서 주어 pressure는 3인칭 단수이므로 3인칭 단수동사 causes를 사용해야 합니다. 서로 대구를 이루어야 한다는 점을 생각해 affects와 모양을 맞추어 답을 구하는 것도 한가지 요령입니다.

③ 앞에 선행사 reasons가 있고, 뒤로는 완전한 문장이 왔으므로 이 자리는 관계대명사가 오면 틀린 문장이 됩니다. 따라서 관계부사 why의 사용은 올바릅니다.

④ become의 보어 자리에 해당되므로 형용사 sensitive의 사용은 적절합니다.

⑤ 앞에 있는 명사 exams가 주어가 아니라 pressure가 주어입니다. pressure는 단수이므로 동사는 is가 적절합니다.

어휘 indicate ⑧ 나타내다, 가리키다

self-identity ⑲ 자기정체성

mental disorder 정신질환

excessive ⑲ 지나친, 과도한

passionate ⑲ 열정적인

sensitive ⑲ 예민한, 민감한

adolescent period 청소년기

burden ⑲ 짐, 부담

04 해석 환자가 열이 있을 때, 의사들은 열을 내리기 위해 아스피린을 처방한다. 그러나 그들은 그 열이 놀랄 만한 이득을 가지고 있다는 점을 거의 상상하지도 못했다. 최근에 과학자들은 몸이 바이러스와 싸워 이기기 위해서는 적당한 열이 필요하다는 것을 발견하였다. 좀 더 높은 열이 백혈구의 활동을 자극하여 좀 더 쉽게 바이러스를 죽이고 흡수하게 할 뿐만 아니라 박테리아의 성장을 막기도 하는 것이다. 박테리아는 백혈구와 달리 열에서는 활동을 하지 못하고 죽기 시작하기 때문이다.

해설 ① 부정어 little이 문두에 왔으므로 그 뒤는 도치된 어순이 되어야 하므로 little + have + 주어 (they) + imagined로 써야 합니다.

② 앞에 나온 단수명사 fever를 받는 소유격이므로 its가 적절합니다.

③ 일반적인 사실이나 불변의 진리는 항상 '현재'시제

를 사용하므로 needs는 적절한 표현입니다.

④ 부정어 not only가 문두에 쓰였으므로 주어와 동사가 도치된 어순을 따라야 합니다. 그러므로 'not only + 조동사 + 주어 + 동사원형' 어순으로 쓰인 적절한 표현입니다.

⑤ white blood cells는 명사이므로 앞에 전치사가 와야 하는데 내용상으로는 '~와는 달리'라는 의미이므로 like가 아니라 unlike를 쓴 것은 적절한 표현입니다.

어휘 patient 명 환자

fever 명 열

prescribe 동 처방하다, 규정하다

benefit 명 이익, 혜택, 장점

moderate 형 적절한, 적당한

stimulate 동 자극하다

inactive 형 활동하지 않는, 비활성의

Slow and steady wins
the race!

**Remember
Your Dream!**

공부하느라 힘드시죠?
으라차차^^ 소리 한번 지르세요.
언제나 여러분의 성공을 기원할게요. *^^*

– 공부책 잘 만드는 쏠티북스가 –

www.saltybooks.com

www.saltybooks.com

All about high school English grammar

▶ 고등학생이 알아야 할 영문법의 모든 것,
유튜브 무료강의와 함께 더 쉽게 정복하자!

▶ 유튜브에서 미친 영문법 또는 영어강사 신재학을 검색하세요.
그러면 저자의 친절한 개념강의를 무료로 수강할 수 있답니다^^